Kurze Geschichte der Psychologie und Psychotherapie (1783–2020)

Beiträge zur Geschichte der Psychologie

Herausgegeben von Helmut E. Lück und Armin Stock

Band 33

Zur Qualitätssicherung und Peer Review der vorliegenden Publikation

Die Qualität der in dieser Reihe erscheinenden Arbeiten wird vor der Publikation durch die Herausgeber der Reihe geprüft.

Notes on the quality assurance and peer review of this publication

Prior to publication, the quality of the work published in this series is reviewed by the editors of the series.

Wolfgang Schönpflug

Kurze Geschichte der Psychologie und Psychotherapie (1783–2020)

Paradigmen und Institutionen: Vereint oder getrennt?

PETER LANG

Bibliografische Information der Deutschen Nationalbibliothek
Die Deutsche Nationalbibliothek verzeichnet diese Publikation in der Deutschen Nationalbibliografie; detaillierte bibliografische Daten sind im Internet über http://dnb.d-nb.de abrufbar.

Umschlagabbildung:

Oben: Zentrum für Geschichte der Psychologie
der Julius-Maximilians-Universität Würzburg.
Mitte: FernUniversität in Hagen, Psychologiegeschichtliches
Forschungsarchiv, Bestand Karl Hackl.
Unten: Privatbesitz, Gesprächstherapeutin Sybille Jatzko,
Krickenbach.

ISSN 0936-594X
ISBN 978-3-631-86752-5 (Print)
E-ISBN 978-3-631-85836-3 (E-PDF)
E-ISBN 978-3-631-86789-1 (EPUB)
DOI 10.3726/b19086

Peter Lang – Berlin · Bern · Bruxelles · New York ·
Oxford · Warszawa · Wien

Diese Publikation wurde begutachtet.

www.peterlang.com

Inhalt

Einleitung und Dank

Gleich zu Beginn will ich erklären, mit welchen Folgerungen diese Geschichte schließt: Dass nämlich heilkundliche Psychologie (Psychotherapie) und nicht heilkundliche Psychologie, was ihre Paradigmen (Theorien, Methoden, Anwendungen) anbelangt, eine recht unterschiedliche Entwicklung genommen haben; dass sie professionell ebenfalls verschiedene Wege gehen; dass sie freilich, was akademische Lehre und Forschung anbelangt, nach längerer Getrenntheit eine gemeinsame Institutionalisierung erfahren haben; dass ihnen – je nach Ergiebigkeit, Nachfrage und Bedarf – eigene Ressourcen zustehen; dass folglich, wenn nun ein zur Approbation für Psychotherapie führender psychologischer Studiengang eingerichtet wird, dies ein gesonderter Studiengang sein sollte; dass für nicht-klinische Psychologie ein weiterer psychologischer Studiengang (oder mehrere psychologische Studiengänge) eingerichtet werden sollte – und zwar schon in der Bachelorphase des Hochschulstudiums.

Die Vorstellung einer schiedlich-friedlichen Trennung von Psychologie und Psychotherapie widerspricht der Annahme ihrer Homogenität und Komplementarität. Doch diese Annahme hält einer historischen Überprüfung nicht stand. Ihre Paradigmen erweisen sich in der historischen Analyse eher als heterogen, ihre Institutionen tendieren zu Konkurrenz. Die aktuelle Diskussion folgt freilich der Homogenitäts-Komplementaritätsannahme und sucht dafür Rückhalt in populären Metaphern. Sogar der Deutsche Wissenschaftsrat (2018a, S. 42) hat das Verhältnis von Psychotherapie und Psychologie als ein denkbar inniges bezeichnet: Psychologie sei der Psychotherapie die Mutterdisziplin. Damit verband das Gremium eine Verpflichtung: Psychologie ist eine etablierte Wissenschaft, die nicht nur in der Lage, sondern auch in der Pflicht ist, der Psychotherapie als junger Wissenschaft beizustehen. Was die rührende Metapher wohl alles impliziert? Die liebende Mutter möge der Tochter beistehen, gar in der Tochter verwirklichen, was sie versäumt habe oder was ihr selbst versagt geblieben sei. Gar nicht unterstellt seien mögliche Weiterungen: Psychotherapie sei jugendlich und attraktiv im Vergleich zu ihrer in die Jahre gekommenen Mutter Psychologie; es sei der Lauf der Natur, dass die Tochter einmal die Stelle der Mutter einnimmt; die gute Mutter ist für die Tochter auch zu Opfern bereit.

Doch die Konstruktion trügt. Die Beziehung von Psychologie und Psychotherapie ist keineswegs linear und konsekutiv wie die Beziehung von Mutter und Kind. Beide mögen einem gemeinsamen Ursprung entstammen. Doch dann sind sie lange Zeit getrennte Wege gegangen und haben sich erst seit Kurzem einander genähert. Will man bei der Familienmetapher bleiben, so sollte man die Beziehung von Psychologie und Psychotherapie besser als Verhältnis zweier Schwestern schildern oder – besser noch – als Verhältnis zweier Cousinen. Ihre Familiengeschichte erstreckt sich nunmehr über mehrere Generationen. Es gab tatsächlich eine erste Mutter, sozusagen eine Urmutter, die hatte Töchter, und diese hatten selbst Töchter, und deren Töchter sind Großenkelinnen der Urmutter. Die Töchter zweier Schwestern der zweiten Generation waren nun Cousinen ersten Grades, und die nachfolgende Generation ergänzte den Familienstammbaum um Cousinen zweiten Grades.

Verwandtschaften wachsen über Generationen, und ihre Verzweigungen nehmen von Generation zu Generation zu. So gibt es nicht nur *eine* Psychologie und *eine* Psychotherapie. Oder wieder in der obigen Metapher: Es bildet sich ein Verwandtennetzwerk mit mehreren Stämmen. Manche Stämme bleiben sich nahe, andere entfernen sich voneinander. Sie stellen sich unterschiedlichen Aufgaben und entwickeln im Verfolgen dieser Aufgaben verschiedenartige Profile an Wissen, Einstellungen, Interessen und Fertigkeiten. So hat sich auch die Psychologiefamilie verzweigt in einen Teil, der Heilkunde erforscht und betreibt, und einen anderen Teil, der um Erkenntnis und Praxis mit anderen als heilkundlichen Ambitionen bemüht ist. Sehr vereinfachend unterscheidet man zwei Hauptstämme unter den Bezeichnungen Psychotherapie und Psychologie.

Verwandte, die getrennte Wege gegangen sind und sich dabei entfremdet haben, brauchen ihre Beziehungen nicht völlig abzubrechen. Ihre gemeinsame Herkunft mag ihnen bewusst bleiben. Angehörige der beiden Stämme werden, wenn sie sich begegnen, nicht müde, ihre Gemeinsamkeiten zu beschwören und Pläne für ein zukünftiges Zusammengehen zu schmieden – mit Bedauern über Trennungsverluste und in der Hoffnung auf zukünftige Synergien. So gibt es in der Geschichte von Psychologie und Psychotherapie zahlreiche Brückenschläge, wechselseitige Inspiration und pragmatische Unterstützung. In Universitäten wurden die beiden Richtungen sogar zusammengeführt. Von dieser Geschichte handelt diese Schrift. Sie handelt von Kooperation, aber auch von Fremdheit und Konkurrenz.

Diese Darstellung reicht zurück in die Zeit der Aufklärung, ihren Schwerpunkt hat sie in der Zeitgeschichte. Ausführlich befasse ich mich mit der gegenwärtigen Reform der Psychotherapeutenausbildung und deren – wie ich meine – beträchtlichen Konsequenzen für die Psychologie. Die gerade anstehende Reform und ihre Umsetzung sind unverkennbar politische Prozesse. Sie sind geleitet von Interessen und Einschätzungen recht unterschiedlicher Beteiligter – von Berufstätigen und Lehrenden, Aus- und Weiterzubildenden,

Klientengruppen, Vertreterinnen und Vertretern von Gesundheitspolitik und -verwaltung. Entscheidungen spiegeln Macht- und Mehrheitsverhältnisse wider. Geschichtsschreibung, die neben Gemeinsamkeiten auch Konkurrenzen und Kontroversen, neben erzielten Fortschritten auch Einbußen und Risiken zur Sprache bringt, nimmt Partei. Wendet sie sich gegen vorherrschende Meinungen, erregen ihre Kritik, ihre Warnungen und Alternativen Unwillen, und daher stößt ihre gesamte Darstellung auf Widerstand. Was es bedeutet, gegen den Strom zu schwimmen, habe ich selbst zu spüren bekommen. Als das Reformgesetz gerade zur Beschlussfassung in den Bundestag kam, habe ich dazu aus meiner historischen Sicht ein Manuskript verfasst und dieses einer Fachzeitschrift zur Veröffentlichung eingereicht. Zu dem Manuskript nahmen zwei Gutachten Stellung. Sie empfahlen übereinstimmend, das Manuskript abzulehnen. Ich hätte eine durchaus lesenswerte historische Darstellung für eine inakzeptable fachpolitische Polemik benutzt. Ein Gutachter oder eine Gutachterin drohte mir sogar: „Wer die Wissenschaftsgeschichte zur Instrumentalisierung fachpolitischer Tagesdebatten instrumentalisiert, provoziert unweigerlich den Einspruch der Wissenschaftsgeschichte."

Da möge mir Klio, die Muse der Geschichte, gnädig sein! Wenn ich Psychologiegeschichte betreibe, so will ich in der Rekonstruktion der Vergangenheit keineswegs die Gegenwart vergessen. Vielmehr glaube ich, dass gegenwärtige Wissenschaft und Praxis ihre Genese widerspiegeln. Damit bildet Psychologiegeschichte eine Metatheorie der Psychologie; sie rekonstruiert und reflektiert psychologische Forschung, Lehre und Praxis und gewinnt dabei Aufschluss auch über neu aufkommende und sich fortentwickelnde Strukturen und Motive. Dass unser Fach ärmer wäre, wenn es seine aktuelle Entwicklung nicht eingedenk seiner Geschichte beurteilen und gestalten könnte, ist jedenfalls meine Überzeugung und die Überzeugung mehrerer Kolleginnen und Kollegen, die mein Interesse an der Psychologiegeschichte teilen (Allesch, Alliolo-Näcke, Billmann-Mahecha, Eid, Fitzek et al., 2015).

Weil es mir an vernehmlichen kritischen Stimmen in der gegenwärtigen Umbruchphase unseres Faches zu fehlen scheint, will ich meine Sicht und deren Begründung nun noch einmal vorlegen. Das erwähnte, nicht zur Publikation gelangtes Manuskript zur Geschichte der Psychologie und Psychotherapie habe ich für diesen Druck vertieft und erweitert. Deutlich voneinander abgesetzt werden Entwicklungen auf der paradigmatischen und der institutionellen Ebene; der wirtschaftliche, soziale und politische Kontext der Fachgeschichte soll deutlicher werden. So erklären sich Streitpunkte; ihnen werden Argumente zuordnet, und die Argumente gegeneinander abgewogen. Ich wäre froh, wenn ich damit überzeugen könnte, dass Psychologiegeschichte mehr ist als ein nostalgisches Dekor für Jubiläumsjahre, nämlich eine Orientierungshilfe und Reflexionsübung, die sich gerade in Zeiten der Veränderung bewährt. Bedenken, in meiner historischen Analyse Positionen darzustellen oder gar selbst einzunehmen, welche nur eine Minderheit unserer deutschen Psychologengemeinde teilt, habe ich nicht. Meine Kritik an der gegenwärtigen Reform und an deren Auswirkungen mag bei der Mehrheit auf Ablehnung stoßen. Soll ich deshalb schweigen? Gehört es etwa zu den Auswirkungen der sich gerade vollziehenden Reform, dass in der Psychologie nur noch Mehrheitsmeinungen zur Sprache kommen dürfen? War nicht ein Vorzug der bisherigen Psychologie ihre Pluralität? Und ist es nicht gerade die Pluralität psychologischer Lehre und Praxis, die ich – wie schon eingangs angekündigt – mit meinem Eintreten für mehr als nur einen psychologischen Studiengang schützen und stärken will?

Weil diese Geschichte der Psychologie und Psychotherapie Aufschluss über deren gegenwärtiges und zukünftiges Verhältnis in Deutschland geben soll, ist sie weitgehend deren Geschichte in Deutschland. Sie beginnt in einer Zeit, in der Deutschland noch kein Nationalstaat war, und endet in der jetzigen Bundesrepublik Deutschland. Ich hätte womöglich internationale Entwicklungen stärker berücksichtigen sollen, zumindest die Entwicklung in anderen deutschsprachigen Ländern. Das aktuelle Anliegen dieser Darstellung stand dem entgegen. Es ist ein Blick „in den Rückspiegel", der sich auf Vergangenheit richtet, wie sie als Vorläuferin, vielleicht gar als Vorbedingung der aktuellen örtlichen Lage erscheint. Diese Einseitigkeit wird im Text nicht reflektiert; so sei sie wenigstens vorab mit einigem Bedauern angemerkt.

Beim Schreiben dieser Geschichte habe ich meine Position zwar nicht grundlegend geändert, doch an wichtigen Punkten modifiziert. Ich bin Hochschullehrer mit Schwerpunkt in Allgemeiner Psychologie, und das bestimmt meine bevorzugte Perspektive. Offensichtlich gibt es auch andere Perspektiven. Zu ihrem besseren Verständnis verhalfen mir Korrespondenzen und ausführliche Gespräche (bedingt durch die gegenwärtige Pandemie meist Telefonate) mit Sachverständigen, vor allem mit solchen, die an der letzten Psychotherapiereform in verantwortlichen Positionen beteiligt waren. Dafür danke ich auch an dieser Stelle Prof. Andrea Abele-Brehm (Präsidentin der Deutschen Gesellschaft für Psychologie 1914–2016), Prof. Conny Antoni (Präsident der Deutschen Gesellschaft für Psychologie 2016–2018), Prof. Peter Frensch (Präsident der Deutschen Gesellschaft für Psychologie von 2010–2012), Prof. Thomas Fydrich (Zentrum für Psychotherapie an der Humboldt-Universität zu Berlin, 1. Vorsitzender unith e.v.), Prof. Jürgen Körner und Prof. Christiane Ludwig-Körner (Internationale Psychoanalytische Universität Berlin), Prof. Michael Krämer (Präsident des Berufsbandes Deutscher Psychologinnen und

Psychologen 2013–2020), Dipl. Psych. Fredi Lang (Berufsverband Deutscher Psychologinnen und Psychologen), Dr. Dietrich Munz (Präsident der Bundespsychotherapeutenkammer seit 2015), Prof. Rainer Richter (Präsident der Bundespsychotherapeutenkammer 2005–2015), Prof. Birgit Spinath (Präsidentin der Deutschen Gesellschaft für Psychologie 2018–2020). Generalsekretär Thomas May vom Deutschen Wissenschaftsrat danke ich für die Informationen, die er mir unter Beachtung seiner Vertraulichkeitspflichten gegeben hat. Gerne hätte ich mich beim Bundesgesundheitsministerium für Informationen bedankt, die über dessen Verlautbarungen im Internet hinausgehen; das Ministerium konnte ein erbetenes Gespräch aber leider nicht ermöglichen. Verweise auf einschlägige Dokumente verdanke ich nicht nur oben genannten Gesprächspartnern, sondern auch Dr. Regine Lockot.

Ich freue mich, dass meine Schrift nunmehr in der Reihe „Beiträge zur Geschichte der Psychologie“ des Verlags Peter Lang erscheint. Für ihre Unterstützung danke ich Prof. Helmut E. Lück und Prof. Armin Stock, den Herausgebern der Reihe, sowie Dr. Benjamin Kloss, dem leitenden Lektor des Verlages. Zu guter Letzt danke ich Frau Sandra Ehnert und dem gesamten Team vom Peter Lang Verlag für die Sorgfalt bei der Herstellung dieses Buchs.

30. Januar 2022 Wolfgang Schönpflug

Nachtrag: Zitierte Quellen und zusätzliche Quellen

Diese Schrift handelt von der Institutionalisierung und Professionalisierung von Psychologie und Psychotherapie. Ihre Theorien und Methoden sowie das Leben ihrer Protagonisten werden nur so weit behandelt, wie das für ihr Verständnis als Lehr- und Forschungsfächer sowie als Berufe unbedingt erforderlich ist. Eine Einführung in die Theorien und Methoden der Psychologie sowie der Psychotherapie ist diese Schrift keineswegs. Ich bemühe mich stets um ausreichende Differenzierung und Belegung. Doch an manchen Stellen habe ich eine eingehendere Darstellung und Belegung unterlassen, in der Meinung, das sei allgemein bekannt.

Wer also das Blickfeld weiten oder Angaben genauer prüfen will, muss entweder die angegebenen Quellen – sie sind im Literaturverzeichnis am Ende alphabetisch aufgeführt – selbst zur Hand nehmen oder weitere Quellen heranziehen. Leserinnen und Leser, die einen breiteren Überblick wünschen, weise ich auf diese Bücher hin:

Ellenberger, H. F. (1970). *The discovery of the unconscious.* London: Allen Lane/ The Penguin Press (deutsch 2011: Die Entdeckung des Unbewussten. Zürich: Diogenes).

Kriz, J. (2014). *Grundkonzepte der Psychotherapie.* Weinheim: Beltz.

Reisman, J. M. (1976). *A History of Clinical Psychology.* New York: Irvington.

Schönpflug, W. (2013). *Geschichte und Systematik der Psychologie.* Weinheim: Beltz.

Schott, H. & Tölle, R. (2005). *Geschichte der Psychiatrie.* München: Beck.

Strauß, B., Galliker, M. Linden, M. & Schweitzer, J. (Hrsg.). (2021). *Ideengeschichte der Psychotherapieverfahren.* Stuttgart: Kohlhammer.

Eine Fundgrube an einschlägigen Daten bieten die beiden folgenden Chroniken:

Lockot, R. (ohne Jahr). Chronik zur Geschichte der Psychotherapie und zur Psychoanalyse von 1918 – 1975. https://dgpt.de/ueber-uns/geschichte-der-dgpt/psychoanalyse-1918-1975.

Sponsel, R.: Zeitlich geordnete Geschichte der Psychotherapie. Gesetze und Verordnungen in Deutschland. Internet: http://www.sgipt.org/berpol/gesptvg0.htm#1968.

Noch ein Nachtrag: Geschlechteridentität, Geschlechtsrollen und gendergerechte Sprache

Als die Geschichte der Psychologie und der Psychotherapie begann, waren beide Männerdomänen. Inzwischen sind in beiden Bereichen Frauen stark vertreten, ja sogar überrepräsentiert. Auf die Frage der Geschlechterverhältnisse in Psychologie und Psychotherapie gehe ich im Folgenden nicht ein, auch nicht auf die Frage, in welcher Beziehung Wandlungen in Forschung und Praxis mit Veränderungen des Geschlechterverhältnisses stehen. Für mein fachpolitisches Fazit scheint mir eine Unisex-Analyse auszureichen. Dann wäre auch eine geschlechtsneutrale Sprache angemessen gewesen. Wenn ich von Therapeuten, von Autoren, von Erziehern spreche, müsste – falls im Einzelfall nichts anderes ausgeschlossen – klar sein, das diese Bezeichnungen auch Frauen einschließen. So sollte es auch sein, wenn die linguistische These stimmt, maskuline Nomina seien im Deutschen auch generisch. Das ist explizit so. Doch ich würde Forschungsergebnisse aus meinem eigenen Fachgebiet nicht ernst nehmen, wenn ich nicht einräumen würde: Implizit geben auch generisch gemeinte und zugleich männliche Formen zu verstehen, bei den Akteuren handle es sich ausschließlich um Männer, und das entspreche der Norm.

Also um der Geschlechtergerechtigkeit willen lieber männliche und weibliche Formen aneinandergereiht: Psychotherapeuten und Psychotherapeutinnen. Wie unökonomisch! Oder diese Kopfgeburten: …Innen, …/in/en, _innen, *innen, :innen. Oder Partizipialkonstruktionen: Psychotherapierende. Was tut das der Sprache Gewalt an! Ich kann mich nicht dazu überwinden. Also doch die generisch gemeinte Form, welche nun einmal habituell maskulin ist und damit Achtung schuldig bleibt – nicht nur gegenüber heutigen Kolleginnen, sondern auch gegenüber verdienstvollen Frauen, die in der Vergangenheit Pioniere (wieder männlich! Oder soll ich etwa Pionierinnen sagen?) in Wissenschaft und Beruf gewesen sind. Der Autor bekennt seine Ratlosigkeit und bittet um Nachsicht.

1. Erfahrungsseelenkunde und Philosophie, Popularphilosophie und -psychologie

Der Begriff „Psychologie“ entstammt der Neuzeit; er entsteht zu Beginn der Neuzeit im 16. Jahrhundert. Als Psychologie bezeichnete man ein Lehrgebiet an den im Humanismus neu eingerichteten Universitäten und Gymnasien. Man unterschied mit dem einflussreichen Philosophieprofessor Christian Wolff aus Halle eine *psychologia rationalis* und eine *psychologia empirica*. Die rationale Psychologie sollte metaphysische Fragen ergründen (wie die Unsterblichkeit der Seele), die empirische aber die durch Selbsterfahrung und Fremdbeobachtung zu erschließenden Erscheinungen und Leistungen des menschlichen Geistes (wie Wahrnehmung und Denken). Als sich in der wissenschaftlichen Lehre die deutsche Sprache durchsetzte, wurde Psychologie auch als Seelenkunde, empirische Psychologie auch als Erfahrungsseelenkunde bezeichnet (Scheerer, 1989).

Zur Zeit der europäischen Aufklärung und des aufstrebenden Bürgertums im 18. Jahrhundert finden psychologische Fragen im Allgemeinen und psychische Probleme im Besonderen zunehmend Beachtung. Es ist eine Zeit des Gewerbefleißes, des Aufblühens von Wissenschaft und Technik, Kunst und Bildung sowie des Strebens nach gerechter Staatsverfassung. Die menschliche (und tierische) Seele, ihre innere Beschaffenheit und ihr äußerer Ausdruck, ihre Krankheiten und deren Heilung werden vielfach in Philosophie, Religion und Kunst thematisiert; die Bürgerschaft bildet nicht nur das Publikum für philosophische, religiöse und künstlerische Darstellungen, sondern führt selbst lebhafte Diskussionen über die menschliche Natur und die Erlangung menschlichen Glücks.

Sachkundige, wissbegierige und betroffene Bürger – besorgte Väter, Mütter und Freunde, Ärzte, Geistliche, Erzieher, Richter – suchten ihre Erkenntnisse auszutauschen. Der Austausch sollte sich auch öffentlich vollziehen, um ein größeres Publikum einzubeziehen. Diesem Ziel dienten Schriftserien, „Magazine“ genannt; einige bezeichneten sich ausdrücklich als „psychologisch“ (Dessoir, 1902/1964, S. 283–300). Den Anfang der psychologischen Magazine machte das 1783 erstmals erscheinende „Magazin für Erfahrungsseelenkunde“ mit dem Titel „*Gnothi sauton* – Erkenne dich selbst“ (Moritz, Pockels, & Maimon, 1783–1793). Es gliederte sich in die Abteilungen „Seelennaturkunde“, „Seelenzeichenkunde“, „Seelenkrankheitskunde“ und „Seelenheilkunde“. Seelennaturkunde umfasste Beiträge über normale psychische Erscheinungen (z.B. Sprache,

Kindheitserinnerungen). Das wohl beliebteste Thema der Seelenzeichenkunde war die Physiognomik, d.h. die vermutete Kunst, aus Gesichtsmerkmalen den Charakter zu erschließen (z.B. aus dem Augenabstand die Listigkeit einer Person). Zur Seelenkrankheitskunde druckte das Magazin z.B. einen Bericht über einen sadistischen Lehrer, der Kinder zur Strafe ohne Mantel in die eisige Kälte schickte. In der Abteilung zur Seelenheilkunde berichtete ein Beitrag z.B. über die Linderung von Schwermut durch Gartenarbeit. Hauptherausgeber des Magazins und Verfasser zahlreicher Beiträge war der Gymnasialprofessor Karl Philipp Moritz. Erfahrungsseelenkunde schwebte ihm als bürgerliches Bildungsprojekt vor, das die Psychologie erneuern und dem Glück im Allgemeinen sowie der seelischer Gesundheit im Besonderen zugute kommen sollte.

Psychologie lehrten im 18. Jahrhundert Universitäten und Gymnasien als Teil des Philosophieunterrichts. Zum Pflichtprogramm psychologischer Lehre gehörten die Definition und systematische Ordnung einschlägiger psychologischer Begriffe (z. B. Gemeinsamkeiten und Unterschiede von Empfindung, Wahrnehmung und Vorstellung) sowie Grundsatzfragen zum Verständnis des Menschen (z.B. die Beziehung von Verstand und Trieb). So passte sich Psychologie als Anthropologie, d.h. als Menschenkunde, in die Philosophie ein. Aktualität für die Philosophie gewann Psychologie in dieser Zeit durch ihre Stellungnahme zu laufenden philosophischen Auseinandersetzungen. Vor allem warf der von dem Philosophen Immanuel Kant eingeleitete Idealismus grundlegende Fragen auf, welche die Psychologie als analytische und empirische Disziplin gewaltig herausforderten. So bewegte etwa die Zeitgenossen die Erkenntnistheorie Kants, nach der vorgegebene – wohl angeborene – Kategorien Denken und Wahrnehmen bestimmen. Gegen diesen konstruktivistischen Ansatz wandte sich maßgeblich der Hallenser Philosophieprofessor Johann August Eberhard (1776/1984) in seiner Schrift über Denken und Empfinden, der damit wiederum innerhalb der damaligen Philosophie deren psychologischen Schwerpunkt bereicherte.

Die Professoren, welche Psychologie an Universitäten lehrten, gehörten in der Regel einer Philosophischen Fakultät an. So gut wie nie beschäftigten sich diese nur mit Psychologie; sie waren stolz, Philosophie in ihrer größeren Breite zu vertreten. Die Philosophie des 18. Jahrhunderts hatte ein großes Lehrgebäude aufgebaut; es schloss zahlreiche Disziplinen wie Logik, Ethik und Ästhetik, dazu die Mathematik, Natur- und Sprachwissenschaften (und eben auch Psychologie) ein. Die Gelehrtheit von Philosophen mochte durch ihren Scharfsinn und ihre Umsicht imponieren. Ihre Autorität war unbestritten, und ihre gesellschaftliche Stellung war unanfechtbar. Sie organisierten ihre Welt der Gelehrsamkeit in eigenen Institutionen, vor allem in den Universitäten und in den Akademien der Wissenschaften. Die Berufung auf eine Universitätsprofessur und in eine Wissenschaftliche Akademie setzte eine hohe Qualifikation voraus. Die Schriften der durch Berufung Ausgezeichneten erfreuten sich besonderen Ansehens. Diese Elite war in ihren akademischen Institutionen weitgehend autonom. Zu ihren Privilegien gehörte die Zuteilung weiterer akademischer Privilegien, vor allem des Doktorgrades. Ein Doktorgrad bescheinigte eine Eingangsqualifikation in der Wissenschaft; Doktorgrade waren begehrt, da sie ihrem Träger in der bürgerlichen Gesellschaft (u. a. vor Gericht) eine Vorzugsstellung verschafften.

Mit ihrem fundamentalistischen und elitären Anspruch haben sich die Universitätsphilosophen selten oder nur am Rande mit praktisch-psychologischen Fragen befasst – wie etwa der Physiognomik und der Seelenheilkunde. Anders als die anderen Fakultäten, die den Nachwuchs für die Medizin, den Staats- und Kirchendienst ausbildeten, hatten die Philosophischen Fakultäten lange keinen eigenen Ausbildungsauftrag. Man pflegte Philosophie als Propädeutik für die anderen genannten Fakultäten und darüber hinaus als „freie Kunst" (*ars liberalis*), als zweckfreie Wissenschaft. Schüler, Studenten und ihre Eltern, auch Gelehrte selbst fragten jedoch, was denn eine solche Philosophie tauge, die nur Selbstzweck sei und letztlich nur für Eingeweihte verständlich. Sie sei nur Stoff für den Unterricht – also eine Schul-Philosophie. Im Gegensatz dazu wurde eine andere Philosophie gefordert, welche allen gebildeten Bürgern verständlich sei, die Probleme ihres Lebens behandle und der Gestaltung ihres Leben nütze – eine „Philosophie für die Welt" (Böhr, 2003).

Die Trennung von Schulphilosophie und Weltphilosophie war von allerlei Animositäten begleitet. Wurde die „Schulgelehrtheit" als pedantisch und verstaubt, als unzugänglich für den gesunden Menschenverstand gescholten, so musste sich die „Weltgelehrtheit" den Vorwurf gefallen lassen, sich an Unwesentliches zu verlieren, unzulässig zu vereinfachen und sich nur von Gefälligkeits- und Nützlichkeitserwägungen leiten zu lassen (zur Auseinandersetzung in der Zeit der deutschen Spätaufklärung s. wieder Böhr, 2003). Psychologie als Teil der Philosophie geriet mit dieser in eine konfliktträchtige Spaltung. Das Gebiet der Psychologie prägten vor allem zwei Arten von Beiträgen: Systematische Erörterungen – wie Hoffbauers (1796) Erörterungen über die der intellektuellen Tätigkeit entspringenden Arten der Lust – sowie metaphysische und ethische Traktate der sogenannten Psychosophie – etwa zur Frage der Unsterblichkeit der Seele und zum Problem der Willensfreiheit (Dessoir, 1902/1964, S. 400–470). Auch solche Beiträge mochten als weltfremd und abstrakt gelten. Als Alternative sieht Dessoir (1902/1964, S. 297) in seiner „Geschichte der neueren deutschen Psychologie" außerhalb der Gelehrtenwelt den Ansatz „einer populären und praktischen Psychologie, zu deren Aufbau sie Werkleute aus allen Gegenden heranziehen wollen“. Der Ansatz artikuliert sich insbesondere in den psychologischen Magazinen. Dessoir (1902, S. 249) bezeichnet ihn als „populäre Seelenkunde“ und als „Popularpsychologie“.

Popularpsychologie ist ein in der Psychologiegeschichte nur unzureichend aufgearbeitetes Thema. Sie ist keine vorübergehende Erscheinung des 18. Und 19. Jahrhunderts. Sie wird Bestand haben als ein auf Erfahrung und sozialem Austausch beruhendes Projekt zur Förderung psychologischer Einsicht und psychologischer Praxis. „Seele“ geht jedenfalls als Grundkategorie in die Sprache ein – sowohl in die Hochsprache als auch in die Umgangssprache. „Seele“ dient als existenzieller Begriff, wahlweise als Ding, Organ und Substanz definiert. Entsprechend sind der Seele einer Person Zustände und Funktionen zuzuordnen wie Bewusstsein, Erkenntnis, Gefühl, Beherrschung ihrer selbst sowie ihrer (wie immer weitreichenden) Umwelt. Unter Ordnungsgesichtspunkten sind dann Mangelzustände und Fehlfunktionen zu beurteilen wie Seelenunruhe und -krankheit. Während die wissenschaftliche betriebene Philosophie scharfsinnig über die Definition von Seele und ihre Prädikate (Redaktion und Autoren, 1995) diskutiert, bevorzugt Popularpsychologie einen ebenso umfassenden wie unscharfen und gerade in seiner Unschärfe anpassungsfähigen Seelenbegriff.

Charakteristisch für den Seelenbegriff der Popularpsychologie ist dessen Gegenständlichkeit und Ganzheitlichkeit. Damit wird der Begriff vielseitig anwendbar und leicht vermittelbar. Nichts Menschliches und Kulturelles scheint erklärbar ohne Rekurs auf die Seele von Individuen und möglicherweise von Gemeinschaften (z.B. Volksseelen). Insofern verspricht Seelenlehre die Erklärung individueller und sozialer Verhältnisse sowie die Bewältigung individueller und sozialer Probleme. Der Psychologie, die sich seit dem 19. Jahrhundert als Wissenschaft und Beruf institutionalisierte und professionalisierte, wurden die populären Erwartungen zur Last. Die wissenschaftliche und professionelle Arbeit schritt fort, indem sie auf ausgewählten Paradigmen fokussierte; damit verfehlte sie den Anspruch auf Ganzheitlichkeit. Im Bemühen um Präzision und Vertiefung ließ zudem Psychologie als Wissenschaft und Beruf zahlreiche drängende Probleme unbearbeitet. Und in den wissenschaftlich und professionell bearbeiteten Forschungsfeldern waren die Erkenntnis- und Praxisfortschritte oft nicht die von der Popularpsychologie angestrebten. Zum Beispiel hatte Popularpsychologie große Hoffnungen auf die Physiognomik (siehe oben) gesetzt; anstatt diese Kunst zu verfeinern, entmutigte die wissenschaftliche Untersuchung deren Verwendung. Zum anderen wecken Ansätze der Wissenschaftler oft Zweifel an deren psychologischer Relevanz. Und schließlich: Im

Gegensatz zu anderen Wissenschaften, welche die Öffentlichkeit in Erstaunen und Begeisterung versetzt und das Leben revolutioniert haben (z.B. Elektrotechnik, Immunologie), hat wissenschaftliche und berufliche Psychologie keine praktischen Errungenschaften vorzuweisen, welche die breite Öffentlichkeit von der Überlegenheit psychologischer Wissenschaft zu überzeugen vermochten.

Die bürgernahe, in der Erfahrung des privaten und öffentlichen Lebens gebildete Psychologie hat sich mit ihrer Fähigkeit zur schnellen Anpassung an den aktuellen gesellschaftlichen Bedarf behauptet; sie hat sich mit den gesellschaftlichen Problemen nicht nur ständig aktualisiert, sondern auch erweitert. Da Popularpsychologie sich weithin ohne feste Qualitätskontrolle entfaltet, ist sie stets in Gefahr, populistische, sensationshascherische, abergläubische, irreführende und sonst wie schädliche Meinungen und Praktiken zu unterstützen. Dadurch ist sie teilweise zu Recht in Misskredit geraten. Doch als Akkumulation von gemeinschaftlicher Erfahrung und als Ressource für Privatleben, Beruf und Politik ist sie hoch einzuschätzen. Ihre Interaktion mit akademischer Psychologie und professioneller Psychotherapie ist wohl ein vernachlässigtes Thema der Psychologiegeschichte. Dieses Thema ist wegen einer unsicheren Quellenlage allerdings schwer zu bearbeiten. Denn während Psychologie als Wissenschaft vorzüglich und Psychotherapie als Beruf doch immerhin zureichend dokumentiert sind, wird Popularpsychologie oft informell kommuniziert; sie ist dabei nicht immer eindeutig als psychologisch erkennbar.

Im akademischen Sinne wissenschaftliche und – im obigen Sinne – populäre Psychologie gehen oft ineinander über. Die Trennlinien zwischen ihnen verwischen sich, je mehr auch akademische Autoren Beiträge zur Populärwissenschaft liefern. Ein frühes Beispiel ist der oben als Systematiker genannte Hallenser Philosoph Johann Christoph Hoffbauer. Im Jahr 1796 legte er eine „Naturlehre der Seele“ in Briefform vor, 1810 einen „Grundriß der Erfahrungs-Seelenlehre“ (Hoffbauer, 1796, 1810). Zahlreiche Studien hat er den Geisteskrankheiten gewidmet (z.B. Hoffbauer, 1807), und aufschlussreich ist seine „Psychologie in ihren Hauptanwendungen auf die Rechtspflege“, in der er vor allem Fragen der Pharmakologie aus juristischer wie psychologischer Perspektive abhandelt (Hoffbauer, 1823). Wie weit akademische Wissenschaftler sich popularpsychologisch betätigten, war eine Frage ihrer Adressaten und ihrer Paradigmen. Wandten sie sich an ihre Studenten oder an Leser bzw. Zuhörer aus der Bürgerschaft? Traktierten sie ein spezielles Thema der Grundlagenforschung (z.B. die Motivation geistiger Tätigkeit) oder setzten sie sich mit einem allgemein interessierenden Lebensproblem (z.B. Ehe und Familie) auseinander?

Wie soll man überhaupt in der Zeit der Aufklärung einen psychologischen Experten bestimmen? Es gab keine geregelte Ausbildung in Psychologie, und die Lehrenden vertraten das Fach Psychologie nur mit einem Teil ihres Deputats. Dafür gab es viele Wissenschaftler und Berufstätige, die sich zum Teil in einem Studium, mehr aber noch durch Berufsausbildung und Praxis ein beträchtliches Wissen und Können angeeignet hatten, das man als psychologisches einordnen kann: Lehrer, Richter, Geistliche, Handwerksmeister usw. Ihre psychologische Expertise brachten sie ein in Schulunterricht und Lehrlingsausbildung, in die Zeugenbefragung vor Gericht, in die Gemeindeseelsorge. Einschlägige Kenntnisse und Fertigkeiten wurden oft mündlich tradiert; sie werden aber auch zunehmend dokumentiert (z.B. in Ratgebern und Lehrbüchern). Die psychologische Expertise in anderen Berufen und Wissenschaften (z.B. der Pädagogik, der Rechtswissenschaft) findet lange nicht den Weg in das Fach Psychologie selbst. Mit eigenen Paradigmen etablieren sich damit Bereiche psychologischen Wissens und Könnens außerhalb der akademischen Psychologie.

Psychologie zur Wende des 18. Jahrhunderts zum neunzehnten ist also komplex; sie ist paradigmatisch reicher, als der Blick auf die akademische Psychologie offenbart. Dabei bahnt sich eine doppelte Polarisierung an: Zum einen nach dem Grad der Disziplinarität, zum anderen nach dem Grad der Professionalität. Daraus ergeben sich drei Erscheinungsweisen von Psychologie, die hier disziplinäre, transdisziplinäre und adisziplinäre Psychologie genannt werden. An den Universitäten gepflegt wird Psychologie als Einzeldisziplin; als disziplinäre Psychologie umfasst sie Forschungen und Lehren, die ausdrücklich als psychologische vermittelt werden (z.B. in akademischen Vorlesungen).; Gelehrte erzielen mit ihrer Forschung und Lehre zwar dauerhaft einen Erwerb, doch haben sie keine Dienstleistungen anzubieten. Insofern kann man Psychologie als Einzeldisziplin bzw. disziplinäre Psychologie nicht als professionell bezeichnen. Professionell genutzt wird Psychologie dagegen im Kontext anderer Disziplinen und Berufe. Psychologische Expertise verteilt sich über verschiedene Berufsfelder und Wissenschaftsgebiete; jene geteilte Psychologie wird hier als transdisziplinär bezeichnet. Weder disziplinär eingebunden noch professionell betrieben gedeiht Popularpsychologie, das vor allem auf Lebenserfahrung beruhende und öffentlich verbreitete psychologisch einzuordnende Wissen und Können in der Bürgerschaft. Sie wird hier als nicht-disziplinäre oder adisziplinäre Psychologie von der disziplinären und der transdisziplinären unterschieden.

In allen drei Erscheinungsweisen war Psychologie bis ins 19. Jahrhundert nicht oder nur schwach institutionalisiert. Eine Einrichtung, die sich ausschließlich, dauerhaft, nachhaltig und ausdrücklich der Lehre, Forschung und Praxis der Psychologie widmet, findet man bis zur Mitte des 19. Jahrhunderts nicht. Am ehesten wird man Lehrstühle an Philosophischen Universitätsinstituten als frühe psychologische Institutionen einschätzen dürfen. Nun ist der Begriff der sozialen Einrichtung, der Institution, dehnbar. Kusch (1999) zählt zu den gesellschaftlichen Institutionen nicht nur umbaute Räume mit Personal und Regelwerken (z.B. Parlamente, öffentliche Schulen), sondern auch alle Medien, Ordnungen und Begriffe, die der sozialen Steuerung dienen. In diesem Sinne kann man durchaus psychologische Schriften, wie es sie seit dem 18. Jahrhundert in größerer Zahl gab, als psychologische Institutionen betrachten. Eine herausragende Rolle für die Disziplinäre Psychologie spielen dabei Lehrschriften. Das oben erwähnte „Magazin für Erfahrungsseelenkunde" wird zugleich eine bedeutende Einrichtung zur Pflege der Adisziplinären und teilweise auch der Transdisziplinären Psychologie.

Abschnitt 1: Essentials

1. Psychologie ist am Ende des 18. Jahrhundert ein unselbstständiges Lehrgebiet im Rahmen der Philosophie.
2. In Abkehr von der als weltfremd erachteten akademisch betriebenen Philosophie entsteht eine auf Allgemeinverständlichkeit und Nützlichkeit bedachte Popularphilosophie.
3. Popularpsychologie – ursprünglich als Teil der Popularphilosophie – gründet auf Austausch gebildeter und sachkundiger Bürger; zu ihnen gehören betroffene Familienangehörige und Freunde.
4. Gegenstände der Popularpsychologie sind neben psychischen Funktionen (z.B. Sprache) und psychischen Eigenschaften (z.B. Empfindsamkeit) auch psychische Erkrankungen und deren Behandlung.
5. Weiterhin wird psychologisch einzuordnendes Wissen und Können in zahlreichen Berufen und Wissenschaften gepflegt, oft ohne ausdrücklich als Psychologie bezeichnet zu werden.
6. Damit erscheint Psychologie in dreifacher Form – disziplinär, adisziplinär und transdisziplinär: Als Einzeldisziplin von Gelehrten (siehe 1), als freie Laienexpertise (siehe 3) und als Expertise verschiedener Berufsgruppen und anderer Wissenschaften (siehe 5).
7. Psychologie ist bis ins 19. Jahrhundert hinein nicht oder nur schwach institutionalisiert.

2. Klinische Psychologie, Psychotherapie, Psychiatrie und Nervenheilkunde

Die Bezeichnungen „Psychotherapie" und „Klinische Psychologie" sind moderne Neuschöpfungen, die auf Substantiva des Griechischen zurückgreifen: *Psyche* (Seele), *Therapeia* (Dienst), *Klinike* (Pflege bettlägerig Kranker). Mit solchen Gräzisierungen hat man in der humanistisch gebildeten Gesellschaft des 19. Jahrhunderts den Anspruch auf Wissenschaftlichkeit zum Ausdruck gebracht. Der Begriff „Psychotherapie" ist seit 1872 belegt; Synonyme finden sich jedoch bereits im 18. Jahrhundert bei englischen, französischen und deutschen Autoren (Wagner, 1989). Die Begriffe „Seelenheil" und „seelische Gesundheit" erschienen schon vorher häufig in Diskursen zu Philosophie, Religion und Medizin. Vorbildliche Autoren (z.B. Ethiklehrer) und Praktiker (z.B. Mönche) traten als Fachexperten für ein gesundes und glückliches Leben auf (Graiver, 2021).

Die Bezeichnung „Klinische Psychologie" ist ursprünglich ein Amerikanismus. Sie stammt von Lightner Witmer, und man kann sogar genau sagen, wann dieser Autor sie in die wissenschaftliche Diskussion eingeführt hat: 1896. Witmer war einer der Amerikaner, die in Leipzig an dem inzwischen legendären Psychologischen Institut bei Wilhelm Wundt studiert haben. In seiner Heimat wollte er nicht ein weiteres experimentalpsychologisches Laboratorium gründen, sondern eine praktisch-psychologische Beratungs- und Behandlungseinrichtung. Er nannte sie *„psychological clinic"* und die darin betriebene Arbeit *„clinical psychology"* (Witmer, 1897).

Menschen mit psychischen Störungen kann man überall treffen, in der Familie, unter Freunden, bei der Arbeit, vor Gericht, in der Gemeinde. So können Kenntnisse über psychische Störungen für alle Bürgerinnen und Bürger nützlich sein. Tatsächlich waren das Erkennen und das Behandeln von psychischen Störungen und überhaupt das Entstehen von psychischen Störungen zentrale Themen der popularpsychologischen Erfahrungsseelenkunde (Abschnitt 1). Doch wenn nun psychische Störungen Krankheiten waren: Sollte dann deren Diagnose und Behandlung nicht Ärzten überlassen bleiben? Einspruch gegen den heilkundlichen Eifer von Lehrern, Geistlichen und überhaupt von nicht einschlägig Ausgebildeten erhob jedenfalls der Mediziner Johann Christian Reil. Reil war vor allem als Hirnanatom und Badearzt hochgeschätzt. Von ihm stammt die Fachbezeichnung „Psychiatrie", die er neben der Chirurgie und der Arzneikunde zum dritten „Hebel" der ärztlichen Heilkunde erklärte (Reil,

1808). Die Behandlung von psychisch Kranken sei allein Sache des Arztes. Es wäre „eine unphilosophische Anmaßung der Philosophen …, wenn sie die Psychiatrie von der Medicin trennen und sich dieselbe zueignen wollten“ (Reil, 1808, S. 165).

Tatsächlich erlebte das Fachgebiet der Psychiatrie oder Seelenheilkunde einen Aufschwung. In Deutschland wurde der erste einschlägige Lehrstuhl für das Fachgebiet „Psychische Therapie“ an einer Medizinischen Fakultät eingerichtet und mit einem Arzt, Johann Christian Heinroth, besetzt. Das war 1811 an der Universität Leipzig. Doch was war unter psychischen Krankheiten zu verstehen? Ein „Leitfaden der Psychiatrie“ (Mendel, 1902) behandelt organische, d.h. körperlich bedingte Psychosen: Idiotismus, Intoxikationspsychosen, Epilepsie, Hysterie und Chorea. Hinzu kommen funktionelle Psychosen, für die körperliche Ursachen fraglich oder unsicher seien: Neuralgie, Melancholie, Manie, Paralyse, Paranoia. In solchen Formen begegneten dem Arzt oft schwere Fälle, die man mit Begriffen wie „Wahnsinn“ und „Irrsinn“ zu bezeichnen pflegte.

Mit wachsendem Sozial- und Gesundheitsbewusstsein wurden die Bilder psychischer Störungen immer facettenreicher; sie reichten bis in den Alltag hinein. Symptome wie Erschöpfung und Reizbarkeit, Zwang, Sucht und weitere Formen abweichenden Verhaltens führte 1895 der Psychiater Krafft-Ebing in Wien auf „Nervosität“ und „Nervenschwäche“ zurück. Psychiatrisch spezialisierte Ärzte boten ihre Dienste als „Nervenärzte“ an. „Nervosität“ wurde zu einem Modewort. Kunst und Feuilleton griffen das Thema auf, und die Öffentlichkeit bewegte die Frage, ob es sich bei Nervosität und Neurosen nur um individuelle Leiden handle oder um die Kulturkrankheit einer Gesellschaft, die in der Unrast der Moderne – Eisenbahn, Telegrafie und andere technische Errungenschaften hatten das Leben beschleunigt – ihren Halt verloren habe.

Mit der Entwicklung der Psychiatrie einher ging die Einrichtung psychiatrischer Kliniken zur stationären Behandlung. Im 18. Jahrhundert waren psychisch Kranke als „Narren“ und „Wahnsinnige“ in Verwahrhäusern untergebracht, wo Wärter sie oft mit drakonischen Maßnahmen festhielten, ruhigstellten und zu bessern versuchten. Im 19. Jahrhundert setzten sich menschenwürdige Behandlungsmethoden durch. Es entstanden psychiatrische Krankenhäuser, Heil- und Pflegeanstalten u. Ä. unter ärztlicher Leitung. Sie hielten teilweise ihre Patienten nicht mehr mit Zwang fest, sie leiteten sie zur Arbeit an (z.B. in Handwerk oder Landwirtschaft) sowie zur Geselligkeit (z.B. durch Chorgesang). Komfortable Kuranstalten in idyllischen Gegenden versprachen Wohlhabenden die Befreiung von „Nervosität“. Hinzu kamen ambulante Dienste.

Spezialisierte Ärzte boten in ihren privaten Praxen Diagnostik, Beratung und Therapie bei psychischen Beschwerden an.

Psychiater und Nervenärzte hatten eine reiche Erfahrung mit einschlägigen Patienten. Sie übten sich in Diagnosen und Klassifizierungen von psychischen Krankheiten und beeindruckten mit der Fülle ihrer gräzisierter und latinisierter Fachausdrücke. Doch weniger als in anderen Bereichen der Medizin (wie der Immunologie und der Chirurgie), die dramatische Fortschritte erzielten, hoben sich die Erkenntnisse der Psychiater und Nervenärzte von den Einsichten vieler medizinischer Laien ab. Gerade was Behandlungsmethoden anbelangte, unterschieden sich Psychiater und Nervenärzte (wie Reil und Krafft-Ebing) von medizinischen Laien nicht grundsätzlich. Sie verordneten ihren Patienten warme und kalte Bäder, entspannende Massagen, anregende und beruhigende Säfte und Tees, vernünftige Gespräche, eine angenehme Umgebung. Das waren Anwendungen, wie sie schon die Volksheilkunde sowie die Philanthropie des aufgeklärten Bürgertums praktizierte. Wie sollte man überhaupt die Grenzen zwischen ärztlicher und sozialer Fürsorge ziehen, wenn man „nervöse" Psychopathien als gesellschaftliche Phänomene deutete?

Es weitet sich also der Begriff der Geisteskrankheiten zu dem Begriff der Nervenleiden; diese umfassen nunmehr auch Persönlichkeitskrisen, soziale Konflikte, Überforderungsprobleme und andere, vor allem von den Patienten selbst als behandlungsbedürftig empfundene, psychische Beschwerden. Psychiatrie und Nervenheilkunde werden vor allem in privaten Praxen und Kliniken angeboten. Patienten erhalten dort Behandlungen in der Regel gegen Entgelt. In diesem Sinne sind Psychiatrie und Nervenheilkunde professionell sowie privatwirtschaftlich institutionalisiert. (Gegen diese Darstellung spricht nicht, dass prominente Vertreter der Psychiatrie und Nervenheilkunde wie der oben erwähnte Krafft-Ebing Lehrstühle an Universitäten innehatten.) Die Betreiber der genannten Praxen und Kliniken waren fast ausnahmslos Ärzte. (Sofern sie auch Professoren waren, gehörten sie der Medizinischen Fakultät an.) Psychiatrie und Nervenheilkunde professionalisierten und institutionalisierten sich also als Teil der Medizin.

Sind also Nervenleiden kein Gegenstand der Psychologie? Und sind Psychiater und Nervenärzte keine Psychologen? Oder haben Psychiater und Nervenärzte Anteil an der Transdisziplinären Psychologie? Teilen sie damit psychologische Fähigkeiten zur Behandlung psychischer Störungen mit Angehörigen anderer Berufen – etwa Geistlichen? Darüber hinaus sind psychische Leiden und der Umgang mit ihnen in der Popularpsychologie ein vorrangiges Thema. Es stellt sich also die Frage des Verhältnisses von medizinischer Expertise zur disziplinären, transdisziplinären und adisziplinären Psychologie

(s. Abschnitt 1). Diese Frage wird in der Geschichte der Psychologie und Psychotherapie immer wieder auftauchen; bei der in den folgenden Abschnitten darzustellenden Professionalisierung und Institutionalisierung der Psychotherapie wird sie eine maßgebliche Rolle spielen.

Abschnitt 2: Essentials

1. „Psychotherapie“ nennt man seit dem 19. Jahrhundert die Behandlung psychischer Störungen; „Klinische Psychologie“ beginnt im 20. Jahrhundert als Projekt zur psychologischen Beratung und Behandlung.
2. Die Psychiatrie und Nervenheilkunde übernimmt im 19. Jahrhundert die Führung bei der Behandlung psychischer Störungen.
3. Mit den Psychiatern und Nervenärzten widmet sich ein akademisch gebildeter Berufsstand der Versorgung psychisch Kranker; der Berufsstand beansprucht die Alleinvertretung in der Krankenversorgung.
4. Zur stationären wie ambulanten Versorgung psychisch Kranker werden spezielle Kliniken, Heilanstalten und Privatpraxen eingerichtet; damit wird Psychotherapie auch zur privatwirtschaftlichen Leistung.
5. Ungeachtet der Institutionalisierung und Professionalisierung von Psychologie und Psychotherapie bleiben die Diagnose und Behandlung psychischer Leiden Anliegen der Familien und Freunde von Betroffenen sowie Probleme sozialer Berufe (z.B. Lehrer, Geistliche); psychische Leiden sind also anhaltend Themen der Popularpsychologie sowie der Transdisziplinären Psychologie.

3. Somatiker und Psychiker – Philosophie, Psychagogik, Psychologie

Sind psychische Leiden körperlich bedingt? Wenn nicht: Haben sie ihren Ursprung im Bewusstsein oder in unbewussten Vorgängen? Ob man diese Fragen mit „ja“ oder „nein“ beantwortete, hing letztlich von dem bevorzugten Weltbild ab. So trennten sich zunächst „Somatiker“ von „Psychikern“. Somatiker glaubten, vor allem Fehlbildungen und Schwächen des Gehirns und des Nervensystems für psychische Leiden verantwortlich machen zu können. Psychiker ließen einfache anatomische und physiologische Ursachen von psychischen Störungen nicht gelten oder glaubten jedenfalls nicht, diese durch Behandlung des Körpers beheben zu können. Vielmehr – so Psychiker – müssten Diagnose an psychischen Funktionen und Strukturen ansetzen. Doch was sollte das sein, was man unter Psyche oder Seele verstand? Und auf welche Weise bedingte es Störungen? Das erklärten Psychiker auf verschiedene Weise, und deshalb schlugen sie zur Therapie verschiedene Wege ein. Dabei griffen sie jeweils auf eigene und lange Traditionen zurück.

Das Anfangskapitel der 2021 von Strauß, Galliker, Linden und Schweitzer herausgegebenen „Ideengeschichte der Psychotherapieverfahren“ stellt zu Recht fest: „Die Befassung des Menschen mit seiner Psyche geht bis in die Antike zurück“ (Peters, 2021, S. 24). Freilich findet man auf den folgenden, weit über dreihundert Seiten des genannten Bandes keine Erwähnung der Lehren zum guten Leben, der persönlichen Lebensführung wie dem Leben in der Gemeinschaft (Ethik, Ökonomie, Politik), die schon im vorchristlichen Europa der Pflege der seelischen Gesundheit dienten. Ebenfalls nicht berücksichtigt sind die Gesellschafts- und Erziehungslehren des 18. Jahrhunderts, wie sie die Grundlagen individueller und kollektiver Verhaltensmodifikation werden. Namen von Philosophen und anderen Schriftstellern, die dem Begriff des Unbewussten den Weg bahnen, werden immerhin genannt. So lässt eine aktuelle Geschichte der Psychotherapie diese so erst recht mit den modernen Therapieschulen beginnen, wie sie diese Schrift erst im folgenden Abschnitt 4 einführt. Doch wie aufschlussreich ist doch ein weiter reichender Blick zurück in die Geschichte, ein Blick in die reiche Überlieferung einschlägiger Schriften! Da lässt sich Altbekanntes entdecken, das inzwischen neu erfunden wurde; historische und damit gesellschaftliche und kulturelle Bezüge werden sichtbar, wie sie in der Betriebsamkeit von Praxis und Lehre aus dem Bewusstsein verschwunden sind (vgl. auch Strauß, 2018).

Im historischen Rückblick zeichnen sich bereits früh die drei Richtungen ab, die inzwischen ausdrücklich als humanistische, psychodynamische und verhaltenspsychologische unterschieden werden und als solche institutionalisiert sind (vor allem durch Fachverbände und behördliche Anerkennung). Die Richtungen haben jeweils zeitliche Schwerpunkte; gesellschaftliche Konstellationen haben ihre Entstehung und Ausbreitung gefördert. Als humanistisch einzuordnende Ansätze findet man in der antiken griechisch-römischen Philosophie, und zwar vor allem in einem ihrer Zweige, der Morallehre oder Ethik. Ethik ist die Lehre vom guten und richtigen Leben. Sie versucht zu erklären, worin das Glück der Menschen bestehe und wie der Mensch in seinem Leben zu Glück gelange. Eine der wirkungsmächtigsten Lehren war der von dem Griechen Zenon begründete und dem Römer Seneca erneuerte Stoizismus. Stoiker glaubten an ein geordnetes Weltganzes, einen Kosmos, und sie erwarteten Glück durch ein Leben im Einklang mit dem Kosmos. Die Einsicht in die Ordnung des Kosmos und die Gesetzmäßigkeit des Weltgeschehens verschaffe den Menschen eine unerschütterliche Ruhe des Gemüts, sie befreie ihn von Angst und Trauer. Wer etwa von der Naturnotwendigkeit des Todes überzeugt sei, brauche den Tod nicht zu fürchten. Anders die Gruppe der Zyniker – der bekannteste unter ihnen der Grieche Diogenes. Die Zyniker lehrten, dass Ehrgeiz, Genusssucht und Besitzstreben unglücklich machten und daher Glück den Verzicht auf alles bedeute, was mehr befriedige als einfache Bedürfnisse. Solche ethische Lehren setzten auf Vernunft, und Ethiklehrer suchten, was sie für vernünftig hielten, im Gespräch zu vermitteln (s. Schönpflug, 2013, S. 52–60).

In der Heilslehre des Christentums hat die griechisch-römische Ethik eine vielfache Fortsetzung erfahren. Antike und christliche Moralphilosophie sollten „Seelen leiten" und Seelen heilen – wie die Medizin die Körper (Hadot, 1969). Im Griechischen heißt die Kunst der Seelenleitung „Psychagogik" (zur Wortbedeutung s. Hadot, 1969, S. 7). Butzer (2011, S. 715) nennt Psychagogik „methodische Praxis der moralischen Fremd- und Selbstformung". In der Antike tritt Psychagogik einerseits als Gespräch unter Freunden auf, andererseits als Unterweisung durch einen Lehrer (mitunter in Form von Briefen). Die christlichen Kirchen haben Psychagogik in ihre Pastoralpraxis eingebaut; Formen der Pastoralpraxis waren das Einzelgespräch, die Beichte und die Predigt. Die Begriffe Fremd- und Selbstformung zeigen an, dass Psychagogik einerseits von einer Lehrperson dominiert, andererseits von dem Betroffenen selbst gestaltet sein kann. Psychagogik wendet sich somit an den bewussten Verstand, hält ihn zu Realismus und Logik an, sucht zudem die Einordnung in ein übergeordnetes natürliches, soziales oder gar metaphysisches Ganzes.

Den Begriff der kranken Seele und deren Heilung kennt man schon in der Antike. Doch der Begriff der Psychotherapie taucht erst in der Neuzeit auf (s. Abschnitt 2). Zahlreiche neuzeitliche Begründer von Psychotherapieschulen (s. Abschnitt 4), die man nunmehr als humanistische oder kognitive bezeichnet, werden an die Tradition der Vernunftethik anknüpfen. Teilweise berufen sie sich ausdrücklich auf diese Tradition; mitunter folgen sie ihr, ohne sich dazu zu bekennen, vielleicht ohne sich darüber im Klaren zu sein. So behandelt auch moderne Kognitive Therapie unglückliche Menschen, indem sie sie im Gespräch von Irrtümern und Fehleinstellungen befreit (z.B. Selbstüberschätzung, falsche Rollenerwartungen) und zu angemessenerem Denken, Planen und Handeln verhilft (z.B. zu einer Verbesserung der *work-life-balance*). Bei diesem Prozess müssen die Patienten selbst mitwirken; sie müssen hinreichend gesprächswillig und einsichtsfähig sein.

Doch besteht das Problem des psychisch leidenden Menschen nicht gerade in seiner fehlenden Einsichtsfähigkeit? Ist die Ursache ihres Leidens nicht gerade unbewusst, also dem bewussten Verstand verschlossen und daher dem offenen Gespräch entzogen? Solche Fragen beruhen auf einer bedeutsamen Voraussetzung: Der Trennung von Bewusstsein und Unbewusstem. Die Existenz und Wirksamkeit eines Unbewussten ist eine Kernannahme der Romantik. Die Philosophie der Romantik betonte das Werden: Welt ist Entwicklung. Die Trennung von Körper und Geist wird aufgehoben. Denn in der schöpferischen Natur – so Friedrich Wilhelm Schelling (1798) in seiner Schrift „Von der Weltseele"– habe die Materie den Geist hervorgebracht, was nur möglich war, weil die Materie selbst den Geist schon einschloss. Vor dem Klaren und Scharfen, das der Geist offenbare, liege also eine dem Geist verborgene, allenfalls unscharf und unklar erfassbare Welt. Diese Sicht wertete das Fühlen auf gegenüber dem Denken, die Intuition – man sagte damals: das Ahnen – gegenüber der Rationalität, dem auf Erfahrung und Logik gestützten Verstand. Nach dem neuen Verständnis konnte und sollte sich Wissenschaft den feinen und unerklärlichen Lebensprozessen nähern, an denen die methodisch strenge Forschung bisher gescheitert war. Unter Berufung auf die zeitgenössische Philosophie entwickelten Heinroth und Reil (siehe Abschnitt 2) – Reil (z.B. 1805) in dem von ihm mit herausgegebenen „Magazin für psychische Heilkunde" – eine romantische Medizin, welche die Einheit von Körper und Seele sowie deren Eingliederung in den Kosmos betonte.

Ganz im Sinne der romantischen Philosophie und Medizin legte der Dresdner Medizinalrat Carl Gustav Carus (1851) eine Entwicklungsgeschichte der Seele vor. Seele als Trägerin von Erkenntnissen und Strebungen entwickle sich im Laufe der Stammesgeschichte wie im Leben jedes Individuums in aufeinander aufbauenden Stufen. Nur die jüngste Schicht werde bewusst; die älteste Schicht bleibe im Dunkeln, offenbare sich aber symbolhaft im Traum. Untersuchungen über die Bedeutung von Träumen (z.B. Schubert, 1814/1968) – bisher eher Sache von Wahrsagern – wurden in der Romantik Unternehmungen mit wissenschaftlichem Anspruch.

Dass Wissenschaft die Erkundung der verborgenen Welt nicht allein leisten könnte, sondern dass es dazu eines Bündnisses mit der Kunst bedürfe, hat Schelling selbst begründet. In der Tat erwiesen sich Schauspiel und Erzählung, Malerei und Musik vorzüglich geeignet, das Wunderbare im Gewöhnlichen, das Große im Kleinen, das Hohe im Niedrigen, das Reiche im Armen vorzuführen (z.B. erweist sich in Kleists Schauspiel „Käthchen von Heilbronn" die vermeintliche Tochter eines Waffenschmieds als eine Kaiserstochter). Romantische Kunst konnte rührend sein, aber auch erschreckend. In ihrer Ambivalenz war sie ein fruchtbarer Nährboden für die Tiefenpsychologie. Kunst und Philosophie haben im 19. Jahrhundert Dramen, Romane und Abhandlungen hervorgebracht, welche nicht nur Anschauungsmaterial zu späteren psychodynamischen Begriffen und Thesen bieten, sondern sie geradezu vorwegzunehmen scheinen (Rattner, 1983).

Unter den Vorläufern der Tiefenpsychologie hervorzuheben ist der anfangs erwähnten Karl Philipp Moritz, der Herausgeber des „Magazins für Erfahrungsseelenkunde" (siehe wieder Anschnitt 1). Verehrer haben ihn sogar zum „Vater der Psychoanalyse" erklärt. In seinen Schriften stößt man auf die grundlegende Unterscheidung von (erzählendem) Ich und dem Es (des Erzählers). Ein zentrales Thema von Moritz' (wohl autobiografischen) Entwicklungsroman „Anton Reiser" ist die Last frühkindlicher Entbehrungen; sein Schauspiel „Blunt" stellt einen Vater-Sohn-Konflikt dar, in dem (allerdings in Umkehrung der später tiefenpsychologisch diskutierten Ödipussage) der Vater es ist, der seinen Sohn ermordet, ohne sein Opfer zu erkennen. Selbsttäuschung, Übertragung und Regression, drei Zentralbegriffe der späteren Psychoanalyse sind bei Karl Philipp Moritz ebenfalls dargestellt (Raguse, 2010).

Ab 1900 häuften sich tiefenpsychologische Theorien, die sich auf psychotherapeutische Erfahrungen stützten oder auf Psychotherapie angewandt wurden. Als Ursachen psychischer Leiden wurden spezifische unbewusste Strebungen und Bilder postuliert – verdrängte oder verschobene Sexualität und Aggression, unbefriedigte Machtbedürfnisse, Geburtstraumata, überwertige Urbilder menschlicher Erfahrung (z.B. ein Mutterkomplex). Therapeuten sollen die belastenden unbewussten Inhalte einerseits durch Rückblick auf die Lebensgeschichte ermitteln, andererseits durch symbolträchtige Äußerungen in der Sprache, in der Phantasie, im Traum u. Ä. Die These ist: Wie Figuren in Dramen und Romanen bleibt den Patienten selbst ihr wahres Denken und Streben verborgen; nur der geschulte Therapeut ist in der Lage, aus ihren Gedankenassoziationen, aus ihren Traumberichten, Versprechern und Fehlhandlungen die Ursachen ihrer Leiden zu erschließen. Die Diagnose sollte gleichzeitig Therapie sein; denn mit ihrer Bewusstmachung sei die Wirkung der störenden Vorstellungen und Kräfte gebrochen.

Dem praktischen Sinn mochte weder der moralische Diskurs kognitiv-humanistischer Herkunft zu behagen noch die tiefgründige Hermeneutik tiefenpsychologischer Provenienz. Musste man überhaupt die Ursachen psychischer Störungen kennen, um sie zu beheben? Konnte man psychische Störungen – oder zumindest einige von ihnen – nicht einfach als Lerndefizite oder schlechte Gewohnheiten deuten und durch direkte Maßnahmen zur Einstellungs- und Verhaltensänderung zu beseitigen versuchen? Solche Maßnahmen waren aus der Erziehung bekannt: An- und Abgewöhnen durch Übung, Anreize setzen und abschrecken durch Lohn und Strafe.

Die Anwendung von Erziehungsmaßnahmen gerät leicht unter den Verdacht des äußeren Zwangs. Wer Zwang ausübt, achtet weder auf die Moral des Zöglings noch auf seine tieferen Beweggründe. Doch Moral oder gar ein geheimnisvolles Innenleben seien nur ideologische Konstruktionen. Es komme auf das tatsächliche Verhalten an; dieses solle sozial wünschbar sein. Beim Handeln zähle nur die Zweckmäßigkeit, und Erziehung sei zweckmäßig, wenn sie sozial wünschbares Verhalten hervorbringe. Dieses Denken entspringt einer Tradition der Aufklärungsphilosophie, dem Materialismus und Utilitarismus. Die modernen Vertreter dieser Tradition – sie haben ebenfalls Vorbilder in der Antike – lehnen den Glauben an geistige Prinzipien und eine höhere, gar göttliche Weltordnung ab. Das sei Aberglaube und eine Erfindung der Kirche zur Gewinnung von Macht. Vielmehr sei die Welt nichts anderes als Materie, die Naturgesetzen folgt. Lebewesen, einschließlich des Menschen, seien aus Materie geformt wie Maschinen und funktionierten wie diese. Ihre Tätigkeiten werden von außen angestoßen und gelenkt, maßgeblich durch Signale aus der Außenwelt, welche die Sinne übermitteln. Dabei sei die erste Funktion des Menschen – wie überhaupt aller Lebewesen – die Selbsterhaltung. Die Tätigkeit von Lebewesen sei auf die Befriedigung ihrer Bedürfnisse ausgerichtet. Bedürfnis und Bedürfnisbefriedigung werden ihnen durch einen inneren Sinn angezeigt, als Empfindung von Lust und Unlust. Übrigens: Zentrales Bedürfnis und daher höchste Lust sei die Liebe. So Philipp Thiry d'Holbach (1770/1960). Claude Helvétius (1772/1972) schloss sich ihm an. Es gäbe keine allgemeingültige Moral. Gut sei, was nütze und Lust bereite, böse, was schade und Unlust verursache. In diesem Sinne könne dasselbe (z.B. eine reiche Mahlzeit) fallweise gut oder schlecht sein. Es stelle sich das soziale Problem, herauszufinden und zu verwirklichen, was für eine möglichst große Zahl von Menschen eine möglichst hohe Befriedigung bringe. Dazu müsse man Menschen erziehen, und Erziehung gelinge nur unter Befriedigung der Eigenliebe, durch Lohn und Strafe.

Lohn und Strafe sind Maßnahmen zur Erziehung von Kindern und Jugendlichen. Sie lenken auch das Verhalten der Erwachsenen in Staat und Wirtschaft – vor allem in Form von Handelspreisen und Steuern, von Gerichtsstrafen und Auszeichnungen. Nützlichkeit ist somit das Hauptprinzip zur Lenkung des privaten wie öffentlichen Lebens, lautet die These der Nützlichkeitsphilosophie, des Utilitarismus. In England entwickelte ein Vertreter des Utilitarismus, Jeremy Bentham (1789/1948) ein „Glücksmaß" (*hedonic calculus*) zur Berechnung von Nützlichkeit und Schädlichkeit; in eine Formel zur Bestimmung der Höhe von Glück und Unglück gingen Werte ein wie die Intensität, Dauer und zeitliche Nähe einer Befriedigung. Ebenfalls im Sinne des Materialismus entwarf David Hume (1748/1984) eine Lerntheorie. Wenn zwei oder mehr Ideen (Wahrnehmungen, Vorstellungen, Gefühle etc.) gleichzeitig ins Bewusstsein träten (z.B. der Anblick einer Speise und die Empfindung eines Geruchs), dann würden sie sich mechanisch verbinden, assoziieren. Je häufiger die Paarung erfolge, desto stärker werde die Assoziation. Kehre eine Idee wieder, rufe sie die mit ihr assoziierte wiederum hervor. Auf diese mechanische Weise bauten sich Wissen, Sprache und Fertigkeiten auf. Logischer Prinzipien und ganzheitlicher Einsicht bedürfe das Lernen nicht (s. Schönpflug, 2013, S. 133–134). Solche Mechanismen wollte man nutzen, um Menschen zu bessern.

Die Lehren der Vernunftphilosophie, der Romantik und Tiefenpsychologie, des Materialismus und des Utilitarismus wurden in der gebildeten Öffentlichkeit lebhaft und kontrovers diskutiert. Ihre Autoren war meist Privatgelehrte und Schriftsteller; von den in den bisherigen Abschnitt genannten Autoren waren es nur drei, die einen Lehrstuhl an einer Universität besetzten, nämlich Reil, Heinroth und Schelling. Schriften zu Moral, Erziehung und Menschenbild richteten sich oft an ein breites Publikum, wollten auf Politik und Gesellschaft Einfluss nehmen. Sie waren zur Zeit ihrer Entstehung noch nicht Teil der „Schulphilosophie". Sie flossen in die Popularphilosophie ein und fanden ihren Niederschlag in den Meinungen von Erziehern, Richtern und Ärzten, von Staats- und Kirchenbeamten sowie deren Praxis. Wenn Psychotherapie sich als eigene Wissenschaft und Praxis etabliert, tritt sie in die bestehenden gesellschaftlichen Diskurse. Sie wird sich nach den in diesen Diskursen vertretenen Traditionen teilen und die Grundsatzdiskussionen aus der Zeit der Entstehung dieser Traditionen (z.B. über das mechanistische Menschenbild) immer wieder neu aufnehmen.

Von Psychologie als eigener Wissenschaft und Beruf ist bis zur Mitte des 19. Jahrhunderts nur zögerlich die Rede. Immerhin wird Psychologie erkennbar als Projekt mit Fokus auf Menschenkenntnis sowie der Kunst, andere Menschen und sich selbst besser und glücklicher zu machen. In diesem Sinne nennt Heinroth (1827) Psychologie eine „Selbsterkenntnislehre". Unter ihrem konzeptionellen Dach konnten sich wissenschaftliche Disziplinen und Berufe sammeln. So wurde sie auch zum Überbegriff für heilkundlich bedeutsames Wissen und Können, sofern Heilkunde nach der Vorstellung der Psychiker und nicht der Somatiker betrieben wurde. Ihr multidisziplinäres Verständnis einte insbesondere Ärzte und Erzieher. Der Mediziner Heinroth (1928) hat nachdrücklich die Bedeutung der Erziehung bei der Entstehung psychischer Krankheiten unterstrichen.

Abschnitt 3: Essentials

1. Unterschieden werden gegenwärtig vor allem drei Richtungen der Psychotherapie: Kognitive und tiefenpsychologisch orientierte Therapie sowie Verhaltenstherapie.
2. Die Therapierichtungen entwickeln sich aus den philosophischen Traditionen der Vernunftlehren, der Romantik sowie des Materialismus und Utilitarismus.
3. Die Grundannahmen dieser Traditionen und praktischen Konsequenzen werden auch in der Popularphilosophie diskutiert und werden Teil der Allgemeinbildung.
4. Schon die antike Philosophie pflegte die Ethik als Lehre vom guten Leben und vom menschlichen Glück. Philosophielehrer verstanden sich als Psychagogen, d.h. als Seelenführer.
5. Ärzte spielten in der wissenschaftlichen wie in der öffentlichen Diskussion eine bedeutende Rolle; doch namhafte Autoren gehörten auch anderen Berufen an.
6. So wurden die Grundsätze der Traditionen in zahlreichen Berufen sowie im privaten und öffentlichen Leben praktisch umgesetzt.

4. Psychotherapieschulen und die Neubestimmung der Psychagogik

Die frühen Psychotherapeuten in den deutschsprachigen Ländern waren meist Ärzte, die in Psychiatrischen Kliniken oder in ihrer Privatpraxis tätig waren (Abschnitt 2). Was ihre psychologischen Behandlungsmethoden anbelangte, waren sie überwiegend Autodidakten. Sie tauschten sich mit Gleichgesinnten aus (wie z.B. Freud mit dem Nervenarzt Wilhelm Fließ) und trafen sich regelmäßig in kollegialen Zirkeln (wie z.B. in der in Freuds Wohnung tagenden Mittwochsgesellschaft). Ihre Wortführer schilderten in ihren Schriften beispielhafte Fälle, ihre Krankheitstheorien und ihre Behandlungsmethoden. Die Schriften fanden ein breites Publikum, das selbst Partei für oder gegen einen Autor nahm. Zum Austausch zwischen Gleichgesinnten und zur Vertretung ihrer Interessen entstanden eigene Organisationen: Städtische, nationale und internationale Gesellschaften (z.B. die 1910 gegründete *Internationale Psychoanalytische Vereinigung* sowie die ihr beitretende *Deutsche Psychoanalytische Gesellschaft*). Der steten Verbreitung von Forschungsergebnissen dienten eigene Fachzeitschriften (z.B. das 1908 erstmals erscheinende „Zentralblatt für Psychoanalyse").

Vertreter der Psychoanalyse äußerten mehrfach den Wunsch nach einer stärkeren Berücksichtigung im Universitätsstudium (Höfler & Kaderas, 2000). Die Medizinischen Fakultäten sahen sich jedoch für psychologische Fragen nicht zuständig, die Philosophischen Fakultäten nicht für die Behandlung von Patienten. Es war auch so: Die angewandten Vernunftlehren und Erziehungspraktiken erschienen den Universitätswissenschaftlern wenig originell und reflektiert, die tiefenpsychologischen Theorien dagegen zu spekulativ. Anstoß erregte sogar die psychoanalytische Libidotheorie mit ihrer ausgeprägten sexuellen Thematik. So lange Psychotherapie allerdings an Universitäten nicht Fuß fassen konnte, war dort eine psychotherapeutische Ausbildung nicht möglich. Die Psychotherapeuten mussten daher die Ausbildung ihres Nachwuchses selbst regeln.

Zwei entscheidende Vorschläge kamen vonseiten der Psychoanalyse. Der erste Vorschlag betraf die sogenannte Lehranalyse. Zukünftige Psychoanalytiker sollten sich selbst einer gründlichen Analyse unterziehen, und zwar bei Lehranalytikern, die „eine besonders sorgfältige Ausbildung erfahren haben" (Freud, 1926a/1972, S. 284). Es sollten also – nach dem Meisterprinzip – ausgewiesene Praktiker ihre Kunst an Schüler weitergeben. Freud regte darüber hinaus Gemeinschaftspraxen zur Pflege der Psychoanalyse an. Seiner Anregung folgend, eröffneten 1920 Max Eitingon und Ernst Simmel eine *Lehranstalt der Berliner Psychoanalytischen Vereinigung* mit Poliklinik (später: *Berliner Psychoanalytisches Institut*); die Klinik diente der Versorgung von Patienten, die Lehranstalt der Ausbildung von Nachwuchs (Bodenstein & Wunderlich, 2003). Ein weiterer wegweisender Vorschlag Freuds betraf die sogenannte Laienanalyse. Zur Lehranalyse zugelassen werden sollten nicht nur Ärzte, sondern auch medizinische Laien (Freud, 1926a). Denn Psychoanalyse – so Freud (1913/1969, S. 450) – „fordert viel weniger ärztliche Schulung als psychologische Vorbildung und freien menschlichen Blick".

Lehranalyse – auch für medizinische Laien – wurde tatsächlich zum Ausbildungsformat für psychoanalytische Praxis. Über Lehranalytiker ist Psychoanalyse über Generationen hinweg weitergegeben worden. Die Lehranalytiker betrieben Ausbildung als Teil ihrer Berufspraxis; also wurde Ausbildung privatwirtschaftlich angeboten. Da die Auszubildenden ihre Lehrer in Anspruch nahmen wie Patienten, ja nach der psychoanalytischen Theorie selbst Patienten werden mussten, bevor sie reif für die Ausübung der Psychoanalyse waren, mussten sie für ihre Lehranalyse ebenso zahlen wie Patienten für ihre Behandlung; bei einer mehrjährigen Lehranalyse waren die Kosten beträchtlich. (Dies schloss unentgeltliche Behandlungen für sozial schwache Patienten nicht aus. Von der erwähnten Berliner Poliklinik ist etwa bekannt: Sie verpflichtete jedes Mitglied, einen bedürftigen Patienten unentgeltlich zu behandeln.)

Es waren zunächst Einzelpersonen, die Psychotherapie als eigenen Ausbildungszweig etablierten. Sie bildeten in ihrer Privatpraxis aus. Mit der Gründung des Berliner Psychoanalytischen Instituts war jedoch auch ein Modell geschaffen für eine Gemeinschaftseinrichtung, die mehreren Mitgliedern eine gemeinsame Infrastruktur bereitstellte (Räume, Bibliothek u. Ä.) und sie zu gemeinsamen Projekten befähigte (z.B. ein Lehrprogramm). Mit dauerhaften oder temporären Mitgliedern sowie eigenen Qualifikationskriterien und -verfahren verbanden Gemeinschaftseinrichtungen, „Institute" genannt, Patientenversorgung mit Nachwuchsausbildung. Die frühe Institutionalisierung der Psychoanalyse erfolgte also auf privatwirtschaftlicher Grundlage, außerhalb bestehender staatlicher und universitärer Einrichtungen (Lockot, 1985). Finanziert wurden sowohl die Privatpraxen als auch die Institute durch Patientenhonorare sowie durch Entgelte für Lehranalysen. Dabei halfen den Instituten mitunter großzügige Förderer, die Honorarsätze niedrig zu halten.

Spricht man von psychologischer Psychotherapie in den ersten Jahrzehnten des 20. Jahrhunderts, dann meint man in der Regel eine tiefenpsychologisch orientierte Psychotherapie. Vielfach wird diese pauschal „Psychoanalyse" genannt.

Die häufig anzutreffende Gleichsetzung von Psychoanalyse mit Psychotherapie, wenn nicht gar mit Psychologie überhaupt, kommt nicht von Ungefähr. War es doch der Wiener Nervenarzt Sigmund Freud, der mit Entschiedenheit, schriftstellerischem Geschick, Selbst- und Sendungsbewusstsein die Initiative für eine Wendung zur Tiefenpsychologie ergriff, und zwar mit einer eigenen Libidotheorie und „Redekur"; Theorie wie Behandlungsmethode nannte er „Psychoanalyse". Er zog Gleichgesinnte an und suchte sich ihrer Loyalität zu versichern. In seinem Bestreben, alle seiner Anhänger auf die Prinzipien der von ihm vorgegebenen Psychoanalyse zu verpflichten, war Freud unbeugsam. So sagten sich einige wieder von ihm los und sammelten ihrerseits Anhänger, um auf weiteren Konzepten (z.B. Geburtstrauma, Organminderwertigkeit) aufbauend neue Varianten der Tiefenpsychologie zu entwickeln (Benetka, 2017).

Als besonders erfolgreich und nachhaltig erwiesen sich neben der Psychoanalyse Freuds ein „Analytische Psychologie" genannter Ansatz, initiiert von dem Züricher Nervenarzt Carl Gustav Jung, sowie eine „Individualpsychologie", initiiert von dem sozial engagierten Wiener Arzt Alfred Adler. Vor allem diese drei Richtungen waren es also, die in der ersten Hälfte des vergangenen Jahrhunderts das Bild der Psychotherapie bestimmten. Fachpolitisch schlug sich diese Verzweigung in Deutschland in drei Organisationen nieder: Der bereits erwähnten, 1910 gegründeten (an Freud orientierten) Deutschen Psychoanalytischen Gesellschaft, der (an Adler orientierten) Gesellschaft für Individualpsychologie (ab 1920 in München, ab 1923 in Berlin), sowie der 1931 gegründeten C. G. Jung-Gesellschaft (Lockot, 1985).

Auf einem freien Markt für Psychotherapie und Psychotherapieausbildung etablierten sich Traditionslinien, die sogenannten Schulen. Therapieschulen konkurrierten mit klangvollen, meist gräzisierten oder latinisierten Namen; sie beriefen sich auf die Autorität ihrer jeweiligen Begründer. Das *Berliner Psychoanalytische Institut* von 1920 ist zum Vorbild für weitere Einrichtungen zur psychotherapeutischen Ausbildung und Patientenversorgung geworden. Zum Teil als Zweigstellen bestehender Institute, zum Teil als Neuorganisationen gegründet, haben sie zunächst vor allem psychoanalytische Theorie und Praxis verbreitet – so in Frankfurt am Main, Leipzig und München. Wien war ohnehin eine Hochburg der Tiefenpsychologie.

Waren das Angebot von Psychotherapie und die Gründung von Therapieschulen dem freien Wettbewerb überlassen? Ja und Nein. Ja, weil letztlich die Nachfrage zahlender Klienten oder Zuwendungen zahlungskräftiger Gönner über die Existenz der Schulen entschied. Nein, da örtliche und nationale Gesellschaften durch Aufnahme und Ausschluss von Mitgliedern eine Qualitätskontrolle ausübten. Wiederum ja, weil die Zugehörigkeit zu einer Gesellschaft gar keine formelle und verbindliche Zulassungsvoraussetzung war; in Abgrenzung von einer bestehenden Gesellschaft konnte jederzeit auch eine neue Gesellschaft gegründet werden. Der Beruf der Psychotherapie war auf dem besten Wege zu einem sich selbst verwaltenden System.

Nun waren medizinische Laien zur Psychotherapieausbildung zugelassen, doch wurde nach Abschluss der Ausbildung recht deutlich zwischen ärztlichen und nicht-ärztlichen Psychotherapeuten unterschieden. Als Psychotherapeuten ausgebildete Ärzte waren Mitglieder eines traditionellen, akademisch legitimierten, mit Privilegien ausgestatteten Berufsstandes; so waren ärztliche Psychotherapeuten gleichzeitig als Psychiater und Nervenärzte (s. Abschnitt 2) anerkannt. Nicht-ärztlichen Psychotherapeuten konnten diese Qualifikation nicht durch eine andere ersetzen (z. B. einen Doktorgrad in Philosophie).

In Deutschland wurde die Trennung von ärztlicher und nicht-ärztlicher Heilkunde zudem durch staatliche Verordnungen gestützt. Der Norddeutsche Bund, der Vorläufer des 1871 gegründeten Deutschen Reichs, hat 1869 Medizinalordnungen für die Zulassung zu Heilberufen erlassen, welche die Niederlassung von Ärzten und Zahnärzten regelten. Doch die Ordnungen schlossen Erwerbstätigkeiten von sogenannten Laienheilkundigen nicht aus. Diese genossen vielmehr „Kurierfreiheit". Sie durften sich frei betätigen; der Staat kümmerte sich weder um ihre Ausbildung noch ihre Behandlungsmethoden (so lange sie sich keiner strafbaren Handlung schuldig machten). Es blieb also den Patienten und im gegebenen Fall ihren Angehörigen überlassen, die Dienste nicht-ärztlicher Therapeuten in Anspruch zu nehmen und dafür die Kosten zu erstatten.

Die Patienten der ersten Jahrzehnte waren Erwachsene gewesen. Doch gerade die Psychoanalyse hatte die Aufmerksamkeit auf Konflikte und Fehlentwicklungen in der Kindheit gelenkt. Insbesondere verhaltensorientierte Ansätze hatten die Gemeinsamkeiten von Erziehung und Psychotherapie betont. So öffnete sich die Therapie für pädagogische Ansätze und Pädagogik für therapeutische Ansätze. Das Ergebnis war eine Psychotherapie für Kinder und Jugendliche. Es mochten die Eltern selbst sein, die ihre Kinder den Therapeuten vorstellten und hierfür selbst die Kosten übernahmen. Doch Erziehung war immer mehr zur öffentlichen Aufgabe geworden. Es herrschte Schulpflicht. Für die noch nicht schulpflichtigen Kinder gab es Kindergärten, für geistig und körperlich behinderte Kinder und Jugendliche Sonderschulen, für sogenannte Schwererziehbare sowie elternlose Kinder und Jugendliche gab es Erziehungsheime. Für diese Einrichtungen wurden professionelle Erzieher gebraucht: Lehrer, Kindergärtnerinnen, Fürsorger und Heilpädagogen.

Lehrern, Heilpädagogen, Fürsorgern und Erziehern kam die oben erwähnte Zulassung von medizinischen Laien zur Lehranalyse zugute. Unter ihnen waren viele Frauen, die sich dem neuen Heilberuf zuwandten; manche hatten sich autodidaktisch mit Psychotherapie vertraut gemacht, bevor sie für eine Lehranalyse angenommen wurden (Ludwig-Körner, 2014). Wer die Ausbildung abgeschlossen hatte, konnte die oben erwähnte Kurierfreiheit nutzen, um beruflich tätig zu werden. Einige ließen sich zur Psychotherapie von Erwachsenen weiterbilden. Andere wandten sich verstärkt der Behandlung von Kindern zu. Über Neurosen im Kindesalter entwickelten sich eigene Theorien. Zu einem Zentrum für Kinderanalyse wurde schon bald nach seiner Gründung im Jahre 1920 das Berliner Psychoanalytische Institut (Oberborbeck, 1995). Legendär wurde das 1924 eingeführte „Kinderseminar". Für den Beruf des analytisch geschulten Erziehers oder des pädagogisch ausgebildeten Analytikers wurde eine eigene Bezeichnung gewählt: Psychagoge. Der Begriff der Psychagogik war wohl eine Neubildung, zusammengesetzt aus „Psychoanalyse" und „Pädagogik". Möglicherweise war bei der Einführung der Bezeichnung in der Kinderanalyse der historische und universelle Begriff der Psychagogik als Seelenleitung (s. Abschnitt 3) noch erinnerlich. Indem er allerdings zur Berufsbezeichnung von Kinderanalytikerinnen und Kinderanalytikern geworden ist (Diederichs-Paeschke & Stafski, 2000), hat der Begriff „Psychagogik" eine spezifische Bedeutung angenommen.

Doch selbst wenn Erzieher sich keiner zusätzlichen Therapieausbildung unterzogen: Psychoanalyse und andere therapeutische Richtungen nahmen Einfluss auf die Pädagogik; sie wurden verbreitet von Dozenten der Lehrerbildungsseminare und flossen ein in die Arbeit der Lehrer an Schulen, gelangten über Heilpädagogik in Erziehungsheime usw. In Deutschland entstanden Erziehungsberatungsstellen von Gemeinden, in England und den USA „*Child-Guidance-Clinics*", an denen Erzieher nach aktuellen psychotherapeutischen und nicht zuletzt psychoanalytischen Prinzipien Hilfe bei Entwicklungs- und Lernschwierigkeiten leisteten.

Bei der Entwicklung und Verbreitung der Kinderanalyse haben Frauen (darunter auch Freuds eigene Tochter Anna Freud) eine bedeutende Rolle gespielt. Zeitgenossen erklärten dies mit einer naturgegebenen Berufung der Frau. Offensichtlich ist jedoch, dass in der ersten Hälfte des 20. Jahrhunderts Frauen das Universitätsstudium und insbesondere das Medizinstudium wenn nicht verwehrt, so doch erschwert war. Junge Frauen wandten sich daher bevorzugt Lehr- und Pflegeberufen zu, für die sie eine Ausbildung in Lehrerbildungsanstalten und -seminaren, Kindergärtnerinnenseminaren, Schulen für Heilpädagogik u. Ä. erhielten. Diese Ausbildungen waren nicht als den akademischen gleichwertig anerkannt. Die Weiterbildung in Psychagogik bot freilich nicht nur eine berufliche Qualifikation, sondern auch eine Chance zum sozialen Aufstieg (Kerl-Wienecke, 2000).

Die Verselbstständigung der psychoanalytischen Ausbildung in Form der Lehranalyse und – mehr noch – die Öffnung der Ausbildung für medizinische Laien bedeuteten eine weitgehende Absonderung der Psychotherapie von der Medizin. So jedenfalls Freud selbst. Nachdem er sich zur Befürwortung der Laienanalyse entschlossen hatte, erklärte er auch,

> … daß sie [die Psychoanalyse] kein Spezialfach der Medizin ist. … Die Psychoanalyse ist ein Stück Psychologie, auch nicht medizinische Psychologie … oder Psychologie der krankhaften Vorgänge, sondern Psychologie schlechtweg, gewiß nicht das Ganze der Psychologie, sondern ihr Unterbau, überhaupt ihr Fundament. Man lasse sich durch die Möglichkeit ihrer Anwendung zu medizinischen Zwecken nicht irreführen, auch die Elektrizität und die Röntgenstrahlen haben Verwendung in der Medizin gefunden, aber die Wissenschaft von beiden ist doch die Physik (Freud, 1926b, S. 289).

Gibt hier Freud seine Identität als Mediziner und seinen Stand als Arzt auf? Es ist keineswegs ein radikaler Wechsel, den er vollzieht. Er bemängelt an der Medizin nur, sie sei „mit der seelischen Seite des Krankseins" (Freud, 1926a, S. 280) nicht vertraut. An die zeitgenössische Psychologie mochte er sich gleichwohl nicht anschließen, da in ihr „die Lehre vom Seelenleben sich nicht entwickeln konnte" (Freud 1926a, S. 218). Ihm schwebte für seine Psychoanalyse ein gänzlich neuer, ein überdisziplinärer Ansatz vor, der auch Kulturgeschichte, Religions- und Literaturwissenschaft umschließt (Freud, 1926a, S. 281). Insofern plädiert Freud nicht für ein Verlassen der Medizin, sondern deren Ergänzung. Seinen eigenen Beruf als Arzt gedachte er dabei nicht aufzugeben. Er ist mit dieser Haltung zum Vorbild für Mediziner geworden, die ihre ärztliche Ausbildung durch eine Ausbildung in psychodynamischen Verfahren erweiterten; in der privilegierten Stellung eines Arztes haben sie dann ihre Patienten behandelt und ärztliche Honorare bezogen. Die Gesellschaft hat ihre Therapie als ärztliche Leistung anerkannt; als Angehörige eines renommierten Berufs haben sie bevorzugt Leitungsaufgaben in psychotherapeutischen Einrichtungen übernommen.

Freud (1926a) hielt es zugleich sehr wohl für möglich, dass nicht-medizinische Laien nach Beendigung ihrer Lehranalyse Psychotherapie als freien Beruf ausüben. Ja er hielt dies sogar für wünschenswert, weil sie dann von behördlichen Zulassungsverfahren sowie von der Fachaufsicht für Ärzte verschont blieben. Da sie als freie Therapeuten nicht mit Ärzten konkurrierten, seien sie vor dem Vorwurf der Kurpfuscherei geschützt.

Die ersten Therapieschulen sind auf dem europäischen Kontinent entstanden, und sie waren tiefenpsychologisch ausgerichtet. Die Entwicklung der Psychotherapie auf dem europäischen Kontinent fand weltweit Resonanz. Insbesondere in den USA und in England gab es Gleichgesinnte, die sich zu Gruppen zusammenschlossen. Insbesondere seit den 1940er-Jahren zeigte die Psychotherapie in diesen Ländern eine lebhafte Entwicklung. Das lag nicht zuletzt an der erzwungenen Emigration von Therapeutinnen und Therapeuten aus Deutschland und Österreich. Sie waren vor allem von den anglofonen Ländern aufgenommen worden und hatten dort neue Wirkungsmöglichkeiten erhalten (siehe Schorr, 1984; s.a. Abschnitt 6). Die neuen Therapieschulen waren nicht alle tiefenpsychologisch ausgerichtet; sie folgten teilweise auch kognitiven und verhaltenstheoretischen Prinzipien (s. Abschnitt 3). Die von der Psychoanalyse eingeführten Lehranalyse erwies sich jedoch für alle Richtungen als vorbildlich. Die neuen Schulen tendierten ebenfalls dazu, ihre Nachwuchsausbildung nach dem Meisterprinzip zu organisieren. In der Ausbildung selbst gab es selbstverständlich schulspezifische Besonderheiten. So brauchten etwa zukünftige Praktiker der Verhaltenstherapie nicht wie in der Lehranalyse die Rolle eines Patienten einzunehmen; ihre Ausbildung erfolgte durch Instruktion, Hospitation und Supervision.

Überhaupt gab es keinen Masterplan, nach dem die Psychotherapieszene sich hätte entwickeln können. Therapieschulen entstanden meist lokal auf Initiative einer Gründerpersönlichkeit. In freier Konkurrenz bildete sich ein Markt für Therapie. Gründer von Therapieschulen (und ihre Schüler) nutzen Nischen, um auf dem Markt Fuß zu fassen, behaupteten sich bei ausreichender Nachfrage und verließen den Markt wieder, wenn die ausreichende Nachfrage ausblieb. Anders als bei ingenieurtechnischen Innovationen gibt es bei Therapieverfahren kein Urheberrecht; Gründer können ihr Verfahren weder ganz noch in Teilen für ihre eigene Verwertung schützen lassen. Daher ergeben sich zahlreiche Überschneidungen und Mehrfachangebote, welche die Zahl dokumentierter Psychotherapien in die Höhe treiben. Es waren auch nicht so, dass Therapieschulen sowie die Praxen ihrer Absolventen allein psychotherapeutische Dienste anboten. Vielmehr waren auch in den USA und in England psychotherapeutische Anwendungen ebenso – wie oben erwähnt – in Erziehungseinrichtungen, Beratungsstellen u. Ä. üblich; die dort Beschäftigten konnten ebenfalls Therapieschulen zur Weiterbildung besuchen.

Der Markt für Psychotherapie wuchs im Wechselspiel von Angebot und Nachfrage. In der Regel waren gerade in den USA sowohl Behandlungen als auch Ausbildungen privatwirtschaftlich geregelt. Doch im Vergleich zum Deutschland vor 1945 waren Hochschulen in den USA für Klinische Psychologie und

Psychotherapie aufgeschlossener, und sie kooperierten mehr mit psychiatrischen Kliniken, Heimen für schwer Erziehbare und ähnlichen Einrichtungen; dabei gab es aufseiten der Universitäten durchaus Vorbehalte gegenüber Psychotherapie (s. Abschnitt 7). Immerhin beteiligten sich in den USA auch Psychologieprofessoren und Klinikleiter an der Gründung und Verbreitung von Therapieschulen. Das Beispiel dreier „Gründungsväter" belegt das. Aaron T. Beck, Albert Ellis und Carl Rogers waren alle nach 1900 geboren, hatten sich alle mit Psychoanalyse vertraut gemacht, sich jedoch davon abgewandt und andere Wege beschritten, auf denen ihnen zahlreiche Schüler gefolgt sind: Beck (z.B. 1975) und Ellis (z.B. 1962/1993) haben vorbildliche Programme für Kognitive Verhaltenstherapie vorgelegt, Rogers (z.B. 1942) für die Klientenzentrierte Gesprächstherapie. Promoviert hatte Beck in Medizin; er war als Psychiater bei der US-Armee tätig und lehrte dann am *Psychiatry Department* der *Medical School* der *University of Pennsylvania*. Albert Ellis promovierte in Psychologie, arbeitete danach in einer eigenen Praxis und gründete nach einigen Jahren in New York das *Institute for Rational Living* als gemeinnützige Einrichtung. Carl Rogers hat in Erziehungswissenschaften promoviert und war mit einer Arbeit über delinquente Kinder bekannt geworden, bevor mit einer Berufung auf eine Professur an der *Ohio State University* seine akademische Karriere begann; an deren Ende leitete er ein Beratungszentrum an der *University of Chicago*.

Abschnitt 4: Essentials

1. Psychoanalyse konnte als eigene Therapierichtung an deutschsprachigen Universitäten nicht Fuß fassen.
2. Zur Ausbildung von Psychoanalytikern wurde daher eine Lehranalyse eingeführt, die bei einem bereits anerkannten Psychoanalytiker oder an einem Ausbildungsinstitut zu absolvieren war.
3. Zur Lehranalyse waren Mediziner wie Nicht-Mediziner zugelassen. Die Ausgebildeten teilten sich daher in zwei Gruppen: Ärztliche und nicht-ärztliche Psychotherapeuten.
4. Nicht-ärztliche Psychotherapeuten entstammten oft pädagogischen Berufen. Als „Psychagogen" (neuer Art) widmen sie sich vorzugsweise der Therapie von Kindern.
5. Seit den 1940er-Jahren schreitet die Diversifizierung der Psychotherapie insbesondere in den USA und in England voran; es entstehen Therapieschulen nach dem Vorbild der psychoanalytischen Lehrinstitute.

6. Therapien und Ausbildungen sind privatwirtschaftlich organisiert; sie sind in der Regel von den Patienten bzw. den Auszubildenden selbst zu honorieren; in den USA beginnen universitäre Psychologieinstitute und Psychiatrische Kliniken mit der Lehre in Psychotherapie.

5. Die akademische Psychologie und ihre Beziehung zur Psychotherapie und zur Popularpsychologie

In der zweiten Hälfte des 19. Jahrhunderts hat sich Psychologie als akademisches Fach verselbstständigt. Im deutschsprachigen Raum zählte man bis 1900 elf Psychologische Universitätsinstitute (Stock & Schneider, 2020). Fortschritte der Forschung und steigende Nachfrage von Studenten hatte innerhalb der Philosophischen Fakultäten zur Gründung fachspezifischer Forschungs- und Lehreinrichtungen, wissenschaftlicher Seminare und Institute geführt. Die Naturwissenschaften und Mathematik sowie die Sprachwissenschaften machten den Anfang. Die Psychologie gehörte zu den Fächern, die ihnen folgten. Doch noch bevor sich Psychologie als Einzeldisziplin verselbstständigte, gab es Bemühungen, sie als transdisziplinäres Unternehmen zur Verbindung der auseinander strebenden Wissenschaften einzusetzen. Der Berliner Philosophieprofessor Friedrich Eduard Beneke (1845, 1850) entwarf eine theoretische und eine pragmatische Psychologie. Theoretische Psychologie war die Lehre vom menschlichen Bewusstsein (z.B. der Vorstellung, der Emotion) und sollte die Grundlage der Humanwissenschaften (z.B. der Sprach- und Kulturwissenschaft) bilden; pragmatische Psychologie war eine Handlungs- und Soziallehre, welche die Grundlage aller „Kunstlehren" (z.B. Erziehung, Rechtsprechung) bilden sollte. Zugleich wollte Beneke psychologische Erkenntnis in der Allgemeinbildung und in der Praxis fördern. Dazu gab er eine Zeitschrift „Archiv für pragmatische Psychologie" heraus (Beneke, 1851–1853).

Benekes Ansatz einer universellen Disziplin der Psychologie, die, auf gemeinsamen theoretischen Grundlagen aufbauend, alle menschlichen Lebens- und Tätigkeitsbereiche umfasst, ist eine Wunschvorstellung geblieben. Jedenfalls war sie als akademisches Projekt nicht zu realisieren; viel zu klein war die Zahl von Lehrstühlen, die sich der Psychologie widmeten. Doch auch ohne Unterstützung aus einer akademisch institutionalisierten Disziplin der Psychologie entfalteten sich in zahlreichen Wissens- und Praxisgebieten Fähigkeiten und Einsichten, die als psychologische einzuordnen sind. Diese Gebiete waren zum Teil selbst akademisch institutionalisiert – wie etwa die Wirtschafts- und Rechtswissenschaften, zum Teil als nicht-akademische Teile der Gesellschaft – wie etwa Handwerk und Familie (Schönpflug, 1993). So gedieh die transdisziplinäre und adisziplinäre Psychologie außerhalb der disziplinären. Auf ihrem

Weg zur akademischen Einzeldisziplin hat Psychologie keine Universalität erreicht, sondern – entsprechend ihrer geringen Personalkapazität – aus der Vielfalt einschlägiger Probleme eine Auswahl getroffen. Diese Strategie war insofern erfolgreich, als die vertiefte Untersuchung der ausgewählten Probleme Paradigmen für eine moderne neue Wissenschaft ergab.

In den ersten Jahrzehnten der akademischen Psychologie konkurrierten zwei Konzepte. Das eine Konzept sah eine Psychologie nach Art der Geisteswissenschaften vor, eine umfassende, auf Prinzipien gründende, systematische Wissenschaft von der psychischen Struktur und Dynamik des Menschen, seiner Entwicklung, seiner Persönlichkeit, seiner Gesellschaftlichkeit. Das Konzept zeichnete sich übrigens auch durch seine Offenheit für Psychotherapie im Allgemeinen und Psychoanalyse im Besonderen aus. Offensiv ist für eine solche geisteswissenschaftliche Psychologie der in Heidelberg lehrende Philosophieprofessor Wilhelm Windelband eingetreten (Gundlach, 2017). Ein anderes Konzept befürwortete eine Psychologie nach Art der Naturwissenschaften, eine empirisch forschende, systematisch vorgehende Richtung. Diese favorisierte die Methode des Experiments. Die naturwissenschaftliche Richtung war es, die das Bild der akademischen Psychologie vornehmlich bestimmt hat.

Mit der Zuwendung zur Naturwissenschaft löste sich die Psychologie von idealistischen und metaphysischen Seelenbegriffen. Nicht mehr die Seele als eigenes Wesen, als nichtkörperliches Organ oder eine besondere Substanz sollte Gegenstand der Psychologie sein. Dies war ein entscheidender Schritt. Ein Autor, der ihn umsichtig begründete, war der in Wien lehrende Philosoph Franz Brentano. Gegenstand der Psychologie seien die Tätigkeiten des menschlichen Bewusstseins wie Vorstellung, Urteil und Gefühl. Diese Tätigkeiten sowie die Inhalte, auf welche sie sich beziehen, werden in der Selbstbeobachtung erkennbar – als „Phänomene". Die Beschreibung von Phänomenen sei die erste Aufgabe der Psychologie. Insofern sei sie „deskriptive Psychologie". Habe man die Phänomene des Bewusstseins gesichert, stelle sich sie die Frage nach den Bedingungen ihres Entstehens und ihres Wandels; dieser Frage widme sich „genetische Psychologie" (Brentano, 1874/1955). Auf der von Brentano begründeten Phänomenologie fußten einerseits Entwürfe zu einer psychologischen Kategorienlehre, andererseits experimentelle Untersuchungen geistiger Prozesse (Smith, 1994). Die scharfsinnige, in die Tiefe der Philosophie reichende Argumentation Brentanos hat einen erlesenen Kreis von Schülern begeistert, war aber in ihrer Grundsätzlichkeit und ihrer sprachlichen Strenge für eine Verbreitung in der Öffentlichkeit weniger geeignet.

Höchst wirksam für die Verselbstständigung der Psychologie als akademisches Fach war die weltweit als vorbildlich angesehene, in Leipzig betriebene

Experimentelle Psychologie unter der Leitung des Philosophieprofessors Wilhelm Wundt. Naturwissenschaftliche Experimentiermethoden erschlossen der Psychologie eine neue Erfahrungswelt. Zugleich versprachen sie, grundsätzliche, kontrovers diskutierte Fragen der Philosophie auf fortschrittliche Weise einer Lösung näher zu bringen. Psychophysische Experimente stellten Empfindungsstärken (z. B. der subjektiven Lautheit) in Abhängigkeit von Reizstärken (z. B. des physikalischen Schalldrucks) fest, um Aufschluss über das Leib-Seele-Problem erhalten. Untersuchungen über anschauliches und unanschauliches Denken sollten die Streitfrage der Epistemologie entscheiden helfen, ob der menschliche Geist nur Sinneseindrücke verarbeitet oder eigene Konstrukte bereithält. Lern- und Vergessenskurven sollten zeigen, ob sich Wissen nach der Weise des natürlichen Wachstums und Verfalls (etwa von Pflanzen) auf- und abbaut. Die verwandten Untersuchungsmethoden waren ebenso ausgeklügelt wie die Versuchshypothesen. Man brauchte dafür abgesonderte Räume, Laboratorien, in denen – oft eigens angefertigte – Geräte (z. B. Chronoskope zur Messung der Dauer von Reaktionen auf akustische oder optische Signale) zum Einsatz kamen.

Zu der in Laboratorien betriebenen experimentellen Forschung gesellte sich eine weitere empirische Richtung, die man früher gern auch als „Sammelforschung" bezeichnete. Sie begann mit differentiell-psychologischen Erhebungen zur kindlichen Entwicklung (z.B. Dokumentationen zur Sprachentwicklung in den ersten Lebensjahren) sowie mit der Messung individueller Unterschiede (z.B. Prüfung der Intelligenz). Die Sammelforschung hat zudem gesellschaftliche Bereiche wie die Wirtschaft und das Rechtswesen in den Blick genommen und damit – unter der Bezeichnung „Psychotechnik" – die Möglichkeiten der Anwendung von psychologischer Erkenntnis ausgelotet. Für den Aufschwung der Differentiellen Psychologie (Persönlichkeits- und Entwicklungspsychologie) und der Psychotechnik hat sich in Deutschland kein Wissenschaftler mehr verdient gemacht als der in Breslau und Hamburg lehrende William Stern (Lamiell, 2010).

Ihrer experimentellen Richtung verdankte die Psychologie einen Meilenstein in ihrer akademischen Institutionalisierung. 1883 stellte die Universität Leipzig Wilhelm Wundt zwei eigene, für experimentelle Demonstrationen geeignete Unterrichtsräume und zwei Laborräume zur Verfügung, dazu einen eigenen Etat für wissenschaftliche Untersuchungen: Das weltweit erste Psychologische Institut. Das Institut wuchs und zog Studenten an, viele aus anderen Ländern (Meischner-Metge & Schröger, 2020). Im deutschsprachigen Raum entstanden bis 1900 – wie eingangs erwähnt – zehn weitere Psychologische Institute. Hilgard (1987, S. 32) berichtet von einundzwanzig Einrichtungen an amerikanischen Colleges und Universitäten, die sich „*psychological laboratories*“ nannten. Für den aus Freiburg im Breisgau berufenen, als Experimentalpsychologe hervorgetretenen Hugo Münsterberg (1906) errichtete die Harvard University sogar einen Neubau mit 24 Räumen und einer hochmodernen Ausstattung.

Im Rückblick konnte man meinen, Psychologie sei nur dank ihrer experimentellen Ausrichtung zu einer modernen, eigenständigen Wissenschaft geworden (vgl. etwa Boring, 1950). Das wäre jedenfalls nicht im Sinne von Wundt gewesen. Wundt wollte Psychologie über ihre experimentellen Paradigmen hinaus auch weiterhin in die nicht im Laboratorium darstellbaren Probleme der Kultur-, Moral- und Erkenntnistheorie einbringen (Fahrenberg, 2018).

Eine Zeit lang setzten auch Vertreter der Medizin Hoffnungen auf die experimentelle Psychologie. Im Jahr 1904 wurde in Gießen die *Gesellschaft für experimentelle Psychologie* gegründet; es war dortige Direktor der Psychiatrischen Klinik, Robert Sommer, der zum Gründungskongress einlud (Meyer zum Wischen, 1988). Sommer unterhielt an seiner Klinik ein psychophysiologisches Laboratorium mit zahlreichen Geräten, die bereits in psychologischen Experimenten verwendet worden waren (Sommer, 1904/2004). Als Verbindungsmann zwischen Psychiatrie und experimenteller Psychologie wird auch oft Emil Kraepelin genannt. Zu seinen Verdiensten gehört die Gründung der Deutschen Forschungsanstalt für Psychiatrie in München. Kraepelin hatte Medizin studiert und wurde dann in Leipzig Assistent Wundts. Er promovierte bei Wundt mit einer experimentellen Arbeit über Ermüdung und begann danach eine einflussreiche Karriere in der Psychiatrie; seine Leipziger Forschungen setzte er fort. Weder Sommer noch Kraepelin haben experimentell geforscht, indem sie den Einfluss von planmäßig gesetzten Bedingungen (unabhängigen Variablen) auf Berichte und Verhalten von Probanden (abhängige Variablen) prüften. Vielmehr wollten sie die in der Experimentalpsychologie entwickelten apparativen Methoden für die psychiatrische Diagnostik nutzbar zu machen. Doch ihren Bemühungen war kein Erfolg beschieden (Hildebrandt, 1993). So war die Annäherung zwischen Psychologie und Psychiatrie nur von kurzer Dauer.

Mit ihrer Wendung zu den Naturwissenschaften hat die Psychologie ein neues Selbstverständnis als moderne Wissenschaft gewonnen. Die Zuwendung zur Fremdbeobachtung ging freilich nicht mit einer Abwendung von der Selbstbeobachtung einher; neben dem Laboratorium blieb die allgegenwärtige Umwelt eine Quelle von wissenschaftlicher Erfahrung und Inspiration. Eingehende Studien versprachen eine neuartige Grundlegung der Psychologie, die als Lehre von den „seelisch-geistigen Vorgänge[n] und Zuständen … ein systematisches und geschlossenes Bild des Seelenlebens“ (Rohracher, 1946, Vorwort) vermittelt. Die Lehre gliederte sich in zwei Teile: Kognition sowie Motivation und Emotion. So stellt Rohracher (1946) in seiner „Einführung in die Psychologie“, die bis 1988 in 13 Auflagen erschienen ist, seelisch-geistige Funktionen (Wahrnehmung, Gedächtnis, Denken) den seelischen Kräften (Trieb, Gefühl, Wille) gegenüber. Theorien über den Aufbau der Persönlichkeit, wie er sie noch in die erste Auflage seines Lehrbuchs behandelt hatte, hat er später eine eigene „Kleine Charakterkunde“ gewidmet (Rohracher, 1956). Die beiden Lehrbücher präsentierten beispielhaft die akademische Psychologie als Grundlagendisziplin mit einem dominanten Schwerpunkt in der Lehre von den einzelnen psychischen Funktionen (Allgemeine Psychologie) und einem weiteren Schwerpunkt zur Struktur und Individualität der Psyche (Persönlichkeitspsychologie). Damit bildete sich ein Wissenskanon aus, der in Lehrbüchern und Universitätsvorlesungen gepflegt wurde und das Fachverständnis prägte.

Mit moderner Methodik und Systematik hat Psychologie ihre Stellung in der akademischen Welt gefestigt. Die oben genannte Gründung der *Gesellschaft für experimentelle Psychologie* im Jahre 1904 ist ein Ausdruck dieses Selbstbewusstseins. Damit suchte sich eine vorzugsweise akademisch positionierte, auf wissenschaftliche Forschung bedachte Gruppe vom Laienpublikum abzusetzen. Die Gesellschaft war damals für Mitglieder aller Disziplinen offen; die Stärkung des Lehrfaches Psychologie war kein erklärtes Ziel (Gundlach, 2004). Die neue experimentell arbeitende Generation von Psychologen bestimmten ihre Exzellenz nach eigenen Maßstäben, wählten Untersuchungsfragen nach ihren theoretischen Interessen. Charakteristisch für die ersten Jahrzehnte der experimentellen Psychologie waren Selbstversuche: Forscher waren zugleich Veranstalter eines Experiments, Beobachter und beobachtete Person (z. B. in Versuchen über Lernen und Vergessen). Andere Personen, die an Versuchen teilnahmen, waren gute Freunde und Institutskollegen.

Populär wurde die experimentelle Psychologie nicht. Ihre Paradigmen weckten außerhalb der Universitäten Zweifel, ob diese sich überhaupt noch einem Gegenstand „Seele“ zuzuordnen waren. So hat die in Gelehrtenkreisen hoch eingeschätzte Psychophysik (Gutberlet, 1905), welche mit exakten Messmethoden die Beziehung von Reiz- und Empfindungsstärken ermittelte, zwar noch einen paradigmatischen Zugang zum Leib-Seele-Problem intendiert; doch vielen Bürgern mochten psychophysische Relationen und Parameter, falls sie diese überhaupt zur Kenntnis nahmen, eher als unbedeutende Kuriositäten erschienen sein. Die Zurichtung grundlegender Probleme der menschlichen Erkenntnis und des menschlichen Fühlens und Handelns auf experimentell prüfbare Fragestellungen befremdete ebenso wie die Disziplinierung der untersuchten

Personen in einem mit Apparaten bestückten Laboratorium. Sophistizierte Modelle waren nur noch Fachgelehrten verständlich, ebenso wie die von ihnen eingeführten neuen Fachausdrücke (wie „Apperzeption“ und „Komplikation“). Dieses Schicksal mochte experimentelle Psychologie noch mit anderen Naturwissenschaften teilen, die in ihren chemischen, physikalischen u. ä. Laboren neue Weltsichten erschlossen. Doch diese Wissenschaften konnten mit Aufsehen erregenden Entdeckungen überzeugen, welche revolutionierende Produkte und Techniken ermöglichten. (Ein Beispiel ist die Entdeckung der Radioaktivität, die nachfolgend zur Krebsbehandlung verwendet wurde.) Mit Entdeckungen und Anwendungen solcher Originalität und Tragweite konnte Psychologie nicht für sich einnehmen.

Zeitgenossen, die sich mit hohen Erwartungen der neuen Wissenschaft näherten, mochten in ihr die moderne Wiederkehr der selbstgenügsamen „Schulpsychologie“ sehen (s. wieder Abschnitt 1). Ein früherer Student der Berliner Universität erinnerte sich jedenfalls an ein Kolleg, in dem er entdeckt habe, „daß die Psychologie des Professor Carl Stumpf gar nicht war, was ich darunter verstand“ (nach Gerhardt, Mehring & Rindert, 1999, S. 173). Die neue naturwissenschaftliche Psychologie war eher eine Seelennaturkunde für Eingeweihte, ein eher elitäres Unternehmen. So blieb der Kreis der Forscher, die sich von der Rationalität und Exaktheit der neuen Methoden angezogen fühlten und sich dem psychologischen Experimentieren widmeten, recht überschaubar. Zu dem Kongress der oben erwähnten Gesellschaft für experimentelle Psychologie im Jahre 1904 traf sich nur eine Hundertschaft von Teilnehmern.

Mehr Aufmerksamkeit und Zustimmung in der Öffentlichkeit genoss die an Universitäten ebenfalls betriebene Psychotechnik sowie die Differenzielle Psychologie und Sammelforschung. Insbesondere die Psychotechnik schien geeignet, eine Brücke zwischen wissenschaftlicher Psychologie und Gesellschaft zu schlagen. In der modernen Gesellschaft waren Probleme der Schule, der Wirtschaft, der Justiz u. A. dringlich geworden. Von gerühmter Wissenschaft versprach man sich Fortschritte bezüglich der Effizienz und der Gerechtigkeit. Manche Wissenschaftler befassten sich aus eigenem Antrieb mit Problemen der Praxis. Auch hier ging William Stern voran. Ein Praxisfeld, in dem er Vorbildliches leistete, war die Beurteilung von Zeugenaussagen vor Gericht (z.B. Stern, 1904). Oft ging die Initiative zur wissenschaftlichen Befassung mit einem praktischen Problem von Vertretern der Praxis selbst aus. Aus der Schule, der Wirtschaft, dem Militär wandte man sich an verehrte psychologische Forscher und legten ihnen Fragen aus dem jeweiligen Tätigkeitsbereich vor – etwa zur Eignungsauslese von Schülern, Rekruten und Lehrlingen, zur Unterrichtsgestaltung und zur Produktgestaltung. Da lag es nahe, Forschung mit Weiterbildung zu verbinden. Ein hervorragendes Beispiel gab Ernst Meumann aus dem berühmten Psychologischen Institut in Leipzig. Er hielt Vorträge in Lehrervereinen und führte selbst wissenschaftliche Untersuchungen im Schulunterricht durch; so ermittelte er unter Anderem Schwankungen der Aufmerksamkeit bei 11- bis 13-jährigen Schülern (Meumann, 1907-1914). Ein solches Vorgehen versprach einen unmittelbaren Austausch von Wissenschaft und Praxis zum Nutzen beider. Disziplinäre und Transdisziplinäre näherten sich einander an.

Die ersten Erfahrungen mit einer von akademischen Psychologen unterstützten Praktischen Psychologie waren einerseits ermutigend, andererseits ernüchternd. Ermutigend war auf jeden Fall, dass hochrangige Experten sich praktischer Probleme mit dem der Wissenschaft eigenen Fleiß und wissenschaftlicher Gründlichkeit annahmen, dank ihrer Selbstständigkeit auch unparteiisch gegenüber etwaigen Interessengruppen. Ernüchternd freilich war, dass die Erkenntnisse der wissenschaftlichen Experten meist nicht über das hinausgingen, was Kenner und Kritiker längst gesagt hatten (z. B. dass Zeugenaussagen von Jugendlichen unzuverlässig und leicht beeinflussbar sind). Es zeigte sich zudem: Wissenschaftliche Fragestellungen, die sich im Laboratoriumsversuch als ergiebig erwiesen hatten, waren für Praxisfelder irrelevant (z. B. die Psychophysik für den Schulunterricht), und wissenschaftliche Methoden ließen sich in der Praxis nicht anwenden; so störten etwa die im Laboratorium bewährten psychophysiologischen Messungen Schüler beim Unterricht. Überhaupt wurde die Fokussierung der an den Universitäten betriebenen Forschung auf abgegrenzte Fragestellungen der Komplexität der Praxis nicht gerecht.

Wirkungsvoller war ein pragmatischer Ansatz: Tatsächliche Praxis zu beobachten, bewährte Verfahren zu ermitteln und Bewährtes in Standardform zur weiteren Anwendung bereitzustellen. Nach diesem Ansatz entstanden die Verfahren, die den Ruf der Praktischen Psychologie am nachhaltigsten begründen sollten: die Psychotests. Ein weltweit bekannter Prototyp war der Intelligenztest von Alfred Binet und Théodore Simon (1905a, b). Die Entwicklung des Tests begann mit der Sammlung von Prüfungsaufgaben, die Lehrer zur Bestimmung der Schulreife verwendeten. Binet – er war Psychologieprofessor in Paris – und Simon – er arbeitete damals als Arzt in einem Kinderheim – ordneten die Aufgaben verschiedenen Anforderungsbereichen zu (z. B. Körperbeherrschung, Gedächtnis, Denken), verwarfen ihnen ungeeignete erscheinende Aufgaben und ergänzten sie. In Druckform wurden die Aufgaben festgehalten und konnten in stets gleicher Weise (standardisiert) vorgelegt werden. So dienten sie zunächst der Bestimmung der Schulreife, später der Intelligenzmessung bei normalen und geistig behinderten Kindern von 3 bis 10 Jahren.

Der ebenfalls weltweit verbreitete Test des Schweizerischen Psychiaters Hermann Rorschach zur Persönlichkeitsdiagnostik geht auf die damals in der Kunst und bei Geselligkeiten beliebten Klecksbilder zurück; man deutete sie als Botschaften aus dem Reich der Geister oder suchte aus anderen Deutungen, die Betrachter ihnen gaben, auf deren Gedanken und Wünsche zu schließen. Rorschach hat von zehn wie Klecksbilder aussehenden, schwach strukturierten Abbildungen Standardtafeln anfertigen lassen, Reaktionen von Probanden darauf erhoben und mit seiner Autorität erklärt, was die Antworten auf die Bilder über die Person des Beantworters „verraten" (Schönpflug, 2014). Die Tests werden in der Moderne zu professionellen Werkzeugen der „Psychographie"; sie bilden eine „Technologie des Ich" (Galison, 2005). Standardisierte Tests ergänzen die bisher favorisierten Verfahren der Ausdrucksdiagnostik (wie die Grafologie) nicht nur; sie tendieren auch dazu, diese mit Verweis auf ihre wissenschaftliche Entwicklung und Erprobung zu verdrängen. Einzelne Tests oder Gruppen von Tests luden zur Schulenbildung ein, insbesondere wenn die Aneignung des Verfahrens viel Übung erforderte und Kontroversen über das Verfahren dessen Anhänger zur Verteidigung zusammenschlossen – etwa zu beobachten bei den „Rorschachianern".

Die ersten psychologischen Tests waren nicht in erster Linie für professionell arbeitende Psychologen bestimmt. So waren es zunächst vor allem Erzieher in Heimen und Lehrer in Schulen, die den Intelligenztest von Binet und Simon verwendeten. (Es war übrigens die französische Schulverwaltung, welche die Tests in Auftrag gegeben hatte, um die Verlässlichkeit und Fairness der Förderung im frühen Schulalter zu gewährleisten.) Doch im Laufe der Zeit wurde die Testentwicklung und -anwendung zu einer Domäne von Psychologen. Testdiagnostik gehörte nach 1950 zunehmend zum Ausbildungsprogramm Psychologischer Institute; die immer ausgefeilter werdenden Methoden der Testkonstruktion und -analyse passten in das bevorzugte mathematisch-naturwissenschaftliche Profil der deutschen Psychologie nach dem Zweiten Weltkrieg.

Akademisch in Psychologie Gebildete traten nun mit Darstellungen, Analysen und Empfehlungen zu Schule, Arbeit, Gericht und anderen öffentlichen und privaten Lebensbereichen hervor. Zudem entwickelte sich die Sammelforschung im Austausch mit interessierten Bürgerinnen und Bürgern. So halfen Eltern durch Aufzeichnungen der sprachlichen Fortschritte ihrer Kinder den oben bereits erwähnten Psychologieprofessor William Stern und seiner Ehefrau Clara Stern bei ihren Forschungen zur Sprachentwicklung von Kindern (Stern & Stern, 1907/1920). Für die Belange der Psychotechnik und Sammelforschung brachten die Universitäten freilich nur spärliche Forschungsmittel auf; im Studienangebot war Praktische Psychologie zunächst oft nur randständig. So wurde vor dem Ersten Weltkrieg das „Institut für Angewandte Psychologie und Sammelforschung“ von Otto Lipmann privat betrieben. Otto Lipmann war ein Schüler William Sterns und hat sich um die Arbeitspsychologie und die Rechtspsychologie verdient gemacht hatte. Er erhielt finanzielle Unterstützung von der Gesellschaft für Experimentelle Psychologie; staatliche Unterstützung beantragte er vergebens (Sprung & Brandt, 2003). Immerhin richtete nach dem Ersten Weltkrieg die Berliner Universität an ihrem Psychologischen Institut eine „Angewandte Abteilung“ ein, die ein Professor mit der Dienststellung eines Assistenten leitete (Wendelborn & Müller, 2003).

Für diese Schrift zentral ist freilich die Frage: In welchem Verhältnis standen experimentelle Psychologie, Sammelforschung und Psychotechnik zur Psychotherapie? Da sind bis zum Ersten Weltkrieg keine nennenswerten Anwendungen auf Probleme der Psychagogik, Psychoanalyse und überhaupt der Psychopathologie zu berichten. Wohl niemandem kam zunächst in den Sinn, die Problemfälle der Psychagogen und Psychoanalytiker in Laboratorien nachzubilden und daran therapeutische Maßnahmen zu erproben. Sammelforschung stand zunächst ebenfalls nicht in Beziehung zu Psychagogik und Psychotherapie; unter Psychotechnik verstand man keine heilkundlichen Verfahren. So waren Psychologie und Psychotherapie nicht nur institutionell getrennt, sondern auch paradigmatisch.

Körner (1989, S. 23 f.) hat die paradigmatische Verschiedenheit von (akademischer) Psychologie und Psychoanalyse (und wohl auch Psychotherapie im Allgemeinen) „stark vergröbernd“ – wie er selbst bemerkt, doch durchaus treffend auf den Punkt gebracht: Psychoanalyse sei Praxis ohne Theorie, Psychologie sei Theorie ohne Praxis:

> … ihre [der Psychoanalyse] wesentlichen klinischen Erkenntnisse (z.B. ihre Methodologie und ihre Methodenlehre) … gehen letzten Endes auf konkrete therapeutische Erfahrungen zurück. … Die eigentliche psychoanalytische Theorie ist als „Metapsychologie“ formuliert …, gegenüber der psychoanalytischen Praxis nachgeordnet und steht mit den Handlungsregeln psychoanalytischer Praxis nur in einem lockeren Zusammenhang. … Die Psychologie hingegen verfügt über eine große Gruppe sorgfältig ausgearbeiteter, auch experimentell überprüfter Theorien, die sich zwar … konkreten „Domänen“ … wie z.B. Kognition oder Lernen widmen, aber nicht anwendungsbezogen entwickelt sind, so daß sie sich recht selten für praktisch-psychologisches Handeln (insbesondere im Bereich klinischer Psychologie) verwenden lassen.

Die Akademisierung der Psychologie als experimentelle Wissenschaft stand daher der Aufnahme der Klinischen Psychologie und Psychotherapie in das Programm der Universitäten entgegen.

Während das Programm der akademischen Psychologie die Öffentlichkeit wenig einnahm, blieb deren Interesse an der Psychotherapie hoch. Als enorme Bereicherung der Popularpsychologie wurden tiefenpsychologische Ansätze gewertet. Zwar tendierten auch die Therapieschulen dazu, sich als Gemeinden von Eingeweihten zu organisieren, mit Aufnahmeritualen und einem eigenen Jargon; sie sahen sich – nicht anders als die experimentellen Psychologen – als Avantgarde der Moderne. Aber dies zog die Öffentlichkeit mehr an, als dass es sie abschreckte. Der Blick unter die Oberfläche des Bewusstseins und des sichtbaren Verhaltens versprach auch Laien bisher unbekannte Erklärungen über die Natur des Menschen, Befreiung von Leiden und zudem möglicherweise Überlegenheit gegenüber Unkundigen. Erregte Kontroversen über Begriffe wie „Kastrationsangst" und „Penisneid", über die Symbolik von Schlangen und Löwen, über Bisexualität und Todestrieb steigerten noch persönliches Interesse und öffentliche Aufmerksamkeit. So traten bald tiefenpsychologische Begriffe wie „Trauma", „Über-Ich" und „Komplex" in die Umgangssprache über. Das Bild, das sich gebildete Bürger seitdem von Psychologie machen, und das auch in der Berufswelt vorherrscht, ist stark von Tiefenpsychologie geprägt, das Bild der Tiefenpsychologie wiederum stark von Psychoanalyse. Für viele ist seitdem Psychologie gleichbedeutend mit Psychoanalyse.

Anklang in der Öffentlichkeit fand überhaupt der Seelenbegriff, wie ihn die tiefenpsychologischen Therapieschulen tradierten. Die Aufklärung und die fortschreitende Säkularisierung der Gesellschaft hatte den metaphysischen, vor allem christlich-religiös geprägten Seelenbegriff zurückgedrängt; umso mehr dominierte im öffentlichen Bewusstsein der von Romantik und Idealismus geprägte Begriff einer ganzheitlichen, empfindsamen und tätigen persönlichen Seele, eines subjektiven (auch sozialen) Ich. Die Richtungen der akademischen Psychologie machten sich diesen Seelenbegriff eher nicht zu eigen. Doch psychotherapeutische Schulen übernahmen den Begriff einer die ganze Person repräsentierenden Seele und stellten die ganzheitliche Analyse und Behandlung der so bestimmten Seele in Aussicht. Damit befanden sich Psychotherapie und gebildete Öffentlichkeit im Einklang. Mit diesem Einverständnis konnte sich Psychotherapie in der Öffentlichkeit gegenüber der akademischen Psychologie profilieren. Die stete Verbindung von Popularpsychologie und Psychotherapie stärkte beide.

Abschnitt 5: Essentials

1. Psychologie institutionalisierte sich in der zweiten Hälfte des 19. Jahrhunderts an den Universitäten als selbstständiges Fach.
2. Maßgebend für die Einrichtung von psychologischen Universitätsinstituten war die Entwicklung einer naturwissenschaftlich orientierten, experimentell forschenden Richtung.
3. Mit Sammelforschung, d.h. empirischen Erhebungen, ermittelte eine weitere Richtung Unterschiede von psychischen Merkmalen und Leistungen in der Bevölkerung (Persönlichkeitspsychologie) sowie Veränderungen im Laufe der Kindheit (Entwicklungspsychologie).
4. Unter dem Namen „Psychotechnik" suchte man nach Anwendungen psychologischer Prinzipien vor allem in Erziehung, Wirtschaft und Rechtswesen.
5. An den Universitäten dominierte die experimentelle Psychologie gegenüber Sammelforschung und Psychotechnik.
6. Eine stete Kooperation der akademischen Psychologie zu Psychiatrie und Psychotherapie ergab sich nicht; so verhalf die akademische Verselbstständigung der Psychologie der Psychotherapie zunächst nicht zur Aufnahme in das Programm der Universitäten.
7. Die Öffentlichkeit war von der Akademisierung der Psychologie und ihrem Forschungsprogramm nicht nachhaltig beeindruckt. Dagegen hatte die Tiefenpsychologie einen starken Einfluss auf die Popularpsychologie; insbesondere Psychoanalyse prägte das Bild der Psychologie in der Öffentlichkeit.

6. Gleichschaltung der Psychotherapie im Nationalsozialismus und Fortschritte bei ihrer Institutionalisierung

In dem seit 1933 totalitär regierten Deutschen Reich, das 1938 die Republik Österreich annektierte, wurde der Nationalsozialismus der Psychoanalyse zum Verhängnis. Die Psychoanalyse wurde als angeblich jüdische und Moral zersetzende Lehre angefeindet; zudem wurden einige ihrer Vertreter wegen ihrer sozialdemokratischen oder marxistischen Orientierung verfolgt. Aus jüdischen Familien stammten in der Tat zahlreiche Anhänger der Freudianischen Richtung. Sie mussten ihre Arbeit einstellen und das Land verlassen; einige sind in Konzentrationslagern umgekommen. Die psychoanalytischen Institute und Vereinigungen in Deutschland verschwanden. Das vorbildliche Berliner Psychoanalytische Institut (s. Abschnitt 4) wurde 1936 geschlossen. Die Deutsche Psychoanalytische Gesellschaft wurde zunächst „arisiert“, d. h. ihre jüdischen Mitglieder mussten die Gesellschaft verlassen; 1938 wurde die Gesellschaft ganz aufgelöst. Das gleiche Schicksal erlitt 1939 der „Verein für Individualpsychologie“, dessen Leitfigur der jüdische, sozialdemokratisch gesonnene Alfred Adler gewesen war.

Die verbleibenden Vertreter der Psychoanalyse im Sinne Freuds und der Individualpsychologie im Sinne Adlers schlossen sich mit Vertretern der Analytischen Psychologie im Sinne Jungs zusammen. In den Räumen und mit der Ausstattung (u. a. der Bibliothek) des aufgelösten Psychoanalytischen Instituts gründeten sie ein neues Institut, das *Deutsche Institut für psychologische Forschung und Psychotherapie*. Das Institut unterhielt Zweigstellen in Bayern, Österreich und Württemberg/Baden. Köhler (1998, S. 33) und Lockot (1985, S. 190) geben die Gesamtzahl der Institutsmitglieder für 1940 übereinstimmend mit 188 an; davon waren 88 Ärzte. Von den weiteren 100, die ebenfalls als Psychotherapeuten ausgebildet waren, hatten 39 ein Studium an einer nicht-medizinischen Fakultät, d. h. damals in Philosophie, Jura, Theologie, abgeschlossen (Akademiker), der Rest hatte keine oder eine anderweitige Ausbildung, z. B. in Heilpädagogik (Nicht-Akademiker). Erneut bildeten sich zwei Schwerpunkte: Erwachsenen- sowie Kinder- und Jugendlichenpsychotherapie. Organisiert waren die Mitglieder entweder in der 1931 gegründeten *C. G. Jung – Gesellschaft* oder in der *Gesellschaft für Individualpsychologie*, die sich auch der Schul- und Heimerziehung, der Sozialfürsorge u. Ä. widmete (s. wieder Abschnitt 4).

Das Institut – allen voran der Psychiater Schultz-Hencke (z. B. 1940) – bemühte sich um eine „Deutsche Seelenkunde", eine einheitliche Schulen übergreifende Tiefenpsychologie, ein „Amalgam". In der durch eigene, innovative Beiträge angereicherten Mischtheorie dominierte der Ansatz von Jung, der eine beträchtliche Nähe zum NS-Regime entwickelte. Doch auch Konzepte des im NS-Staat verpönten Freud wurden „amalgamiert", wenn auch mit neuen Bezeichnungen; so wurde etwa aus dem Ödipuskomplex ein „Familiengrundkomplex" (Köhler, 1998, S. 38). Derart „amalgamiert" wurden auch die Begriffe „Psychoanalyse" und „Psychoanalytiker" aus ihrem Entstehungskontext herausgelöst. Sie durften nicht mehr an Freud und seine Schüler erinnern. Vielmehr wurden „Psychoanalyse" und „Psychoanalytiker" Bezeichnungen für eine einheitliche Tiefenpsychologie sowie für einen Beruf, der diese Therapie anwendete.

Im neuen Regime fand das Institut einen mächtigen Träger: Die *Deutsche Arbeitsfront,* die nationalsozialistische Einheitsgewerkschaft. Leiter des Instituts – in der damaligen Terminologie: sein Führer – wurde der Facharzt für Nerven- und Gemütsleiden, Matthias Heinrich Göring. Göring hatte 1929 in Wuppertal eine Erziehungsberatungsstelle eingerichtet. Er gehörte der *Allgemeinen ärztlichen Gesellschaft für Psychotherapie* an und wurde bereits 1933 „Führer" der neu gegründeten *Deutschen allgemeinen ärztlichen Gesellschaft für Psychotherapie.* So vollzog sich „die Einordnung der psychotherapeutischen Bewegung in den nationalen Staat" (Lockot, 1985, insbesondere S. 39 ff., 53 ff., 79 ff., 134 ff., Zitat S. 61). Zuletzt avancierte das Institut zu einem „kriegswichtigen" *Reichsinstitut* und erhielt Mittel vom deutschen Reichsforschungsrat sowie dem Luftwaffenministerium, beide geleitet von Hermann Göring, einem Vetter des oben genannten Matthias Heinrich Göring. Das Deutsche Institut für psychologische Forschung und Psychotherapie war also eine überregionale Einrichtung. Völlig anders als sein Vorgänger, das Psychoanalytische Institut war es nicht ausschließlich privat finanziert, sondern erhielt öffentliche, staatliche Mittel (Lockot, 1985, S.188 ff.; 1994, S. 56 ff.).

Die Einführung eines Psychologendiploms im Jahre 1941 (s. Abschnitt 8) veranlasste zu Überlegungen, zur Ausbildung in Psychotherapie neben Medizinern nur noch Diplompsychologen zuzulassen; doch diese Idee setzte sich nicht durch (Cocks, 1985, S. 262). Überhaupt schöpften in der *Gesellschaft Deutscher Neurologen und Psychiater* organisierte Ärzte den Verdacht, mit dem Diplomstudium wollten sich „geisteswissenschaftliche Psychologen" Behandlungskompetenzen anmaßen (vgl. dazu Lück, 2020, S. 56 f.). Eine pragmatische Lösung war: Das Institut für psychologische Forschung und Therapie gab therapeutisch ausgebildeten Nicht-Medizinern die Bezeichnungen „Behandelnder Psychologe" und „Beratender Psychologe". Auch Fachpsychologen sollten nur als „Hilfskräfte in der Gesundheitspflege" tätig werden, d. h. nach ärztlicher Anweisung. Das Institut teilte seine Mitglieder streng in eine ärztliche und eine nicht-ärztliche Klasse. Ärzte wurden als ordentliche Mitglieder aufgenommen, Psychologen nur als außerordentliche Mitglieder (Lockot, 1985, S.238 ff.).

Die Teilung in ärztliche und nicht-ärztliche Therapeuten erhielt 1939 eine neue gesetzliche Grundlage. Sogenannte Laienheilkundige genossen nicht weiterhin „Kurierfreiheit" (s. Abschnitt 4), sondern bedurften einer Zulassung als Heilpraktiker. Mit einer solchen Zulassung konnten Therapeuten auch in freier Praxis tätig werden. Doch ihre Zahl war gering. Überhaupt waren es wenige, die ein Studium der Psychologie absolviert hatten und dann in Psychotherapie oder Rehabilitation beschäftigt waren. Unter 186 Psychologinnen und Psychologen aus der Zeit vor 1945, von denen einschlägige biografische Daten verfügbar sind, waren es lediglich 14 (Schönpflug, 2017, S. 7).

Am Ende des Krieges war das Berliner „Reichsinstitut" niedergebrannt, seine wirtschaftliche Grundlage mit dem Ende des nationalsozialistischen Regimes verloren. Doch noch im Jahre 1945 gründeten frühere Mitglieder die 1938 aufgelöste *Deutsche Psychoanalytische Gesellschaft* neu. Ebenfalls noch 1945 gründeten zwei führende Mitglieder des zugrunde gegangenen Reichsinstituts, Werner Kemper und Harald Schultz-Hencke, in Berlin ein *Institut für Psychopathologie und Psychotherapie;* es war für Ausbildung und Forschung bestimmt. Aus dem *Institut für Psychopathologie und Psychotherapie* wurde 1947 ein *Institut für Psychotherapie.* Anfang 1946 erfolgte die Gründung eines *Zentralinstituts für psychogene Erkrankungen,* das der ärztlichen Versorgung diente. Das Zentralinstitut hatte wiederum einen finanzstarken Träger, die *Versicherungsanstalt Berlin.* Ebenfalls die Nachfolge des früheren Reichsinstituts anzutreten trachtete in München das *Institut für Psychologische Forschung und Psychotherapie.* War damit die Kontinuität psychotherapeutischer Arbeit unter dem neuen demokratischen Regime (damals zunächst unter der Militärregierung der Alliierten) gesichert? Würde sich damit die Tendenz zur Gleichschaltung aus der Zeit des Nationalsozialismus fortsetzen?

Die frühere Kooperation mit den nationalsozialistischen Machthabern war eine große politische Belastung. Es bestand ein großer Nachholbedarf in theoretischer Hinsicht. Der am Reichsinstitut gepflegten Einheitstheorie war die lebhafte Entwicklung psychoanalytischer Theorien in England und den USA entgangen. Dabei wurden Freudianische Prinzipien teilweise verworfen, teilweise durch andere ersetzt (Ermann, 2012). Und es meldete sich eine neue Generation zu Wort. Die Folge war eine organisatorische und konzeptionelle

Diversifizierung. Dazu nur einige ausgewählte Belege (nach Lockot, 1994, o. J.). Im Jahre 1950 spaltete sich eine *Deutsche Psychoanalytische Vereinigung* von der oben genannten *Deutschen Psychoanalytischen Gesellschaft* ab; schon 1949 war es zur Gründung einer *Deutschen Gesellschaft für Psychotherapie und Tiefenpsychologie* gekommen. Es entstanden mehrere weitere Ausbildungs- und Therapieinstitute; in Konkurrenz zu dem Berliner Institut stand insbesondere das 1949 eröffnete *Stuttgarter Institut für Psychotherapie*. Institute und Einzelautoren schärften ihr theoretisches Profil. So traten ältere und neuere Richtungen deutlicher hervor: eine Analytische Psychologie im Sinne Jungs, orthodoxe Psychoanalyse im Sinne Freuds, Neopsychoanalyse, Ich-Psychologie, Objektbeziehungstheorie, Daseinsanalyse und andere. Die Kinderanalyse behauptete in diesem Spektrum ihren Platz. Zum Beispiel unterhielt das Berliner Institut zwei getrennte Polikliniken für Erwachsene und für Kinder. 1948 richtete das Institut einen Lehrgang „Kinderpsychotherapie" ein, von der sich später „Kinderpsychagogik" bzw. „Psychagogik" abgrenzten (Rocholl, 1998).

Bei der Neuordnung der psychotherapeutischen Szene spielten Ärzte eine dominierende Rolle. Sie besetzten die maßgeblichen Positionen in den psychotherapeutischen Gesellschaften sowie in den einschlägigen Ausbildungseinrichtungen (siehe bereits Abschnitt 4). Die bestehende Teilung in eine ärztliche und eine nicht-ärztliche Klasse blieb erhalten. Die Klasse der Nicht-Ärzte wiederum teilte sich nun noch deutlicher in zwei Unterklassen: In Psychologen, Soziologen oder andere Absolventen eines Universitätsstudiengang, die mit einem Diplomzeugnis oder einer Promotionsurkunde ebenfalls als Akademiker ausgewiesen waren, und in „Nicht-Akademiker" aus der Psychagogik. Insbesondere die *Deutsche Gesellschaft für Psychotherapie und Tiefenpsychologie* drängte auf die Einbeziehung der Psychotherapieausbildung in das Medizinstudium und in die Facharztausbildung; Psychotherapie sollte ausschließlich Aufgabe des Arztes sein.

Das Behandlungsprivileg der Ärzte war gesetzlich gesichert. Diplompsychologen als Nicht-Ärzte durften daher nicht selbstständig Therapien durchführen. Im *Institut für Psychotherapie* fand man einen Weg, sie doch an der Therapie zu beteiligen. Man praktizierte ein Delegationsverfahren, nach dem Psychologen im Auftrag eines behandelnden Arztes therapeutisch tätig wurden. Am Institut waren behandelnde Psychologen als freie Mitarbeiter beschäftigt und nicht fest angestellt (Holitzner, 1998). Auf diese Weise konnte man in der freien Praxis ebenfalls verfahren. Niedergelassene Ärzte konnten etwa Behandlungen an Diplompsychologen mit eigener Praxis delegieren. Das Heilpraktikergesetz von 1939 galt nach dem Krieg weiter. Dieses gestattete eine heilkundliche Erwerbstätigkeit in begrenztem Umfang (z.B. Verabreichung von Naturheilmitteln, aber keine Verschreibung von rezeptpflichtigen Pharmaka). Für die Ausbildung zur Heilpraxis gab es keine staatlichen Regelungen. Die Zulassung setzte jedoch eine amtsärztliche Prüfung grundlegender heilkundlicher Kenntnisse voraus. (In Österreich gab es nach 1945 derartige Regelungen nicht mehr.) Ob nun also als Mitarbeiter eines Instituts oder in eigener Praxis: Die Verantwortung für die Behandlung psychischer Störungen lag bei dem beauftragenden Arzt; der Arzt hatte demnach ein Weisungsrecht gegenüber Nicht-Medizinern, darunter auch den akademisch gebildeten Psychologen.

Psychagogen erhielten im genannten Institut eine verkürzte Ausbildung von vier Semestern und waren deshalb nicht als „Voll-Psychotherapeuten" anerkannt. Ihre Tätigkeit galt nicht als Behandlung, sondern als „Betreuung". Die Betreuung sollte sich zunächst auf Kinder bis zu 14 Jahren beschränken, später auch auf Jugendliche bis zu 20 Jahren. Schwierige Fälle sollten sie an Therapeuten abgeben. Aus ihrem Kreis gab es zunächst keine Lehrkräfte, sie wurden vielmehr von „Voll-Psychotherapeuten" unterrichtet. 1952 erließ der Senat von Berlin eine eigene Ausbildungsordnung für Psychagogen. Damit war die Psychagogik als Beruf anerkannt; Psychagoginnen und Psychagogen wirkten eigenverantwortlich in städtischen Erziehungs- und Fürsorgeeinrichtungen (Rocholl, 1998). Allerdings litt die Kindertherapie oft an einer gewissen Geringschätzung – als wären Kinder weniger bedeutsame, leichter zu diagnostizierende und zu behandelnde Patienten. Eine Abwertung erfuhr sie zudem aufgrund des hohen Anteils an Frauen (Diederichs-Paeschke & Stafski, 2000; s. bereits Abschnitt 4).

Die Anpassung an den Nationalsozialismus geht also paradigmatisch mit einer Stagnation einher. Zugleich macht die Institutionalisierung des Psychotherapieberufs Fortschritte, die das Dritte Reich überdauern (siehe auch Wieser, 2021). Die Unterscheidung und ungleiche Privilegierung von Ärzten und Nicht-Ärzten sowie von Psychotherapeuten und Psychagogen schafft Statusprobleme und behindert die Praxis. Die weitere Geschichte wird nicht zuletzt durch das Bestreben gekennzeichnet sein, einerseits die Gleichstellung ärztlicher und nicht-ärztlicher Psychotherapie zu erreichen, andererseits die Gleichstellung von Erwachsenen- und Kinderpsychotherapie.

Abschnitt 6: Essentials

1. Im Nationalismus angestrebt war eine Schulen vereinheitlichende „Deutsche Seelenkunde".
2. Ein Lehr- und Forschungsinstitut bildete behandelnde Psychologen für erwachsene Patienten aus sowie Psychagogen für die Behandlung von Kindern.

3. Psychologen und Psychagogen arbeiteten nach dem Delegationsprinzip; sie behandelten im Auftrag eines Arztes, der damit auch die Verantwortung für die Behandlung trug.
4. Frei behandelnde Psychologen bedurften ab 1939 eine Zulassung als Heilpraktiker.
5. Im Dritten Reich wurde das unter (2) genannte Ausbildungsinstitut staatlich gefördert. Nach 1945 erhielten dessen Nachfolger Unterstützung durch Krankenversicherungen.
6. Die Psychagogik wurde nach 1945 als Beruf durch die staatliche Verwaltung anerkannt und gefördert.
7. Der unterschiedliche Status ärztlicher und nicht-ärztlicher Psychotherapie sowie von Erwachsenen- und Kindertherapie begründete das Bestreben nach Gleichstellung.

7. Klinische Psychologie und Psychotherapie in den USA sowie das *Scientist-Practitioner*-Modell

Die von Lightner Witmer konzipierte *Clinical Psychology* sowie die von ihm in Philadelphia betriebene *Psychological Clinic* (s. Abschnitt 2) fand in den USA Anhänger und Nachahmer. Sie gründeten im Jahr 1917 eine *American Association for Clinical Psychology*, die nach drei Jahren als *Clinical Section* in der *American Psychological Association* aufging und 1937 in die neu gegründete *American Association for Applied Psychology* übertrat (Routh, 1994, S. 13–31). Das amerikanische Hochschulsystem zeigte sich aufgeschlossener für klinische Ansätze als das deutsche. Lehrveranstaltungen zur Klinischen Psychologie tauchten sowohl in psychologischen Studienprogrammen auf als auch in sozial- und heilpädagogischen Programmen. Psychotherapeutisch Tätige wurden an Universitäten berufen, und Mitglieder des Lehrkörpers konnten nebenberuflich psychotherapeutische Behandlungen durchführen.

Nach dem Zweiten Weltkrieg blieben die US-amerikanischen Universitäten Vorreiter einer Akademisierung der Klinischen Psychologie. 1946 haben 22 von ihnen ein Promotionsstudium mit Spezialisierung auf Klinische Psychologie angeboten; im Jahre 1986 waren es schon 147. Psychotherapie wurde in den USA zu einem heilkundlichen Beruf mit staatlicher Anerkennung. Amerikanische Bundesstaaten regelten die Zulassung (*licencing)* durch förmliche Verfahren. Voraussetzung für die Zulassung war in der Regel ein Promotionsstudium der Klinischen Psychologie mit mehrjähriger praktischer Weiterbildung. Es war 1945 der Staat Connecticut, der als erster ein Zulassungsgesetz verabschiedete; die anderen Bundesstaaten folgten bis 1977 (Routh, 1994, S. 126, S. 138).

An amerikanischen Universitäten lehrten also – anders als in den deutschsprachigen Ländern – Vertreter der Klinischen Psychologie und Psychotherapie neben Vertretern der experimentell arbeitenden Grundlagenforschung. Der Wunsch lag nahe, das Nebeneinander der beiden Richtungen in ein für beide Seiten fruchtbares Miteinander zu verwandeln. Ziel war eine Integration von Wissenschaft und Praxis; Wissenschaft sollte an Lebensprobleme herangeführt, Praxis transparenter und effektiver werden. Es waren nicht zufällig Vertreter der klinischen Richtung, die für ihre Studierenden das Modell eines wissenschaftlich gebildeten Praktikers, eines *Scientist-Practitioners*, einforderten. Studiengänge waren nach diesem Modell dual angelegt. Sie enthielten sowohl theoretische Vorlesungen und Seminare an den Hochschulen als auch Praktika und Assistenztätigkeiten (*internships*) in Kliniken, Erziehungsheimen und anderen einschlägigen Praxiseinrichtungen. Studierende konnten Dissertationen zu praktisch-therapeutischen Problemen anfertigen (Raimy, 1950).

In den USA florierte seit den 1920er-Jahren die lernpsychologische Forschung. Ihre behavioristischen Konzepte standen im Einklang mit dem in den USA vorherrschenden Optimismus, gesellschaftliche Probleme mit Anpassungstechniken zu lösen (Napoli, 1981). Gemeinsam sollten also wissenschaftliche Forschung und therapeutische Praxis zum gesellschaftlichen Fortschritt beitragen. So kursierten Demonstrationen von erfolgreichen Konditionierungs-, Dekonditionierungs- und Belohnungseffekten bei der Entstehung und Behandlung augenscheinlicher psychischer Störungen. Watson und Rayner (1920) berichteten etwa von einem vorbildlichen Fall von erlernter Phobie: Ein kleiner Junge namens Albert wurde durch einen lauten Hammerschlag erschreckt, als er einen Hasen hielt; fortan fürchtete er sich vor Hasen. Wenn also negative Emotionen durch Paarung eines Gegenstands mit einem unangenehmen Reiz verursacht werden, kann man diese durch Paarung des Gegenstands mit einem angenehmen Reiz oder schlicht durch Entspannung wieder beseitigen. Skinner (1938) sammelte Belege für die Wirksamkeit von Verstärkern. Dies ließ darauf schließen: Mit materiellen oder auch nur verbalen Belohnungen konnte man Patienten von unangepasstem Verhalten befreien. Für erfahrene Praktiker mochten diese Befunde und Erklärungen wenig originell sein; umso mehr versprach ihre Plausibilität eine fruchtbare Kooperation zwischen psychologischer Grundlagenforschung und Psychotherapie. Unter der Bezeichnung „Verhaltenstherapie“ entwickelte sich eine lebendige Szene, in der zahlreiche Protagonisten ihre Entwürfe zur Erklärung und Behandlung psychischer Störungen anboten (Schorr, 1984).

Die Eigendynamik der verhaltenstherapeutischen Szene offenbarte freilich deren Distanz von deren vermeintlicher wissenschaftlicher Grundlage. Die Praxis der Therapie selbst schien neue Erkenntnis und neue Techniken mehr zu fördern als die akademische, meist experimentell betriebene Lernforschung. Dies nährte die Tendenz zur Verselbstständigung. Sollten Verhaltenstherapeuten sich nicht als „*behavioral engineers*“ von einem „Szientismus“ lösen, der nur ein Korsett enger Paradigmen zu bieten habe (z. B. klassisches Konditionieren nach Pawlow, instrumentelles Konditionieren nach Skinner)? Könne man nicht aus der Praxis selbst – eklektisch, integrativ, kreativ, empirisch – eine Breitband-Verhaltenstherapie entwickeln (Lazarus, 1968; Franks & Susskind, 1968, nach Schorr, 1984, S. 242–247)?

Die Verselbstständigungstendenz schlug sich nieder in der Gründung einer eigenen *Association for the Advancement of Behavior Therapies* (ab 1968: *Behavior Therapy*) sowie eigenen Zeitschriften. War dies der Beginn einer Sezession der Klinischen Psychologie aus der Psychologie? Tatsächlich entstanden nun Verbände für Klinische Psychologen verschiedener Richtungen. Doch aus der nationalen Psychologenvereinigung, der *American Psychological Association*, ist Klinische Psychologie nie ausgeschieden. Von organisatorischen Turbulenzen, wie dem Durchzug der am Anfang dieses Abschnitts erwähnten *American Association for Clinical Psychology*, wäre noch mehr zu berichten. Ungeachtet aller Aus- und Neugründungen stellten Klinische Psychologen und Psychotherapeuten eine große und immer größer werdende Gruppe unter den Mitgliedern der *American Psychological Association*. Ihr Einfluss wurde so groß, dass Nicht-Kliniker sich von ihnen dominiert fühlten. Insbesondere experimentell arbeitende Forscher gerieten in die Minderzahl und sahen in der *American Psychological Association* ihre Interessen nicht mehr ausreichend vertreten. Daher gründeten sie im Jahre 1959 eine eigene *Psychonomic Society*. Zu der Initiativgruppe, welche die Neugründung vorbereitete, gehörten William K. Estes und Kenneth W. Spence, damals führende Vertreter der psychologischen Lernforschung (Dewsbury & Bolles, 1995).

Die Spannungen, welche die Gefahr der Spaltung heraufbeschworen, zeigten sich auch in den Universitäten. Klinische Psychologie hatte zwar – wie oben berichtet – im Lehrprogramm zahlreicher Universitäten Fuß gefasst. Doch deren Ansehen war im Lehrkörper nicht hoch; Professoren betrachteten sie als wissenschaftlich weniger anspruchsvoll, eher als Vorbereitung auf untergeordnete Berufstätigkeit und „nichts für Männer" (Napoli, 1981, S. 56). Umgekehrt warfen – wie oben erwähnt – Vertreter der Verhaltenstherapie experimentellen Forschern mangelnde Relevanz für die Praxis vor. Die *University of Illinois* war 1968 die erste, die ihr *doctoral program* überwiegend auf die Vermittlung klinisch-psychologische Fertigkeiten und auf für klinische Praxis relevante Forschung ausrichtete; Grundlagenstudien traten dem gegenüber zurück. Entsprechend vergab die Universität zum Abschluss einen psychologischen Doktorgrad (Ps. D) anstelle des konventionellen philosophischen Doktorgrads (Ph. D). Bis 1980 haben sich 21 amerikanische Universitäten dem Beispiel von Illinois angeschlossen (Peterson, Eaton, Levine & Snepp, 1980).

Die Wendung zu einem streng klinisch-praktisch ausgerichteten Studiengang nach dem Vorbild der *University of Illinois* mag als Absage an das oben beschriebene *Scientist-Practitioner*-Modell erscheinen; koppelt es doch Studium und Forschung von den akademisch hoch angesehenen, auf Grundlegung bedachten Theorien und Forschungen ab. So scheint es paradox, dass die

Ausbildung an der Verortung in einer akademischen Institution festhält und sogar den traditionellen akademischen Abschluss, die Vergabe eines Doktorgrades, beibehält. Aus der Perspektive der Dissidenten dürfte ihr Alleingang nur eine Absage an eine als praktisch unergiebig erachtete Forschungstradition gewesen sein, nicht eine Absage an Forschung überhaupt. Vielmehr sollte Forschung in Zusammenhang mit Lehre weitergehen, nur eben mit Fokus auf die Probleme klinischer Praxis. Im Rückblick erkennt man hier den Ansatz zu einer selbstständigen Disziplin der Psychotherapiewissenschaft (s. später Abschnitt 13). Die Verselbstständigung der Psychotherapie als Wissenschaft setzte freilich die Zugehörigkeit zur akademischen Welt, den Zugang zu ihren Forschungsressourcen und die Nutzung ihres Qualifikationssystems voraus.

Das *Scientist-Practitioner*-Modell besitzt also für die Professionalisierung und überhaupt für die Entwicklung der klinischen Psychologie und Psychotherapie eine doppelte Funktion. Zum einen soll es fortschreitend hohe Effizienz garantieren; die möglichst umfassende Beziehung von wissenschaftlicher Forschung und therapeutischer Praxis soll mit ständigem Transfer in beide Richtungen die Wissensbasis und Leistungsfähigkeit psychologisch fundierter Heilkunde nachhaltig fördern. Zum anderen dient die Berufung auf das *Scientist-Practitioner*-Modell dem Zweck, den Status nicht-ärztlicher Heilkunde zu erhöhen und letztlich eine Gleichstellung nicht-ärztlicher mit ärztlicher Heilkunde zu erreichen. Napoli (1981, insbesondere S. 82) erläutert anschaulich die heikle Zwischenposition der frühen Vertreter der Klinischen Psychologie in den USA. Als ausgewiesene Experten mussten sie sich gegen Pseudowissenschaftler und Pfuscher abgrenzen und zugleich mehr bieten als den *Common Sense* seriöser, tüchtiger Mitbürger – Lehrer, Geistliche, Eltern; von anerkannten Autoritäten – Psychiatern und Psychologieprofessoren – erhielten sie oft keine Unterstützung; ihre Meinungen und Techniken wurden oft, da wissenschaftlich unzureichend begründet, gering geschätzt. Das als fortschrittlich geltende Amerika scheint sich in dieser Hinsicht von dem als konventionell geltenden deutschsprachigen Europa nur wenig unterschieden zu haben. Um aus dieser Zwischenstellung zu einer sozialen Aufwertung zu gelangen, legte man in der nicht-ärztlichen Heilkunde Wert auf den Anschluss an akademische Institutionen, ihr Prestige und ihre Privilegien.

Napoli schildert, wie psychologische Praxis im Zusammenwirken mit akademischer Forschung insbesondere um Qualitätssicherung und Normierung bemüht war. Dies lässt sich zunächst für die Testpraxis feststellen, bei der Absolventen psychologischer Studiengänge in harter Konkurrenz mit Prüfern und Gutachtern anderer Provenienz standen. Es setzt sich später fort bei Interventionsverfahren. Psychologen profilieren sich damit als Experten der von ihnen selbst aufbereiteten und normierten Praxis. Dem Ausweis dieser Expertise dienten dann einschlägige akademische Grade, in den USA vorzugsweise der Doktorgrad. So sollten die beiden Funktionen des *Scientist-Practitioner*-Modells, die Steigerung der Effizienz klinischer Psychologie und die Stärkung des sozialen Status von Psychotherapeuten Hand in Hand gehen.

Abschnitt 7: Essentials

1. In den USA erfolgte – früher als in den deutschsprachigen Ländern – eine Akademisierung der Klinischen Psychologie; seit den 1940er-Jahren boten Universitäten psychologische Studiengänge mit Klinischer Psychologie als Schwerpunkt an, die mit dem Doktorgrad abschlossen.
2. Der Akademisierung folgte eine Professionalisierung. Wer das Hochschulstudium durch eine praktische Weiterbildung ergänzte, konnte als Psychotherapeut eine staatliche Zulassung erhalten.
3. Konzeptionelle Grundlage von Akademisierung und Professionalisierung war ein *Scientist-Practitioner*-Modell, das eine Verbindung von Theorie und Praxis zur wechselseitigen Bereicherung anstrebte.
4. Das *Scientist-Practitioner*-Modell führte zu einer Aufwertung der nicht-ärztlichen Psychotherapie als akademischer Beruf.
5. Dem *Scientist-Practitioner*-Modell ist somit eine doppelte Funktion zuzuschreiben; es soll einerseits der Effizienz der nicht-ärztlichen Heilkunde zugute kommen, anderseits dem sozialen und beruflichen Status ihrer Vertreter.

8. Deutschland bis in die 1960er-Jahre: Psychologische Lehre und Forschung an den Universitäten, Professionalisierung der Psychologie

Die Zeit zwischen den Weltkriegen ist eine glänzende Zeit für die psychologische Wissenschaft in Deutschland gewesen. Nicht nur die Grundlagenforschung prosperierte, sondern auch Praxisprojekte. Zu einem Paradestück moderner Grundlagenforschung wurde etwa die in Berlin und Frankfurt am Main betriebene Gestaltpsychologie. Die Zahl der Studierenden, die mit einer psychologischen Dissertation ihr Studium abschlossen, stieg stetig. Und es wuchs das Bemühen, das theoretische und methodische Potential der modernen naturwissenschaftlichen Psychologie für praktische Aufgaben in Erziehung, Wirtschaft, Verkehrswesen u. Ä. zu nutzen. Welche Möglichkeiten sich bereits in der Zeit vor dem Ersten Weltkrieg eröffneten, zeigt vorbildlich das Werk *Grundzüge der Psychotechnik* des deutschen, an der *Harvard University* lehrenden Hugo Münsterberg (1914). Ein nachgefragter Dienst war bereits um 1900 die psychologische Begutachtung und Beratung (Kaminski, 2011). Städtische und staatliche Verwaltungen, Industrie- und Verkehrsunternehmen (z.B. Arbeitsämter, Bahnen, Reichspost und Reichswehr) richteten Prüfstellen ein, welche die Eignung von Schulabgängern sowie Stellen- und Laufbahnbewerbern begutachteten und Prüflinge bezüglich ihrer Ausbildung und ihrer Berufslaufbahn berieten. Im deutschen Beamtensystem konnten qualifizierte Gutachter und Berater auf Lebenszeit in den Kommunal- oder Staatsdienst übernommen werden.

Bis zum Jahr 1941 hat es eine national geregelte Psychologieausbildung in Deutschland nicht gegeben. Insbesondere gab es keinen eigenen akademischen Studiengang der Psychologie. In einem dreijährigen Studium an einer Philosophischen Fakultät konnte man jedoch einen Schwerpunkt in der Psychologie setzen und eine Dissertation mit einem psychologischen Thema einreichen. Aufgrund positiver Begutachtung durch eine Kommission mit einem psychologischen Fachvertreter und einer mündlichen Prüfung in Psychologie erhielt man das Recht, den Titel eines Doktors der Philosophie zu führen. Die so Promovierten konnten sich als Psychologen bezeichnen; diese Bezeichnung war freilich nicht gesetzlich geschützt. Das Studium hatte auch nicht den Anspruch, für einen Beruf zu qualifizieren. Immerhin verhalf der akademische

Doktorgrad zu einem vorteilhaften gesellschaftlichen Status. Dabei standen die mit Psychologie Promovierten, wenn es um Erwerbsarbeit ging, in Konkurrenz mit anderen Fachrichtungen, vor allem Pädagogen und Ingenieuren. Vonseiten der Psychologie strebte man daher ein Staatsexamen für Psychologie an, mit dem Psychologen ihre besondere Qualifikation unter Beweis stellen konnten. Ein solches Examen wurde im Jahr 1941 in Form einer Diplomprüfung an allen Universitäten Deutschlands (einschließlich des damals annektierten Österreichs) eingeführt. Voraussetzung für die Zulassung zur Prüfung war ein dreijähriges Studium, dessen Anforderungen eine Diplomprüfungsordnung festlegte (Kroh, 1941; Lück, 2020).

Das Studium, das nunmehr auf Psychologie als einen Beruf vorbereiten sollte, war in zwei Hälften geteilt. Die erste Hälfte war vorwiegend theoretisch ausgerichtet (mit Fächern wie Allgemeine Psychologie und Ausdruckskunde), die zweite Hälfte sollte vorwiegend in Praxisgebiete einführen. Eines der Prüfungsfächer in der Ordnung von 1941 hieß „Pädagogische Psychologie und Psychagogik". Der Begriff der Psychagogik ist in der Ordnung nicht näher erläutert. Sicherlich hat der damals zuständige Reichsminister unter Psychagogik nicht eine psychoanalytisch orientierte Kinderpsychologie verstanden. Denn es herrschte der Nationalsozialismus, der Psychoanalyse unterdrückte. Gemeint waren wohl Erziehungsberatung, Heimerziehung u. Ä. (s. Abschnitt 4).

Überhaupt waren Neurosenlehren und Therapiemethoden nicht Gegenstand von Studium und Prüfung. Die Behandlung von Störungen mit Krankheitswert gehörte nicht in das sich neu formierende Berufsbild von Psychologen. Die Kunst der Psychotherapie sollte dem Arzt vorbehalten bleiben; ein Fachstudium der Psychologie allein berechtigte dazu nicht. Allenfalls konnte ein Psychologiediplom zu einer eigenen Therapieausbildung qualifizieren, wie sie die Ausbildungsinstitute anboten (s. Abschnitt 4). Es blieb also trotz Psychologiediplom beim Ärzteprivileg. Der Zwiespalt von Psychologie und Psychotherapie hielt an. Er war schon in den oben erwähnten *Grundzügen der Psychotechnik* von Münsterberg (1914, S. 329–341) zutage getreten. Darin war der Psychotherapie ein eigenes Kapitel gewidmet, das die Bedeutsamkeit der Psychologie für die Behandlung psychischer Leiden hervorhob. Als der Autor allerdings selbst Patienten mit psychischen Leiden behandelte und darüber ein Buch mit dem Titel *Psychotherapy* schrieb (Münsterberg, 1909), betonte er, er sei in seiner Eigenschaft als Arzt tätig geworden. (Münsterberg besaß neben seinem philosophischen auch den medizinischen Doktorgrad.)

Wie in den USA (s. Abschnitt 7) gingen also deutsche Universitäten dazu über, praktisch tätige Psychologen als Experten zu legitimieren. Im Unterschied zu den USA war die Hinwendung zur Professionalisierung der Psychologie in

Deutschland nicht der Entscheidung der einzelnen Universitäten überlassen. Vielmehr wurde sie für sämtliche Universitäten im damaligen Deutschen Reich durch Erlass des zuständigen Wissenschaftsministeriums verbindlich; dies entsprach der Bildungs- und Berufspolitik des damaligen Regimes und seiner Zentralverwaltung. Während allerdings in den USA die Professionalisierung und staatliche Anerkennung der Klinischen Psychologie zugute kam, waren Klinische Psychologie und Psychotherapie im Ausbildungs- und Prüfungsprogramm von 1941 allenfalls marginal vertreten. Im Übrigen bedeutete die Einführung eines einem Staatsexamen entsprechenden Diploms mit einem eigens ausgewiesenen Studiengang zwar einen formalen Fortschritt hinsichtlich der Professionalisierung; doch ist zweifelhaft, ob die verordnete Zuwendung zur Praxis der Psychologie zu einer Effizienzsteigerung verhalf. Für die akademische Lehre und Forschung waren jedenfalls die Jahre der nationalsozialistischen Herrschaft eine Zeit des Niedergangs. Führende Vertreter waren zur Emigration gezwungen, der Krieg brachte den Universitätsbetrieb weitgehend zum Erliegen, und eine charakterologische Richtung gewann die Oberhand, mit welcher eine „völkische" und rassistische Ideologie in die Psychologie einzog (Geuter, 1984; Schönpflug, 2012, 2020).

Als Naziherrschaft und Krieg endeten, waren Psychologische Institute nicht nur personell und materiell neu aufzubauen. Es bedurfte auch der Aneignung neuer Paradigmen, um das Fach in Breite und Tiefe zu repräsentieren und den Anschluss an die internationale Forschung zu gewinnen. Gebiete wie die Sozialpsychologie und die Entwicklungspsychologie waren international in schnellem Fortschreiten begriffen; rund zwei Jahrzehnte hatte Deutschland weder zu den Fortschritten beigetragen, noch hatte es diese nachvollzogen. Es brauchte eine neue Generation, um wieder Anschluss an die internationale Fachwelt zu gewinnen. Vor allem schien es vordringlich, dem durch Beliebigkeit gefährdeten Subjektivismus der Charakterologie eine gesicherte Methodik entgegenzusetzen. Als Alternativen boten sich Testverfahren an, welche die Vorzüge objektiver Durchführbarkeit sowie geprüfter Reliabilität und Validität boten. Universitätsinstitute arbeiteten mit außeruniversitären Unternehmen wie der *Deutschen Gesellschaft für Personalwesen* zusammen, um Leistungs- und Persönlichkeitstests neu zu entwickeln oder – häufiger – für den Gebrauch im deutschsprachigen Raum zu adaptieren (Kersting, 2009). Testanalyse, Testkonstruktion und Testanwendung nahmen eine zentrale Rolle im Studium der Psychologie ein, und diagnostische Kompetenzen wurden zu einem Qualitätsmerkmal, ja – da der Gebrauch von Tests geschützt war – zu einem Alleinstellungsmerkmal des Psychologenberufs. Auch in der Grundlagenforschung dominierten nun standardisierte empirische Verfahren. So lebte die experimentelle Psychologie wieder auf, welche den Anstoß zur Institutionalisierung der akademischen Psychologie gegeben hatte (s. Abschnitt 5). Zu einem überregionalen Reformunternehmen wurde die seit 1959 alljährlich stattfindende vorösterliche *Tagung experimentell arbeitender Psychologen* (Traxel, 1985).

Die Erneuerung der Psychologie in Deutschland dokumentiert ein höchst ehrgeiziges Projekt des Verlages Hogrefe in Göttingen, dessen Aufstieg als Fachverlag für Psychologie selbst die wiedergewonnene Stärke der Psychologie in Deutschland widerspiegelt: Das aus 16 Bänden und Halbbänden bestehende Handbuch für Psychologie (Gottschaldt, Thomä et al., 1959–1978). Der erste Band erschien 1959. Es waren bereits alle Grundlagen-, Methoden- und Anwendungsfächer vertreten, als 1978 zum Abschluss ein Band (mit zwei Halbbänden) zur Klinischen Psychologie herauskam.

Die Psychologie der 1970er-Jahre, die in (West-)Deutschland aufgebaut worden war, hatte sich zur internationalen, insbesondere der nordamerikanischen Psychologie hin geöffnet. Das lag an dem hervorragenden Forschungsstand amerikanischer Universitäten und an der vorbildlicher Dokumentation und Systematisierung psychologischer Forschung in Lehr- und Handbüchern aus amerikanischen Verlagen. Ein Übriges tat die großzügige Förderung des Austauschs durch Aufenthalts- und Reisestipendien. Manche Kritiker haben die Internationalisierung der deutschen Psychologie nach dem Krieg abschätzig als „Amerikanisierung" bezeichnet. Doch wer damit eine unzulässige Verengung der Perspektive meint, verkennt ganz und gar den Pluralismus, der die Psychologie in den USA auszeichnet (Graumann, 1997). Insbesondere hält die hartnäckige Behauptung, die amerikanische Psychologie habe sich völlig dem Behaviorismus ergeben, einer Nachprüfung nicht stand (Braat, Engelen, van Gemert & Verhaegh, 2020). Die Nachkriegsgeneration war zudem glücklich, im Ausland noch Wissenschaftlern zu begegnen, die als Opfer des Nationalsozialismus Deutschland verlassen mussten und – vor allem in den USA – nicht nur ein neues Wirkungsfeld gefunden hatten, sondern auch zu internationalem Ruhm gelangt waren – wie die Vertreter der oben erwähnten Berlin-Frankfurter Gestaltpsychologie. Überhaupt zeigte sich die amerikanische Fachliteratur für Beiträge aus anderen Ländern recht offen, sodass die darin dargestellte Psychologie eher internationalen als nationalen Charakter hatte.

Die einheitliche Prüfungsordnung aus dem Jahr 1941 wurde nach 1945 revidiert, wobei nunmehr in der deutschen Bundesrepublik die Zuständigkeit bei den einzelnen Bundesländern lag. Die Ergebnisse der Revisionen unterschieden sich nach Bundesländern und Studienorten. (Österreich, das seine Souveränität zurückerhalten hatte, nahm seine eigenen Revisionen vor.) Dank Absprachen zwischen Ordinarien wurde ein gemeinsamer Rahmen beibehalten. Ideologische Bestimmungen wurden gestrichen und die Dauer des Studiums auf vier Jahre verlängert. Zu den Änderungen des Fächerkanons gehörte teilweise die Aufteilung des Prüfungsfaches „Pädagogische Psychologie und Psychagogik". Zu neuen Prüfungsfächern wurden „Pädagogische Psychologie" sowie „Tiefenpsychologie und Psychagogik". Hinzu kam als neues Fach „Psychopathologie", das in der Psychiatrie gelehrt und geprüft wurde (s. wieder Lück, 2020; Wellek, 1956).

In seiner *Denkschrift Psychologie*, die er im Auftrag der Deutschen Forschungsgemeinschaft erstellte, hat Carl Graf Hoyos im Jahre 1964 eine Bestandsaufnahme der (west-)deutschen Psychologie knapp zwanzig Jahre nach Kriegsende vorgelegt. Um sich ein umfassendes Bild zu machen, hatte der Autor alle (west-)deutschen Universitätsinstitute mit Psychologiestudiengang besucht und mit den dort Verantwortlichen gesprochen. Die Zahl der Studierenden (ohne Berlin) war von 1950 bis 1960 von 739 auf 1797 gestiegen, die Zahl der Hauptdiplomprüfungen von 1958 bis 1961 von 107 auf 173. 1961 standen in 18 Instituten 112 Lehrkräfte zur Verfügung, davon 23 ordentliche und außerordentliche Professoren (Hoyos, 1964, S.95 f.). Regelmäßig in Lehre und Forschung vertreten waren die Grundlagenfächer Allgemeine Psychologie, Persönlichkeitspsychologie, Entwicklungs- und Sozialpsychologie, dazu – der erwähnten Wendung zur Empirie entsprechend – Methodenlehre, insbesondere die Einführung in stochastische Methoden. Ein Fach Diagnostik war darauf angelegt, für viele Anwendungsbereiche zu qualifizieren. Die zahlreichen, darüber hinausgehenden Anwendungen in Wirtschaft, Verkehrs- und Gerichtswesen usw. waren zu einem Fach „Angewandte Psychologie" zusammengefasst, was es dem örtlichen Ermessen überließ, in welchem Umfang die einzelnen Gebiete tatsächlich berücksichtigt wurden. Das Fach „Psychopathologie" vermittelte theoretische Kenntnisse über psychische Erkrankungen, doch kaum therapeutisch-praktische Kompetenzen – wie Hoyos (1964, S. 84 f.) feststellte.

Als Arbeitsgebiete für Diplompsychologen gab Hoyos (1964, S.37 f.) an: Beratung und psychagogische Behandlung im Schul-, Erziehungs- und Sozialwesen, in Arbeit und Betrieb, im Verkehrswesen, im Gerichtswesen; in keinem dieser Gebiete sei jedoch ein größerer „Boom" zu erleben gewesen als in der Konsum- und Werbepsychologie. Diplompsychologen, die im Auftrag von Ärzten Behandlungen durchführen und in eigener Praxis einer Zulassung als Heilpraktiker bedürfen, erwähnt Hoyos (1964, S. 40) in seiner Denkschrift nur kurz. Wie viele Diplompsychologen es waren, die im Anschluss an ihr Studium eine psychotherapeutische Ausbildung erhielten und danach praktizierten, ermittelte der Autor nicht, während er zu anderen Arbeitsgebieten ausführlichere Angaben macht. Offenbar erscheinen in der Denkschrift psychologische Psychotherapeuten als Berufswechsler, die durch eine gesonderte Ausbildung eine Qualifikation und Identität außerhalb der Psychologie erworben haben. Dafür wird ausführlich ein anderes Arbeitsgebiet behandelt: Psychologie in der Klinik. Psychologie in der Klinik wird als Hilfsberuf der Medizin charakterisiert. In Psychiatrische Kliniken unterstützten Diplompsychologen die behandelnden Ärzte durch psychologische Diagnostik; die dafür verwendeten Testverfahren waren erst kürzlich für den Gebrauch im deutschen Sprachraum entwickelt worden (s. oben), und die neuen Absolventen eines Psychologiestudiums verfügten über spezielle Kompetenzen in ihrer Anwendung. Dieser Sparte schreibt Hoyos ein größeres Wachstumspotential zu.

Dass man in Deutschland in den 1960er-Jahren auf die Klinische Psychologie in den USA (s. Abschnitt 7) aufmerksam geworden ist, bestätigt die auf den Auskünften zahlreicher Fachgelehrter beruhende Denkschrift. Bekundet darin wird auch für Deutschland die Wünschbarkeit des Berufs des Klinischen Psychologen mit universitärer Ausbildung und eigenen Behandlungskompetenzen. Für die Zukunft werden der Klinischen Psychologie nach amerikanischem Vorbild in Deutschland durchaus Chancen eingeräumt. Voraussetzung für den Beruf eines Klinischen Psychologen sei jedoch eine Ausbildung, für welche die befragten Gelehrten allerdings keine klare Perspektive sahen (Hoyos, 1964, S. 42).

Die Erneuerung der Psychologie bei stetig steigenden Studentenzahlen war mit erheblichen personellen und strukturellen Problemen verbunden. An den Universitäten herrschte das Ordinariensystem, nach dem es für jedes Fach eine und nur eine Ordentliche (d.h. im Haushalt der Universität dauerhaft abgesicherte) Professur gab; deren Inhaber war zugleich Institutsdirektor und Prüfungsleiter. Die in den Nachkriegsjahren amtierenden Psychologieprofessoren, die ihre Ausbildung meist vor dem Krieg erhalten hatten, waren von der Fülle der anstehenden Veränderungen überfordert. Sie zu entlasten, wurden ihnen vermehrt Assistenten an die Seite gestellt. Dies erhöhte die Lehrkapazität und förderte die Erneuerung. Doch die Leitungs- und Prüfungsaufgaben wuchsen mit und konnten aus administrativen Gründen Assistenten nicht übertragen werden. Als weiteren Reformschritt erwog man, die Zahl der Professoren zu vermehren. Nach Empfehlung des deutschen Wissenschaftsrats sollten es für das Fach Psychologie an jedem Ort zwei Professoren sein (Wissenschaftsrat, 1960). Das Modell eines Hochschulinstituts für Psychologie mit vier Ordinarien, das Hoyos in seiner Denkschrift vorstellte, erschien 1964 noch reichlich illusionär.

Nach der Stagnation und Isolation der Kriegs- und Nachkriegszeit hat die universitäre Psychologie also begonnen, mit begrenzter Personalkapazität ein vielseitiges Lehr- und Forschungsprogramm zu etablieren. Mit einer steigenden Zahl von Studierenden gewann die Psychologie an den Universitäten zudem an Gewicht. Ihre Zuwendung zu objektiven empirischen Methoden verschaffte ihr Anerkennung als Naturwissenschaft, enttäuschte allerdings Wissenschaftler und Studierende, die geisteswissenschaftlichen Ansätzen zuneigten. Die Methodenorientierung wurde auch ein Markenzeichen der Psychologie in der Praxis. Obwohl dauerhafte Kooperationen Psychologischer Universitätsinstitute mit Praxiseinrichtungen selten waren, vermittelte das Diplomstudium doch Qualifikationen, die den Absolventen auf mehreren Praxisfeldern den Einstieg in einen Beruf erlaubten. So verteilten sich die Absolventen des Psychologiestudiums auf zwei Arten von Laufbahnen, einer – zunächst nur an Universitäten möglichen – Laufbahn in Forschung und Lehre sowie einer beruflichen Laufbahn in Verwaltungen, Betrieben und anderen Unternehmen sowie in freier Praxis.

Bereits kurz nach dem Krieg hatte man der zweigeteilten Laufbahn von Psychologen durch zwei Standesvertretungen Rechnung getragen. Der traditionellen *Deutschen Gesellschaft für Psychologie* traten nur Promovierte mit längerer Forschungsperspektive bei; das waren vorwiegend Hochschulangehörige. Der *Berufsverband Deutscher Psychologen* war offen für alle Diplompsychologen. Mitglieder wurden überwiegend Vertreter der verschiedenen Praxisfelder; jedoch auch der Praxis verbundene Hochschulangehörige traten bei. Eine solche Zweiteilung von nationalen Psychologenverbänden war international durchaus nicht üblich. Deshalb bildeten die beiden Verbände im Jahre 1964 eine Konföderation, um gemeinsam als Vertretung der bundesrepublikanischen Psychologie in den Dachverband aller nationalen psychologischen Gesellschaften aufgenommen zu werden, der *International Union of Psychological Science*.

Abschnitt 8: Essentials

1. Psychologie wurde 1941 mit einer Diplomprüfungsordnung zu einem akademischen Beruf.
2. Das Diplomstudium der Psychologie qualifizierte einerseits für eine Laufbahn in der Praxis, andererseits für eine – zunächst nur in Universitäten möglichen – Laufbahn in Forschung und Lehre.

3. In der Praxis gehörten Begutachtung und Beratung zu den häufigsten Aufgaben der Diplompsychologen; in Psychiatrischen Kliniken waren sie vor allem mit Psychodiagnostik betraut.
4. Die akademische Psychologie bedurfte nach dem Krieg einer gründlichen Erneuerung. Im Zuge einer Internationalisierung der deutschen Psychologie erfolgte weithin eine Zuwendung zu empirischen Methoden.
5. Das Wachstum der Universitäten führte zu einem Aufbrechen des traditionellen Ordinariensystems.
6. Fachpsychologen schlossen sich in zwei Verbänden zusammen: In Forschung und Lehre Tätige in der *Deutschen Gesellschaft für Psychologie*, in der Praxis Tätige im *Berufsverband deutscher Psychologen*.

9. Eine große Studienreform und die „klinische Wende" in der akademischen Psychologie

In den 1970er-, 1980er- und 1990er-Jahren zeigen alle einschlägigen Statistiken ein lebhaftes Wachstum der universitären Psychologie. Die Zahl der Studierenden an den Universitäten der Bundesrepublik nahm stetig zu, und besonders begehrt waren Studienplätze in Medizin und Psychologie. So vereinbarten die Bundesländer ein zentrales Zulassungsverfahren. Trotz strenger Zulassungsbeschränkungen verdoppelte sich in der deutschen Bundesrepublik die Zahl der Studierenden im Fach Psychologie von 1970 bis zum Beitritt der Länder der früheren Deutschen Demokratischen Republik im Jahr 1989 – von rund 10.000 auf 22.000. Danach stieg die Zahl der Psychologie Studierenden in der Bundesrepublik bis zum Jahr 2000 auf rund 33.000. Die Lehrenden vermehrten sich von 1980 bis zum Jahr 2000 von rund 1.000 auf 3.400 (Statistisches Bundesamt, 2012; vgl. dagegen Schneider, 2005, S. 3). Die Zahl von Beschäftigten mit Psychologieausbildung stieg auf 45.000 (Schneider, 2005, S. 6).

Der Zulassung von Studierenden folgte – mit welcher Verzögerung auch immer – die Vergrößerung des Lehrkörpers. Dies schlug sich auch in der Forschung nieder; die Zahl von Publikationen und die Höhe von Fördermitteln schnellten in die Höhe (Schneider, 2005, S. 14). Die traditionellen Philosophischen Fakultäten wurden in Fachbereiche aufgeteilt. In den neuen, kleiner zugeschnittenen Fachbereichen waren die Anteile der Psychologie größer als vorher in den alten Fakultäten. An einigen Universitäten bildete die Psychologie sogar einen eigenen Fachbereich. Es waren also weit mehr Psychologieprofessoren tätig als die 1960 vom Wissenschaftsrat empfohlenen (s. Abschnitt 8). Rund zwanzig Jahre nach der Denkschrift von Hoyos zur Lage der Psychologie (s. wieder Abschnitt 8) legten Irle und Strack (1983) im Auftrag der Deutschen Forschungsgemeinschaft einen neuen Bericht „Psychologie in Deutschland … zur Lage von Forschung und Lehre" vor. Er belegte in vielen Details die Fächerstruktur und die Organisationsformen psychologischer „Lehr- und Forschungsstätten" – von Instituten, Fachbereichen u. Ä. konnten die Autoren nicht mehr einheitlich sprechen. Die bibliothekarische, technische und überhaupt finanzielle Ausstattung der Lehr- und Forschungsstätten war durchaus eindrucksvoll, ebenso wie deren Forschungsproduktivität. Was die Forschung anbelangte, betonte der Bericht einen zunehmenden Anschluss der deutschen Psychologie an die internationale Forschung.

Die Diplomstudienordnung aus der Nachkriegszeit war trotz mehrfacher Revisionen den steigenden Anforderungen nicht mehr gewachsen. So kam eine umfassende Studienreform in Gang. Im Jahre 1973 verabschiedete die Konferenz der deutschen Kultusminister auf Vorschlag der Deutschen Gesellschaft für Psychologie und des Berufsverbandes Deutscher Psychologen eine von einer gemeinsamen Studienreformkommission erarbeitete Rahmenprüfungsordnung. In einer ersten Bilanz über die Umsetzung der neuen Ordnung zeigte sich, wie stark Psychologische Institute und Fachbereiche in der deutschen Bundesrepublik den Freiraum genutzt hatten, um Klinische Psychologie in den Lehrplan einzuführen (Eyferth, 1980). Unter anderen politischen Voraussetzungen wurde übrigens im zweiten deutschen Staat, der Deutschen Demokratischen Republik, Klinische Psychologie ebenfalls zu einem neuen Ausbildungs- und Berufsfeld (Geyer, 2011).

Die Klinische Psychologie, die seit den 1970er-Jahren in das Psychologiestudium der beiden deutschen Staaten Einzug hielt, war – institutionell gesehen – ein Import aus den USA (s. Abschnitte 2, 7). In paradigmatischer Hinsicht knüpfte sie an europäische Traditionen an (s. Abschnitt 3). Seit den 1950er-Jahren hat sich vor allem in den USA und in England ein florierender Markt für psychotherapeutische Dienste entwickelt, der sich nun auf den europäischen Kontinent ausbreitete. Die Therapierichtungen (s. Abschnitt 4) hatten sich weiter verzweigt. Mit Aus-, Weiter- und Fortbildungseinrichtungen verstetigten sich die Schulen und bildeten internationale Netzwerke. Lehrbücher dokumentierten ihre Prinzipien sowie ihre Techniken; Handbücher verschafften eine Übersicht über das Marktangebot. Zählt man die dokumentierten Schulen, die einen Anspruch auf Eigenständigkeit erheben, gelangt man zu einer dreistelligen Zahl.

Neuerdings pflegt man – in Abwandlung und Erweiterung der in Abschnitt 4 eingeführten Kategorien – die Fülle an Therapierichtungen in vier Gruppen zu gliedern: Psychodynamische Psychotherapien (z.B. Analytische Psychologie, Bioenergetische Körperpsychotherapie) – eine neue Sammelbezeichnung für tiefenpsychologische Ansätze (Erman, 2012; Boll-Klatt, Kohrs & Strauß, 2021), Verhaltenstherapie (z.B. Desensibilisierung, Operante Konditionierung, Selbstkontrolle) (Linden, 2021), Humanistische Psychotherapie (z.B. Gestalttherapie, Logotherapie) – ein Sammelbegriff für kognitive Ansätze auf der Grundlage der sogenannten Humanistischen Psychologie (Galliker, 2021) – sowie Systemische Therapie (z.B. Familientherapie, Paartherapie) – ein Sammelbegriff für gruppentherapeutische Ansätze (Schlippe & Schweitzer, 2021).

Diese Einteilung nach Gruppen sowie die Klassifikation innerhalb der Gruppen ist keineswegs trennscharf. Vielfach gibt es Überschneidungen zwischen verschiedenen Schulen. So kann sich z. B. Systemische Therapie psychodynamischer Konzepte bedienen, und Verhaltenstherapie hat sich in den Bereich der (verhaltenswirksamen) Kognitiven Therapie erweitert. Oft unterscheidet die Vertreter von Schulen ihr Welt- und Menschenbild. Doch oft unterscheiden sich Therapien schon deshalb, weil sie auf verschiedene Arten von Störungen zugeschnitten sind (z. B. Ängste, Essstörungen, Partnerschaftskrisen).

Auf dem Markt werben Konkurrenten für ihre Angebote und beteuern dabei ihre Überlegenheit über Mitbewerber. So veröffentlichten Mitglieder von Therapieschulen ihre Behandlungserfolge und begründeten die Vorzüge ihrer Technik. Dies war einseitig; Erfolgsberichte stützten sich oft nur auf Einzelfälle. Mehr Verlässlichkeit war von einem Vergleich einer Mehrzahl von Fällen verschiedener Herkunft zu erwarten. Als erste vorbildliche Vergleichsstudie wird oft eine Arbeit von Hans Jürgen Eysenck (1952) zitiert, dem Leiter der Psychologischen Abteilung des *Institute of Psychiatry* des *Maudsley Hospital* in London. Eysenck machte eine Reanalyse von knapp zwanzig Berichten über die Effektivität psychotherapeutischer Behandlungen. Die Behandlungen waren teils psychoanalytisch, teils anderer Art; den Erfolg individueller psychologischer Behandlungen konnte man vergleichen mit dem Befinden von Patienten, die nur psychiatrisch versorgt worden waren. Das Ergebnis: Die psychoanalytisch behandelten Patienten wurden seltener als geheilt entlassen als die nur psychiatrisch versorgten. Das Ergebnis war provokativ, und wurde von Vertretern der Psychoanalyse zurückgewiesen. Doch auf das Ergebnis kommt es hier nicht an. Wichtig ist, dass Eysenck mit seiner Studie den Weg gebahnt hat für die systematische Erforschung der Wirksamkeit von Psychotherapien. Damit wird – über die praktische Erfahrung der einzelnen Psychotherapeuten hinaus – der Prozess und die Effizienz therapeutischen Handelns Gegenstand der Untersuchung. Es versteht sich, dass Wirksamkeitsforschung nur Aussicht auf Anerkennung hat, wenn sie den methodischen Standards von Wissenschaft genügt. Sofern Psychotherapie sich in wissenschaftlicher Untersuchung bewährt, kann sie selbst den Anspruch erheben, eine wissenschaftliche Methode zu sein.

Die klinischen Richtungen, die in den deutschen Universitäten Fuß fassten, waren die (nicht-direktive) Gesprächspsychotherapie (Tausch, 1970) sowie die Verhaltenstherapie (Schorr, 1984). Dass es von den oben genannten Gruppen nicht die Systemische Therapie war, lässt sich leicht mit ihrer jungen Geschichte erklären (s. wieder Schlippe & Schweitzer, 2021). Die psychodynamischen Richtungen, die schon vor dem Zweiten Weltkrieg nicht in das Programm der universitären Psychologie aufgenommen worden waren (s. Abschnitt 5), fanden auch in der Nachkriegszeit kaum Unterstützung in den Psychologischen Instituten. Wenn Lehrstühle mit Vertretern der psychodynamischen Richtung besetzt wurden, dann geschah das außerhalb der Psychologischen Institute. So richtete die Philosophische Fakultät der Universität Frankfurt am Main 1973 einen Lehrstuhl für „Psychologie, insbesondere Psychoanalyse und Sozialpsychologie" ein und besetzte ihn mit dem auch als Kulturkritiker bekannten Psychiater Alexander Mitscherlich. An die Medizinische Fakultät der Freien Universität Berlin wurde 1976 die Fachärztin und Lehranalytikerin Annemarie Dührssen auf einen Lehrstuhl für „Psychosomatische Medizin und Psychotherapie" berufen. Im Diplomstudium der Psychologen mochten Psychoanalyse und Analytische Psychologie gelegentlich auftauchen; in das Regelangebot gelangten sie auch nach der oben genannten Studienreform von 1973 kaum häufiger. Die Erhaltung, Verbreitung und Fortentwicklung psychodynamischer Ansätze oblag dann vorzugsweise universitären psychiatrischen Einrichtungen und außeruniversitären Ausbildungsinstituten sowie einschlägigen Vereinigungen.

Die Gesprächspsychotherapie gehört in die Gruppe der humanistischen Therapien. 1970 wurde die *Gesellschaft für wissenschaftliche Gesprächspsychotherapie* in Hamburg gegründet. Über die Geschichte der Gesprächspsychotherapie und ihre Verbreitung kann hier wenig berichtet werden. Es scheint an einschlägigen Dokumentationen und Publikationen zu mangeln, die Außenstehenden eine unaufwendige Rekonstruktion der Geschichte dieser Richtung ermöglichen. Festzustellen ist, dass die Vereinigungen für Gesprächstherapie – was Mitgliederzahlen und Einfluss anbelangte – hinter den eher verhaltenstherapeutisch orientierten zurückstanden und weiterhin zurückstehen. An den Universitäten war der Einfluss der Gesprächstherapie deutlich geringer als der Einfluss der Verhaltenstherapie. Dabei verlief die Konkurrenz zwischen Verhaltens- und Gesprächstherapie vergleichsweise konfliktarm.

Der Weg der Verhaltenstherapie lässt sich aus Publikationen gut rekonstruieren. Die Richtung war in doppelter Hinsicht innovativ konzipiert. Zum einen wollten ihre Vertreter in der akademischen Psychologie die Lücke füllen, die hinsichtlich der Phänomene mit Krankheitswert und des Problems ihrer Behandlung bestand; insofern sollte Klinische Psychologie das bestehende Lehr- und Forschungsprogramm der Psychologie vervollständigen. Zum anderen sollte die Klinische Psychologie die Diagnostik und Therapie psychischer Störungen auf die Grundlage internationaler psychologischer Forschung stellen. Es sollte eine positivistische Wissenschaftsauffassung und eine stochastische Methodik Einzug halten; therapeutische Verfahren sollten auf Modellen der psychologischen Grundlagenforschung beruhen. Vertreter der Verhaltenstherapie betonten stets ihre Verankerung in der Psychologie als moderner Naturwissenschaft. In diesem Sinne sollte die Wissenschaftlichkeit der Psychotherapie durch engagierte Wirksamkeitsforschung erhärtet werden.

Breit angelegte Erhebungen mit aufwendigen statistischen Verfahren sollten Belege für die Effizienz psychotherapeutischer Ansätze liefern. Derart auf empirischer Evidenz basierend, sollte der Nachweis der Qualität psychotherapeutischer Praxis geführt werden. Vorbildlich für die Wirksamkeitsforschung wurde eine Studie von Grave, Donati & Bernauer (1994). Allerdings wurden die Methoden der Wirksamkeitsforschung selbst zum Streitpunkt, da ihre Ergebnisse nicht allseits akzeptiert waren. Insbesondere wehrten sich Vertreter der psychodynamischen Richtung gegen Kritik an ihrer Praxis; sie machten geltend, Studien, die geringe Evidenz von psychodynamischen Behandlungen anzeigten, seien lediglich im Sinne der Verhaltenstherapie konzipiert worden. Sie bemängelten die angebliche Oberflächlichkeit verhaltenstherapeutischer Störungskonzeptionen; die daraus resultierende Behandlung bekämpfe Symptome, ohne deren Ursachen zu beseitigen.

Mit ihrem Programm und mit ihrer Forschung trat die Verhaltenstherapie in offene Konkurrenz zu den bis dahin in der deutschen Psychotherapie vorherrschenden hermeneutischen und psychodynamischen Verfahren. Mit vielen nicht-klinischen Kolleginnen und Kollegen an den Universitäten teilten Verhaltenstherapeutinnen und -therapeuten die Reserviertheit, wenn nicht gar die Ablehnung gegenüber der Psychoanalyse und verwandten tiefenpsychologischen Ansätzen. So gestaltete sich die Beziehung zwischen neuer, vorwiegend universitärer und alter, vorwiegend außeruniversitärer Psychotherapie durchaus konfliktreich. Die Universitäten hatten Klinische Psychologie und Psychotherapie so lange als Lehr- und Forschungsgegenstand abgelehnt, wie sie im Kontext der Psychoanalyse und ihrer Varianten auftrat. Nunmehr losgelöst aus diesem Kontext und mit der modernen, naturwissenschaftlichen Psychologie in Zusammenhang gebracht, stand dem Aufstieg der Klinischen Psychologie und Psychotherapie an den Universitäten nichts mehr im Wege.

Die verhaltenstherapeutisch orientierte Klinische Psychologie an deutschen Universitäten ging personell aus dem Bestand an Lehrenden und Studierenden hervor. So war etwa am Psychologischen Institut Münster Lilly Kemmler bereits in herkömmlicher Weise mit der Lehre von psychologischer Diagnostik betraut, als sie begann, sich mit therapeutischen Fragen vertraut zu machen und eine Arbeitsgruppe für Klinische Psychologie aufzubauen. In München diente die Psychologische Abteilung des Münchener Max-Planck-Instituts für Psychiatrie unter der Leitung von Johannes C. Brengelmann als Brückenkopf zur internationalen Verhaltenstherapie. In Kooperation mit diesem

Forschungsinstitut förderte das Psychologische Institut der Universität München Mitarbeiter, die sich der Verhaltenstherapie verschrieben hatten. An neu eingerichteten Lehrstühlen und Arbeitsgruppen für Klinische Psychologie herrschte Aufbruchstimmung (Daiminger, 2005; Daiminger, 2007, S. 131–148; Fichter, Ferstl, Hahlweg & de Jong-Meyer, 2006; Fliegel, 2010).

Eine stärkere Einbindung der Verhaltenstherapie in die Medizin wäre möglich gewesen; doch tatsächlich siedelte sie sich innerhalb der Psychologie an. Wie Malich (2021) berichtet, regte die Deutschen Gesellschaft für Psychologie die Gründung einer eigenen Abteilung für Psychologische Grundlagenforschung am Münchener Institut für Psychiatrie an; doch der Vorschlag wurde nicht aufgegriffen. Mit eigenen Institutionen, zunächst 1968 der *Gesellschaft zur Förderung der Verhaltenstherapie,* gewann die neue Richtung vor allem Anhänger unter jungen Psychologinnen und Psychologen. Christine Daiminger (2007) schildert aufgrund von Zeitzeugenberichten und Dokumenten das Wachstum und die Verbreitung der Verhaltenstherapie in der deutschen Bundesrepublik. Die erste Generation habe sich Kenntnisse der Verhaltenstherapie im Selbststudium angeeignet und erste praktische Erfahrungen im Ausland – vor allem in den USA und in England – gesammelt, in Deutschland selbst bei Begegnungen mit ausländischen Gästen. Zunächst als Wissenschaftliche Assistenten, seit den 1970er-Jahren zunehmend als Hochschullehrerinnen und -lehrer, haben Mitglieder der ersten Generation in eigenen Veranstaltungen Verhaltenstherapie gelehrt. Eine ungewöhnliche Episode: Mit einem Bus bereisten begeisterte Vertreter der neuen Richtung die Bundesrepublik, um an Kliniken für deren Einsatz zu werben. Der neue Ansatz fand großen Anklang bei Studierenden, die – nunmehr bereits während des Studiums in die Verhaltenstherapie eingeführt – eine zweite Generation bildeten. Zu dieser zweiten Generation stießen auch Praktiker hinzu, welche innerhalb wie außerhalb der Universitäten angebotene Einführungs- und Weiterbildungsveranstaltungen besuchten.

Die Institutionalisierung der neuen Richtung schritt auch außerhalb der Universitäten fort. Die oben genannte *Gesellschaft zur Förderung der Verhaltenstherapie* von 1968 ergänzte im Jahre 1971 der *Berufsverband der Verhaltenstherapeuten.* Im Jahre 1976 fusionierten die beiden Vereinigungen *zur Deutschen Gesellschaft für Verhaltenstherapie.* Die Vereinigungen förderten den Austausch und die Vernetzung zwischen ihren Mitgliedern durch Kongresse und Zeitschriften, und sie traten als Veranstalter von Fortbildungsveranstaltungen auf. Im Jahr 1978 war die *Deutsche Gesellschaft für Verhaltenstherapie* auf 6.500 Mitglieder angewachsen (Daiminger, 2007, S. 53, S. 335). Dabei waren Differenzen innerhalb der Verhaltenstherapie beträchtlich. Insbesondere bildeten sich zwei Schwerpunkte: Verhaltenstherapie im engeren Sinne und Psychosoziale Praxis. Doch Unterschiede und Konflikte führten nicht zur dauerhaften institutionellen Trennung. So wurde Verhaltenstherapie in einem recht weiten Sinne zu einer Richtung, deren Einfluss sich in der Personalpolitik und der Studienplanung der Universitäten auswirkte.

Mit der Einführung der neuen klinisch-psychologischen Programme und der Vermehrung des sich ihm widmenden Personals vollzog sich an den deutschen Universitäten also eine „klinische Wende“. Die „klinische Wende“ vollzog sich mit beträchtlicher Eigendynamik. Diese speiste sich einerseits vom Engagement von Fachvertretern der Klinischen Psychologie, andererseits von der Begeisterung zahlreicher Studierenden. Nicht-klinische Fachvertreter blieben gegenüber dieser Entwicklung meist reserviert. Wer die Verhältnisse an den Psychologischen Institute in Deutschland kritisch verfolgte, konnte bemerken, dass die „klinische Wende“ sich auf das gesamte Fach Psychologie auszuwirken begann. Obwohl zur Zeit ihres zu Beginn dieses Abschnitts genannten Berichts erst etwa die Hälfte der „Lehr- und Forschungsstätten“ ihr Studium auf die reformierte Ordnung umgestellt hatten, merkten Irle und Strack (1983, S. 37) bezüglich der Lehre an: „Die Anwendungs-Orientierung des Hauptstudiums ist … massiver geworden. Sie richtet sich dominant auf die ‚Klinische Psychologie‘.“ Es herrsche überhaupt die Tendenz, „das wissenschaftliche Studium der Psychologie in eine Einübung von Sozial- und Verhaltenstechniken umzulenken“.

Zur gleichen Zeit nahm mit entwaffnender Offenheit Heinz Heckhausen die Gelegenheit des „Berichts zur Lage des Faches“, den er 1982 als Präsident des Deutschen Gesellschaft für Psychologie erstattete, wahr, die Veränderungen anzusprechen, die sich aus seiner Sicht anbahnten. Die Studienreform von 1973 und die nachfolgende Tendenz zur Schwerpunktbildung habe die Psychologie „um ein paar Grad von einem Forschungs- und Laborfach weg und hin zu einem Lehr- und Schreibtischfach bewegt“. Die Einheitlichkeit des Diplomabschlusses falle faktisch, wenn auch nicht formal, einem Schwerpunktstudium zum Opfer. So komme es etwa, dass die Mehrzahl der Studierenden „als Anwendungsfach Klinische Psychologie wählten … und viele von ihnen nicht auch in Psychodiagnostik geprüft werden und von anderen Anwendungsfächern keine Ahnung haben“ (Heckhausen, 1983, S. 4, S. 5). Vor nachteiligen strukturellen Folgen warnte 1983 der Wissenschaftsrat in seinen „Empfehlungen zur Forschung in der Psychologie“. Es sei „darauf hinzuweisen, daß Teilgebiete, in denen erfolgreich geforscht wird, nicht überall zum obligatorischen Lehr- und Prüfungsstoff gehören (z.B. Sprachpsychologie) ….“. Dies könne sich „auf die Nachwuchsgewinnung für die Forschung negativ auswirken“. Ausdrücklich führte der Wissenschaftsrat aus:

> Für die Klinische Psychologie hat die Verlagerung der Nachfrage zu einer Überforderung der Kapazitäten des in der Lehre besonders personalintensiven Faches geführt. Zugleich besteht die Gefahr, ... daß der erhöhte personelle Bedarf der Klinischen Psychologie auf Kosten der in der Lehre nicht so stark belasteten Fächer befriedigt wird. Eine solche Umschichtung tritt allerdings häufig nicht sogleich in ihren Auswirkungen in Erscheinung, ... Damit wird jedoch eine Entwicklung eingeleitet, die dazu führt, daß einzelne Teilgebiete mehr oder weniger bald aus dem Blickfeld von Forschung und Studium entschwinden (Wissenschaftsrat, 1983, S. 16).

Abschnitt 9: Essentials

1. Seit 1970 ist das Wachstum des Faches Psychologie an den Universitäten ununterbrochen stark; mit den Studentenzahlen vermehrt sich das Personal für Forschung und Lehre.
2. Im Zuge der Reform des Diplomstudiengangs Psychologie vollzieht sich an Universitätsinstituten eine Schwerpunktbildung zugunsten der Klinischen Psychologie.
3. Neuerdings unterscheidet man vier Hauptgruppen von Therapieverfahren: Psychodynamische Therapien, Verhaltenstherapien, Humanistische Therapien, Systemische Therapien.
4. Von diesen finden vorzugsweise Verhaltenstherapie und Gesprächstherapie Eingang in die psychologische Lehre, weiterhin nicht jedoch psychodynamische Richtungen.
5. Angesichts der Konkurrenz von Therapieverfahren stellt sich als eigene wissenschaftliche Aufgabe die Erforschung ihrer Wirksamkeit.
6. Angesichts der „klinischen Wende“ in der akademischen Psychologie warnen kritische Stimmen vor einer berufskundlichen Einengung des Psychologiestudiums und vor einer Verdrängung nicht-klinischer Lehr- und Forschungsgebiete.

10. Mehr Rechte für Psychotherapie und das erste deutsche Psychotherapeutengesetz im Jahre 1998

Die von Daiminger (2007) befragten Zeitzeugen erinnerten die „klinische Wende" als Phase des Aufbruchs in einer Situation nachhaltigen sozialen Wandels. Zwanzig Jahre nach Kriegsende erlebte die Bundesrepublik steigende Wirtschafts- und Sozialleistungen, eine konsequente Reformpolitik sowie eine Bildungspolitik, die immer höheren Anteilen von Jahrgängen den Erwerb der Hochschulreife ermöglichte. Im Zuge der in den 1960er-Jahren einsetzenden Studentenbewegung forderten die Studierenden mehr Praxisbezug und insbesondere soziale Relevanz. Beiden Forderungen kam die Klinische Psychologie entgegen. Verständnis zeigten die noch jugendlichen Vertreter der neuen therapeutischen Richtungen den Studierenden wohl auch in den damals lebhaften Auseinandersetzungen um Mitbestimmung (vgl. Daiminger, 2007, S. 151 f.). Jedenfalls dürfte die überaus starke Nachfrage nach Studienplätzen in Psychologie zum überwiegenden Teil auf die Attraktivität des klinischen Anteils zurückzuführen sein.

Zudem hatte sich der Gesundheitsbegriff geweitet; als Gesundheit hatte bereits 1946 die Weltgesundheitsorganisation einen Zustand definiert, der nicht nur das Fehlen von Krankheit und Gebrechen umfasst, sondern auch das vollkommene körperliche, geistige und soziale Wohlbefinden. Der breite Gesundheitsbegriff drohte freilich auszuufern, und so war es praktikabel, sich auf psychische Beschwerden zu konzentrieren, denen ein Krankheitswert im landläufigen Sinne zukam. Deren Prävalenz wurde in Deutschland später nach einem strengen Survey-Verfahren ermittelt (Bellach, Knopf & Thefeld,1998). Sie betrug in der Bevölkerung rund 30 %. Die dadurch entstehende Belastung war nicht nur für die betroffenen Patienten bedeutsam; sie wirkte sich auch wirtschaftlich in ernst zu nehmender Weise aus (z.B. durch Krankschreibungen von Beschäftigten). Dabei zeigte die Versorgung psychisch Kranker Besorgnis erregende Defizite. Ein vom Deutschen Bundestag in Auftrag gegebener Bericht über die Lage der Psychiatrie aus dem Jahr 1975 belegte unwürdige Praktiken in psychiatrischen Anstalten und empfahl unter anderem eine stärkere gemeindenahe Versorgung und die Gleichstellung körperlich und psychisch Kranker, d.h. auch die Übernahme der Kosten psychotherapeutischer Leistungen durch gesetzliche Krankenkassen (Deutscher Bundestag, 1975).

Es war abzusehen: Die Ärztlichen Psychotherapeuten rekrutierten zu wenig Nachwuchs, um den Bedarf an psychotherapeutischen Behandlungen zu decken. Aus der Psychologie kamen dagegen immer mehr Therapeuten, deren Beschäftigung aus rechtlichen und finanziellen Gründen erschwert war. 1972 war ein Delegationsverfahren eingeführt worden. Danach konnten Ärzte ihre Patienten zur Psychotherapie an Diplompsychologen überweisen; die Kosten für diese Therapie übernahmen dann auch gesetzliche Krankenkassen (vgl. Abschnitt 6). Das Heilpraktikergesetz von 1939 war weiter in Kraft. Psychologen konnten sich als Heilpraktiker niederlassen und selbstständige Therapien durchführen; dann ließen sich die Kosten allerdings in der Regel nicht Krankenkassen in Rechnung stellen, und die Patienten mussten die Behandlungskosten selbst tragen (siehe wieder Abschnitt 6). Beide Optionen hatten erhebliche Nachteile. Die Kapazität der Ärzte war begrenzt; entsprechend verschrieben sie weniger psychologische Therapien, als Psychologen anboten und Patienten nachfragten. Überhaupt war standesbewussten Vertretern der Psychologenschaft die Delegationslösung ein Ärgernis. Die Verantwortung für die Behandlung lag nämlich ausschließlich beim delegierenden Arzt – wie das Bundessozialgericht im Jahre 1979 ausdrücklich bestätigte. Negativ ausgedrückt: Der behandelnde Psychologe war vom delegierenden Arzt abhängig – z.B. was die Fortsetzung von Behandlungen anbelangte. Psychologen forderten daher die Anerkennung der von ihnen betriebenen Psychotherapie als selbstständiger akademischer Heilberuf; als selbstständige Heilkundige wollten sie die volle Verantwortung für ihre Arbeit tragen und zur Abrechnung der Kosten mit den gesetzlichen Krankenkassen zugelassen werden. Wenn aber nun das Delegationsverfahren aufgegeben würde und Psychologen als selbstständige Therapeuten die Kassenzulassung erhalten sollten: Welche heilkundliche Qualifikation müssten dann Psychologen aufweisen, und wie müssten sie diese Qualifikation nachweisen?

Die Ärzteschaft sowie die Krankenkassen lehnten eine Änderung des damaligen Versorgungssystems ab. Die ablehnende Haltung der Kassen hatte finanzielle Gründe. Eine Freigabe der Psychotherapie hätte Mehrkosten zur Folge gehabt, welche die Vertreter der Kassen angesichts ohnehin steigender Krankheitskosten vermeiden wollten. Das Bestreben der Ärzteschaft, das Delegationsverfahren beizubehalten, war sicherlich auch motiviert durch die ärztliche Sorge um eine umfassende Versorgung der Patienten, d.h. durch Diagnosen und Behandlungen, welche die körperliche Verfassung der Patienten gebührend berücksichtigen. Politisch mag man die Haltung der Ärzteschaft erklären als Beharren auf dem traditionellen Privileg der Krankenbehandlung. Dass das ärztliche Privileg der Krankenbehandlung sich auch auf die Behandlung psychischer Störungen erstreckt, wurde 1990 gesondert bekräftigt, indem Psychosomatische Medizin und Psychotherapie als Fach in die Approbationsordnung für Ärzte aufgenommen wurde. 1994 hatten nach langem Ringen psychotherapeutisch tätigen Ärzte die Facharztanerkennung in Psychiatrie und Psychotherapie durchgesetzt. Damit war Psychotherapie institutionell in der Medizin voll eingebunden und von der Psychologie abgesetzt. Freilich verschwanden die institutionellen Unterschiede zwischen Fächern und Fakultäten vielfach bei der Arbeit mit den Patienten. Es fehlte nicht an Bemühungen um Überwindung der fachlichen und berufsständischen Differenzen. So sollte zu einem Bindeglied zwischen Medizin und Psychologie sowie zwischen ärztlichen und nicht-ärztlichen Psychotherapeuten die 1985 gegründete *Deutsche Gesellschaft für Verhaltenstherapie und Verhaltensmodifikation* werden.

Zu beachten ist weiterhin: Aufgrund ihrer Privilegierung hatte die Ärzteschaft erheblichen Einfluss auf die Zulassung von Heilverfahren zur Abrechnung durch Krankenkassen. Die Entscheidung über die anzuerkennenden Leistungen der gesetzlichen Krankenkassen traf ein Bundesausschuss Psychotherapie, dem Vertreter der Ärzteschaft sowie der Krankenkassen selbst angehörten. 1967 beschloss der Ausschuss, „tiefenpsychologisch fundierte und analytische Psychotherapie" als Leistung der kassenärztlichen Versorgung anzuerkennen; mit ihren Indikationen wurden diese Verfahren in Form von Richtlinien in das Bundessozialgesetz (Buch V) eingetragen. Mit tiefenpsychologisch fundierter Therapie war Psychoanalyse (Freudscher Provenienz) gemeint, mit analytischer Therapie Analytische Psychologie (Jungscher Provenienz) (Rüger & Bell, 2004). Damit war zunächst den Ansprüchen traditionell ausgebildeter Ärzte Genüge getan, die psychodynamischen Ansätzen zuneigten. Immer mehr Ärzte überzeugten sich von den Vorteilen von Verhaltenstherapie, und auch Patienten drängten, in den Genuss verhaltenstherapeutischer Behandlungen zu kommen. So beschloss der Bundesausschuss der Ärzte und Krankenkassen 1986, für die Anwendung der Verhaltenstherapie ebenfalls Richtlinien zu erlassen und diese als Leistung der Krankenversorgung anzuerkennen. Die Anerkennung der Verhaltenstherapie als Kassenleistung war ein Befreiungsschlag für die neue Generation von Psychotherapeuten, die an den Universitäten eine vorwiegend verhaltenstherapeutisch orientierte Lehre genossen hatten. Anderen psychotherapeutischen Richtungen – vor allem der Humanistischen Psychotherapie – blieb die Anerkennung freilich versagt. Psychologische Psychotherapie stand also auch unter dem administrativen Einfluss der Ärzteschaft. Ihr Ziel war deshalb auch die Mitbestimmung im staatlichen Zulassungssystem durch Sitz und Stimme im oben genannten Bundesausschuss Psychotherapie (Dahm, 2008; Lockot, o.J.; Schildt, 2007; Sponsel, o.J.).

Die Reformbemühungen der Klinischen Psychologie stießen durchaus auf Bedenken in den großen Psychologenverbänden. Würde Psychotherapie sich der Psychologie nicht entfremden, wenn sie sich dem Arztberuf angleichen und in dessen Machtstrukturen eindringen würde? Würden, wenn Psychotherapie mit der Ärzteschaft Privilegien teilen würde, nicht-klinische Sparten benachteiligt sein? Werde es darüber gar zur Spaltung von Klinischer und nicht-klinischer Psychologie kommen? Es waren jedoch innerhalb der *Deutschen Gesellschaft für Psychologie* deren Fachgruppe Klinische Psychologie und innerhalb des *Berufsverbandes Deutscher Psychologen* dessen Sektion Klinische Psychologie, die Sonderregelungen für einen „Fachpsychologen für Klinische Psychologie“ forderten. Die Gesamtverbände unterstützten die Initiative, suchten aber zugleich weitergehende Regelungen, die über die Klinische Psychologie hinaus Schutzrechte für den Psychologieberuf gewährleisten. Der Berufsverband Deutscher Psychologen befürwortete eine bundeseinheitliche Ordnung für alle Diplompsychologen und Diplompsychologinnen, u. a. zum Schutz der Berufsbezeichnung (*Berufsverband Deutscher Psychologen*, 1981); für ein Berufsbild „Klinische Psychologie“ legte der Berufsverband einen Gesetzesentwurf vor (*Berufsverband Deutscher Psychologen*, 1994). Die *Deutsche Gesellschaft für Psychologie* (1983) schlug vor, zusammen mit der heilkundlich ausgeübte Psychotherapie auch die Tätigkeit der Psychodiagnostik gesetzlich zu regeln (u.a. den Schutz von Tests vor missbräuchlicher Anwendung).

Die Verhandlungen über die Reform wurden auf verschiedenen Ebenen geführt, mit Ministerien, der Ärzteschaft, den Krankenkassen. Die *Deutsche Gesellschaft für Psychologie* und der Berufsverband gründeten ein Kuratorium zur Erarbeitung gemeinsamer Positionen. Zeitschriftenbeiträge und Fachtagungen begleiteten den Reformprozess (z.B. *Berufsverband Deutscher Psychologen*, 1995). Im Zuge der Beratungen, die in den Sechzigerjahren begannen, gewannen die Therapieverbände an Stärke und damit an politischer Wirksamkeit. Mit besonderem Engagement beteiligten sich die Verbände der Verhaltenstherapeuten; sie sollten zur treibenden Kraft der bis 2020 anhaltenden Reformbestrebungen werden. Federführend bei der Gesetzgebung war zunächst das Bundesministerium für Jugend, Familie und Gesundheit. Doch wegen der sozialrechtlichen Belange, d.h. der Finanzierung der neu geordneten Psychotherapie, war auch das Bundessozialministerium zuständig. Zu den strittigsten Punkten gehörten das ärztliche Privileg der Entscheidung über die Behandlungsbedürftigkeit sowie die Berechnung und Übernahme von Behandlungskosten (u. a. die Frage der „Zuzahlung“, d.h. der Beteiligung der Patienten an den Behandlungskosten). Ein 1974 bis zur Verabschiedungsreife gediehener Gesetzesentwurf gelangte gar nicht bis zur parlamentarischen

Beschlussfassung; ein Gesetzesentwurf, der 1993 bereits den Bundestag passiert hatte, scheiterte im Bundesrat (Hellfritsch, 1991; Schulte, 2021).

Der erstrebte Durchbruch gelang 1998 (Schulte, 2021). Bundestag und Bundesrat beschlossen ein *Gesetz über die Berufe des Psychologischen Psychotherapeuten und des Kinder- und Jugendlichenpsychotherapeuten* – im Folgenden kurz: Psychotherapeutengesetz von 1998. In Ergänzung zu dem Gesetz erließ das inzwischen zuständige Gesundheitsministerium Approbationsordnungen für die Ausbildung sowie die Prüfung der beiden nunmehr gesetzlichen Gruppen von nicht-ärztlichen Psychotherapeuten. Damit war nicht nur ein Berufsbild festgelegt, sondern deren zwei. Ein wesentlicher Fortschritt für die beiden Psychotherapeutenberufe war die Einführung einer staatlichen Approbation. Die – nach dreijähriger Ausbildung zu erlangende – Approbation ermöglichte nach § 8 die „eigenverantwortliche und selbstständige Tätigkeit" sowie – nach fünfjähriger beruflicher Bewährung – die Zulassung zum Versorgungssystem der Krankenkassen. Damit endete das Delegationsverfahren; Psychotherapeutinnen und Psychotherapeuten konnten ohne Überweisung durch Ärzte Behandlungen aufnehmen und in Rechnung stellen.

Voraussetzung für die zur Approbation führende Ausbildung war ein abgeschlossenes Hochschulstudium. Im Falle des Psychologischen Psychotherapeuten musste das ein Studium der Psychologie sein, das Klinische Psychologie einschloss, im Falle der Kinder- und Jugendlichenpsychotherapie ein Studium der Pädagogik oder Sozialpädagogik. Die Studieninhalte waren dem Ermessen der Hochschulen überlassen. Die Anforderungen an die Ausbildung wurden dagegen in den Approbationsordnungen detailliert geregelt. § 6 des Psychotherapeutengesetzes bestimmte eingehend die Anforderungen an Ausbildungsinstitute; sie mussten u. a. regelmäßig Kranke versorgen. Dies taten Universitätsinstitute nicht. Den Hochschulen war also die wissenschaftliche Vorbereitung auf die Ausbildung aufgetragen, nicht die Ausbildung selbst. So war es schon früher praktiziert worden (s. Abschnitt 8); nun wurde die Regelung gesetzlich festgelegt.

Ein weiterer Fortschritt für Psychotherapeuten aus Pädagogik und Psychologie: Nach § 11 des Gesetzes sollten sie zukünftig bei der Anerkennung von Behandlungsverfahren mitwirken. Die Anerkennung stützt sich auf das Gutachten eines bei den Kassenärztlichen Vereinigungen und der Kassenärztlichen Bundesvereinigung angesiedelten Wissenschaftlichen Beirats. Diesem Beirat sollten zukünftig neben Ärztevertretern auch Vertreter der Psychologischen Psychotherapie sowie der Kinder- und Jugendlichenpsychotherapie angehören.

Dass das Psychotherapeutengesetz von 1998 von psychologisch-psychotherapeutischen Verbänden begrüßt wurde, hatte zwei Gründe: Die Einbindung der Psychotherapie in das Sozial- und Gesundheitssystem der Bundesrepublik sowie den daraus folgenden Schutz vor unqualifizierten Anbietern („Kurpfuschern"). Die Beteiligung des Staates an der Ausbildung und Zulassung von Therapeuten wurde nicht als Problem gesehen. Die überaus kritische Diskussion der staatlichen Zulassung von Psychotherapeuten, wie sie in England geführt wurde (Mowbray, 1995), hat man hierzulande gar nicht zur Kenntnis genommen. Die Psychotherapieverbände und der psychologische Berufsverband werteten die Verabschiedung des Gesetzes von 1998 als Erfolg ihrer eigenen Politik. Die Bundespsychotherapeutenkammer ehrte den Psychologieprofessor Dietmar Schulte nicht nur für seine Beiträge zu Forschung, Lehre und Weiterbildung in Psychotherapie, sondern auch für sein jahrelanges Engagement für die Anerkennung der Verhaltenstherapie als Richtlinienverfahren sowie für das erste Psychotherapeutengesetz (Richter, 2012). Das Deutsche Ärzteblatt feierte ihn sogar als „Vater des Psychotherapeutengesetzes" (Gieseke, 2009).

In den Berichten der Präsidenten der Gesellschaftfür Psychologie tauchte das Gesetz erst auf, nachdem es verabschiedet war. Es wurde mit knappen Worten als „großer Erfolg für die Profession" (Amelang, 1999, S. 1) und „Fortschritt der Professionalisierung" (Kluwe, 2001, S. 2) anerkannt. Als eigenen Erfolg reklamierte das Präsidium der Gesellschaft die Durchsetzung des Psychotherapeutengesetzes nicht; es hatte sich in die Beratungen darüber wohl kaum eingeschaltet. Aus der Sicht der Universitäten war die Tatsache, dass der Gesetzgeber für zukünftige Psychologische Psychotherapeuten das Studium der Psychologie zur Pflicht machte, für Kinder- und Jugendlichenpsychotherapeuten das Studium der Pädagogik, eine Auszeichnung; sie stärkte die Nachfrage nach diesen Fächern. Zugleich waren die Universitäten durch das neue Gesetz nicht unmittelbar in die Pflicht genommen. Was das Studium der Psychologie anbelangte, machte es keine spezifischen Vorgaben. Es verlangte als Voraussetzung für eine postgraduale psychotherapeutische Ausbildung in § 5(2) lediglich „eine … an einer Universität … bestandene Abschlußprüfung im Studiengang Psychologie, die das Fach Klinische Psychologie einschließt". Das schränkte die Freiheit der Wissenschaft nicht im Geringsten ein.

Nur kurz sei eingefügt: Die Reformdiskussion hatten sich auf die Belange der Psychotherapie konzentriert. Die oben genannten Bemühungen um Förderung und Schutz anderer Sparten stagnierten. So ist es dem Berufsverband Deutscher Psychologen nicht gelungen, eine gesetzlich bewehrte Berufsordnung für alle Psychologinnen und Psychologinnen durchzusetzen. Unabhängig von der Gesetzgebung zur Psychotherapie fortgeschritten sind allerdings die Qualitätskontrolle von psychologischen Tests und ihr Schutz vor unangemessener und unbefugter Anwendung (Diagnostik- und Testkuratorium der Föderation Deutscher Psychologenvereinigungen, 2019).

Die Einordnung der Psychotherapieausbildung in die postgraduale Phase befriedigte Vertreter der universitären Klinischen Psychologie nicht. Das stärkte außeruniversitäre Ausbildungsinstitute, deren Arbeit universitäre Vertreter kritisch sahen. Außerhalb der klinischen Abteilungen dürfte die Einordnung der psychotherapeutischen Ausbildung in die postgraduale Phase und damit die Entlastung des Hochschulstudiums von der Verpflichtung zur Vermittlung von Fachkunde mit Erleichterung aufgenommen worden sein. Das damalige Diplomstudium der Psychologie war ja wegen seiner Praxisferne ohnehin häufiger Kritik ausgesetzt (z.B. Hellfritsch, 1993). So konnte man – entschiedener als bei anderen Berufsfeldern wie der Schul- oder der Arbeitspsychologie – auf die nachfolgend angebotene Ausbildung verweisen, wenn Studierende im Lehrangebot praktisch bedeutsame Themen vermissten.

Mit dem Psychotherapeutengesetz hat Klinische Psychologie und Psychotherapie innerhalb der Psychologischen Institute und Fachbereiche endgültig einen zentralen Platz eingenommen. War Klinische Psychologie in den 1960er-Jahren noch ein *newcomer*, dessen Einbeziehung in den Studiengang Psychologie sowie überhaupt dessen Förderung im freien Ermessen der regionalen Struktur- und Personalpolitik lag, so war durch das Psychotherapeutengesetz von 1998 Klinische Psychologie zu einem integralen Bestandteil eines berufsvorbereitenden Psychologiestudiums geworden. Studierende konnten unter Berufung auf ihr Recht zur freien Berufswahl sogar den Anspruch auf ausreichenden akademischen Unterricht erheben – ein verwaltungsrechtlicher Vorzug, den andere psychologische Fächer nicht genossen.

Ihre gefestigte Stellung ermöglichte der universitären Klinischen Psychologie den weiteren Ausbau ihrer Personalkapazität und ihrer Forschungsressourcen und machte sie so zu einem Innovations- und Kommunikationszentrum für Psychotherapie. Zu einem Zentrum psychotherapeutischer Praxis und Ausbildung wird sie nach dem Psychotherapeutengesetz von 1998 noch nicht. Die Zuständigkeit dafür liegt weiterhin außerhalb Psychologischer Fachbereiche und Universitätsinstitute; sie liegt in Kliniken, Privatpraxen sowie bei gesondert anerkannten außeruniversitären Ausbildungsinstituten. Nach dem Willen universitärer Vertreter sollte dies freilich nicht so bleiben. Zum Zwecke der Lehre und Forschung sollten Behandlungszentren – Hochschulambulanzen genannt – aufgebaut werden und mit außeruniversitären Praxis- und Ausbildungseinrichtungen in Wettbewerb treten (Fydrich & Unger, 2013).

Gegenüber anderen akademischen Fächern hat Psychologie als ein auf die Psychotherapieausbildung vorbereitendes Studienfach an Bedeutung gewonnen. Bis 1998 war sie nur eines der akademischen Fächer gewesen, dessen Studium zur Psychotherapieausbildung qualifizierte. Nun war Psychologie das einzige Fach. Wer den Beruf der Psychologischen Psychotherapie ergreifen wollte, musste das Studium der Psychologie nach der jeweiligen örtlichen Studien- und Prüfungsordnung absolvieren. Unter den Fächern, welche das Recht, auf Erwachsenenpsychotherapie vorzubereiten, einbüßten, war auch die Pädagogik. Freilich war die Einbuße eine begrenzte. Das Studium der Pädagogik qualifizierte immer noch für Kinder- und Jugendlichenpsychotherapie, und das konnte man als Konzentration auf Kernkompetenzen erklären. Im Fächervergleich kam allerdings doch eine Ungleichgewichtigkeit zum Ausdruck. Waren wirklich alle Ressentiments gegenüber der Psychagogik überwunden, aus der die Kinder- und Jugendlichenpsychotherapie hervorgegangen war, das Vorurteil von Kindern als unkomplizierteren Patienten und die Diskriminierung von Frauen, die ein Gros der Kindertherapeutinnen ausmachten (s. Abschnitte 6 und 8)? Dabei hatte sich noch eine neue Front aufgetan: An den psychologischen Fachbereichen und Instituten dominierten die Vertreterinnen und Vertreter der Verhaltenstherapie. Die psychodynamischen Richtungen waren eher in der Pädagogik vertreten. Das Gros der Studierende war für das Fach Psychologie eingeschrieben. Aus dieser Sicht bedeutete die Verteilung von fachlichen Zuständigkeiten durch das Psychotherapeutengesetz von 1998 einen Etappensieg der Verhaltenstherapie.

Die vollendete Eingliederung der Klinischen Psychologie und Psychotherapie in die deutsche akademische Psychologie eröffnete ihr die Chance zur Verwirklichung des *Scientist-Practitioner* Modells(s. Abschnitt 7). Insbesondere die Einrichtung von Hochschulambulanzen versprach eine fruchtbare Verbindung von Lehre und Forschung mit therapeutischer Praxis. Der Erwerb des Psychologiediploms gewährleistete den akademischen Status der Angehörigen des Psychotherapeutenberufs. Mit einer Dissertation zur Psychotherapieforschung konnte man einen Doktorgrad erwerben, wie er auf dem Gebiet der Heilkunde eine besondere Wertschätzung genießt. Dies sollte eine Verbindung von wissenschaftlicher und praktischer Qualität schaffen und nicht nur ein Anheften von „akademischen Etiketten" (Irle & Strack, 1983, S. 41) an eine nachgefragte Berufstätigkeit.

Der Zuspruch aus der als kritikfreudig bekannten Studentenschaft und positive Stimmen aus der Öffentlichkeit zeigten die hohe Akzeptanz der Verankerung der Klinischen Psychologie in der akademischen. Man hatte weithin nicht verstanden, warum sich die akademische Psychologie vor den Problemen der psychischen Störungen und ihrer Behandlung verschlossen hatte. Im Allgemeinverständnis waren dies stets Kerngebiete der Psychologie. In diesem

Verständnis lebte die Vision der Erfahrungsseelenkunde des 18. Jahrhunderts weiter, einer ebenso heilkundlichen wie naturkundlichen Psychologie (s. Abschnitt 1). Lebendig gebliebene Populärpsychologie hat sicherlich der Klinischen Psychologie den Weg in die Universitäten geebnet. In ihrem weiteren Verlauf wird die Geschichte freilich eine Wendung nehmen, die nicht in das Bild der Vervollständigung einer erfolgreich wachsenden Disziplin passt. Das neue Teilfach wird eine beherrschende Stellung einnehmen. Seine Dominanz ist geeignet, den Bestand älterer Fächer infrage zu stellen. Konnte man vorher eine Einseitigkeit akademischer Psychologie beklagen, weil sie die Heilkunde nicht einschloss, wird man in Zukunft möglicherweise bedauern, mit welcher Einseitigkeit sich Psychologie der Heilkunde verschrieben hat.

Abschnitt 10: Essentials

1. Die Förderung und der Schutz des Psychotherapieberufs wurden Ziele einer in den Sechzigerjahren beginnenden Reformdiskussion.
2. Psychoanalyse und Analytische Psychologie, später auch Verhaltenstherapie wurden als Kassenleistungen nach den Richtlinien des Sozialgesetzbuches anerkannt.
3. Das erste Psychotherapeutengesetz von 1998 gab Absolventen der Psychologie und Pädagogik die Möglichkeit zur Ausbildung und Approbation als selbstständig tätige Psychologische Psychotherapeuten sowie als Kinder- und Jugendlichenpsychotherapeuten.
4. Das Psychotherapeutengesetz bestimmte das Studienfach Klinische Psychologie als notwendige Voraussetzung für die Ausbildung in Psychologischer Psychotherapie. Damit wurde Klinische Psychologie endgültig in die akademische Psychologie eingegliedert.
5. Damit waren neue Voraussetzungen für den Ausbau der Klinischen Psychologie gegeben; insbesondere sollten Hochschulambulanzen zur Behandlung von Patienten sowie zur Förderung der Therapieforschung entstehen.
6. Die neuen rechtlichen Vorgaben sowie nicht zuletzt die in den Hochschulambulanzen verfügbaren Kapazitäten für praxisbezogene Forschung und Lehre sollten helfen, das *Scientist-Practitioner* Modell in der Klinischen Psychologie und Psychotherapie zu verwirklichen.

11. Nach 2000: Studenten, Absolventen und Patienten, Hochschulen und Fachhochschulen, Gesellschaften, Verbände und Kammern

Psychologie und Psychotherapie sind miteinander gewachsen und haben sich nach Fach- und Berufsgruppen organisiert. Seit 1970 haben die Präsidentinnen und Präsidenten der Deutschen Gesellschaft für Psychologie am Ende ihrer zweijährigen Amtszeit in ihrem Bericht zur Lage der Psychologie immer neue Höchststände verkündet. Nach den Lageberichten der Präsidentin Andrea Abele-Brehm aus dem Jahr 2016 und des Präsidenten Conny H. Antoni aus dem Jahr 2018 (Abele-Brehm, 2017; Antoni, 2019a) war in der Bundesrepublik die Zahl der Erwerbstätigen mit Studienabschluss in Psychologie – seit etwa dem Jahr 2000 bereits sechsstellig – auf 129.000 angestiegen. Die berufstätigen Psychologen arbeiteten zumeist in den Bereichen der Gesundheit, der Wirtschaft und der Erziehung.

Psychologie ist eine forschungsfreudige Disziplin, und ihre Produktivität schlägt sich in der Zahl ihrer wissenschaftlichen Publikationen nieder. Das Aufkommen ihrer Veröffentlichungen aus dem deutschsprachigen Raum stellten regelmäßig Günter Krampen und Gabriel Schui vom Leibniz-Zentrum ZPID in Trier fest. Für das Jahr 2012 ermittelten sie z. B. 10.000 Publikationen. Ein Drittel davon war in englischer Sprache erschienen. Der „Anglisierungsgrad" sollte die internationale Orientierung der Forschung anzeigen. Die Spitzenstellung nahm nach dem Grad der Anglisierung die Allgemeine Psychologie und Biopsychologie ein, gefolgt von den weiteren Grundlagenfächern der Sozial-, Entwicklungs- und Persönlichkeitspsychologie – mit mehr als der Hälfte englischsprachiger Texte. Überwiegend in deutscher Sprache abgefasst waren die Veröffentlichungen aus den Fächern der Angewandten Psychologie, vor allem der Klinischen Psychologie, der Pädagogischen Psychologie sowie der Arbeits- und Organisationspsychologie (Schui & Krampen, 2015).

Finanziert wurden die psychologischen Forschungen zum Teil aus den laufenden Haushalten der Universitätsinstitute. Doch in die psychologische Forschung flossen auch beträchtliche Fördermittel aus staatlichen und nicht-staatlichen Quellen. Eine wichtige Förderinstitution war die Deutsche Forschungsgemeinschaft, die staatliche Mittel nach einem strengen Begutachtungsverfahren verteilt. Im Jahr 2015 hat die Deutsche Forschungsgemeinschaft im Bereich der Psychologie 243 Einzelprojekte gefördert, vier Schwerpunktprogramme, sieben Forschergruppen, drei Graduiertenkollegs sowie zwei Sonderforschungsbereiche (Abele-Brehm, 2017).

Die Zahl der Studierenden – im Jahr 2000 noch knapp 34.000 – lag 2016 bei 75.000. Unterrichtet wurden die Studierenden von rund 4.000 Lehrenden, darunter 900 Professorinnen und Professoren. Nach einem Staatsvertrag der Länder wurden die verfügbaren Studienplätze für Psychologie an den staatlichen Hochschulen nach einem einheitlichen Schlüssel berechnet und zentral vergeben. Die Zahl von Studienbewerbern übertraf die Zahl verfügbarer Plätze bei weitem. Abhilfe bringen sollte die – ebenfalls staatliche – Fernuniversität Hagen, die den Zugang nicht beschränkte. Von den oben aufgeführten 75.000 Studierenden stammten rund 13.000 von der Fernuniversität. Ein völliges Novum in Deutschland: Fachhochschulen und Privathochschulen mit staatlicher Anerkennung boten ebenfalls psychologische Studiengänge an, die zur psychotherapeutischen Ausbildung berechtigten. Studiengebühren wurden an staatlichen Hochschulen nicht erhoben. Privathochschulen finanzierten sich durch Studiengebühren. Nicht weniger als 23.000 der oben genannten 75.000 Studierenden waren an Fach- und Privathochschulen eingeschrieben.

Nach dem Erlass der Approbationsordnung im Jahre 1998 (s. Abschnitt 10) hatten mehrere Jahrgänge die Approbationsprüfung bestanden – im Jahr 2017 2.714 Personen, davon 1.974 als Psychologische Psychotherapeutinnen oder -therapeuten. Wie hatte sich die neue Ausbildung bewährt? Das untersuchte im Auftrag des Bundesgesundheitsministeriums Bernd Strauß vom Universitätsklinikum Jena mit zahlreichen Mitarbeitern (Strauß, Barnow, Brähler, Fegert, Fliegel et al., 2009a). Die umfangreiche Evaluationsstudie zeigte: Sowohl die Ausgebildeten als auch die Ausbildungsinstitute waren mit Verlauf und Ergebnis der Ausbildung im Ganzen recht zufrieden. Bezüglich der Ausbildungsinstitute stellten die Autoren fest: Es gab im Untersuchungszeitraum in Deutschland 180 staatlich anerkannte Ausbildungsinstitute mit insgesamt 1.652 Lehrkräften. Die Hälfte hatte die Rechtsform eines Vereins, ein Fünftel war als Gesellschaft mit beschränkter Haftung eingetragen. 15 Ausbildungsinstitute waren an einer Universität angesiedelt und boten die Ausbildung als postgraduales Programm an. 17 Institute waren insofern mit einer Universität verbunden, als sie mindestens einen Universitätsangehörigen als Lehrkraft beschäftigten; 141 Institute waren personell nicht mit Universitäten verbunden (Strauß, Barnow, Brähler, Fegert, Fliegel et al., 2009a, S. 71–74). Die Zahl ausgebildeter Psychotherapeuten, welche die Approbationsprüfung bestanden wuchs stetig. Im Jahr

2017 betrug sie 2.714; 1.974 qualifizierten sich als Psychologische Psychotherapeuten, 740 als Kinder- und Jugendlichenpsychotherapeuten (Antoni, 2019, S. 19).

Das Jahrzehnte währende Wachstum erfüllte die Beteiligten mit Stolz und Freude. Doch wurden auch dessen Risiken offenbar. Die Zahl der Studierenden näherte sich in der deutschen Bundesrepublik der Zahl der Beschäftigten. Würde der Arbeitsmarkt sich schnell genug erweitern, um die neu Ausgebildeten aufzunehmen? Das Problem zeigte sich schon beim wissenschaftlichen Nachwuchs (Rentzsch, Harzer & Wolter, 2017). Junge Wissenschaftlerinnen und Wissenschaftler wurden in Forschungsprojekten gefördert. Doch die Projekte hatten in der Regel nur eine Laufzeit von wenigen Jahren, weshalb Arbeitsverträge nur befristet abgeschlossen werden konnten. Zur Lebens- und Karriereplanung bedurfte es aber Dauerverträge, für die es oft nicht die gewünschte Finanzierung gab. Ein Rückstaueffekt war auch im Bereich der Psychotherapie zu befürchten. Es waren jährlich knapp 3.000 neu Approbierte zu erwarten, und die Vertreter der Krankenkassen warnten vor einer Überforderung des Versorgungssystems.

Allerdings hatte es nicht den Anschein, den Psychotherapeuten würden die Klienten ausgehen. Jacobi, Jungfer, Schuhmann & Thom (2019), vorher schon Jacobi, Höfler, Strehle, Mack et al. (2014) berichteten ein „versorgungsepidemiologisches Paradox": Die Zahl von Psychotherapeuten und von Behandlungen nahm stetig zu, die Menge psychischer Störungen dagegen nicht ab. Ihre 12-Monatsprävalenz hielt sich bei 30 %, d.h. auf dem Niveau, das bereits Bellach, Knopf & Thefeld (1998) in ihrem Bundesgesundheitssurvey (s. Abschnitt 10) festgestellt hatten. Dies sprach für eine anhaltende Unterversorgung der Bevölkerung mit den bekannten sozialen und wirtschaftlichen Folgen. Die psychotherapeutische Versorgung der Bevölkerung wurde zu einem immer dringlicheren Problem der Gesundheitspolitik. Eine nachhaltige Besserung der Lage war eher von Psychologischen Psychotherapeuten zu erwarten, deren Zahl sich stetig vergrößerte, als von Ärztlichen Psychotherapeuten, die weniger Nachwuchs rekrutierten. Zudem waren Bund, Länder und Gemeinden bestrebt, mehr sozial- und psychotherapeutische Dienste bereitzustellen und dafür die bestehenden rechtlichen Voraussetzungen zu überarbeiten und zu ergänzen. Für die sich dann ergebenden Aufgaben schienen Psychologische Psychotherapeuten aufgrund ihrer Ausbildung besser gerüstet als Fachärzte.

Dem Vorbild der frühen psychoanalytischen Gesellschaften (s. Abschnitt 4) waren Therapieverbände gefolgt, die sich mit diversen psychodynamischen, verhaltenstherapeutischen, humanistischen und systemischen Schwerpunkten nach innen dem Austausch und der Entwicklung widmeten (z.B. durch

Kongresse), nach außen der Interessenvertretung (z.B. gegenüber Behörden). Der Psychodynamischen Therapie dienten die *Deutsche Gesellschaft für Psychoanalyse, Psychotherapie, Psychosomatik und Tiefenpsychologie* (als Dachverband der *Deutschen Psychoanalytischen Gesellschaft*, der *Deutschen Psychoanalytischen Vereinigung*, der *Deutschen Gesellschaft für Analytische Psychologie* sowie der *Deutschen Gesellschaft für Individualpsychologie*) sowie die *Deutsche Fachgesellschaft für tiefenpsychologisch fundierte Psychotherapie* und die *Arbeitsgemeinschaft für Katathymes Bilderleben und imaginative Verfahren in der Psychotherapie*. Die Verhaltenstherapie vertraten die *Arbeitsgemeinschaft für Verhaltensmodifikation*, die *Deutsche Gesellschaft für Verhaltenstherapie*, dem *Deutschen Fachverband für Verhaltenstherapie* sowie die *Deutschsprachige Gesellschaft für kontextuelle Verhaltenswissenschaften*. Humanistische Psychotherapie war repräsentiert in der *Arbeitsgemeinschaft Humanistische Psychotherapie, dem Deutschen Dachverband Gestalttherapie für approbierte Psychotherapeuten*, dem *Deutschen Fachverband für Psychodrama*, der *Deutschen Gesellschaft für integrative Therapie, Gestalttherapie und Kreativitätsförderung*, der *Deutschen Gesellschaft für Körperpsychotherapie*, der *Deutschen Gesellschaft für Logotherapie und Existenzanalyse*, der *Deutschen Gesellschaft für Transaktionsanalyse*, der *Deutschen Psychologischen Gesellschaft für Gesprächspsychotherapie*, der *Deutschen Vereinigung für Gestalttherapie*, der *Gesellschaft für Logotherapie und Existenzanalyse in Deutschland*, der *Gesellschaft für wissenschaftliche Gesprächspsychotherapie*. Die *Deutsche Gesellschaft für Systemische Therapie, Beratung und Familientherapie* sowie die *Systemische Gesellschaft* pflegten die Systemische Therapie. Hinzu kamen Vereinigungen für Kinder- und Jugendlichenpsychotherapie.

Über einzelne Therapieverbände hinaus suchte die 2006 gegründete *Deutsche Psychotherapeuten-Vereinigung* die berufsständischen Interessen der Psychotherapeuten zu wahren, ein Zusammenschluss des 1992 gegründeten *Deutschen Psychotherapeutenverbands* mit der 1984 gegründeten *Vereinigung der Kassenpsychotherapeuten*. Zur schlagkräftigsten Vertretung der Psychologischen Psychotherapeuten und Kinder- und Jugendlichenpsychotherapeuten wurden in den Bundesländern die nach dem Vorbild der Landesärztekammern konstituierten Landespsychotherapeutenkammern. Alle oben genannten Verbände sind ihrer Rechtsform nach Vereine bürgerlichen Rechts; ihnen können Personen beitreten; der Beitritt ist freiwillig. Dagegen sind Psychotherapeutenkammern Körperschaften öffentlichen Rechts; die Zugehörigkeit ist für alle im jeweiligen Bundesland beruflich tätigen Psychotherapeuten Pflicht. 2003 haben sich Landespsychotherapeutenkammern nach dem Vorbild der Bundesärztekammer zu einer Bundespsychotherapeutenkammer zusammengeschlossen

(Kommer & Wittmann, 2002). Der Bundespsychotherapeutenkammer gehören inzwischen neunzehn Länderkammern mit zusammen über 50.000 Mitgliedern an. Obwohl die Bundespsychotherapeutenkammer nur die Rechtsform einer Arbeitsgemeinschaft hat, bildet sie mit einem Präsidium und einer Delegiertenversammlung, die sich entsprechend dem Deutschen Ärztetag „Deutscher Psychotherapeutentag" nennt, eine Organisation, die eine gemeinsame Beschlussfassung und eine wirksame Interessenvertretung ermöglicht.

Die Therapieverbände widmen sich der Nachwuchsförderung, der Fortbildung ihrer Mitglieder sowie der Förderung der von ihnen vertretenen Richtungen. Eine Zuständigkeit für die Änderung bestehender und die Einführung neuer Studiengänge an Hochschulen besitzen sie nicht. Das Recht auf Beantragung von Studiengängen liegt vielmehr bei den Hochschulen; die Einführung von Studiengängen bedarf der Genehmigung der für die Hochschulen zuständigen Behörden der jeweiligen Länder. Die Psychologie als Wissenschaft und Beruf wirkt bei bundesweiten Änderungen der Studien- und Prüfungsordnung durch die *Deutsche Gesellschaft für Psychologie* und den *Berufsverband Deutscher Psychologinnen und Psychologen* mit. So waren sie an der Studienreform von 1973 beteiligt (s. Abschnitt 9) gewesen.

Die *Deutsche Gesellschaft für Psychologie* als Vereinigung von Wissenschaftlern aus Forschung und Lehre, sowie der *Berufsverband Deutscher Psychologinnen und Psychologen* als Vereinigung von Diplompsychologinnen und -psychologen bzw. von Absolventinnen und Absolventen des Magisterstudiengangs Psychologie, waren beide bestrebt, die Vielfalt der Psychologie zu repräsentieren; zugleich veranlasste sie die Spezialisierung ihrer Mitglieder zu einer Aufgliederung. Die Gesellschaft gliederte sich nach Fachgruppen; eine davon ist seit 1984 die Fachgruppe „Klinische Psychologie". Der Fachgruppe gehörten 2018 rund 15 % der Mitglieder der Gesellschaft an (Antoni, 2019a, S. 24) Der Berufsverband gliederte sich seit 1963 in Sektionen, von denen eine die Sektion „Klinische Psychologie" war. Der Gesamtverband räumte 1993 seinen als Psychotherapeuten niedergelassenen Mitgliedern eine Sonderstellung als *Verband Psychologischer Psychotherapeutinnen und Psychotherapeuten* ein. Zudem hat der Berufsverband 1970 eine Sektion „Ausbildung" (später „Aus-, Fort- und Weiterbildung") eingerichtet, die ebenfalls Belange der Hochschulen wahrnimmt. Die Mitgliederzahl der Gesellschaft betrug 2018 4.460; dem Berufsverband gehörten 2020 11.000 Mitglieder an. Die Mitglieder der Gesellschaft waren überwiegend in wissenschaftlichen Lehr- und Forschungseinrichtungen tätig, davon knapp 90 % als Professorinnen und Professoren der Psychologie (Margraf, 2015a, S. 15).

Im September 2014 hat die Mitgliederversammlung der Deutschen Gesellschaft für Psychologie beschlossen, eine Fachgruppe „Fakultätentag Psychologie" zu gründen. Ihr sollten Fakultäten, Fachbereiche und Institute für Psychologie beitreten können, „die Studiengänge für Psychologie nach Maßgabe der Empfehlungen der DGPs an Universitäten in Deutschland anbieten" (Margraf, 2015b). Der Fakultätentag Psychologie, 2015 tatsächlich gegründet, führte bis zum Mai 2019 102 Personen aus 54 Universitäten als Delegierte oder stellvertretende Delegierte auf; der Mitgliedsbeitrag betrug je Universität 500 Euro jährlich. Die Präsidentin der Gesellschaft und der Vorsitzende des Fakultätentags haben während der abschließenden Beratungen des neuen Psychotherapiegesetzes gegenüber den Mitgliedern der Gesellschaft sowie gegenüber der Öffentlichkeit als „Doppelspitze" agiert (z.B. Stellungnahme, 2019). Der Präsident der Gesellschaft rühmte „den enormen Vorteil, dass der FTPs [Fakultätentag Psychologie] als Interessenvertretung aller Institute auftreten konnte" (Antoni, 2019a, S. 23). Aus dem akademischen Bereich beteiligte sich außerdem noch die *Vertretung der Hochschullehrerinnen und Hochschullehrer der Psychiatrie und Psychotherapie* an der Reformdiskussion.

Das Präsidium der Deutschen Gesellschaft für Psychologie sowie ihre Fachgruppen „Fakultätentag Psychologie" und „Klinische Psychologie" haben während der Beratungen über eine Novellierung des Psychotherapeutengesetzes von 1998 intensiv zusammengearbeitet. Die genannte Fachgruppe „Klinische Psychologie", in „Klinische Psychologie und Psychotherapie" umbenannt, richtete 2007 eine Kommission für „Modelle im Kontext von neuen Studiengängen sowie der Abstimmung des Studiums mit der Psychotherapeutenausbildung" ein (Nachrichten, 2007). Die Kommission der Fachgruppe wurde 2010 zur Kommission „Psychologie und Psychotherapieausbildung" der gesamten Gesellschaft (Nachrichten, 2011). Eine Schlüsselrolle spielte der Marburger Professor für Klinische Psychologie Winfried Rief; er war er 2007 Initiator der Fachgruppenkommission und wurde 2010 Vorsitzende der Gesellschaftskommission „Psychologie und Psychotherapieausbildung". In seiner Funktion als Kommissionsvorsitzender trat er als Verfasser zahlreicher Dokumente hervor. Auch die Gründung der Fachgruppe „Fakultätentag Psychologie" geht wohl auf eine Initiative von Mitgliedern der Fachgruppe „Klinische Psychologie und Psychotherapie" zurück. Der Fakultätentag Psychologie sollte offensichtlich ein Äquivalent zum Medizinischen Fakultätentag sowie zum Psychotherapeutentag darstellen.

Vierzig klinische Abteilungen von Universitäten waren inzwischen als Ausbildungsinstitute anerkannt; sie vereinigten sich unter der Bezeichnung „unith". Die Vereinigung erhielt Unterstützung von der Deutschen Gesellschaft für

Psychologie sowie dem Fakultätentag Psychologie und trat mit ihren Ansprüchen gegenüber der Bundespsychotherapeutenkammer sowie dem Bundesministerium für Gesundheit auf (Fydrich, 2017; Fydrich & Fehm, 2018).

Das Netz der an der Novellierung des Psychotherapeutengesetzes von 1998 beteiligten psychologischen Organisationen wurde oben in größerer Detailliertheit geschildert, um die dreifache Repräsentanz der Psychotherapie zu verdeutlichen. Zum einen organisierte sich Psychotherapie in spezifischen Therapeutenvereinigungen, zum anderen als nationaler, von Länderkammern getragener Verband beruflich tätiger Psychologischer Psychotherapeuten und Kinder- und Jugendlichenpsychotherapeuten. Zum Dritten war Psychologie in zwei fachübergreifenden nationalen psychologischen Vereinigungen repräsentiert, der *Deutschen Gesellschaft für Psychologie* mit Schwerpunkt auf Forschung und Lehre sowie dem *Berufsverband Deutscher Psychologinnen und Psychologen* mit Schwerpunkt auf Praxis. In der Fachpolitik sowie allgemein in der Gesundheitspolitik verlieh ein geschlossenes Auftreten von Verbänden gemeinsamen Forderungen Nachdruck. Doch die Vielfalt und Unterschiedlichkeit von Verbandsinteressen konnte auch zu Blockaden und Reibungsverlusten führen.

Abschnitt 11: Essentials

1. Nach der Einführung des Psychotherapeutengesetzes von 1998 setzte sich das stete Wachstum der universitären Psychologie fort; 2018 betrug die Zahl der Studierenden rund 75.000.
2. Die Zahl der Erwerbstätigen mit Abschlüssen in Psychologie überstieg die Zahl 100.000; davon waren die meisten in den Bereichen der Gesundheit, der Wirtschaft und der Erziehung tätig.
3. Studiengänge in Psychologie wurden von Universitäten, Fach- und Privathochschulen angeboten.
4. Mit staatlicher Anerkennung führten 180 Institute die Ausbildung nach der zugehörigen Approbationsordnung durch; etwa 10 % waren an Universitäten angesiedelt.
5. Die Psychologie im deutschsprachigen Raum war recht forschungsaktiv. Es erschienen rund 10.000 wissenschaftliche Veröffentlichungen im Jahr; ein hoher Anteil englischsprachiger Veröffentlichung zeigte eine starke Internationalisierung der psychologischen Forschung.
6. Psychotherapeutinnen und Psychotherapeuten organisierten sich einerseits in richtungsspezifischen Fachverbänden, andererseits mit den An-

gehörigen anderer psychologischer Fachgruppen in den beiden richtungsübergreifenden psychologischen Vereinigungen, der *Deutschen Gesellschaft für Psychologie* sowie dem *Berufsverband Deutscher Psychologinnen und Psychologen.*

7. Auf Länderebene waren Psychotherapeutinnen und Psychotherapeuten Pflichtmitglieder von Psychotherapeutenkammern; die Länderkammern haben sich zur Bundespsychotherapeutenkammer zusammengeschlossen.
8. Die Deutsche Gesellschaft für Psychologie gründete eine Fachgruppe *Fakultätentag Psychologie* als Vertretung der Psychologischen Institute und Fachbereiche an den deutschen Universitäten.

12. Fünfzig Jahre Kohabitation und die Frage der Einheit von Psychologie und Psychotherapie

Etwa fünfzig Jahre sind Klinische Psychologie und Psychotherapie nunmehr in psychologischen Lehr- und Forschungsinstituten heimisch geworden. In dieser Zeit haben zwei Generationen von akademischen Lehrern und Forschern ihre Vorgänger abgelöst, haben sich auf allen Gebieten Methodenfortschritte und Paradigmenwechsel ergeben. Wie weit haben klinische und nicht-klinische Psychologie zueinandergefunden, haben kooperiert und sich ausgetauscht? Wie weit ist Klinische Psychologie damit Teil der Psychologie geworden und Psychologie zur Basis der Klinischen Psychologie? War ihre Integration die Frucht eines nun fünf Jahrzehnte dauernden wechselseitigen Transfers zwischen klinischen Anwendungen sowie psychologischen Grundlagen einerseits und nicht-klinischem Praxiswissen in gleichen Institutionen? Wie weit hat ein solcher Transfer, falls er stattgefunden hat, der Psychologie unter Einschluss der Klinischen Psychologie die Einheit gebracht? Dass man solche Fragen mit Aussicht auf Antworten stellen kann, ist bereits eine erste Errungenschaft der Akademisierung von Klinischen Psychologie und Psychotherapie. Denn Akademisierung bedeutet Dokumentation. Nicht allein, aber vorwiegend waren es akademisch Lehrende, welche das Wissen über psychische Störungen in Lehr- und Handbüchern repräsentativ und systematisch dargestellt haben. Dabei sind zwei Bereiche zu unterscheiden: die Psychopathologie (Symptomatik, Diagnostik, Ätiologie psychischer Störungen) und die Psychotherapie (Behandlung psychischer Störungen).

Zur Psychopathologie: Als wesentlicher Fortschritt in der Klinischen Psychologie gilt die Einführung von Diagnosesystemen. Sie definieren Erscheinungen mit Krankheitswert, die der Behandlung bedürfen. Damit strukturieren sie nicht nur Lehre, Forschung und Praxis; sie dienen auch als Grundlage für Verwaltungsentscheidungen, insbesondere für Entscheidungen über die Finanzierung von Behandlungen. Die Entwicklung von Diagnosesystemen ist weiterhin im Fluss (Stieglitz & Jäger, 2020). In Deutschland weithin verbindlich ist die *International Classification of Diseases – German Modification (ICD-GM)* (Dilling, Mombour, Schmidt, Schulte-Markwort & Remschmidt, 2016). Als Kapitel V enthält das ICD-GM eine Liste „Psychische und Verhaltensstörungen“. In hundert Kategorien eingeteilt, findet man dort unter anderem Affektive

Störungen (z.B. depressive Episoden), Neurotische und Belastungsstörungen (z.B. Tierphobien, Kriegsneurosen), Persönlichkeits- und Verhaltensstörungen (z.B. zwanghaftes Spielen) sowie Verhaltensauffälligkeiten mit körperlichen Störungen (z.B. Essstörungen, nichtorganische Schlafstörungen). Ein eigenes Klassifikationsschema gibt es für Störungen des Kindes- und Jugendalters (Remschmidt, Schmidt & Proustka 2017). Dieses ist „multiaxial" aufgebaut. Jeder Fall kann auf fünf „Achsen" eingeordnet, d.h. nach fünf unterschiedlichen Gesichtspunkten beurteilt werden: Als klinisch-psychiatrisches Syndrom (z.B. Soziale Phobie, Enuresis), als umschriebene Entwicklungsstörung (z.B. Lese- und Rechtschreibstörung, Rechenstörung), nach dem Intelligenzniveau (z.B. sehr hohe Intelligenz, Imbezillität), nach körperlicher Symptomatik (z.B. Down-Syndrom), sowie nach assoziierten aktuellen abnormen psychosozialen Umständen (z.B. elterliche Überfürsorge, Erziehung in einer Institution).

Das ICD ist von der Weltgesundheitsorganisation autorisiert. Es ist Teil eines umfassenderen Diagnosesystems für medizinisch zu behandelnde Störungen und stark durch psychiatrische Praxis geprägt. Das Klassifizierungssystem vermeidet die Bestimmung von Störungen nach spezifischen (z.B. psychodynamischen) Theorien. Es ist „hinsichtlich der Ätiologie weitgehend atheoretisch" (Margraf, 2018, S. 151). Es lässt also Therapeuten Spielraum für die Erklärung von Störungen und damit auch für die Wahl der Behandlungsmethode. Zur Diagnose sowie zur Therapiekontrolle angeboten wird eine Fülle von Testverfahren – die meisten in Form von Fragenlisten.

Zur Therapie psychischer Störungen: Von beachtlicher Eigendynamik ist die Entwicklung und Verbreitung von Behandlungsverfahren. Auf einem florierenden Markt für Gesundheitsdienste konkurrieren alte und neue Behandlungsverfahren um fachliche Anerkennung sowie um die Gunst von Klienten und Gesundheitseinrichtungen. Angaben über die Zahl angebotener Verfahren schwanken zwischen knapp hundert und vierhundert. Solche Angaben dürften freilich die tatsächliche Vielfalt überschätzen; denn sie vernachlässigen Überschneidungen zwischen Verfahren und die Umetikettierung alter Verfahrensansätze in neue; überhaupt sind Strategien der Selbstdarstellung zu beobachten, mit denen Anbieter sich auf dem Markt der Gesundheitsdienste in eine Vorzugsstellung zu bringen trachten (Strauß, 2018).

Die Fülle praktizierter Verfahren zu erfassen und zu ordnen, dabei möglichst Weizen von Spreu zu trennen, ist das weitere zentrale Anliegen der Psychotherapiewissenschaft. Ein Ordnungsgesichtspunkt ist der theoretische Ansatz der Verfahren (tiefenpsychologisch fundierte, lernpsychologische usw. Therapie), ein anderer ist der zu behandelnde Störungstyp (Aversionsbehandlung, Suchttherapie usw.), ein weiterer Ordnungsgesichtspunkt die Art der Intervention (z.B. Kognitives Neubenennen und Umstrukturieren). Entsprechend den oben beschriebenen Diagnosesystemen für psychische Störungen, kann man versuchen, einen Kanon von bewährten psychotherapeutischen Verfahren zu erstellen und diese nach einem einheitlichen Schemas zu beschreiben. Diesem Zweck dienen Lehrbücher wie das von Jürgen Kriz (2014) sowie Manuale, also Handbücher (englisch *manuals*), wie das von Linden und Hautzinger (2015) herausgegebene. Die wichtigsten Punkte darin sind die Indikation von Verfahren, deren technische Durchführung, ihre Erfolgskriterien und ihre empirische Absicherung.

Wie die oben erwähnten Klassifikationsschemata ordnen Therapiemanuale das Feld, sie normieren es aber auch. Die Aufnahme in ein Handbuch bedeutet für ein Verfahren eine fachliche Anerkennung. Anders als Diagnosen sind Verfahren nicht durch die Weltgesundheitsorganisation geprüft und autorisiert. Doch wirkungsvoll ist die Empfehlung des Bundesausschusses Psychotherapie bei der Bundesärztekammer, Verfahren in seine Richtlinien aufzunehmen oder diesen die Aufnahme zu verweigern (s. Abschnitt 10). Zwar ist die Anwendung von Verfahren, denen eine Aufnahme in die Richtlinien versagt bleibt, freigestellt; doch diese sind insofern benachteiligt, als Kassen hierfür die Kosten nicht zu übernehmen verpflichtet sind. Die Anerkennung neuer psychotherapeutischer Verfahren ist oft umstritten. Umso stärker ist die Rolle der Wissenschaft, durch Wirksamkeitsforschung die Berücksichtigung von Verfahren in Therapiemanuale zu begründen und damit insbesondere dem Bundesausschuss Argumente für seine Empfehlungen zu liefern.

Die Autoren von Diagnosesystemen und Verfahrensbeschreibungen beweisen ihre Expertise und Kompetenz, indem sie Begriffe und Handlungsanweisungen mit einer geradezu scholastischen Gründlichkeit und Ausdrücklichkeit definieren und analysieren. Damit entsteht ein international abgestimmter Jargon mit spezifischen Fachausdrücken; es herrscht ein Streben nach Evidenz, die nicht auf Erfahrungen mit Einzelfällen beruht, sondern auf Untersuchungen von Stichproben, die nach Größe und Zusammensetzung Verallgemeinerungen auf die Bevölkerung zulassen. Wenn aber Schulte (2021, S. 202) zumindest für die von ihm favorisierte Verhaltenstherapie geltend macht, sie sei „anders als alle anderen Verfahren nicht aus der Praxis heraus entwickelt, sondern aus der Wissenschaft", so bedeutet das: Es gibt Klinische Psychologie und Psychotherapie, die auf psychologischem Grundlagenwissen gründet und sich „*top-down*" von theoretischen Prinzipien ableitet. Die Berufung auf Paradigmen der Theoretischen Psychologie gehört zu den Hauptargumenten für die Aufnahme der Klinischen Psychologie in das Programm der akademischen Psychologie, und keine Richtung der Klinischen Psychologie benutzt das Argument nachdrücklicher als die Verhaltenstherapie.

In der Tat ist es erhellend, Techniken der Verhaltenstherapie Paradigmen der Lernpsychologie zuzuordnen. Leider wird dabei oft übersehen oder jedenfalls nicht erwähnt, dass die betreffenden Techniken schon vorwissenschaftlich bekannt waren und verwendet wurden. So ist Goethe in seiner Studienzeit wiederholt die Stufen des Straßburger Münsters hochgestiegen und hat in die Tiefe geschaut, um seine Höhenangst zu überwinden. Heute würde man eine solche Behandlung als Desensibilisierung in einem Fall von Akrophobie bezeichnen (Bringmann, Krichev & Balance, 1970). Psychologische Forschung hat vielfach geübte und reflektierte Praxis oft zur Demonstration und genaueren Untersuchung in experimentellen Paradigmen reproduziert. Ein Beispiel ist Banduras Labordemonstration des Modelllernens. Es reproduzierte eine vielfach geübte Praxis in Organisationen wie der Armee und der Schule: Vorbilder (englisch „models“) für Verhalten werden vor Anderen herausgestellt, mit Auszeichnungen oder mit Gaben belohnt; dies ist eine bewährte Maßnahme zur Motivierung und Leistungssteigerung der Beobachter. Verhaltenstherapeuten konnten sich ihrerseits daran ein Beispiel nehmen und ihren Patienten ebenfalls Modelle wünschenswerten Verhaltens vorführen; die bekannte Wirkung hat sich auch bei der Behandlung von Patienten eingestellt (Kriz, 2014, S. 151). Überhaupt ist zu beachten, dass die behavioristische Lerntheorie als Versuch zur Verwissenschaftlichung pädagogischer Praxis begonnen hat (z.B. Thorndike, 1913). Die verhaltenstherapeutisch maßgebenden Prinzipien der Konditionierung, Übung und Verstärkung, wie sie in amerikanischen und russischen Laboratorien präzisiert und evaluiert wurden, waren schon vorher weltweit Teil von praktischer Pädagogik und Menschenkunde. Von daher wäre es historisch kurzsichtig, Verhaltenstherapie nur auf behavioristische Forschungsparadigmen des frühen 20. Jahrhunderts zurückzuführen; man muss vielmehr als deren historischen Hintergrund die für die Forschungsparadigmen maßgeblichen Einsichten und Praktiken sehen, die sich in adisziplinärer und transdisziplinärer Praxis bewährt haben.

Es haben sich in die Geschichte der Psychotherapie mancherlei Legenden eingeschlichen, die gern weitergegeben werden, weil sie die Herkunft der Psychotherapie aus der psychologischen Grundlagenforschung zu belegen scheinen. Eine solche Legende stellt z.B. eine unmittelbare Beziehung zwischen der Gestalttherapie und der hoch geschätzten Gestaltpsychologie her. „Die Gestalttherapie und stärker noch die Gestalttheoretische Psychotherapie“ seien „durch die vor dem Zweiten Weltkrieg innerhalb der damaligen Psychologie führenden Gestaltpsychologie geprägt“ gewesen. … „Die an der

Gestalt orientierten Psychotherapeuten waren auch an Max Wertheimers Phi-Phänomen … beeindruckt“ , heißt es etwa bei Galliker (2021, S. 59). Realistischer ist die Einschätzung von Kriz (2014, S. 210), Perls habe „die sehr präzisen, experimentell fundierten Formulierungen gestaltpsychologischer Gesetze … weitgehend in sehr verallgemeinerter Form und oft nur in metaphorischer Analogie verwendet“. Seine maßgebenden Prinzipien des Lebens und Akzeptierens, der Ganzheit und der Ordnung sowie der Selbstverwirklichung hat Perls in der Tat nicht den scharfsinnigen naturphilosophischen Ausführungen von Köhler entnommen und schon gar nicht aus Wertheimers experimentellen Demonstrationen zur figuralen Wahrnehmung abgeleitet. Vielmehr hatte sich Perls als junger Arzt in Frankfurt am Main einer „existenzielle[n] Gestalt-Gruppe“ (Perls, 1981, S. 55) angeschlossen; in dieser Gruppe hatte er sich für die damals populäre Lebensphilosophie begeistert (z.B. Bergson, 1921), welche Mut machte zur Befreiung von Konventionen und die Selbstorganisation pries.

In den Therapiemanualen begegnet man unablässig Themen, die Gegenstand ausgiebiger psychologischer Forschung gewesen sind (z.B. über Problemlösen, Übung, dem Zusammenhang von Einschätzung und Emotion usw.). Doch in keinem der hier herangezogenen umfangreichen Texte (wie Kriz, 2014; Linden & Hautzinger, 2015) erkennt man eine Auseinandersetzung mit der einschlägigen Literatur, kaum Verweise zu vorbildlichen Studien oder Sammelreferaten. In der Tat stellt Benecke (2019, S. 395) fest, (akademische) Psychologie habe es nicht vermocht, „Konzepte bereitzustellen, die für Störungs- und/oder Veränderungstheorien relevant wären“.

Auch die oben beschriebenen Klassifikationen von psychischen Störungen sind wohl nicht aus Paradigmen der psychologischen Grundlagenforschung, insbesondere der Persönlichkeitspsychologie hergeleitet. Bei genauerer Betrachtung erweisen sie sich eher als Schemata für Urteile, die sich vor allem Ärzte unmittelbar im Umgang mit Patienten gebildet haben. Die Schemata beruhen auf geteilter klinischer Erfahrung, und wissenschaftliche Qualität können sie eher aufgrund sorgfältiger Dokumentation und Analyse von Störungsfällen beanspruchen. Ihr großer Vorzug: Sie sind für die Praxis konsensuell etabliert. Um eine hohe Akzeptanz zu erreichen, konzentrieren sich die genannten Schemata auf die Symptomatik von Störungen. Sie vermeiden – wie oben erwähnt – Angaben zur Ätiologie und damit Aussagen zur Genese, wie sie den Kernbestand wissenschaftlicher Theorien ausmachen. Das erspart Differenzen, Mehrdeutigkeiten und Kontroversen; es erleichtert die Kommunikation über Fachgrenzen hinweg, also vor allem zwischen psychologischen und ärztlichen Therapeuten. Nicht zuletzt erleichtern konsensuelle Schemata die

Kommunikation mit der Gesundheitsverwaltung (z.B. in Anträgen auf Genehmigung von Therapien).

Das Konzept der Psychotherapie „aus der Wissenschaft" ist in der Klinischen Psychologie selbst nicht alternativlos. Als Alternativkonzept stellt Körner (2013a, b) das Konzept einer Psychotherapie „von der Profession her" dar. Psychoanalyse – und wohl Psychotherapie überhaupt – sei Praxis ohne Theorie (so bereits Körner 1989, S. 23, s. Abschnitt 5). Sie sei induktiv gewonnen anhand der Erfahrung mit Behandlungsfällen. Ihre Theorien seien lediglich Metatheorien, die „gegenüber der … Praxis nachgeordnet" sei und „mit den Handlungsregeln … in einem nur lockeren Zusammenhang" stehe. Überhaupt umfasse therapeutische Kompetenz nicht nur ausweisbares Wissen, sondern auch soziale Haltungen wie Respekt und Offenheit gegenüber Patienten. Therapeuteneffekte bestimmten den Behandlungserfolg nicht weniger als Methodeneffekte. Soziale Berufe, ja Berufe überhaupt, entwickelten ihre Berufsbilder aus ihrer Praxis; für die öffentliche Anerkennung der Berufsbilder würden sie erst anschließend werben. Therapeutische Kompetenzen seien letztlich nicht explizit zu erwerben, sondern implizit anzueignen. Populär ausgedrückt bedeutet das Konzept der Psychotherapie von der Profession her: Psychotherapie ist eine Kunst (Sulz, 2015a) !

Die Gegenüberstellung von Wissenschaft und Kunst knüpft an die Gegenüberstellung von explizitem und impliziten Wissen, Können und Lernen an – Ersteres auf Begriffe und zur Sprache gebracht, Letzteres selbstsicher, tatkräftig, effektiv, auf ausgedehnte Erfahrung und oft genug auf Versuch und Irrtum aufbauend (Sulz, 2015b). Psychotherapie ist danach Expertise, die sich im Umgang mit Patienten bildet. Der Therapeut oder die Therapeutin mag sich durch psychologisches Allgemeinwissen auszeichnen; dabei mag er und sie Anteil nehmen an dem Wissen und Können vieler Mitbürgerinnen und Mitbürger. Eine einschlägige wissenschaftliche Ausbildung mag die berufliche Befähigung darüber hinaus gefördert haben. Doch heilkundliche Praxis in unmittelbarer Interaktion mit Patienten bleibe doch die Hauptquelle professioneller psychotherapeutischer Qualifikation. Anwendung von Theorie will psychologische Heilkunst in diesem Sinne nicht sein, und ihr Erfolg dient nicht vordringlich der Bestätigung oder Zurückweisung von Theorien. Sie will „gut" sein für Patienten, nicht „wahr" für eine wissenschaftliche Gemeinschaft (Buchholz, 2015).

Sofern Psychotherapie Kunst ist, folgt sie nicht den gesetzlichen Prinzipien der Naturwissenschaft. Gleichwohl kann man auch sie als Wissenschaft betrachten, und zwar als hermeneutische, d.h. verstehende und deutende Wissenschaft (Hannich, 2015). Man mag Therapeuten durchaus zur Rationalität anhalten, zur steten Selbstbefragung „Was tue ich da?" „Warum?" „Wie verhält sich das zum Handeln der Anderen?“ (Westmeyer, 1987). Therapeutinnen und Therapeuten können sich der Rationalitätskontrolle unterziehen durch Selbstreflexion, Supervision und kollegialen Austausch. Wissenschaftlich angelegte Bewährungsuntersuchungen und Prozessanalysen erhellen das therapeutische Handeln zusätzlich.

Ist Psychotherapie Kunst, verträgt sie allerdings keine bindenden Normen, wie sie aus Diagnoseschemata und Behandlungsmanualen hervorgehen. Praktiker schätzen diese als Orientierungs- und Entscheidungshilfen, tendieren aber dazu, sie flexibel anzuwenden (Döpfner, Kinnen & Petermann, 2010). Bei aller Anerkennung ihrer Nützlichkeit und Popularität beurteilt Auckenthaler (2000) präzisierte und standardisierte Manuale recht skeptisch. Schon dass sie die Aufmerksamkeit von Therapeuten auf Verfahren lenken, sei bedenklich. „Blinde Manualgläubigkeit“ könne die Beziehung von Therapeut und Patient beeinträchtigen und das Therapieangebot auf Verfahren reduzieren, die sich leichter manualisieren lassen. Schematische, sich der Schriftform bedienende Verfahren mögen Patienten wie Therapeuten als Fremdkörper in einer persönlichen, weitgehend sprachlich gestalteten Beziehung erscheinen (Stieglitz & Vauth, 2000). Vielfach bleibt das reiche Angebot an psychometrischen Tests ungenutzt, teilweise weil der dafür erforderliche Aufwand gescheut wird, teilweise weil Therapeuten von ihrem Nutzen nicht überzeugt sind (Schorr, 1995).

Recht kritisch wird überhaupt die Objektivierung von Störungen und Behandlungen diskutiert, wie man sie aus der somatischen Medizin kennt. Sind Störungen reale Gegebenheit mit festen Eigenschaften, die sich bei unterschiedlichen Patienten in gleicher Weise wiederfinden? Gibt es demnach feste Verfahren, die man in gleicher Weise auf verschiedene Patienten anwenden kann? Kann man also Störungsbilder und Behandlungsverfahren losgelöst von Patienten und Lebensbedingungen definieren und evaluieren? Aus sozialkonstruktivistischer Sicht jedenfalls sind Krankheiten, Behandlungen und Behandlungserfolge eher als konsensuelle Bestimmungen zu interpretieren. Was als psychische Störung gilt, ob und wie Störung behandelt wird und was als Heilung angestrebt und anerkannt wird, mag abhängen von den beteiligten Personen, von gesellschaftlichen, wirtschaftlichen und anderen Verhältnissen. Es mag sich wandeln über Zeiten, mag sich unterscheiden nach ethnischen, religiösen etc. Zugehörigkeiten. Jeder Fall mag anders sein und – selbst für den erfahrenen Behandler – neu. Deshalb sei Psychotherapie – argumentiert Caspar (1996) – als Problemlösen zu betrachten. Jeder Patient stellt den Therapeuten vor ein Problem, das sowohl allgemeine Züge als auch individuelle Eigenarten aufweist. Der therapeutische Prozess durchläuft mehrere Phasen; alle Phasen erfordern Entscheidungen des Therapeuten, und diese Entscheidungen bedürfen wiederum der Begründung. Zur Begründung kann sich der Therapeut auf Ergebnisse der Psychotherapieforschung stützen; er kann sich auf wissenschaftliche Erkenntnisse anderer Zweige der Psychologie stützen; er kann Befunde anderer Disziplinen zugrunde legen. Doch ebenso kann er sich auf seine subjektiven Erfahrungen stützen und ganz neue eigene Einsichten hervorbringen. Danach lässt sich Therapie nicht von vornherein und normativ bestimmen; die Ergebnisse der Psychotherapieforschung, ja überhaupt Ergebnisse wissenschaftlicher Forschung, haben nur einen begrenzten Wert für die Praxis der Psychotherapie (Westmeyer, 2018).

So teilt sich die Psychotherapie – ungeachtet weiterer Differenzierungen – in zwei Lager. Nach fünf Jahrzehnten des Zusammenwohnens von Psychologie und Psychotherapie unter einem gemeinsamen akademischen Dach wäre freilich anzunehmen, dass sich ein lebhafter Austausch und eine vielfache Synergie zwischen den nunmehrigen Nachbardisziplinen ergeben hat. Allgemeine und Differentielle Psychologie, insbesondere Entwicklungs- und Sozialpsychologie könnten doch eine Fundgrube für Psychotherapie sein! Auf der Theorie der (biologisch, phänomenologisch und behavioral ermittelten) Grundfunktionen – Kognition, Emotion, Motivation – aufbauend, differenziert nach den Erkenntnissen der Persönlichkeits-, Entwicklungs- und Sozialpsychologie sollten Beziehungen zwischen Erscheinungen mit und ohne Krankheitswert zu ermitteln sein. Vorstellbar und wünschenswert wäre zum Beispiel: Auf einer allgemeinen Emotionstheorie und einer speziellen Theorie der Angst in ihrer evolutionären Bedeutung aufbauend, werden individuelle Ausprägungen von Angst, ihre etwaige Entstehung im Laufe der individuellen Entwicklung sowie deren soziale Determinanten bestimmt; es erfolgt eine Trennung von individuellen Angstzuständen als funktional (etwa als Achtsamkeit vor Gefahren), als leicht dysfunktional, aber nicht interventionsbedürftig (etwa als habituelle und mitunter hemmende Besorgtheit) und als schwer dysfunktional und interventionsbedürftig (etwa als individuell und sozial belastende Phobie). Eine derartige Aufklärung der Beschaffenheit von Störungen und ihrer Genese dürfte die beste Voraussetzung für eine erfolgreiche Intervention sein.

Nicht vergessen sei der Vorteil einer Öffnung der Psychotherapie zu anderen praktisch engagierten psychologischen Teilfächern, insbesondere zur Pädagogischen Psychologie sowie zur Arbeits- und Organisationspsychologie; diese könnten zu einer stärkeren Einbeziehung der Lebenswelt von Patienten verhelfen. Mit anderen praxisorientierten Teilfächern mag Psychotherapie Erfahrungen über das reiche Repertoire psychologischer Testmethoden austauschen. Vor allem gibt es eine enorme psychologische Expertise zur Testkonstruktion und -analyse, die erfahrenen Psychotherapiewissenschaftlern helfen sollte, innovative, einzelnen Störungsbildern stärker angepasste Verfahren zu entwickeln. Weiterhin hat die akademisch institutionalisierte Psychologie, insbesondere deren experimentell und empirisch vorgehende Forschung eine Fülle von Modellen psychischer Funktionen wie Denken und Gedächtnis, Emotion und Sprache hervorgebracht. Mit Erklärungen ihrer phylo- und ontogenetischer Entwicklung sowie ihrer sozialen Kontingenz sollen diese Modelle nicht nur bewusste, logisch-rationale Strukturen und Abläufe erfassen, sondern auch ganz oder teilweise unbewusst bleibende, minimal rationale. Als vorbildlich erachten für die wissenschaftlich betriebene Psychotherapie mag man nicht nur die Pflege von Erhebungs-, Analyse- und Darstellungsmethoden durch die akademisch institutionalisierte psychologische Forschung, sondern auch deren Selbstkritik anhand wissenschaftstheoretischer Modelle.

Der Fortschritt und Ertrag psychologischer Forschung ist in Lehr- und Handbüchern dokumentiert; zu groß ist ihre Menge, als dass sie in das Literaturverzeichnis dieser Schrift aufgenommen werden könnte. Nur wenige willkürlich ausgewählte Beispiele mögen belegen, dass Grundlagenforschung für die Ätiologie und Diagnostik psychischer Störungen tatsächlich bedeutsam werden könnte. Ätiologisch und diagnostisch relevant sein dürften etwa neuere Studien über Stress als Risikofaktor bei Depressionen (Monroe, Anderson & Harkness, 2019) sowie Studien über die Entstehung von Geschlechtsunterschieden bei psychischen Störungen (Murphy, Viding & Bird, 2019). Experimente zur Furchtkonditionierung müssten wertvollen Aufschluss über die Entstehung von Phobien geben (Merz & Lonsdorf, 2020). Vonseiten der klinischen Psychologie werden Untersuchungen aus der Grundlagenforschung mit Patienten repliziert (z.B. Nees, Heinrich & Flor, 2015). Doch dass Ergebnisse aus solchen Forschungen sich auch in der psychologisch-diagnostischen Praxis niederschlagen, war anhand von Lehr- und Handbüchern nicht zu ermitteln. Auch die Durchsicht der Quellenangaben in Darstellungen der Diagnosesysteme selbst (z.B. Remschmidt, Schmidt & Poustka, 2017) lässt keinen Bezug zur systematisch-psychologischen Forschung erkennen.

Der Eindruck, dass Forschung und Praxis zur Psychopathologie sich nur in loser Beziehung zu anderen psychologischen Gebieten entwickelt, wird durch szientometrische Analysen bestätigt. Solche Analysen berechnen die „Überlappung" von Referenzen in publizierten Schriften aus verschiedenen Teilgebieten der Psychologie; dabei wurden Schriften über psychische Störungen von Schriften über psychotherapeutische Interventionen getrennt. Bei einem Vergleich von nicht-klinischen Teilgebieten mit Schriften über psychische Störungen hat Krampen (2014) Werte von – je nach herangezogener Datenbank (PSYNDEX und PsycINFO) – knapp 10 % und knapp 30 % festgestellt. Diese Werte zeigen eine niedrige Übereinstimmung an – niedriger jedenfalls als die Werte, welche die Beziehung zwischen nicht-klinischen Teilfächern kennzeichnen. Überdies wird die Beziehung weitgehend über psychophysiologische Studien gestiftet, beruht also wohl weitgehend auf der Einbeziehung somatischer Begleitsymptome. Krampen (2014) hat ebenfalls die Referenzen in Schriften über psychotherapeutische Interventionen und in Schriften aus nicht-klinischen Gebieten der Psychologie miteinander verglichen; zwischen diesen beiden Arten von Schriften ist die „Überlappung" besonders niedrig; in beiden herangezogenen Datenbanken (PSYNDEX und PsycINFO) liegt der Kennwert unter 10 %.

Klinische Psychologie, insbesondere Psychotherapie, erscheint somit als vergleichsweise geschlossenes System, mit selbst definierten Problemen und mit eigenen Lösungsansätzen. Ihre tragenden Konzepte hat sie nicht aus der akademischen Psychologie übernommen, und ihre aktuellen Forschungen sind nur schwach mit nicht-klinischer psychologischer Forschung verknüpft. Nicht-klinische Psychologie erscheint ihrerseits ebenfalls als ein in sich geschlossenes System, das seine Probleme und Lösungen in der Regel jedenfalls nicht in der Auseinandersetzung mit psychischen Störungen und deren Behandlung gewinnt. Was immer Psychologie und Psychotherapie in akademischen Institutionen zusammengeführt hat: Ihre Integration in paradigmatischer Hinsicht ist damit nicht einhergegangen.

Abschnitt 12 Essentials

1. Als Fortschritte der Psychotherapie, welche ihre Wissenschaftlichkeit begründen, gelten konsensuelle Diagnosesysteme und manualisierte Therapieverfahren.
2. „Aus der Wissenschaft" soll Psychotherapie nach positivistischen Wissenschaftskriterien entwickelt werden, basierend auf Paradigmen der psychologischen Grundlagenforschung.
3. „Von der Profession her" wird Psychotherapie als Kunst aufgefasst, die nur in unmittelbarer Praxis zu erlernen ist; lässt man die dabei geübte Hermeneutik als Wissenschaft eigener Art gelten, ist eine solche Psychotherapie ebenfalls als wissenschaftlich zu bezeichnen.
4. Diagnosesysteme und Therapieverfahren sind vorwiegend Produkte heilkundlicher Forschung und Praxis. Ihre Begründung durch nicht-klinische wissenschaftlicher Forschung wäre wohl wünschenswert, lässt sich jedoch nicht zureichend belegen.

5. Trotz langjähriger Nachbarschaft in psychologischen Lehr- und Forschungseinrichtungen stehen sich nicht-klinische Psychologie sowie Klinische Psychologie und Psychotherapie als weitgehend geschlossene Systeme gegenüber.

13. Psychotherapiewissenschaft – *Stand-Alone*-Modell, Juniorpartnerin der Medizin oder Leitdisziplin der Psychologie?

Klinische Psychologie und Psychotherapie sind gegen Ende des 20. Jahrhunderts mit zahlreichen eigenen Organisationen vertreten, sogar mit sämtlichen in Deutschland Berufstätigen in der Bundestherapeutenkammer repräsentiert. Sie haben ihr eigenes Lehrrepertoire und ihre eigenen Methodenbestände (s. Abschnitte 10, 11). Nachdem Psychotherapie zu einem staatlich anerkannten Beruf geworden war, waren wesentliche Voraussetzungen gegeben, sie als wissenschaftliche Disziplin zu verselbstständigen – als Psychotherapiewissenschaft. In der Tat hatte die *European Association for Psychotherapy* (1990) erklärt: „*Psychotherapy is an independent scientific science*". Das war eine selbstbewusste Erklärung, die sich sowohl gegen die Medizin als auch gegen die Psychologie richtete. Innerhalb der Psychologie war Klinische Psychologie mit Psychotherapie zur häufigsten Spezialisierung geworden (Lunt & Poortinga, 1996). Warum sollten diese nicht aus der Psychologie heraustreten und sich als integratives und methodisch autonomes Projekt verselbstständigen? Auch in deutschsprachigen Ländern wurde für eine eigenständige Psychotherapiewissenschaft geworben. Auf dem deutschen Buchmarkt erschien alsbald ein Lehrbuch der Psychotherapiewissenschaft mit dem Entwurf eines eigenen Bachelor-/Masterstudiengangs (Fischer, 2011). Die Vita des Autors weist ihn als Gründer einer (inzwischen nicht mehr auffindbaren) *Deutschen Gesellschaft für Psychotherapiewissenschaft* aus.

Die einheitliche „Psychotherapiewissenschaft" sollte fächerübergreifend, integrativ und effizient auf den Patienten ausgerichtet sein. Ihre Aufgabe sei die Sichtung, Bündelung und Optimierung einschlägiger Theorien, Methoden, Klassifikationssysteme und Richtlinien. Stolz über gesellschaftliche Relevanz mischt sich mit Problembewusstsein. Es entsteht – durchaus als Wiederbelebung historischer Erfahrungsseelenkunde (s. Abschnitt 1) – die Vorstellung von der Möglichkeit einer einheitlichen Seelenkrankheits- und Seelenheilkunde. Im 21. Jahrhundert ist die Vision einer Psychotherapiewissenschaft ein Zukunftsprojekt, das im Hinblick auf die Komplexität des Anwendungsgebiets interdisziplinär angelegt ist, doch dank seiner singulären Anwendungsintention eine eigene Identität besitzt. Mit entschlossenem Einsatz sollen die gegenwärtigen Mängel der Psychotherapie in Theorie und Praxis überwunden werden – vor allem die Fragmentierung von Modellen und Interventionen, die Idiosynkrasie nicht weniger Behandlungsverfahren und die vielfache Unklarheit über die Wirkweise von therapeutischer Praxis. Der Lohn wären dann höhere Transparenz, bessere Indikation und höhere Effizienz (Gilbert & Kirby, 2019).

Wie aber Psychotherapiewissenschaft institutionalisieren? Als *Stand-Alone*-Modell ist sie zumindest im akademischen Kontext neu. An Universitäten würde sie eine aufwendige Neuorganisation verlangen. Eigene psychotherapiewissenschaftliche Institute oder gar Fachbereiche wären zu gründen, ein eigener Studiengang einzuführen, ein neuer Lehrkörper zu rekrutieren; für Forschung, Lehre und Patientenversorgung wären eigene Kliniken vonnöten. Deren Aufbau könnte man beschleunigen, indem man bestehende psychologisch-klinische Lehr- und Forschungseinrichtungen mitsamt ihrem Personal in die neu gegründeten Organisationen überführt. Aber selbst dann bliebe ein Mehrbedarf, der angesichts anhaltend knapper öffentlicher Haushalte auf absehbare Zeit kaum zu befriedigen wäre. Anders wohl Fach- und Privathochschulen sowie Medizinische Hochschulen. Sie sind in ihrer Personal- und Haushaltspolitik flexibler, können sich schneller auf Bedürfnisse der Studierenden einstellen, sind häufig gut mit externen Praxiseinrichtungen (wie Landeskliniken) vernetzt. Viele von ihnen bieten schon jetzt einen spezialisierten Studiengang Psychotherapie an, nachdem sie schon lange begonnen haben, sich mit psychologisch-psychotherapeutischer Lehre zu profilieren. Psychotherapiewissenschaft als *Stand-Alone*-Modell könnte zu einer bevorzugten Domäne außeruniversitärer Hochschulen werden.

Eine andere Option wäre: Psychotherapiewissenschaft wird in der Medizinischen Fakultät von Universitäten etabliert. Die finanziellen Vorteile für die Psychotherapiewissenschaft wären beträchtlich. Verfügt doch die universitäre Medizin über reichere finanzielle Mittel; sie betreibt Kliniken an jedem Standort und ist darüber hinaus mit Lehrkrankenhäusern vernetzt. Doch dass Psychotherapiewissenschaft überall als gleichberechtigte Partnerin in Medizinische Fakultäten aufgenommen wird, ist unwahrscheinlich; auf Dauer würde sie die standesbewusste Klinische Medizin wohl allenfalls als Juniorpartnerin dulden. Auch fachwissenschaftliche Differenzen könnten eine harmonische Partnerschaft von Medizin und Psychotherapiewissenschaft verhindern. Zu verschieden ist zum einen die somatische und die psychologische Grundausrichtung der beiden heilkundlichen Disziplinen. Zum anderen droht eine aufreibende Konkurrenz mit der in der Medizin vorherrschenden Psychosomatik und (ärztlichen) Psychotherapie.

Als dritte Option wird – in Deutschland vor allem von Vertretern der universitären Klinischen Psychologie – eine *Remain*-Strategie verfolgt: Verbleib der Klinischen Psychologie und Psychotherapie innerhalb der bestehenden akademischen Psychologie, Erhalt und Ausbau der innerhalb psychologischer Institute und Fachbereiche bereits bestehenden klinischen Einrichtungen. Diese Strategie ist insofern folgerichtig, als Klinische Psychologie und Psychotherapie in der akademisch institutionalisierten psychologischen Lehre und Forschung bereits Fuß gefasst haben und an den institutionellen Ressourcen der akademischen Psychologie partizipieren. Dem Einwand, eine Fortsetzung der bestehenden institutionellen Kohabitation empfehle sich nicht, da diese nicht den gewünschten Transfer gebracht habe (s. Abschnitt 12), widersprechen die Befürworter der *Remain*-Strategie mit einer entwaffnenden Dialektik. Erstens bestehe eine beträchtliche Distanz zwischen klinischer und nicht-klinischer Psychologie gar nicht; vielmehr habe Psychotherapie, auf psychologischen Grundlagen aufbauend, ihre wissenschaftliche Reife erreicht. Zweitens, sofern es der Psychotherapie doch noch an psychologisch-wissenschaftlicher Grundlegung mangle, handle es sich um einen Entwicklungsrückstand, den fortgesetzte und gezielte Kooperation von klinischer und nicht-klinischer Psychologie zu überwinden habe.

In der fach- und gesundheitspolitischen Diskussion erwies sich insbesondere die sentimentale Berufung auf historische Gemeinsamkeiten als hilfreiches Argument für die *Remain*-Position. Durchaus eindrucksvoll wurde dafür die bereits im Vorwort kritisch angesprochene Metapher von der Psychologie als Mutterwissenschaft der Psychotherapie verwendet. So sehen Wittchen & Rief (2015, S. 90)

> … naturgemäß die Psychologie mit allen ihren Teilfächern als die essenzielle „Mutterwissenschaft" der Psychotherapie an. Eine so junge und sich dynamisch entwickelnde Fachdisziplin braucht eine transparente Fachverortung, um angesichts der noch unbefriedigenden wissenschaftlichen Fundierung für die Zukunft gesichert zu sein.

Was mit „transparenter Fachverortung" gemeint ist, erschließt sich im weiteren Text, der auf die ärztliche Psychotherapie und ihre Verankerung in der Medizin hinweist. Zur Psychologie als ihrer „Mutterwissenschaft" zieht die Psychotherapie demnach vor allem der gefestigter Status der Psychologie in akademischen Institutionen außerhalb der Medizin. In der Konkurrenz zwischen ärztlicher und nicht-ärztlicher Psychotherapie kann die Letztere auf Gleichstellung mit der Ersteren hoffen, wenn ihre Qualifikationen in der gleichen Institution, nämlich der Universität, wenn auch an einem anderen Fachbereich, „transparent verortet" wird.

Unter den gegebenen Umständen ist der Unterschied zwischen der *Stand-Alone*- und der *Remain*-Position gar nicht besonders groß. Denn die augenscheinliche Einordnung der Klinischen Psychologie in das Fach Psychologie ist keineswegs als Zu- oder Unterordnung konzipiert. Sie erfolgt in dem Bewusstsein einer starken Stellung in der Gesundheitspolitik und einer überaus starken Nachfrage vonseiten der Studentenschaft. Das begründet eine Dominanz der Klinischen Psychologie in bestehenden psychologischen Instituten und Fachbereichen. Der Verbleib in psychologischen Einrichtungen ermöglicht zugleich den Zugriff auf deren Ressourcen. Sollten erforderliche Mittel für den Ausbau klinischer Kapazitäten nicht verfügbar sein, könnte man Mittel einsetzen, die vorher für nicht-klinischer Einrichtungen bestimmt waren. Sollte eine Umschichtung von Mitteln aus dem nicht-klinischen in den klinischen Bereich erfolgen, käme die Einordnung der Psychotherapie in die Psychologie einer Vereinnahmung der Psychologie durch Psychotherapie gleich.

Dass sie von vornherein daran dachten, die Psychotherapieausbildung innerhalb der Psychologie auszubauen und für den Ausbau Ressourcen der nicht-klinischen Psychologie in Anspruch zu nehmen, haben bereits im Jahre 2007 vier Vertreter und eine Vertreterin der Klinischen Psychologie in einer „Standortbestimmung“ zum Ausdruck gebracht (Rief, Hautzinger, Rist, Rockstroh & Wittchen, 2007). In der Annahme, ein Großteil der Studierenden der Psychologie würde eine Approbation für Psychotherapie anstreben, könne man eine Umwidmung des bestehenden Studiengangs Psychologie für die Psychotherapieausbildung in Erwägung ziehen. Eine Ausrichtung der gesamten Psychologie auf Psychotherapie sei daher realistisch. Die Autorin und die Autoren sahen die Universitäten in der „Pflicht, auf die Entwicklungen der letzten Jahrzehnte zu reagieren“ und im Interesse der Berufsqualifizierung eine „Spezialisierung innerhalb des Psychologie-Studiums zu wagen“. Dazu sei Klinische Psychologie auf die Bedürfnisse der Psychotherapie auszurichten („Einheit der Klinischen Psychologie“) und Grundlagen- wie Methodenfächer auf Klinische Psychologie („Einheit der Psychologie“).

Mit Emphase erklärten die Autorin und die Autoren eine solche Neuorientierung zu einer Überlebensfrage der Psychologie überhaupt:

> Werden die Grundlagenfächer an der Universität nicht mehr von den an Klinischer Psychologie Interessierten nachgefragt, verkümmern sie … . … Wenn aus den bisherigen Studiengängen in Psychologie zu wenig Kandidaten für Psychologische Psychotherapie abgehen, um die Versorgung zu sichern, besteht die Gefahr, dass die Psychotherapeutenkammern sich für andere Studiengänge als Zugangsberufe einsetzen, die außerhalb der bisherigen universitären Psychologie liegen. Deshalb ist eine attraktive Lehre in Klinischer Psychologie an den universitären Instituten nicht nur der entscheidende Wegbereiter für eine wissenschaftlich begründete Psychotherapie,

> sondern auch für das Gesamtfach Psychologie ein sichernder und stabilisierender Faktor (Rief et al., 2007, S. 256, 259).

Das Studium der Psychologie sollte also erhalten bleiben, doch Psychotherapie sollte dessen Leitdisziplin darstellen.

Der zitierte Text wurde in der *Psychologischen Rundschau* veröffentlicht und allen Mitgliedern der *Deutschen Gesellschaft für Psychologie* zugestellt, denn die Zeitschrift dient der Gesellschaft als „Offizielles Organ". Wären Psychologische Institute und Fachbereiche börsennotierte Unternehmungen, hätte die „Standortbestimmung" von 2007 eine erregte Debatte über eine mögliche Übernahme ausgelöst; man hätte gar eine bevorstehende „Übernahmeschlacht" imaginieren können. Zweifellos haben die Vertreterinnen und Vertreter nicht-klinischer Fächer ihren klinischen Kolleginnen und Kollegen prospektives Wachstum und Statusgewinn gegönnt. Dass der Gewinn möglicherweise mit einer Umschichtung von Ressourcen aus dem nicht-klinischen in den klinischen Bereichen verbunden sein könnte, hätte ihnen gleichwohl Sorge bereiten sollen. Doch die deutsche Psychologenschaft hat die Verlautbarung von 2007 offenbar übersehen oder jedenfalls nicht als brisant eingeschätzt; die Zeitschrift stellte den Beitrag nicht zur Diskussion, und vom Präsidium der Gesellschaft gab es dazu keine unmittelbare Stellungnahme.

Rief, Hautzinger, Rist, Rockstroh und Wittchen haben ihren Aufsatz zu Recht als Standortbestimmung bezeichnet. Markiert er doch ihre Position in einem durch vier Interessengegensätze gekennzeichneten Feld der Fachpolitik. Zum einen bildete sich – wie gerade ausgeführt – ein Interessenkonflikt zwischen klinischer und nicht-klinischer Psychologie. Die Autoren ließen keinen Zweifel an ihrer Parteinahme für Klinische Psychologie. Ein zweiter Interessenkonflikt bestand zwischen universitärer und außeruniversitärer Psychotherapie, d.h. außeruniversitären Ausbildungsinstituten, Psychiatrischen und Psychosomatischen Kliniken, Medizinischen Hochschulen u. Ä.. Die Konkurrenz bestand zur Zeit der Veröffentlichung der „Standortbestimmung" vor allem im Bereich der Ausbildung. Sie war zunächst eine Domäne außeruniversitärer Ausbildungsinstitute. Doch Universitäten bauten zunehmend ihre Hochschulambulanzen aus und vermehrten ihre Angebote zur Ausbildung. Die psychotherapeutische Ausbildung an Universitäten konnte mit Promotionsprogrammen kombiniert werden. Die Kombination mochte die Attraktivität sowohl der Ausbildung als auch des Promotionsprogramms erhöhen. Die „Standortbestimmung" plädierte somit für eine Stärkung der universitären gegenüber den außeruniversitären Ausbildungseinrichtungen.

Ein dritter Interessenkonflikt bestand zwischen Universitäten sowie Fach- und Privathochschulen. Stellten Universitätsvertreter die Fähigkeit von Fach- und Privathochschulen zu wissenschaftlich qualifizierter Lehre infrage, weil es an diesen Hochschulen an ausreichender Forschung fehle, so beteuerten die Fach- und Privathochschulen die Qualität ihrer praxisorientierten Lehre, ihrer angewandten Forschung und ihre Vernetzung mit Praxiseinrichtungen. Im Gegenzug wurde den Universitäten die Eignung abgesprochen wurde, ihre Lehre ausreichend den Bedürfnissen der Praxis anzupassen. Die Frontenbildung zwischen universitärer und außeruniversitärer Psychotherapie war keine rein institutionelle. Sie war überlagert durch einen vierten Interessenkonflikt: an den Universitäten dominierte die verhaltenstherapeutische Richtung, außerhalb der Universitäten waren die psychodynamischen und humanistischen Richtungen stark. Indem die „Standortbestimmung" für die Wissenschaftlichkeit der Psychotherapie eintrat, nahm sie zugleich Partei für die an Universitäten konzentrierte Verhaltenstherapie.

Dem Aufsatz von 2007 liegt durchaus das Konzept der Psychotherapiewissenschaft zugrunde (s. Abschnitt 13). Doch dessen Autoren verwenden den Begriff der Psychotherapiewissenschaft nicht. Das werden auch später maßgebliche Vertreterinnen und Vertreter der universitären Klinischen Psychologie nicht tun. Das international sich verbreitende Konzept war nämlich gegenüber der Richtungsvielfalt völlig unbefangen. Es warb für Einheit und Integration. Pluralistisch angelegt, sollte Psychotherapiewissenschaft für alle seriöse Therapierichtungen offen sein (s. wieder Gilbert & Kirby, 2019). An den deutschen Universitäten hatte man eher eine verhaltensorientierte Psychotherapiewissenschaft im Sinn.

Der Wunsch nach Pluralität, d.h. nach Überwindung von Theorie- und Methodengrenzen, wurde jedoch auch in der deutschen Psychotherapie vielfach geteilt. So empfahl Kriz (2005) für die Ausbildung einen integrativen Ansatz, der mehr die „Passungen" als die Unvereinbarkeiten der herkömmlichen Richtungen herausarbeitet. Ein Teil der neuen Generation sträubte sich offenbar gegen jedwede Orthodoxie und Einschränkung von Wahlfreiheit; sie bevorzugte ein eklektisches Vorgehen, das fallweise zwischen Methoden wechselt oder unterschiedliche Methoden kombiniert (Krampen, 2002). Integrative Psychotherapie scheint inzwischen sogar selbst zu einer Therapierichtung zu werden (Jacobi & Brodrück, 2021). In der universitären Lehre verlangte Pluralität die gleiche Berücksichtigung aller therapeutischen Richtungen, auf jeden Fall die Einbeziehung psychodynamischer und humanistischer Ansätze, die in den Lehrplänen und bei den Lehrstellen unterrepräsentiert waren. In diesem Sinne mahnte Körner (1991) die „Rückkehr" der Psychoanalyse in die akademische Psychologie an – zur beiderseitigen Bereicherung.

Pläne, die Ausbildung und möglichst auch die Weiterbildung in Psychotherapie in die Universitäten zu verlagern, haben die Befürchtung geweckt, es solle damit die dort herrschende Dominanz der Verhaltenstherapie festgeschrieben werden. Benecke (2019) hat in einer Kontroverse mit Rief (2019) offen diese Befürchtung dargelegt. In der Kontroverse tritt der bisher unaufgelöste Dissens über die wissenschaftliche Fundierung der Psychotherapie zutage (s. wieder Abschnitt 12). Das Problem ist: Konkurrierende psychotherapeutische Richtungen unterscheiden sich sogar in ihrem Wissenschaftsverständnis. Insofern lassen sie sich intern rechtfertigen, von außen nur bedingt beurteilen. Wenn sich Psychotherapie bisher als Verhaltenstherapie in die akademische Psychologie eingeordnet hat, hat sie sich bei ihrer Begriffskonstruktion und Methodenwahl meist auf die Seite des Rationalismus und des Positivismus geschlagen, die in der akademischen Wissenschaft der Psychologie vorherrschten. Damit tendieren universitäre Psychotherapie wie überhaupt akademische Psychologie dazu, verhaltenstherapeutische Praxis aufzuwerten. Nach rationalistischen und positivistischen Kriterien droht anderen Verfahren eine Abwertung von akademischer Seite. Erleiden also an den deutschen Universitäten psychodynamische und humanistische Ansätze eine Diskriminierung? In der Tat argumentiert Benecke (2019): Für die akademische Wissenschaft seien die Kriterien der Evidenzbasierung und der Kompetenzorientierung maßgeblich geworden. Solche Kriterien würden der verhaltenstherapeutischen Praxis gerecht, nicht ausreichend jedoch der tiefenpsychologisch und humanistisch begründeten Praxis. Insofern bilde die akademische Psychologie für Psychotherapie gegenwärtig nicht den wünschenswerten Rahmen. Zumindest müssten Hochschulen ihr psychotherapeutisches Angebot pluralistischer anlegen und mehr Lehrstellen für tiefenpsychologische und humanistische Psychotherapie besetzen.

So wird nun Qualitätssicherung zum zentralen Problem der Psychotherapie auf dem Wege zur Psychotherapiewissenschaft. Die akademische Psychologie hat zur Konstrukt- und Verfahrensvalidierung Vorbildliches geleistet. Die Einführung von Bewährungskontrollen für psychotherapeutische Verfahren (s. Abschnitt 4) erschien als Durchbruch für eine erwiesenermaßen wirksame Psychotherapie. So ist es irritierend, wenn Fachleute die Anwendbarkeit wissenschaftlich erprobter Validierungsmethoden in Zweifel ziehen oder gar bestreiten. Wie also – wenn überhaupt fachübergreifend – validieren, wenn nicht mit konsensuell anerkannten Methoden? Diese Frage scheint den Bereich der Psychotherapie zu spalten, und diese Spaltung belastet die Beziehung zwischen der Psychotherapie und der Psychologie. Ließe sich eine derart gespaltene

Psychotherapie in der akademischen Psychologie „transparent verorten" (siehe oben), ohne dass diese ihren gewachsenen wissenschaftlichen Charakter verlöre? Oder muss sich akademische Psychologie theoretisch und methodisch neu orientieren, um einer multiplen Psychotherapie Grundlage werden zu können?

Das Konzept der Psychotherapiewissenschaft ist somit unscharf und in seiner Realisierung kontrovers. Angesichts der vielfältigen und komplexen Aufgaben von Heilkunde ist die Forderung nach Pluralität verständlich. Pluralität darf freilich nicht der Täuschung und Fehlpraxis Vorschub leisten. Der Wunsch ist verständlich, die akademische Psychologie möge der Psychotherapie beim Umgang mit ihrer Heterogenität beistehen und zugleich bei der Qualitätssicherung helfen. Doch bedarf es dazu einer institutionellen Verpflichtung? Und geradezu widersinnig wäre es, wenn die institutionelle Verpflichtung die Psychologie an der Fortführung ihrer begonnenen Programme hindern würde. Die expandierende Psychotherapie bzw. Psychotherapiewissenschaft in der akademischen Psychologie zu verorten, ohne deren Bestand zu sichern, kann leicht substanzielle Einbußen zur Folge haben. Der Aufstieg der Psychotherapiewissenschaft würde dann unter den gegebenen gesellschaftlichen und wirtschaftlichen Bedingungen auf Kosten der nicht heilkundlichen Psychologie stattfinden – als Vereinnahmung der Psychologie durch die Psychotherapie. Dies mag die paradoxe Folge haben, dass der Psychotherapiewissenschaft selbst die Psychologie als mögliche Kooperationspartnerin abhandenkommt.

Man wird auf die Verwendung von Begriffen achten müssen. Wer „Psychologie" sagt, darf nicht nur „Psychotherapie" meinen, und wer „Psychotherapie" meint, soll nicht „Psychologie" sagen. Eine Angleichung der Begriffe Psychologie und Psychotherapie wäre einerseits mit einer Einschränkung von „Psychologie" verbunden, andererseits mit einer Erweiterung von „Psychotherapie". Der Standardfall psychotherapeutischer Tätigkeit war die Intervention im individuellen Krisenfall. Die aufkommende Gesundheitswissenschaft und -politik verlangen mehr: Prävention und Rehabilitation. Prävention solle helfen, gesundheitsfördernde Lebens- und Arbeitsbedingungen zu schaffen sowie zu gesundheitsförderndem Verhalten anzuleiten. Rehabilitation sollte Prozesse der Gesundung und Erholung unterstützen. Um Aufgaben der Prävention und Rehabilitation erweitert, führt Therapie oft aus dem Behandlungszimmer der Privatpraxis oder der Klinik hinaus – etwa in die Erziehungsberatung (Hensen & Körner, 2005) oder in die Sozialarbeit der Gemeinden (Pauli & Schmude, 2004). Die Zuwendung zur Prävention verspricht einen „gesundheitspolitischen Paradigmenwechsel" mit „ökologischem Denken und Zukunftsvorsorge" (Hardt, 2005). So konzipiert, setze Therapie nicht nur an Menschen an, die zu

Patienten geworden sind; sie verbessere auch Lebens- und Arbeitsbedingungen, die sie zu Patienten gemacht haben oder zu machen drohen.

Abschnitt 13: Essentials

1. Ab etwa 1990 wird das Konzept einer eigenen Disziplin der Psychotherapiewissenschaft diskutiert; Psychotherapiewissenschaft soll der Integration und Optimierung psychotherapeutischer Ansätze dienen.
2. Einerseits stellt das Konzept der Psychotherapiewissenschaft die institutionelle Zugehörigkeit der Psychotherapie zur Psychologie infrage, andererseits wird in der Psychotherapeutenschaft die Ansiedlung von Lehre und Forschung im Rahmen der Psychologie befürwortet.
3. Eine Option ist die Verselbstständigung eines eigenen Studiengangs in einem Institut oder einem Fachbereich für Psychotherapiewissenschaft; aus wirtschaftlichen Gründen ist eine solche Verselbstständigung eher in kleinerem Rahmen, etwa an Privat- und Fachhochschulen zu erwarten.
4. Eine weitere Option ist die Ansiedlung der Psychotherapiewissenschaft innerhalb der universitären Medizin; anhaltende Unstimmigkeiten mit der Ärzteschaft lassen diese Option wenig wahrscheinlich erscheinen.
5. An deutschen Hochschulen wird der weitere Ausbau der Klinischen Psychologie und Psychotherapie innerhalb psychologischer Institute und Fachbereiche geplant.
6. Gefordert wird weiterhin die Erweiterung der Psychotherapie über die Krisenintervention hinaus in die Prävention und Rehabilitation.
7. Es wird diskutiert, wie weit bei der anstehenden Institutionalisierung von Psychotherapie (s. Punkte 3–5) eine richtungsübergreifende Lehre und Forschung wünschenswert und gewährleistet ist.

14. Die Novellierung des Psychotherapeutengesetzes

Das Psychotherapeutengesetz von 1998 wurde von den großen Verbänden als Fortschritt gefeiert. Kleiber (1997) schränkte freilich sogleich ein: Es sei „ein Fortschritt mit Schattenseiten". Es entspannten sich kritische Diskussionen. Zum ersten „runden Geburtstag" des Gesetzes von 1998 resümierte Vangermain (2010) die Diskussion und meldete Zweifel an der Konkurrenzfähigkeit und Zukunftsfähigkeit des Gesetzes an. Die gesetzliche Regelung sowie die Einbeziehung in das System der Kassenversorgung hatte dem Beruf vielfach Einkommen und Sicherheit verschafft. Doch waren dabei Freiheiten verloren gegangen und Wünsche unerfüllt geblieben; neue Beschränkungen drohten. Es gewannen vor allem die den Therapierichtlinien entsprechenden Verfahren; die Patientenversorgung war durch „Deckelung" von Kosten in den Etats der Krankenversicherungen eingeschränkt. Ärzte übten weiterhin Einfluss auf Psychotherapie aus (z.B. durch ihre dominierende Stellung bei der Begutachtung von Behandlungsfällen); ihnen blieben weiterhin Leistungen vorbehalten: Krankschreibungen, Einweisungen zur stationären Behandlung, Verschreibung von Psychopharmaka.

Auf den ersten Blick schien die Qualifikation für Psychotherapie sinnfällig geregelt. Sie umfasste eine gründliche wissenschaftliche Vorbildung in Form eines Studiums der Psychologie oder Pädagogik an einer staatlich anerkannten Hochschule sowie eine praktische Ausbildung an einem ebenfalls staatlich anerkannten Ausbildungsinstitut. Wissenschaft und Praxis schienen damit vereint. Doch dass zukünftige Therapeuten sich in vollkommen getrennten Institutionen zu völlig verschiedenen Zeitabschnitten in Wissenschaft und Praxis unterweisen lassen sollten, erschwerte deren produktive Verbindung. Die oben angesprochenen Divergenzen (s. Abschnitte 12 und 13) von Wissenschaft und Praxis wurden damit immer deutlicher. Die Forderung, einen Teil der praktischen Ausbildung in das Hochschulstudium zu verlagern, war zweifach motiviert. Wenn man Wissenschaft als Garant von Qualität betrachtete, war die Verlagerung praktischer Unterweisung an die Hochschulen eine Maßnahme zu deren Verbesserung. Betrachtete man dagegen Praxis selbst als Garant einer qualitätsvollen Berufsvorbereitung, so steigerte man mit einem erhöhten Praxisanteil des Hochschulstudiums dessen Wert für den Beruf. Der erste Gesichtspunkt war für Hochschulvertreter der maßgebende. Gestützt auf die Logik des *Scientist-Practitioner*-Modells (s. Abschnitt 7) bauten sie ihrerseits

Ambulanzen nach §117 des Sozialgesetzbuchs V auf, d.h. Einrichtungen zur Patientenversorgung mit Ausbildungsbefugnissen. Nach der Erhebung von Strauß et al. (2009a) waren in den ersten Jahren nach Erlass des Psychotherapiegesetzes bereits 15 Universitäten von den zuständigen Behörden als Ausbildungsstätten anerkannt worden.

Zwischen Hochschulen und außeruniversitären Ausbildungsinstituten bestand ein gravierender Unterschied. Zumindest die Grundausstattung der Hochschulen war durch öffentliche Mittel gesichert, während außeruniversitäre Institute ihren Etat – sofern sie nicht über Stiftungsmittel u. Ä. verfügten – aus den Erstattungen für Versorgungsleistungen erwirtschaften mussten. Die von ihnen beschäftigten Psychotherapeutinnen und Psychotherapeuten in Ausbildung („PiA"s) gerieten dadurch in eine prekäre Lage. Sie wurden mit der Behandlung von Patienten betraut, ohne approbiert zu sein. Sie konnten nicht selbst liquidieren, weil sie nicht approbiert waren. Dabei stellten ihnen die Ausbildungsinstitute Betreuungsleistungen (z. B. für Supervision) in Rechnung. Die erneut zu erwähnende Erhebung von Strauß et al. (2009a, S. 225) ermittelte: Die Ausbildung brauchte mindestens drei Jahre; aus persönlichen Gründen dauerte es jedoch oft länger, bevor die geforderten Leistungen erbracht waren. Dabei entstünden Gebühren von 20.000 bis 30.000 Euro. Dem stünden Honorare für geleistete Therapien gegenüber; diese deckten jedoch nicht die Gebühren. Nach Hölzel (2006) beteiligten die Ausbildungsstätten ihre PiAs durchschnittlich nur zu 30% an den Einnahmen, welche die PiAs generierten. Zu den Ausbildungskosten kamen die Lebenshaltungskosten hinzu. Ein Nebenerwerb war bei einem Zeitaufwand von durchschnittlich 30 Wochenstunden nur begrenzt möglich. Überflüssig hinzuzufügen, dass es sich bei den PiAs meist um jüngere Personen handelte, welche kein eigenes Vermögen hatten und sich in der Phase der Familienplanung befanden.

Die ungleiche Rechtsstellung von Therapieverfahren bildete erneut einen Streitpunkt von grundsätzlicher Bedeutung. Verfahren der humanistischen Richtungen sind bisher in den Richtlinien für die Gesundheitsversorgung nicht berücksichtigt. Die Systemische Therapie wurde erst 2018 in den Leistungskatalog der Krankenkassen aufgenommen. Mehr als dreitausend Therapeuten unterschrieben eine *Bonner Erklärung*, die ein Ende der Diskriminierung forderte (Hein, 2014). Überholt erschien manchen zudem die strikte Trennung von Erwachsenen- sowie Kinder- und Jugendlichenpsychotherapie. Kritiker verwiesen auf die theoretischen und methodischen Gemeinsamkeiten der beiden Praxisfelder sowie die (möglicherweise nur implizite) Diskriminierung der Kinder- und Jugendlichenpsychotherapie – bereits früher zu Unrecht gering geschätzt als Arbeit von Frauen mit „Kleinen" (s. Abschnitt 6).

Ein vorrangiges berufspolitisches Ziel war die Einordnung der psychologischen Psychotherapie in die Heilkunde und deren Gleichstellung mit dem ärztlichen Beruf. Die Arzt- und Facharztausbildung konnte Vorbild sein für die wissenschaftliche und berufliche Qualifikation psychologische Psychotherapeuten; nach dem Vorbild der Arzt- und Facharztausbildung war insbesondere das Problem der Versorgung der bisherigen PiA's zu lösen. In der Human- und Tiermedizin, der Zahnheilkunde und Pharmazie diente ein wissenschaftliches Studium mit Praxisanteilen der Ausbildung; am Ende des Studiums konnte ein Staatsexamen abgelegt werden, aufgrund dessen die Approbation erfolgte. Approbierte Ärzte dürfen ihren Beruf eigenverantwortlich ausüben; durch Weiterbildung in dafür anerkannten Einrichtungen – als Ärzte in Weiterbildung („AiW"s) können sie Fachkunde erwerben und sich somit für ausgewählte Gebieten als Fachärzte qualifizieren. In der Zeit der Weiterbildung ist eine Bezahlung gewährleistet. Eine Reformidee war: Nach dem Muster anderer heilkundlicher Berufe das Studium so umzugestalten, dass es unmittelbar die Voraussetzungen für eine Approbation vermittelt. Approbierte Psychotherapeuten könnten sich dann einer Weiterbildung unterziehen und als Psychotherapeuten in Weiterbildung („PiW's") ein Honorar erhalten. Die Weiterbildung kann dann einerseits für eine Spezialisierung qualifizieren, andererseits für eine Kassenzulassung. Zu einem zentralen Reformvorhaben wurde somit ein unmittelbar zur staatlichen Approbation für Psychotherapie führendes Studium, kurz „Direktstudium Psychotherapie" genannt.

Reformen hatten zudem die Neuorganisation der Hochschulstudien zu berücksichtigen. Im selben Jahr, in dem das Psychotherapeutengesetz in Kraft trat, mussten sich die Psychologen von ihrem über fünfzig Jahre vertrauten Diplomstudium verabschieden. Die Bildungsminister von 29 europäischen Staaten unterzeichneten 1998 in Bologna eine Vereinheitlichung von Studiengängen und -abschlüssen. Damit setzte eine Reform des Studienformats an den deutschen Hochschulen ein. Grundlegend änderte sich dadurch für das Studium der Psychologie nichts. Denn es blieb zweistufig mit einem dreijährigen ersten Abschnitt, der nunmehr mit dem Grad eines Bachelor (BA, B.Sc.) abschloss, sowie einem zweijährigen zweiten Abschnitt, abzuschließen mit dem Grad eines Master (MA, M.Sc.). Die bisher üblichen Abschlussprüfungen entfielen. Dafür wurde ein System von Leistungspunkten eingeführt; deren 180 waren in Lehrveranstaltungen des ersten Studienabschnitts zu erwerben, weitere 120 in Lehrveranstaltungen des zweiten Abschnitts. Grundlagen- und Methodenfächer gehörten zum Pflichtprogramm des BA-Studiums, während das nachfolgende MA-Studium der Grundlagen- und Methodenvertiefung diente und in Praxisfächer einführte. Die Umstellung vom Diplom- zum BA/MA-Studium vollzog sich an den deutschen Universitäten zwischen 2003 und 2009. Der Masterabschluss ersetzte nun das im Psychotherapeutengesetz von 1998 genannte Diplom (jeweils für Psychologie oder Pädagogik) als Zulassungsvoraussetzung für die zur Approbation führende Weiterbildung. Viele Studierende strebten eine spätere Approbation für Erwachsenenpsychotherapie an und wählten Psychologie als Studienfach. Daher stieg die Zahl der Psychologie Studierenden weiter an, und Klinische Psychologie wurde an vielen Orten zum dominierenden Fach im Masterstudium (s. Abschnitte 9 und 11).

Als Problem wurde diskutiert: Nach dem Willen der Kultusminister galt der Bachelorabschluss im Allgemeinen als Qualifikation für den Berufseinstieg. Sollte also ein auch Bachelorgrad als Voraussetzung zur Ausbildung genügen – und das nach einer Studienzeit von drei Jahren? Oder sollte der Bachelorabschluss zwar nicht zur Ausbildung in Psychologische Psychotherapie berechtigen, aber immerhin als Voraussetzung für eine Assistenz in derselben dienen (Alpers & Vogel, 2004)? Tatsächlich reichte in einzelnen Bundesländern der Abschluss eines Bachelorstudiums für die Zulassung zur Psychotherapeutenausbildung. Nun konnte man sich darauf berufen, dass die Zulassung zur Ausbildung zur Zeit des Inkrafttretens des Gesetzes ein fünfjähriges Studium verlangte und dies nach der Bologna-Reform weiterhin gelten müsse. Der Beruf eines niedriger dotierten Psychotherapie-Assistenten sei dagegen weder im Interesse der Patienten noch des Berufsstandes (Groeger, 2006).

Ein wachsender Teil der Studierenden, die zur Psychotherapieausbildung zugelassen wurden, waren Absolventen von Fachhochschulen (s. Abschnitt 11). Sollte das so bleiben? Sollte man gar, wenn man die Ausbildung in das Studium verlagerte, auch Fachhochschulen zur Ausbildung berechtigen? Sollte man überhaupt den Masterabschlüssen an Fachhochschulen lediglich den Wert von Bachelorabschlüssen von staatlichen Universitäten beimessen? Es versteht sich, dass Vertreter von Fachhochschulen sich gegen solche Erwägungen zur Wehr setzten und die Praxisorientierung ihrer Studien als Argument für eine volle Beteiligung an der Psychotherapeutenausbildung vorbrachten. Als Kontrahenten der Fachhochschulvertreter traten Vertreter der universitären klinischen Psychologie gegenüber. Die Kontroverse zwischen Institutionen waren – wie schon erwähnt (s. Abschnitte 13 und 14) – überlagert von der Richtungskontroverse. Auf der Seite der Universitäten dominierte verhaltenstherapeutische Richtungen, während an Fachhochschulen psychodynamische und humanistische Richtungen stärkeren Rückhalt hatten.

Das nunmehr zuständige Bundesgesundheitsministerium zeigte sich dem Vernehmen nach – belastbare Belege waren nicht beizubringen – für eine Novellierung des Psychotherapeutengesetzes zunächst nicht aufgeschlossen. Man hatte schließlich gerade erst eine achtbare Reform zustande gebracht. Jede Fortschreibung, welche die Stellung der Psychotherapie in der Heilkunde stärkte, stieß auf den Widerstand der Ärzteschaft. Das Ministerium gab also erst die in dieser Schrift mehrfach zitierte Studie von Strauß et al. (2009a) in Auftrag, die vor allem den guten Stand der nachuniversitären Ausbildung bestätigte. Der Forschungsbericht dokumentierte zudem das Fortschreiten der Fachdiskussion und hielt einige qualifizierte Reformvorstellungen und -pläne fest.

Zu den zentralen Themen der Reformdiskussion gehörte die Öffnung des Psychologiestudiums hin zu einem Direktstudium Psychotherapie. Damit war stets ein Studium gemeint, das unmittelbar zu einem Staatsexamen führt, nach dessen Bestehen die Approbation erfolgt (siehe oben). Umstritten war, ob dieses Studium schon im ersten Studienabschnitt, ja schon im ersten Studiensemester mit Klinische Psychologie und Psychotherapie beginnen sollte. Strauß et al. geben im Jahre 2009 (S. 359 f.) den ersten Entwurf eines neuen Studiengangs wieder. Eine gemeinsame Kommission der Bundespsychotherapeutenkammer sowie der Fachgruppe Klinische Psychologie der Deutschen Gesellschaft für Psychologie habe den Plan zu einen Bachelor-/Masterstudium vorgelegt, das eine psychologische Grundausbildung gewährleiste und zudem eine bessere Voraussetzung für den Zugang zur Ausbildung in Psychologischer Psychotherapie schaffe. (Ein vergleichbarer Plan für Kinder- und Jugendlichenpsychotherapie sei in Arbeit.) Der Plan sah vor, die Hälfte der 300 Leistungspunkte des Studiums für Kenntnisse vorzusehen, die zur Psychologischen Psychotherapie qualifizierten: 85 Leistungspunkte für allgemeinpsychologisch genannte Kenntnisse (Allgemeine und Differentielle Psychologie, Entwicklungs- und Sozialpsychologie, Biologie, Pädagogik, Diagnostik, Statistische Methodenlehre), 30 Leistungspunkte für klinisch-psychologische Kenntnisse und 35 Leistungspunkte für eine Masterarbeit und Praktika auf dem Gebiet der Klinischen Psychologie. Offenbar sollte der Bachelorabschnitt dem Grundstudium der Psychologie dienen, während sich der Masterabschnitt auf das klinisch-therapeutische Studium konzentrieren sollte. Zur gleichen Zeit diskutiert wurde ein grundsätzlich anderes Modell: Ein einheitlicher Beruf der Psychotherapie und ein einheitlicher Studiengang zur Qualifikation für diesen Beruf (Strauß et al., 2009a, S. 355–357).

Inzwischen war man auch im Bundesgesundheitsministerium von der ursprünglichen zögerlichen Haltung abgerückt (Widmann-Mauz, 2011). Aus dem Ministerium kündigte sich eine „ordnungspolitische Revolution" mit der Einführung eines eigenständigen Psychotherapiestudiums an (Krämer 2020b, S. 4). Ein wesentlicher Grund für die Neubesinnung der Politik war die Besorgnis erregende psychotherapeutische Versorgung. Die Nachwuchslage in

Psychiatrie und Psychosomatik ließ keine ausreichenden Angebote erwarten; so setzte man auf Psychologische Psychotherapie sowie Kinder- und Jugendlichenpsychotherapie, die zunehmend viele Studierende anzogen. Auch war im Ministerium die prekäre Lage der Psychotherapeutinnen und Psychotherapeuten bekannt. Eine Gesetzesnovellierung versprach, sowohl das gesundheitspolitische als auch das sozialrechtliche Problem einer Lösung näher zu bringen. Ob es für diese Lösung im Ministerium alternative Ansätze gab, ist nicht mehr zu ermitteln. Jedenfalls strebte das Ministerium mit der „ordnungspolitisch" genannten Lösung eine Reform nach dem Muster der ebenfalls gerade in Reform befindlichen Medizinerausbildung an (Näheres s. später Abschnitt 16).

Die Phase der Entscheidungen leitete im Jahre 2010 der 16. Deutsche Psychotherapeutentag ein. Er erteilte dem Vorstand der Bundespsychotherapeutenkammer den Auftrag, sich für eine einheitliche Ausbildung in Psychotherapie und für eine einheitliche Approbation für Psychotherapie einzusetzen. Eine Spezialisierung für Kinder und Jugendliche sowie für Erwachsene solle weiterhin möglich sein, aber erst nach einer Grundqualifizierung für die Behandlung aller Altersgruppen erfolgen. Zugangsvoraussetzung für die fachkundliche Psychotherapieausbildung solle ein abgeschlossenes Masterstudium sein. Dieses solle grundlegende Kenntnisse aus Psychologie und (Sozial-)Pädagogik, Kenntnisse und Kompetenzen in Klinischer Psychologie, wissenschaftliche Methodenkompetenzen sowie Kenntnisse aus benachbarten Fachdisziplinen (z.B. Neurowissenschaften und Soziologie) vermitteln. Nach dieser Systematik legte der Vorstand der Bundespsychotherapeutenkammer den Entwurf eines Studienplans vor, der zur Psychotherapeutenausbildung ein Bachelor-/Masterstudium vorsah. Mindestens 260 der 300 zu vergebenden Leistungspunkte sollten für Pflichtleistungen vergeben werden, darunter mindestens 55 Punkte für psychologische Grundlagen und Methoden, 50 Punkte für klinische Studien, 50 Punkte für Pädagogik und Sozialarbeit sowie 40 Punkte für psychologische oder (sozial)pädagogische Abschlussarbeiten und Praktika (Bundespsychotherapeutenkammer, 2010).

Der 25. Deutsche Psychotherapeutentag befasste sich im Jahre 2014 erneut mit der Frage der Psychotherapieausbildung und forderte nun ausdrücklich „eine Approbation nach wissenschaftlichem Hochschulstudium auf Masterniveau" (Bundespsychotherapeutenkammer, 2014). Die Beschlüsse des Psychotherapeutentags waren geeignet, die standespolitische Position des Psychotherapieberufs zu stärken. Sie folgten zugleich dem oben beschriebenen ordnungspolitischen Kurs, den das Ministerium einzuschlagen gesonnen war. Die Forderung einer einheitlichen Ausbildung in einem Hochschulstudium „auf Masterniveau" sollte den Qualifikationskontroversen ein Ende machen: Keine

Zweifel mehr an der Gleichwertigkeit von ärztlicher und psychologischer Psychotherapie, kein Zweifel mehr an der Gleichwertigkeit der Kinder- und Jugendlichenpsychotherapie mit der Erwachsenentherapie. Mit der Festlegung auf den Masterabschluss war gleichzeitig die Diskussion über die Zulassung zur Psychotherapie aufgrund des Bachelorabschlusses allein beendet. Die wissenschaftliche Qualifiziertheit der Psychotherapeutinnen und Psychotherapeuten sollte durch einen vollen akademischen Studiengang gesichert werden. Die Umsetzung der Beschlüsse versprach, die Voraussetzungen für die zukünftige Honorierung in der postgradualen Phase zu schaffen und damit ein von allen Verbänden beklagtes sozialrechtliches Ärgernis zu beseitigen.

Die Frage, welchem Fach die neue Hochschulausbildung zugeordnet werden sollte, wurde ebenso ausgeklammert wie das Problem der Anerkennung von Fachhochschulen als Hochschulen mit Psychotherapieausbildung. Dies sollten die Hochschulen selbst mit den für sie zuständigen Landesbehörden ausmachen; den Prozess der Novellierung sollte das Problem jedenfalls nicht länger belasten. Gleichwohl wollte man das Programm der Ausbildung nicht dem örtlichen Ermessen zu überlassen; man steckte vielmehr recht eng dessen Rahmen ab, indem man klar quantifizierte Studienanteile benannte. Der Beschluss, die neue Ausbildung nicht in einem der etablierten akademischen Studienfächer anzusiedeln, bedeutete allerdings einen Bruch mit einer – wenn auch jungen – Tradition. Es berührte allerdings das Selbstverständnis zahlreicher Vertreter des Psychotherapieberufs, dass ihre zukünftigen Kollegen nicht notwendig als Psychologen oder Pädagogen firmieren sollten. Die Debatte beim 16. Psychotherapeutentag soll leidenschaftlich gewesen sein. Stand doch der Abschied vom streng disziplinären, psychologischen oder pädagogischen Hochschulstudium an. Psychotherapeuten sollten zukünftig nicht mehr – wenn nicht Mediziner – Pädagogen oder Psychologen mit Spezialisierung auf Patientengruppen sein, sondern Disziplin übergreifende Experten mit genereller Ausrichtung auf psychotherapeutische Tätigkeit; „ein breiter akademischer Zugang" sollte dem Beruf eine wissenschaftliche Fundierung aus dem gesamten natur- und sozialwissenschaftlichen Spektrum gewährleisten. Der Beschluss des 16. Deutschen Psychotherapeutentags ist offenbar nicht als mehrheitliches „Weder Psychologie noch Pädagogik" zu deuten, sondern als „Sowohl Psychologie als auch Pädagogik" mit den Zusätzen „Aber in den für Psychotherapie relevanten Ausschnitten" und „Plus andere für die Psychotherapie relevante Fächer".

Die Beschlüsse des Deutschen Psychotherapeutentages enthalten nicht ausdrücklich den Begriff „Direktstudium Psychotherapie", auch nicht den Begriff „Psychotherapiewissenschaft". Doch befürworten sie eine Neuordnung zugunsten einer sich aus dem bestehenden Fächerspektrum abhebenden auf Psychotherapie fokussierten Disziplin. Sowohl die multidisziplinäre Ausrichtung des geplanten Studiums als auch dessen dualer Ansatz, d.h. die Einführung berufspraktischer Unterweisung neben theoretischer Lehre, waren ganz im Sinne einer sich verselbstständigenden Psychotherapiewissenschaft. Die Beschlüsse der Vertretung aller beruflich tätigen Psychotherapeuten hatte erhebliches politisches Gewicht. Doch die tatsächliche Realisierung des konzipierten Studiengangs bedurfte der Zustimmung der Hochschulen. Hier ergriffen Klinische Psychologen an Universitäten – wie in Abschnitt 11 geschildert als eigene Fachgruppe in der Deutschen Gesellschaft für Psychologie organisiert – die Initiative. In Verbindung mit der Deutschen Gesellschaft für Psychologie suchten sie ihre Institute und Fachbereiche für den neuen Studiengang zu gewinnen und gleichzeitig einen Studienplan auszuhandeln, der sich den Vorgaben der Psychotherapeutentage anpasste, jedoch zugleich auch ihren eigenen fachlichen und fachpolitischen Interessen entsprach und für ihre nicht-klinischen Kolleginnen und Kollegen akzeptabel war.

Wie oben berichtet, erscheint schon in dem Forschungsbericht von Strauß et al. (2009a) ein Studienplan, über den die Bundespsychotherapeutenkammer mit der Deutschen Gesellschaft für Psychologie einen Konsens hergestellt haben soll. Wahrscheinlich hat sich im Namen der Gesellschaft deren Fachgruppe „Klinische Psychologie und Psychotherapie" für den Entwurf ausgesprochen. Als der Bundespsychotherapeutentag 2010 seinen wegweisenden Beschluss zur Reform fasst, vermerkt das Protokoll die Erklärung eines anwesenden Mitglieds der Gesellschaft, „dass die im Antrag vorgeschlagenen Zugangsvoraussetzungen so auch von der DGPs mitgetragen werden könnten". Tatsächlich machte sich seit dem Jahr 2010 das Präsidium der Gesellschaft das Anliegen zu Eigen, ein Direktstudium Psychotherapie im Rahmen eines Studiengangs Psychologie durchzusetzen. Der von 2010 bis 2012 amtierende Präsident Peter Frensch – selbst kein klinischer Psychologe – war mit hohem persönlichen Engagement bemüht, die Voraussetzungen für eine Approbation im Anschluss an ein Bachelor-/Masterstudium der Psychologie zu schaffen. Die gesamte wissenschaftliche Gesellschaft sollte Solidarität mit der Klinische Psychologie üben und im Gegenzug möglichst selbst von der Stärkung der Klinischen Psychologie profitieren. Die Überzeugung war: Gewinnt die Klinische Psychologie durch die Reform an Attraktivität und Kapazität, kommt dies der gesamten Psychologie – insbesondere den Grundlagenfächern an den Universitäten – zugute. Eine Unterstützung der Klinischen Psychologie durch den Gesamtverband sollte zudem einer Abspaltung der Klinischen Psychologie vorbeugen. Eine moderierende Mitwirkung an dem Reformprozess empfahl sich für das Präsidium nicht zuletzt, weil es nachteilige Nach- und Nebenwirkungen abzuwenden half. Unter einer Ausweitung von Klinischer Psychologie sollten auf keinen Fall Grundlagenfächer und nicht-klinische Anwendungsfächer leiden.

Was dem Präsidium der Deutsche Gesellschaft für Psychologie und deren nun immer einflussreicher werdenden Kommission „Psychologie und Psychotherapieausbildung" als Ergebnis des Reformprozesses vorschwebte, ist einem Schreiben des Präsidenten aus dem Jahre 2012 zu entnehmen (Frensch, 2012). Darin befürwortete die Gesellschaft eine Approbation für Psychotherapie zum Abschluss des Studiums sowie den Ausbau klinisch-psychologischer Einrichtungen an den Universitäten. Der Vorbereitung auf die Approbation solle ein Direktstudium Psychotherapie dienen; dieses Studium solle in den allgemeinen Studiengang Psychologie eingebaut werden. Insofern bestand Übereinstimmung mit dem Bundespsychotherapeutentag und der Bundespsychotherapeutenkammer. Mit „Direktstudium" war freilich kein Studiengang gemeint, der Klinische Psychologie und Psychotherapie über alle Semester anbietet; vielmehr sollte dieses Fach lediglich einen Schwerpunkt im Masterabschnitt bilden. Ein beigefügter Studienplan wies aus: Das Bachelorstudium sollte sich fast ausschließlich der Vermittlung von psychologischen Grundlagen- und Methodenkenntnissen widmen. Gemäß den Forderungen der Bundestherapeutenkammer sollte das Studium Inhalte der theoretischen Ausbildung aus der bisherigen postgradualen Ausbildung umfassen, dazu weitere einschlägigen Kenntnisse und Kompetenzen zur Diagnostik und klinischen Anwendung sowie praktische Tätigkeit bzw. Famulatur im Sinne einer patientenorientierten Lehre. Der Vorschlag der Deutschen Gesellschaft von 2012 bestätigte im Übrigen nicht die Bemessung des der Psychotherapie zuzurechnenden Pflichtanteils mit 260 Leistungspunkten – wie von der Bundespsychotherapeutenkammer vorgesehen (s. oben). So suchte man einerseits den Bedürfnissen der Klinischen Psychologie gerecht zu werden und andererseits ausreichend Raum für Grundlagen- und Methodenfächern zu erhalten.

Den von der Kommission „Psychologie und Psychotherapieausbildung" vorbereiteten Plan der Deutschen Gesellschaft für Psychologie von 2012 sandte deren Präsident dem Bundesgesundheitsministerium und den Bundesländern als „Modellvorschlag Direktausbildung Psychotherapie" (s. wieder Frensch, 2012). Bereits vor einer gesetzlichen Regelung solle der Vorschlag als zu evaluierender Modellversuch eingeführt werden; mit dem Modellversuch betraut werden sollten Universitäten mit nach § 117, Sozialgesetzbuch V, ermächtigter Hochschulambulanz. Die Resonanz der Adressaten war nicht zu ermitteln. Dass ein Psychologisches Institut oder ein Psychologischer Fachbereich mit der Durchführung des vorgeschlagenen Modellversuchs beauftragt wurde, ist nicht bekannt.

Der Modellvorschlag der Deutschen Gesellschaft für Psychologie von 2012 offenbarte ein Dilemma. Nutzte man das fünfjährige Studium der Psychologie zu einer umfassenden Psychotherapieausbildung, dann mochte der verbleibende Rest an Studienzeit für die Lehre in Grundlagen- und nicht-klinischen Anwendungsfächern nicht mehr ausreichen. Gab man aber den Grundlagen- und nicht-klinischen Anwendungsfächern viel Raum, kamen die Belange der Psychotherapieausbildung zu kurz. Einen weiteren Vorschlag unterbreiteten im Jahre 2016 die damals amtierende Präsidentin der Deutschen Gesellschaft für Psychologie und der Vorsitzende der Kommission „Psychologie und Psychotherapieausbildung" (Abele-Brehm & Rief, 2016). Ihr Plan empfahl ein M.Sc. Studium nach den Empfehlungen der Kommission „Studium und Lehre" der Gesellschaft (Abele-Brehm, Bühner, Deutsch, Erdfelder, Fydrich et al., 2015). Der Plan sah vor: Grundlagenvertiefung (10 Leistungspunkte), Methodik und Diagnostik (20 Leistungspunkte) und klinische Anwendung (Störungs- und Interventionswissen, Praxis der Psychotherapie mit insgesamt 40 Leistungspunkten). Hinzu kamen Praktika und Forschungsprojekte, die über praxisnahe Übungen in psychotherapeutische Maßnahmen an Patienten führen sollten; insgesamt sollte der Praxisanteil 20 Leistungspunkte ergeben.

Zur Charakterisierung des psychologischen Bachelorstudiums wurde ein neuer Begriff eingeführt: Polyvalenz. Das bedeutete: Das Studium solle Psychologie in ihrer vollen Breite vermitteln, sodass es „nicht nur für den klinischen Bereich, sondern auch für andere Berufsbereiche der Psychologie vorbereitet" (Abele-Brehm & Rief, 2016, S. 56). Die Absicht war klar: Polyvalenz sollte nicht-klinischen Richtungen Bestandsschutz gewähren. Selbst wenn sie im Masterstudium nicht mehr vertreten sein sollten, wären für sie stets ausreichende Kapazitäten im ersten Studienabschnitt vorzusehen. Ausdrücklich hält die Verlautbarung aus der Deutschen Gesellschaft für Psychologie fest:

> Die vorgeschlagene Studiengangstruktur lässt sich in den bestehenden universitären Studiengängen mit überschaubaren Mehrkosten insbesondere für die praxisbezogenen Lehrveranstaltungen implementieren. Bei den Mehrkosten ist allerdings unabdingbar, dass diese durch zusätzliche Mittel finanziert werden und es keine Umschichtungen zu Lasten anderer psychologischer Teildisziplinen (insbesondere auch der Grundlagenfächer) gibt (Abele-Brehm & Rief, 2016, S. 58).

Die Entwürfe der Deutschen Gesellschaft für Psychologie waren offenbar „aus der Wissenschaft" konzipiert. Ihm stand ein „von der Profession her" entworfener Plan einer Direktausbildung für Psychotherapie gegenüber. Der Plan stammte von dem Pädagogikprofessor Jürgen Körner (2013a, b) und war mit der Deutschen Gesellschaft für Psychoanalyse, Psychotherapie, Psychosomatik und Tiefenpsychologie (2012) abgestimmt, die allerdings im Ganzen der Idee einer universitären Direktausbildung in Psychotherapie eher ablehnend gegenüber stand. Aus der psychodynamischen Richtung wurde vorgeschlagen: Ein sechsjähriges Studium, gefolgt von einer vierjährigen Weiterbildung; eine Staatsprüfung zur Approbation in zwei Teilen, der erste Teil nach drei Jahren, der zweite nach sechs Jahren; „eine Parallelisierung dieses Aufbaus mit einer Bachelor-Master-Struktur ist denkbar"; sechs Studienbereiche: Kernfach Klinische Psychologie und Psychotherapie, Kontextstudium (Psychologie, Erziehungswissenschaft, Sozialwissenschaften, Medizin u.a.), Studium Generale (z.B. Ethnologie, Genderforschung), Klinische Praxeologie (Verfahrenskunde), Selbsterfahrung, Praxis (Praktika, Hospitationen u.a.); ein praktisches Jahr im letzten Drittel des Studiums; grundsätzlich sind alle Studienbereiche in beiden Studienabschnitten vertreten, jedoch mit unterschiedlichem Gewicht: Studium Generale und Kontextwissenschaften gewichtiger im ersten Dreijahresabschnitt, Praxeologie und Praxis gewichtiger im zweiten.

Im Berufsverband Deutscher Psychologinnen und Psychologen befasste sich zunächst deren klinische Sektion, der Verband Psychologischer Psychotherapeuten, mit dem Reformvorhaben. Dort stand man dem Konzept eines Direktstudiums der Psychotherapie ablehnend gegenüber; es fehle einem solchen Studium die nötige Breite der psychologischen Qualifikation (Berufsverband deutscher Psychologinnen und Psychologen, 2012). Lange kam das Problem nicht auf die Tagesordnung des Präsidiums und des Delegiertenrats des Verbandes. Das änderte sich ab 2014 nach der Wahl von Michael Krämer zum neuem Präsidenten. Als Kurs des Gesamtverbandes ergab sich: Man wolle eine Ausbildungsreform grundsätzlich unterstützen. Doch gegen die von der Deutschen Gesellschaft für Psychologie gemachten Vorschläge erhoben sich Bedenken: Reichten die in dem vorgeschlagenen Hochschulstudium zu vermittelnden Kenntnisse und Fähigkeiten wirklich für eine selbstständige psychotherapeutische Tätigkeit aus? Bedurfte es wirklich einer vorherigen Approbation, um psychotherapeutische Leistungen in der postgradualen Ausbildung zu vergüten? Hinzu kamen Sorgen wegen der zukünftigen Beschäftigung. Zwar schien die Nachfrage nach Psychotherapie unaufhaltsam zu wachsen; doch die Möglichkeiten ihrer Finanzierung waren begrenzt. Durch „Deckelung" von Zulassungen bemühten sich die Krankenkassen um eine Begrenzung von Kosten. Da die Zahl von Studierenden in etwa der Zahl der Beschäftigten entsprach, war bald eine Sättigung des Stellenmarktes im klinischen Bereich abzusehen; dann drängten für Psychotherapie Ausgebildete in die nicht-klinische Praxis – etwa im Erziehungswesen oder in der Wirtschaft, für die sie nicht spezifisch qualifiziert seien und verdrängten möglicherweise spezifisch dafür Qualifizierte. Nicht auszuschließen sei eine Ausweitung des Approbationsvorbehalts für Stellen in privaten Unternehmen und im öffentlichen Dienst, der Absolventen von Masterstudien ohne zusätzliche Approbation benachteiligte.

Die unterschiedlichen Auffassungen zur Reform der Psychotherapieausbildung belasteten die Konföderation von Deutscher Gesellschaft für Psychologie und dem Berufsverband Deutscher Psychologinnen und Psychologen. Noch 2015 war man sich weitgehend einig: Das Hochschulstudium der Psychologie müsse sowohl in der Breite wie in der Vertiefung ausreichend qualifizieren; eine Verstärkung des Angebots im Bereich der Psychotherapie dürfe nicht zulasten anderer Bereiche gehen; eine Weiterbildung für Psychologische Psychotherapie müsse dem Studium folgen; es seien ausreichend viele Weiterbildungsplätze mit angemessen Vergütung bereitzustellen (Abele-Brehm & Krämer, 2015, 2016). An einem entscheidenden Punkt gingen die Meinungen auseinander: der Rolle der Approbation. Die gemeinsame Stellungnahme der Präsidentin der Gesellschaft und des Präsidenten des Berufsverbandes vermeidet den Begriff „Approbation". Immerhin findet sich darin als einer der „Eckpunkte" die Erklärung: „Eine selbstständige Tätigkeit als Psychologischer Psychotherapeut … soll erst nach Abschluss einer ausreichend qualifizierenden Weiterbildung möglich sein." Dies drückte einen Kompromiss aus: Die Approbation könne in Zukunft nach fünfjährigen Hochschulstudium erfolgen; aber volle berufliche Selbstständigkeit sollten Psychologische Psychotherapeuten weiterhin erst nach weiterer dreijähriger Weiterbildung erlangen.

Zu einer in allen wesentlichen Punkten gemeinsamen Position der wissenschaftlichen Gesellschaft und des Berufsverbandes kam es danach nicht. Immerhin unterzeichneten die Präsidentin Abele-Brehm und der Präsident Krämer 2016 eine weitere Erklärung im Namen der Föderation. Der Kompromiss des Vorjahres wurde neu formuliert: Ein grundständiges fünfjähriges Studium der Psychologie sollte der Ausbildung wissenschaftlich und praktisch qualifizierter Psychotherapeutinnen und Psychotherapeuten dienen sowie als Voraussetzung einer dreijährigen Weiterbildung in Fachkunde; eine selbstständige psychotherapeutische Tätigkeit im Sinne des Sozialrechts solle erst nach Abschluss der Weiterbildung möglich sein; die ersten drei Studienjahre, das Bachelorstudium, müsse polyvalent sein, d.h. für alle psychologischen Fachrichtungen qualifizieren; zusätzlich gefordert wurde die Beibehaltung der Legaldefinition von Psychotherapie, d.h. die Beschränkung des Gesetzes auf Heilkunde (Abele-Brehm & Krämer, 2016). Die Konstruktion einer Approbation ohne volle berufliche Selbstständigkeit war rechtlich problematisch und widersprach den Absichten des therapeutischen Lagers. Dem mochte sich das

Präsidium der wissenschaftlichen Gesellschaft nicht anschließen. Der Berufsverband hielt dagegen an seinen Bedenken fest. So kam es zu einem Riss innerhalb der Konföderation. Es folgte 2017 noch eine weitere gemeinsame Erklärung der Gesellschaft und des Berufsverbandes, die sich jedoch nur noch auf die Feststellung gemeinsamer Grundsätze beschränkte.

Nicht im Sinne beider großen Psychologenverbände war der oben skizzierte, von Jürgen Körner vorgelegte Plan einer Direktausbildung „von der Profession her". Öffentlich dazu Stellung genommen haben sie jedoch nicht. Zu groß war wohl die Abweichung des Körner'schen Plans von den Vorstellungen sowohl des Wissenschaftlerverbandes als auch des Berufsverbandes, als dass es Verhandlungen über einen gemeinsam getragenen Kompromiss hätte geben können.

In die Reformdiskussion schaltete sich schließlich der Wissenschaftsrat, das einflussreiche hochschulpolitische Beratungsgremium der Bundesregierung und der Bundesländer, ein. Sein Gutachten „Perspektiven der Psychologie" (Wissenschaftsrat, 2018a) wurde der Presse folgendermaßen vorgestellt:

> Psychologie hat sich in den vergangenen Jahrzehnten in bemerkenswerter Weise zu einer international angesehenen Wissenschaft entwickelt. … Auf dem Weg in die Zukunft muss sich die Psychologie gegenüber den Anliegen der Gesellschaft stärker öffnen. … [Dazu] gehört es auch, dass die Psychologie Verantwortung für die Psychotherapieausbildung übernimmt. Von der engeren Verzahnung von Lehre und Praxis mit der Forschung erwartet er eine stärkere wissenschaftliche Fundierung der Psychotherapie und damit letztlich einen Qualitätssprung (Wissenschaftsrat, 2018b).

Das Gutachten plädiert für eine konzeptionelle Neuordnung der Lehre und Forschung in Psychologie. Sein Ziel ist die „Einholung der Psychologischen Psychotherapie in den akademischen Raum" (Wissenschaftsrat, 2018a, S. 9, S. 69). Das entschiedene Engagement des interdisziplinären und überparteilichen Gremiums steht im deutlichen Gegensatz zu seiner Stellungnahme von 1983 (s. Abschnitt 8), ohne den vollzogenen Richtungswechsel zu thematisieren. Die Entstehung des Gutachtens sowie seine Auswirkung auf die Novellierung des Psychotherapiegesetzes ist schwer einzuschätzen. Jedoch ist es ein Dokument, das über die Dynamik, mit der Politik und Gesellschaft Psychologie in das Gesundheitswesen einbeziehen, Aufschluss gibt (dazu mehr in Abschnitt 16).

Die Regierungsparteien nahmen nach den Bundestagswahlen im Jahr 2013 die Novellierung des Psychotherapeutengesetzes von 1998 als Ziel in ihren Koalitionsvertrag auf. Zu den Beratungen zum neuen Gesetzentwurf hat das Ministerium rund sechzig Verbände und Interessenvertretungen hinzugezogen: Psychotherapeutische Fachverbände, Vertretungen der Ärzteschaft (einschließlich ärztlicher Psychotherapeuten), kassenärztlichen Vereinigungen, die

Krankenkassen sowie Vertreterinnen von potenziellen Patientengruppen (u. A. Behinderte, Krebskranke), selbstverständlich auch Vertreterinnen der Studierenden und der PsychotherapeutInnen in Ausbildung. Die Deutsche Gesellschaft für Psychologie und der Berufsverband Deutscher Psychologinnen und Psychologen waren ebenso an den Beratungen beteiligt. Verhandlungen mit Ministerien auf Bundes- und Landesebene wurden begleitet von Gesprächen mit Vertretern politischer Parteien sowie anderen an den Beratungen beteiligten Verbänden und Interessenvertretungen (Margraf, 2015b, S. 57; Antoni, 2019b).

Über die Entstehung des Gesetzestextes sowie der nachfolgenden Approbationsordnung im dafür zuständigen Bundesgesundheitsministerium war nichts in Erfahrung zu bringen. So war keine Einsicht möglich in unveröffentlichte Referentenentwürfe, die im Zusammenhang der genannten Beratungen vorgelegt, angenommen, verworfen oder revidiert worden sind. Immerhin versandte das Bundesgesundheitsministerium Ende 2016 ein Schreiben mit den Eckpunkten der beabsichtigten Reform der Psychotherapeutenausbildung. Der wichtigste Punkt: Das Ministerium hatte sich für eine Direktausbildung in Psychotherapie entschieden. Das Studium sollte Theorie und Praxis mit evidenzbasierter Forschung verbinden, Fakten- und Handlungswissen sowie Behandlungskompetenzen zur eigenverantwortlichen Ausübung psychotherapeutischer Heilkunde vermitteln. Hierfür war ein fünfjähriges Hochschulstudium der Psychotherapie vorgesehen. Es gab bereits detaillierte Vorgaben für dieses Studium. Das mit 5.000 Stunden angesetzte Studium sollte sich in zwei Abschnitte teilen. Von den 3.000 Stunden des ersten Abschnitts sollten 2.100 Stunden der theoretischen Ausbildung gewidmet sein, 900 der praktischen. Von den 2.000 Stunden des zweiten Abschnitts sollten 800 auf theoretische Ausbildung entfallen, 1.200 auf die praktische. Den Grundlagen der Psychologie war im ersten Studienabschnitt ein Anteil von 600 Stunden zugedacht. Im Studium seien alle wissenschaftlich anerkannten Verfahren zu berücksichtigen. Das Eckpunktepapier sah ein Staatsexamen in zwei Teilen vor; der erste Teil war am Ende des ersten Studienabschnitts abzulegen, der zweite Teil am Ende des zweiten Abschnitts. Das Ministerium stellte frei, den ersten Studienabschnitt auch als Bachelorstudium anzubieten, den zweiten Teil auch als Masterstudium; zu einer derartigen Kopplung von Berufsausbildung und akademischem Studium seien die Hochschulen freilich nicht verpflichtet.

Auf ebenso heftige wie grundsätzliche Ablehnung stieß das Eckpunktepapier bei der Ärzteschaft. Der Spitzenverband der Fachärzte Deutschland (2017) sprach sich rundweg gegen ein heilkundliches Masterstudium aus. Psychotherapie dürfe nicht von der Medizin abgetrennt werden. Die Schaffung eines

Berufs für Psychotherapie außerhalb der Medizin bedeutete in der Tat, dass heilkundliche Behandlungen aufgenommen werden konnten, ohne dass vorher Ärzte etwaige somatische Ursachen der zu behandelnden Störungen abklären konnten. Man sah nicht ein, warum die Ausbildung der Psychotherapeutinnen und Psychotherapeuten geändert werden sollte, da sich – ausweislich des Forschungsgutachtens von Strauß et al. (2009a) – die Ausbildung nach den Regelungen von 1998 doch so gut bewährt hätten. Der Spitzenverband, der sich im Namen von „400.000 direkt am Gesundheitswesen beteiligten Leistungsbringern" zu Wort meldete und in der Tat 17 ärztliche und psychotherapeutische Verbände (darunter den Deutschen Ärztetag und den Deutschen Hausärztebund) vertrat, warnte eindringlich vor negativen Auswirkungen auf Verbraucherschutz und Patientensicherheit.

Besorgt äußerten sich Fachhochschulen bzw. Hochschulen für Angewandte Wissenschaften zu der Privilegierung von Hochschulen. Sie wiesen nicht nur auf ihr bisheriges Engagement bei der Vorbereitung auf die Psychotherapieausbildung hin, sondern auch auf ihre besondere Kompetenz im Sozialbereich (Fachbereichstag Soziale Arbeit, 2017). Unterstützung erhielten die Fachhochschulen nachfolgend vonseiten einzelner Bundesländer (z. B. Land Niedersachsen, 2019), ja sogar von der Kultusministerkonferenz (2019). Für anhaltende Diskussionen sorgten die zu erwartenden Kosten der geplanten Reform. Die Kultusministerkonferenz (2019) errechnete allein 48 Millionen Euro jährlich an Kosten für die Um- und Neugestaltung von Studiengängen sowie weitere 5,6 Millionen Euro für berufspraktische Einsätze der Studierenden. In den Hochschuletats gäbe es dafür keinen Spielraum. Wenn der Bund die Reform der Psychotherapeutenausbildung wolle, dann müsse er auch die Kosten hierfür übernehmen.

Dass das Ministerium den Hochschulen die Ausbildung übertragen und sie zur Berücksichtigung aller wissenschaftlich anerkannten Verfahren verpflichten wollte, erschien Manchen klärungsbedürftig. Man mochte die Universitäten als Orte der Gelehrsamkeit hoch schätzen, doch ihre Praxisferne und ihre auf sprachliche Vermittlung begrenzte Didaktik erzeugten Bedenken. Ob denn im Rahmen eines Hochschulstudiums die erforderliche Selbsterfahrung und Patientennähe zu realisieren sei? Und ob die Hochschulen für die in der Praxis geübte Pluralität therapeutischer Verfahren gerüstet seien (Peseschkian, 2015; Strauß et al., 2009b; vgl. auch Wissenschaftsrat, 2010)? Die Gefahr einer Beschneidung der Vielfalt psychotherapeutischer Zugänge wurde immer wieder thematisiert. Warum hatte das Ministerium die zu berücksichtigenden Grundrichtungen nicht ausdrücklich genannt? Sollte es etwa im Ermessen einzelner Hochschulen bleiben zu entscheiden, welche Richtungen als wissenschaftlich anerkannt zu berücksichtigen seien? War der Gesetzestext vage formuliert, um der Verhaltenstherapie weiterhin die Dominanz an den Hochschulen zu ermöglichen?

Bei Deutschen Gesellschaft für Psychologie irritierte die ins Auge gefasste Entkopplung des akademischen Bachelor-/Masterstudiums von der staatlich betreuten Psychotherapieausbildung. Das Bestreben, damit den Studierenden die Doppelbelastung einer akademischen und einer staatlichen Prüfung zu ersparen, wie die Deutsche Gesellschaft für Verhaltenstherapie (2017) vermutete, kann es nicht gewesen sein. Denn nach der Ordnung von Bologna wurden die Grade des Bachelor und des Master nach den im Unterricht vergebenen Punkten zugeteilt; gesonderte Abschlussprüfungen fanden nicht mehr statt. Für Universitätsangehörige war jedenfalls die Vorstellung alarmierend, sie könnten ihrer akademischen Formate beraubt werden. Standesvertreter wiederum mussten einen Prestigeverlust befürchten, wenn Psychotherapeuten in Zukunft ohne akademisches Dekor in den Beruf eintreten sollten. Praktisch ist jedenfalls die Kopplung des akademischen Studiums mit der staatlichen Ausbildung mit der Notwendigkeit einer Zulassungsregelung begründet worden; maßgebend hierfür soll die Zulassung zur Kassenabrechnung gewesen sein. Der Gesundheitsminister solle planen, die Vergabe sogenannter Kassensitze auf 2.500 im Jahr zu „deckeln". Um keinen Stau an diesem „Flaschenhals" entstehen zu lassen, solle schon die Zulassung zur Ausbildung begrenzt werden. Als vorgelagerter „Flaschenhals" bietet sich der Zugang zum Masterabschnitt an. Für eine gesonderte Zulassung zum Masterstudium sind die rechtlichen Voraussetzungen bereits gegeben. Absolventen des Bachelorstudiums erhalten nicht unmittelbar einen Platz im Masterstudium; sie müssen sich erst darum bewerben. Für eine staatliche Ausbildung gibt es diese Schwelle nicht. Wer zu einer Ausbildung zugelassen ist, darf diese zu Ende führen, insbesondere wenn er den ersten Teil des Examens bestanden hat.

Im Februar 2019 veröffentlichte das Gesundheitsministerium den Referentenentwurf für ein neues Psychotherapeutenausbildungsreformgesetz (Bundesgesundheitsministerium, 2019). Nach Anhörungen der Verbände beim Ministerium sowie beim Gesundheitsausschuss wurde der Entwurf modifiziert (Bundesregierung 2019a, b). Der Deutsche Bundestag verabschiedete ihn nach kurzer Debatte im September 2019. Der Bundesrat stimmte dem *Gesetz zur Reform der Psychotherapeutenausbildung* – so sein endgültiger Titel – im November 2019 zu, nachdem er sich mit dem Bundestag über weitere Modifikationen verständigt hatte. Das Bundesgesundheitsministerium wurde ermächtigt, die Approbation und damit auch die Ausbildung im Einzelnen durch Verordnungen zu regeln; die Ermächtigung erstreckte sich auch auf den

Entwurf von Modellstudiengängen. Das Ministerium veröffentlichte im Oktober 2019 den Entwurf einer Ausbildungs- und Prüfungsordnung; auch diese Ordnung bedurfte der Zustimmung des Bundesrates. Nachdem der Bundesrat am 20. Februar 2020 den Entwurf mit Zusätzen gebilligt hatte, erließ das Ministerium die *Approbationsordnung* am 4. März 2020. Das Gesetz und die Approbationsordnung traten am 1. September 2020 in Kraft. Am Tag vorher traten das Gesetz von 1998 sowie die vorherigen Approbationsordnungen für Psychologische Psychotherapeuten und für Kinder- und Jugendlichenpsychotherapeuten außer Kraft. Eine Übergangsregelung: Studierende, welche schon vor September 2020 ein Studium der Psychologie oder der Pädagogik begonnen haben, können bis 2032 ihr Studium und ihre Ausbildung nach den nunmehr alten Bestimmungen fortsetzen und abschließen. Die Regelung der zukünftigen Weiterbildung in Psychotherapie, d.h. der Erwerb der Fachkunde, wurde ebenfalls dem Bundesgesundheitsministerium übertragen; dessen Verordnungen sollten später folgen.

Das 2020 in Kraft getretene Gesetz gleicht die Aus- und Weiterbildung für Psychotherapie, sofern sie nicht innerhalb der Medizin erfolgt, derjenigen anderer Heilberufe an. Die Berechtigung zur Psychotherapie wird nach § 2 durch staatliche Approbation erteilt. Die Zuständigkeit der approbierten Psychotherapeuten und Psychotherapeutinnen wird nach § 7 (2) des *Gesetzes zur Reform der Psychotherapieausbildung* über Therapie hinaus erweitert auf Prävention und Rehabilitation. Die Approbation setzt die „therapeutischen Kompetenzen zur eigenverantwortlichen und selbstständigen Berufsausübung" (Approbationsordnung 2020, § 27) voraus; sie gilt für die gesamte Psychotherapie. Der bisherige Zusatz „Psychologisch" in „Psychologische Psychotherapie" entfällt; Fachärzte können die Berufsbezeichnung „Psychotherapie" ergänzen zu „Ärztliche Psychotherapie". Die staatliche Prüfung gliedert sich nach § 10 in einen mündlich-praktischen Teil sowie einer anwendungsorientierten Parcoursprüfung – Letztere ein originelles Verfahren mit Simulationspatientinnen und Simulationspatienten. Der Vorbereitung auf die Prüfung – und damit der Berufsausbildung für Psychotherapie – dient ein fünfjähriges Bachelor-/Master-Studium an einer Hochschule. Approbationsprüfung und Approbation können unmittelbar nach Studienabschluss, d.h. nach Erwerb des Mastergrades, erfolgen. Ein erster Teil der Staatsprüfung nach den ersten drei Ausbildungsjahren ist – anders als in dem Eckpunktepapier – nicht vorgesehen. Dem bestandenen Staatsexamen kann sich eine dreijährige Weiterbildung in Fachkunde anschließen, welche die Voraussetzung zur Zulassung zum Versorgungssystem der gesetzlichen Krankenversicherung bildet. In der Weiterbildung können Spezialisierungen erfolgen – etwa zur Behandlung von Kindern und Jugendlichen. Ohne weitere Erläuterung bestimmt der § 9 (3) des Gesetzes, der Bachelorstudiengang könne „polyvalent ausgestaltet sein".

Gegenüber den drei unter Lehrenden strittigen Fragen, der disziplinären Zuschreibung des neuen Studiengangs, der zu berücksichtigenden Verfahren und der zur Ausbildung berechtigten Hochschulen, verhalten sich der Gesetzgeber und der zuständige Minister neutral. Gesetz und Approbationsordnung geben dem zur Approbation führenden Studium keinen Namen. Sie bezeichnen es also nicht mehr – wie nach dem Gesetz von 1998 – als Studium der Psychologie oder als Studium der Pädagogik; sie nennen es aber auch nicht – wie noch das Eckpunktepapier des Ministeriums – ein Studium der Psychotherapie. Der Studiengang mag also namenlos bleiben oder sonst wie bezeichnet werden; er mag diesen oder jenen bestehenden Fächern oder Fachbereichen zugeordnet oder als neues Fach in einem neuen Fachbereich eingerichtet werden. Maßgeblich ist nur, dass der Studiengang in der nach Gesetz und Approbationsordnung vorgegebenen Form die für den Beruf der Psychotherapie erforderlichen Kompetenzen vermittelt.

Ziel des Studiums ist nach § 7,1 des *Gesetzes zur Reform der Psychotherapeutenausbildung* die Vermittlung „psychotherapiewissenschaftlicher, psychologischer, pädagogischer, medizinischer und weiterer bezugswissenschaftlicher Erkenntnisse nach dem allgemein anerkannten Stand". Die Studierenden sollen zur „Versorgung … mittels der wissenschaftlich anerkannten Verfahren" befähigt werden. Weder das Gesetz noch die Approbationsordnung zählt einzeln auf, welche Verfahren oder Verfahrensrichtungen nun den zukünftigen Psychotherapeutinnen und Psychotherapeuten zu vermitteln sind. Auch der universelle Begriff „alle Verfahren" aus dem Eckpunktepapier wird nicht übernommen; den bestimmten Artikel „der" verwendet das Gesetz wohl als abgeschwächte Form von „aller". Gleichwohl bringt es zum Ausdruck, es dürften nicht beliebig wenige Verfahren sein, die zu berücksichtigen sind; so hätte man einen Artikel ganz weglassen und nur „Versorgung … mittels wissenschaftlicher Verfahren" schreiben können. Die Entscheidung über eine etwaige Verpflichtung, Verfahren zu lehren und Lehrstellen für ihre kompetente Vermittlung einzurichten, überlässt somit der Bund zunächst den Anbietern von Studiengängen selbst. Diese müssen sich freilich darüber mit den genehmigenden Behörden und den staatlichen Prüfungskommissionen auseinandersetzen.

Das Gesetz legt das zur Approbation führende Studium in die Verantwortung von Hochschulen, lässt aber Spielraum für die Bestimmung des Hochschultyps. Nach § 9 (1) des Gesetzes zur Reform der Psychotherapeutenausbildung sind alle (staatlichen) Universitäten zu dem Studienangebot berechtigt; doch auch andere Hochschulen dürfen das Studium anbieten, wenn sie den Universitäten gleichgestellt sind. Damit überlässt der Bund die Anerkennung von Fach- und Privathochschulen den Bundesländern, die ja auch rechtlich dafür zuständig sind. In der Zuständigkeit der Länder liegen auch die vorgesehenen Staatsprüfungen. Für die Approbationsprüfung werden nach § 10 (2) des Reformgesetzes in den Bundesländern staatliche Prüfungskommissionen gebildet; diese stehen jeweils unter der Aufsicht eines staatlichen Prüfungsamtes.

Die theoretische und methodische Lehre im Bachelorstudium soll durchweg Einsicht in die Grundlagen der Psychotherapie vermitteln. Dazu werden im Anhang der Approbationsordnung folgende Lehrgebiete bestimmt: Nicht -klinische Psychologie (25 Leistungspunkte), Klinische Psychologie, Prävention und Rehabilitation (18 Leistungspunkte), Methodenlehre und Diagnostik (27 Leistungspunkte), Medizin und Psychopharmakologie (6 Leistungspunkte) sowie Pädagogik, Berufsethik und -recht (6 Leistungspunkte), dazu weitere Bezugswissenschaften der Psychotherapie – infrage kommen etwa Soziologie und Linguistik; die Wahl der Bezugswissenschaften liegt im Ermessen der örtlichen Hochschulen. Die genannten Leistungspunkte sind Mindestzahlen.

Die theoretisch-methodische Lehre im Masterstudium umfasst drei Bereiche: Forschungsparadigmen und Forschungsergebnisse (12 Leistungspunkte), Psychische Störungen und ihre Behandlung (16 Leistungspunkte), Evaluierung, Diagnostik, Begutachtung (9 Leistungspunkte); Bezugswissenschaften (siehe oben) können ebenfalls berücksichtigt werden. Praktischen Einführungen und Übungen in klinisch-psychologischer Forschung und Therapie (einschließlich Selbstreflexion) ist rund ein Fünftel der Studienzeit gewidmet – 19 Leistungspunkte im ersten und 42 Leistungspunkte im zweiten Studienabschnitt. Die angegebenen Leistungspunkte stellen wiederum Mindestwerte dar, sodass den örtlichen Hochschulen ein Spielraum für die Gewichtung der einzelnen Studienbereiche bleibt. Freilich müssen im Masterstudium ebenso wie im vorangehenden Bachelorstudium die vorgegebenen Gesamtzahlen von Leistungspunkten eingehalten werden: 180 Punkte für das Bachelorstudium und 120 Punkte für das Masterstudium.

Was die Entscheidung über die Anerkennung von Behandlungsverfahren anbelangt, erreichten die Psychotherapeuten psychologischer Provenienz die völlige Gleichstellung mit den ärztlichen. Wie bisher sollten die zuständigen Behörden die Entscheidung über die Anerkennung von Verfahren treffen, wobei sie sich auf das Gutachten eines Wissenschaftlichen Beirats Psychotherapie stützen. Das neue Gesetz zur Reform der Psychotherapeutenausbildung legt in § 8 nunmehr fest, der Wissenschaftliche Beirat sei gemeinsam von der Bundespsychotherapeutenkammer und der Bundesärztekammer zu errichten. Der Beirat ist nicht weiter bei den Kassenärztlichen Vereinigungen angesiedelt

(s. Abschnitt 10); vielmehr fungieren Bundesärztekammer und Bundespsychotherapeutenkammer als gleichberechtigte Träger.

Das Gesetz zieht einige Änderungen in anderen Gesetzen nach sich. So werden nun approbierte Psychotherapeutinnen und Psychotherapeuten in Weiterbildung den Ärzten mit befristeten Arbeitsverträgen sozialrechtlich gleich gestellt; sie haben einen Anspruch auf Honorierung. Zugunsten der bis 2032 nach dem alten Gesetz auszubildenden Psychotherapeutinnen und Psychotherapeuten wird die Bundespflegesatzverordnung aufgrund des § 27 des neuen Gesetzes geändert: Die PiA's erhalten für Praktische Tätigkeit eine monatliche Vergütung von mindestens 1.000 Euro monatlich.

Die Psychotherapeutenkammer sowie Präsidium und Fakultätentag der Deutschen Gesellschaft für Psychologie haben bereits die ersten Entwürfe des Reformgesetzes und der Approbationsordnung begrüßt, welche das Bundesgesundheitsministerium veröffentlichte (Bundespsychotherapeutenkammer, 2019; Deutsche Gesellschaft für Psychologie und Fakultätentag Psychologie, 2017, 2019a,b). Ihre Zustimmung verweigerten die Ärzteschaft, Fachhochschulen sowie der psychologische Berufsverband. Der Ärztetag (2018) lehnte schon vorab die Schaffung eines eigenen Psychotherapeutenberufs und die damit verbundene Trennung der psychotherapeutischen und der ärztlichen Versorgung ab; Patienten sollten zur Abklärung ihrer Beschwerden zuerst einen Arzt aufsuchen. Der Fachbereichstag Soziale Arbeit (2019) war enttäuscht, dass „*Universities of Applied Science*", obwohl sie ihre Studiengänge den Bolognaregeln angepasst hätten, nicht von vornherein Universitäten gleichgestellt sein sollten. Man verwies auch auf die besonderen Kompetenzen der Sozialarbeit im Bereich der Prävention und Rehabilitation hin; diese habe das Gesetz als psychotherapeutische Aufgaben aufgewertet, doch als Profilmerkmale von Fachhochschulen nicht angemessen berücksichtigt.

Der Berufsverband Deutscher Psychologinnen und Psychologen blieb bei seiner vielfach geäußerten Kritik an dem neuen Gesetz sowie an der zugehörigen Approbationsordnung. Die psychologischen Anteile des neuen Studiengangs seien zu gering, und sie reichten nicht aus, um Hochschulabsolventen für die Behandlung von Patienten wirklich zu qualifizieren; die psychologische Eigenart des Psychotherapeutenberufs gehe verloren, und die Ausweitung des Berufsfeldes der Psychotherapie in Beratung und Begutachtung, Prävention und Rehabilitation gehe zulasten anderer Zweige der psychologischen Praxis. Zudem ändere sich die prekäre Lage im postgradualen Stadium nicht ausreichend. Denn die zugestandene Vergütung von mindestens 1.000 Euro monatlich sei nur für die die Dauer der praktischen Tätigkeit in einer Ausbildungseinrichtung vorgesehen (Berufsverband Deutscher Psychologinnen und

Psychologen, 2019a, b, c; Krämer, 2019a, b, 2020a). Aus diesen Gründen lehnte der Berufsverband das Gesetz ab und veranstaltete am Tag seiner Verabschiedung im Bundestag sogar eine Protestkundgebung vor dem Berliner Reichstag, dem Sitz des Deutschen Bundestags (Lang, 2019).

Diese kurze Chronologie der Gesetzgebung und die knappe Zusammenfassung ihres Ergebnisses blendet manche kritischen Punkte aus, denen man einige Bedeutung beimessen kann. So lag dem Bundestag zur Beschlussfassung ein Gesetzestext vor, nicht einmal im Entwurf jedoch die zugehörige Approbationsordnung, zu deren Erlass das Parlament den Gesundheitsminister ermächtigte. Dabei waren wesentliche Teile der Reform erst durch die Approbationsordnung geregelt. In der Debatte des Bundestags warnte der Abgeordnete Dr. Wieland Schinnenburg (FDP):

> Minister Spahn will, dass wir hier die Katze im Sack kaufen. Wir erfahren nichts Näheres über die Studieninhalte, und wir erfahren auch nicht, was in der Approbationsprüfung abgeprüft werden soll. Das heißt, Sie wissen eigentlich gar nicht genau, was am Ende passieren soll (Bundestag, 2019, S. 11872).

Die Fraktion der Freien Demokraten im Bundestag beanstandete das als eine verfassungsrechtlich unzulässige Ermächtigung und lehnte auch aus diesem Grund das Gesetz ab.

Der Bundesrat setzte im Namen der Bundesländer einen eigenen Akzent, indem er die stärkere Beteiligung der außeruniversitären Praxis an der gesamten Psychotherapieausbildung anmahnte. Ausdrücklich wandte sich die Vertretung der Länder, welche die Vollmacht haben, eingereichte Studienordnungen zu genehmigen, gegen eine Dominanz der Psychologie. Der Bundesrat (2020) erklärte, „dass das Psychotherapiestudium sich einschließlich des Bereichs der Grundlagenwissenschaften nicht ausschließlich auf die psychologische Bezugswissenschaft beziehen darf, sondern … gleichberechtigt die anderen Bezugswissenschaften einschließlich der Psychotherapiewissenschaft umfassen muss". Dies gelte „auch im Bereich des grundlagenorientierten Forschungsorientierten Praktikums I". Was die Finanzierung anbelangt, hat der Bundesrat als Vertretung der Länder sogar zu Protokoll gegeben, dass „finanzielle Aspekte offengeblieben seien" und der von der Bundesregierung bislang vorgesehene Erfüllungsaufwand „… die in den Ländern voraussichtlich zur Umsetzung anfallenden Aufwendungen nicht abdecke" (Bundesrat, 2020, Erläuterungen).

Der Kompromisscharakter einiger Bestimmungen des Gesetzes und der Approbationsordnung ist unverkennbar. Doch war der politische Wille, Sonderregelungen für die Psychotherapieausbildung zu schaffen, ja diese aus der Psychologieausbildung herauszulösen, unverkennbar. Der Abgeordnete Dr. Karl Lauterbach (SPD) erklärte in der Bundestagsdebatte klipp und klar:

> Insgesamt gibt es eine faszinierende Entwicklung in der Psychologie und in der Psychotherapie. Die Belange entwickeln sich dort aber auseinander, weil die Psychologie zum Teil ganz neue Bereiche abdeckt, die in der Psychotherapie keinen Platz haben und umgekehrt. Man kann das Psychologiestudium und das Psychotherapiestudium in den ersten Studienjahren gut kombinieren. In späteren Studienjahren müssen sich die Disziplinen aber auseinanderentwickeln; denn dazu gehören ganz unterschiedliche, ich sage einmal, Leidenschaften, Kenntnisse und auch Fähigkeiten, die man entwickeln muss (Bundestag, 2019, S. 11871).

Allerdings scheute man Eingriffe in die Kompetenzen der Hochschulen. Ein Kompromiss war der Verzicht auf eine Bezeichnung für die neuen Ausbildung. Sogleich nach der Verabschiedung des Reformgesetzes ließ es sich die Bundesregierung (2019c) freilich nicht nehmen, ihre Sicht der Reform eindeutig zu verlautbaren: „In Zukunft wird es einen eigenen Studiengang Psychotherapie geben. … Das Psychologiestudium wird künftig keine Voraussetzung mehr für den Zugang zum Beruf [des/der Psychotherapeuten/in] sein."

Abschnitt 14: Essentials

1. Das Psychotherapeutengesetz von 1998 wurde nach umfänglicher Beratung im Jahr 2019 novelliert und im Jahre 2020 mit einer neuen Approbationsordnung ergänzt.
2. Das Gesetz zur Reform der Psychotherapeutenausbildung von 2019 stellt Psychotherapie anderen gesetzlich anerkannten heilkundlichen Berufen gleich.
3. Nach der Neuregelung gibt es ab 2020 für Psychotherapeuten nur noch eine einheitliche akademische Qualifikation durch ein Bachelor-/Masterstudium an einer Hochschule. (Das Gesetz gilt nicht für Psychotherapeuten aus der Medizin, welche die Berufsbezeichnung „Ärztliche/r Psychotherapeut/in" führen dürfen.)
4. Das neue Studium ist tendenziell dual (d.h. mit Praxisanteilen) und multidisziplinär angelegt; das Gesetz lässt die Bezeichnung des Studiums und damit die Zuordnung zu einem der gegenwärtig bestehenden Studienfächer offen.
5. Die Approbationsordnung legt die im Bachelor-/Masterstudium zu erbringenden Leistungen fest; als Voraussetzung für die Approbation obligatorisch ist über die Hälfte der Studien.
6. Das nach der Approbationsordnung absolvierte Bachelor-/ Masterstudium berechtigt zur staatlichen Approbationsprüfung.

7. Das neue Gesetz verbessert die wirtschaftliche Lage der zukünftigen Psychotherapeutinnen und Psychotherapeuten in Weiterbildung sowie der gegenwärtigen Psychologischen Psychotherapeutinnen und Psychotherapeuten in Ausbildung .
8. Die Bundespsychotherapeutenkammer sowie die Deutsche Gesellschaft für Psychologie mit ihrem Fakultätentag Psychologie haben die Reform unterstützt.
9. Gegen das Gesetz wandte sich die Ärzteschaft wegen der aus ihrer Sicht für die Patienten nachteilige Verselbstständigung psychotherapeutischer Behandlungen und Fachhochschulen wegen der Zurücksetzung gegenüber Universitäten.
10. Der Berufsverband Deutscher Psychologinnen und Psychologen hat die Ausbildungsreform vor allem deshalb abgelehnt, weil darin die Psychologie nicht in erforderlicher Breite berücksichtigt sei.

15. Die Reform von 2020: Eine Bilanz

Wertstellungen hängen von der Lage und den Interessen der Beurteiler ab. Von der Reform von 2020 sind unterschiedliche Gruppen betroffen: Klinische und nicht-klinische Psychologen, innerhalb und außerhalb akademischer Einrichtungen Beschäftigte, Nachbarfächer der Psychologie, Lehrende, Studierende und Weiterzubildende, Patienten. Sie werden aus den Ergebnissen der Reform unterschiedlich Bilanz ziehen. Vorab können die für die Gesundheitspolitik Verantwortlichen es als ihren Erfolg verbuchen, einen langen, in vielen Einzelheiten umstrittenen Reformprozess zu einem Abschluss gebracht zu haben, der einige Nachhaltigkeit verspricht.

Für Vertreterinnen und Vertreter der Klinischen Psychologie und Psychotherapie und für alle, denen eine einheitliche Ordnung des Gesundheitswesens ein Anliegen ist, ist die wichtigste Errungenschaft: Der Beruf der Psychotherapie hat die ihm gemäße Stellung im System der Gesundheitsversorgung erreicht, im Wesentlichen gleichgestellt mit dem Arztberuf. Die Gleichstellung ergibt sich aus der Parallelisierung der Psychotherapeutenaus- und -weiterbildung mit derjenigen der Ärzte; sie kommt nicht zuletzt zum Ausdruck in der nunmehr gemeinsamen Trägerschaft des Wissenschaftlichen Beirats Psychotherapie durch die Bundesärztekammer und die Bundespsychotherapeutenkammer. Ein weiterer Gewinn für den Psychotherapeutenberuf ist die Ausweitung des Berufsbildes auf Prävention und Rehabilitation. Die Ausdehnung der Psychotherapie auf Prävention und Rehabilitation weitet ihr Berufsfeld – etwa hinein in die Bereiche der Arbeit und der Erziehung.

In einigen Phasen der Reformdiskussion konnte man den Eindruck gewinnen, es gäbe in der Psychotherapie kein größeres Problem als die prekäre wirtschaftliche Lage der Psychotherapeutinnen und Psychotherapeuten zwischen Diplomprüfung und Approbation. Das war in der Tat ein Relikt aus der privatwirtschaftlichen Zeit der frühen Psychotherapie. Den gegenwärtigen Psychotherapeuten in Ausbildung und zukünftigen Psychotherapeuten in Weiterbildung garantiert das Gesetz ein Minimaleinkommen; es wird kaum mehr Betroffene geben, die aus finanziellen Gründen auf die berufliche Qualifikation für Psychotherapie verzichten müssen.

An den Hochschulen erhält die Klinische Psychologie durch das neue Approbationsstudium einen enormen Auftrieb. Reif (2020, S. 103) sieht die „besondere Verantwortung der universitären Psychologie-Institute“ und zugleich eine „starke Ausstrahlungskraft auch Richtung der Medizin“. Freilich muss die neue Gesetzgebung erst umgesetzt werden; strittige Punkte, die das Gesetz nicht behandelt, sind noch zu klären. Insofern stellt Rief (2020, S. 101) zu Recht fest: „Ob und wie diese Gesetzgebung die Weiterentwicklung der Psychotherapie beeinflussen wird, wird weniger von dem Gesetz selbst abhängen als vielmehr von dem, wie die Profession mit den neuen Möglichkeiten umgeht." Jedenfalls steht die universitäre Klinische Psychologie vor neuen Herausforderungen. Nach Maßgabe der Approbationsordnung ist das Lehrangebot zu vervollständigen; für praktische Übungen sind Ambulanzen zu vergrößern. Insbesondere vergrößern sich die Ambulanzen mit postgradualen Ausbildungsprogrammen. Geplant ist, den Mehrbedarf durch erhöhte Mittelzuweisungen zu decken. Anträge dazu werden wohl gestellt, doch wie weit diesen der gewünschte Erfolg beschieden sein wird, ist nicht abzusehen.

Damit droht an den psychologischen Instituten und Fachbereichen eine dramatische Konkurrenz zwischen klinischen und nicht-klinischen Fächern. In dieser Konkurrenz erwächst den klinischen Fächern aus der Existenz einer gesetzlichen Regelung ein rechtlicher Vorrang. Nach § 1(4) der Approbationsordnung haben die Universitäten die Realisierbarkeit des zur Approbation führenden Studiums zu gewährleisten. Noch vor Inkrafttreten des Gesetzes hat die Arbeitsgemeinschaft der Obersten Landesgesundheitsbehörden die Priorität und Verbindlichkeit der nach der Ordnung vorgesehenen theoretischen und praktischen Lehrveranstaltungen betont (Stellungnahme, 2020b). Verwaltungsrechtlich genießt das neue Studium ebenfalls eine Sonderstellung, weil es allein zu einem staatlich anerkannten Beruf führt; dies dürfte sich bei zu erwartenden Klagen abgewiesener Studienbewerber zeigen. Grundlagen- und nichtklinische Praxisfächer können weder in der internen Konkurrenz noch in der außeruniversitären Auseinandersetzung solche Vorzüge geltend machen.

Nicht-klinische psychologische Fächer dürften unter Druck geraten. Die universitären Vertreter haben tatsächlich erreicht, dass – anders als nach den Eckpunkten des Gesundheitsministeriums geplant – der erste Teil des Studiums mit dem ersten Teil des Staatsexamens abgeschlossen wird. Daher müssen sich alle Studierenden, die mit dem Masterstudiengang fortfahren wollen, um einen Studienplatz neu bewerben. Es sollten dann nur so viele Studierende zum Masterstudium zugelassen werden, wie nach ihrer Weiterbildung Aussicht auf eine Kassenzulassung haben (s. Abschnitt 14). Freilich ist zu bezweifeln, dass ein solches dirigistisches Vorgehen durchsetzbar ist. Grundsätzlich hat jeder qualifizierte Bewerber das Recht auf einen Studienplatz. Das Recht darf nur eingeschränkt werden, wenn es an Lehrkapazität fehlt. Die für die Vergabe von Studienplätzen zuständigen Verwaltungsgerichte werden wohl spätere Berufsaussichten nicht als Grund für eine Studienplatzbeschränkung akzeptieren, umso weniger, als der Beruf der Psychotherapie auch ohne Kassenzulassung ausgeübt werden kann. Die Gerichte könnten es aber für geboten erklären, schwächer nachgefragte Studien einzustellen und die freie werdende Lehrkapazität für Klinische Psychologie umzuwidmen.

So könnten die nicht heilkundlichen Fächer der Psychologie zu Verlierern der Psychotherapiereform werden. Im neu geregelten Studiengang ist ihr Pflichtanteil auf 25 Leistungspunkte geschrumpft. Die Ordnung gestattet, den Anteil auf Kosten anderer Studienfächer zu erhöhen. Doch in den Wettbewerb gehen die psychologischen Anbieter mit einem Handicap: Vonseiten der Politik wurde ausdrücklich die Beschränkung des Angebots in Psychologie angemahnt. Bundesregierung wie Bundesrat haben – wie in Abschnitt 14 dargestellt – der Tendenz, den neuen Studiengang als psychologischen fortzuführen, eine klare Absage erteilt; dies dürfte bei der Genehmigung lokaler Studienordnungen durch die zuständigen Behörden der Bundesländer zur Geltung kommen. Insbesondere wurde die Verpflichtung der Psychologie bekräftigt, ihr Lehrangebot streng auf die Bedürfnisse der Psychotherapie zuzuschneiden. Gefragt ist demnach nicht die Systematik und Forschungsproblematik der Allgemeinen Psychologie und Persönlichkeitspsychologie, der Entwicklungs- und Sozialpsychologie, sondern deren aktuelle Verwertbarkeit für die Zwecke der Heilkunde. Angewandte Fächer wie Arbeits- und Organisationspsychologie sind auf pathologische Aspekte zu konzentrieren; die Aufmerksamkeit in der Methodenlehre wird sich von der Populationsbetrachtung der Forschungsprojekte auf die Fallbeobachtung der praktischen Therapie richten. Nicht nur quantitativ, sondern auch qualitativ ist Psychologie gegenüber der bisherigen Studienordnung zurückgesetzt. Ihr droht ein doppelter Rückschlag: Es sinkt zuerst die Nachfrage nach ihren Lehrleistungen, dann die Beschäftigungschancen für ihren wissenschaftlichen Nachwuchs. Wenn Psychotherapiewissenschaft zur Leitdisziplin wird, was wird dann aus Psychologie?

Die Bedrängnis der nicht-klinischen Psychologie hat sich bereits früher angebahnt. Im Vorgriff auf die nunmehr verordnete Reform entstand schon in den Grundlagen- und nicht-klinischen Praxisfächern der Psychologie die Sorge vor der Umschichtung von Mitteln aus dem nicht-klinischen in den klinischen Bereich (u.a. Bermeitinger, Kaupp, Kiesel, Koch, Kunde et al., 2016; Richter, Souvignier, Hertel, Heyder & Kunina-Habenicht, 2019). Erste Umfragen haben Befürchtungen über Kürzungen in den Grundlagenfächern aufgrund der Einführung des Approbationsstudiums nicht bestätigt (Fachgruppe Allgemeine Psychologie, 2020). Doch dürfte dies eine Momentaufnahme sein. Denn noch sind Lehrkapazitäten an den Hochschulen durch Beamten- und Angestelltenverträge langfristig festgelegt. Wenn es allerdings im Laufe der kommenden

Jahre zu Personalwechseln kommt, sind stärkere Verschiebungen zugunsten der Klinischen Psychologie möglich.

Wenn sich die Pluralität psychologischer Fächer an den Universitäten zugunsten der klinischen vermindert, wird sie sich dann innerhalb der klinischen vergrößern? Nachdem das Gesetz zur Berücksichtigung „der" wissenschaftlichen anerkannten Verfahren verpflichtet, werden alle Verfahren, insbesondere alle nach den Therapierichtlinien anerkannten Verfahren den Anspruch erheben, regelmäßig in der Ausbildung berücksichtigt zu werden. Dies dürfte vor allem den in der universitären Lehre bisher eher randständig vertretenen psychodynamischen Ansätzen zugutekommen.

Werden nicht-psychologische Fächer gewinnen, wenn sie als psychotherapiewissenschaftliche Bezugswissenschaften die Psychotherapeutenausbildung bereichern? Das Reformgesetz fördert die Interdisziplinarität der Ausbildung, indem es das Bachelorstudium, in geringem Umfang auch das Masterstudium für sogenannte Bezugswissenschaften der Psychotherapie öffnet. Wie weit Universitäten und ihre Studierenden diese Öffnung nutzen und wie weit dies zu einer wechselseitigen Bereicherung führt, ist vorläufig nicht abzusehen. Gar nicht diskutiert werden sollen hier verwaltungsmäßige Folgen der interdisziplinären Öffnung, vor allem die Auswirkung eines Imports von Lehrkapazität aus anderen Fächern auf die Zulassung zum Approbationsstudium.

Zu den Gewinnern der Reform wird man ein bisher für die Psychotherapie prominentes Fach zumindest auf den ersten Blick nicht zählen: die Pädagogik. Nach dem Psychotherapiegesetz von 1998 war – wie oben geschildert – ihr Studiengang als Voraussetzung zur Ausbildung in Kinder- und Jugendlichenpsychotherapie anerkannt. Als 2010 der Psychotherapeutentag die Wende zu einem einheitlichen Direktstudium Psychotherapie einleitete, schlug er für diesen Studiengang – ebenso wie für die Psychologie – einen Mindestanteil von knapp 20 Prozent (50 Leistungspunkte) für pädagogische Lehre vor. Zehn Jahre später findet man in der Approbationsordnung für Pädagogik nur noch einen Mindestanteil von 2 Prozent (6 Leistungspunkte).

Bei genauerer Prüfung sieht die Bilanz für die Pädagogik freilich doch nicht negativ aus. In dieser Geschichte erscheint Pädagogik in zwei Rollen: Als generische Erziehungswissenschaft und als Zufluchtsstätte der Psychoanalyse. Als Erziehungswissenschaft wird sie in der neuen Psychotherapieausbildung unter den Bezugswissenschaften aufgeführt, und zwar an zweiter Stelle, gleich nach der Psychologie; das ist eine recht befriedigende Position. Die Psychoanalyse (im weiteren Sinne: psychodynamische Ansätze) gehört zu den Richtlinienverfahren, welche die Berücksichtigung innerhalb der Klinischen Psychologie beanspruchen kann. Insofern ist Psychoanalyse – wie von Körner (1991) angestrebt (s. Abschnitt 13) – die Rückkehr in die akademische Psychologie gelungen. Überhaupt entspricht das Konstrukt der Bezugswissenschaften der Psychotherapie dem Vorschlag des Pädagogikprofessors und Psychoanalytikers Körner (2013a,b). Bezugswissenschaften im Sinne des Reformgesetzes sind eine Kombination des von ihm konzipierten Studium Generale und der von ihm konzipierten Kontextfächer (s. Abschnitt 14). Geschichtskundige mögen rufen: „*And the winner is ….. Freud!*" Denn hier lebt – nun verallgemeinert für Psychotherapiewissenschaft im Ganzen – eine Vision Freuds (1926/1972a,b) auf, nämlich die Vision der Psychoanalyse als transdisziplinärer Psychologie, die insbesondere auch die Kultur- und Naturwissenschaften (wie Archäologie und Physiologie) umfasst (s. Abschnitt 4).

Die Bundespsychotherapeutenkammer und der Gesetzgeber haben die Multidisziplinarität der neuen Psychotherapieausbildung gewünscht. Maximal 120 Leistungspunkte sind für bezugswissenschaftliche Lehre frei. Dass Psychotherapeuten und Ministeriale mit diesem Ansatz einmütig dem Ruf aus der Psychoanalyse gefolgt sind, ist nicht anzunehmen. Doch müssen sie der Meinung gewesen sein, dass die gegenwärtige Psychotherapie noch Substanzielles von zahlreichen Sozial-, Geistes- und Naturwissenschaften lernen kann. Die Psychologie ist in § 13(1/2) der neuen Approbationsordnung unter den Bezugswissenschaften an erster Stelle genannt. Doch insbesondere nach dem Einspruch des Bundesrats (s. Abschnitt 14) ist klar gestellt: Psychologie darf nicht – wie bisher von den Fachvertretern weiterhin gewünscht – den Studiengang dominieren.

Damit gelangt diese Bilanz zu ihrem wohl kritischsten Punkt. Die neue Ausbildung ist als Studium der Psychologie nicht rechtlich bewehrt. Es hat das Selbstbewusstsein und die Attraktivität einer paradigmatisch breiten akademischen Psychologie gestärkt, als ausschließliches Portal für die Zulassung zur Psychotherapie Erwachsener zu dienen – de jure seit 1998, de facto schon viele Jahre zuvor. Ein solches exklusives Portal wird die nunmehr von Psychologischen Instituten und Fachbereichen angebotene Lehre de jure nicht mehr sein; das neue Gesetz hat die Psychotherapieausbildung von der Disziplin der Psychologie abgekoppelt. Es bezeichnet das zur Approbation führende Studium nicht mehr als Studium der Psychologie und die approbierten Absolventen des Studiengangs nicht mehr als Psychologen oder wenigstens Psychologische Psychotherapeuten. Auch andere Institute und Fachbereiche – etwa medizinische – können den neuen Studiengang einrichten. Der Studiengang braucht nicht mehr „Studiengang Psychologie" zu heißen, und wahrscheinlich wird er oft den Namen „Studiengang Psychotherapie" oder „Studiengang Psychotherapiewissenschaft" erhalten. Wenn doch der Name „Studiengang Psychologie" gewählt wird, ist das eine lokale Entscheidung, die nicht von gesetzlichen und ministeriellen Verpflichtungen zur Therapieausbildung befreit; auch in einem Studiengang Psychologie wird nicht allzu viel Platz für Psychologie außerhalb der heilkundlichen sein, wenn er die Anforderungen der Approbationsordnung erfüllen soll. Die Psychologie, als Wissenschaft nach Einheit strebend, als Beruf auf Gemeinsamkeit bedacht, stellt die Ausbildungsreform vor Probleme, die ihre Identität und möglicherweise sogar ihre Existenz berühren.

Wenn der neue Approbationsstudiengang an den bisherigen Psychologischen Instituten und Fachbereichen deutscher Hochschulen zum Nachfolger des bisher an der Rahmenprüfungsordnung Psychologie ausgerichteten Psychologiestudiums werden sollte: Bleibt dann die an deutschen Hochschulen gelehrte Psychologie die akademische Psychologie, die sie sich vorher zu sein bemühte? Wie weit wird, was als bisher als Psychologie verstanden wurde, dann überhaupt noch an Psychologischen Instituten und Fachbereichen gelehrt? Und wie weit sind dann die Nachfolger der gegenwärtigen Psychologischen Institute und Fachbereiche noch unterscheidbar von anderen psychotherapiewissenschaftlich orientierten Einrichtungen – etwa medizinischen Akademien, Psychotherapeutischen Hochschulen oder etwaigen Kirchlichen Hochschulen, die ihre Pastoraltheologie zur Psychotherapie erweitern? Es war 1998 aus der Sicht der akademischen Psychologie ein Gewinn, dass der Gesetzgeber ihr theoretisch und methodisch plurales und zur vielseitigen Anwendung bestimmtes Fachstudium zur Voraussetzung der Ausbildung für den wachsenden und verantwortungsvollen Beruf der Psychotherapie machte. Dieser Gewinn geht durch das Gesetz von 2019 verloren, das die feste Zuordnung der Psychotherapieausbildung zur akademischen Psychologie rückgängig macht und aus dem reichen Bestand der Psychologie für die Ausbildung von Psychotherapeutinnen und Psychotherapeuten nur eine pragmatische Auswahl trifft.

Ein Argument für das Fortbestehen der Einheit der Psychologie und für den Erhalt ihrer Grundlagenfächer ist die durch das Gesetz festgeschriebene Polyvalenz des Bachelorabschnitts. Das Bachelorstudium solle in aller Breite angelegt sein und dadurch auf sämtliche psychologischen Masterstudien und alle psychologischen Berufe vorbereiten (s. bereits Abele-Brehm, Bühner, Deutsch, Erdfelder, Fydrich et al., 2014). In der Tat konzediert der Gesetzgeber in § 9 (3), dass der der Approbation vorangehende „Bachelorstudiengang … polyvalent ausgestaltet sein kann". Jedoch hat der Gesetzgeber den Begriff der Polyvalenz nicht mit irgendwelchen Bestimmungen bewehrt; der Begriff wird auch sonst im Zusammenhang mit Studienordnungen nicht gebraucht. Der Begriff der Polyvalenz ist also in juristischer Hinsicht inhaltlich leer und rechtlich unverbindlich. Dass ein Bachelorstudium mehrere Optionen für die

Wahl eines Schwerpunkts im Masterstudium und für den späteren Beruf offen lassen kann, ist eine Selbstverständlichkeit, die des kleinen Relativsatzes nicht bedurft hätte. Der Satz ist auch in dem Gesetzesabschnitt zum Bachelorstudium fehl am Platz. Denn als Voraussetzung für spätere Studien und Berufe muss der psychologische Bachelorabschluss von diesen selbst anerkannt sein. Insofern ist der Relativsatz „der polyvalent ausgestaltet sein kann" eher eine rhetorische Gefälligkeit als eine politische Konzession. Das Polyvalenzkonzept hat wohl vor allem eine strategische Funktion in der Diskussion innerhalb der Psychologie; sein Gebrauch spiegelt den Willen wider, sich der anbahnenden Spaltung der Psychologie zu widersetzen, und die Scheu, den durch die Reform der Psychotherapieausbildung beschleunigten Abbau nicht-klinischer Fächer einzugestehen. Unter den Bedingungen des Gesetzes zur Psychotherapieausbildung wird es schwerlich gelingen, ein Grundstudium der Psychologie zu realisieren, das mehr ist als der erste Abschnitt eines Psychotherapiestudiums.

Es soll im abschließenden Abschnitt 18 ein Vorschlag für ein polyvalentes Bachelorstudium der (nicht nur heilkundlichen) Psychologie gemacht werden, das diese Bezeichnung wirklich verdient; dieser Vorschlag setzt allerdings eine Trennung dieses Bachelorstudiums vom ersten Abschnitt des Psychotherapiestudiums voraus. Erfolgt diese Trennung nicht, ist Skepsis angezeigt. Wie soll aus einem mixtum compositum von psychotherapierelevanten Übungen, einem geschrumpften Psychologieprogramm und mulitdisziplinären Explorationen etwas disziplinär Vorzeigbares werden? Im Zeitbudget der Studierenden wird Praxis eine dominierende Rolle spielen. Die verbleibende Zeit für theoretische Studien wird mit divergierenden Lehrinhalten gefüllt. Um in einem dichten Leistungsprogramm bewältigt werden zu können, dürfte Lehrstoff bald komprimiert und standardisiert in Kurzlehrbüchern erscheinen; die Lehre wird mehr auf Forschungsergebnisse fokussieren und weniger auf Forschungsmethoden. Der Charakter des Studiums als Lernen mit Teilnahme an der Forschung dürfte weitgehend verloren gehen; das Studium dürfte über kurz oder lang eher einer schulischen Unterweisung gleichen. Verwaltungsrechtlich korrekte Formate für Klausuren könnten zum Maßstab für Lehre und Studium werden. Möglichst im Hinblick auf praktische Verwertbarkeit ausgewählt und zugerichtet, wird antrainiert, was Adorno (1959/1972) als Halbbildung charakterisiert hat.

Das neue Qualifikationsprogramm ist ein Zwitter, formal sowohl akademisches Studium als auch staatliche Ausbildung. Tatsächlich werden seine Inhalte weitgehend durch verpflichtende Vorgaben des Bundesgesundheitsministeriums bestimmt, und der durch die Approbationsordnung eingeführte Rahmen wirkt stilbildend auf die Durchführung des Studiums, das den Hochschulen obliegt. Es ist zwar richtig: Die Hochschulen sind nicht verpflichtet, ein Approbationsstudium einzuführen, und sie genießend die Freiheit, ihre Studiengänge selbst zu gestalten. Doch sollten ihre Mitglieder nicht schon selbst dazu bereit sein, werden sie einem enormen Druck insbesondere vonseiten der Studentenschaft ausgesetzt sein, einen Zugang zum Psychotherapeutenberuf zu ermöglichen. Die freie Gestaltung findet ihre Grenze bei der unerlässlichen Genehmigung von Studienordnungen durch die zuständigen Landesbehörden, des für Wissenschaft zuständigen Ministeriums oder Senats des jeweiligen Bundeslands. Die Ordnung ist nunmehr bundeseinheitlich; die Länder sind zu ihrer Einhaltung verpflichtet. Um von der zuständigen Behörde ihres Bundeslandes die Genehmigung für ein Approbationsstudium zu erhalten, müssen sie die Auflagen der Approbationsordnung erfüllen. Dabei stehen die gegenwärtigen Regelungen nicht ein für allemal fest. Der Gesetzgeber kann seine Gesetze ändern. Das Gesundheitsministerium ist ermächtigt, zu einem späteren Zeitpunkt die geltenden Anforderungen zu verändern; das Gesetz gibt dem Bundesgesundheitsministerium zudem das Recht, Modellstudiengänge (z.B. für Pharmakopsychologie) vorzugeben. Auf welche weiteren Ausbildungsverpflichtungen müssen sich die Hochschulen gefasst machen?

Verbände und andere Interessengruppen haben keinen unmittelbaren Einfluss auf die Hochschulen. Doch Regierungen und Ministerien des Bundes und der Länder sind demokratische Institutionen; Verbände und andere Interessengruppen können sich bei ihnen Gehör verschaffen. Auf verschiedenen Kanälen können sie ihre Argumentationskraft und ihr Gewicht einsetzen, um auf gesetzliche und ministerielle Regelungen hinzuwirken. Insbesondere an die staatlichen Kommissionen für die Abnahme der Approbationsprüfung können außeruniversitäre Wünsche nach Gestaltung der Lehre herangetragen werden. Wer die Einbindung der Psychologie in Politik und Gesellschaft befürwortet, wird die vielfache Außenbestimmung der Hochschulen als politischen Fortschritt werten. Es ist zuzugeben, dass Psychologie in Deutschland seit Erlass der Diplomprüfungsordnung im Jahre 1941 (s. Abschnitt 8) staatlicher Regulation unterliegt. Doch deren Umfang und Verbindlichkeit erhöht sich mit der Einführung eines Approbationsstudiums beträchtlich. So berührt die neue Gesetzgebung die Autonomie der Hochschulen. Für viele ist dies ein hoher politischer Wert, ja ein Wert mit Verfassungsrang. In die Bilanz der Novellierung des Reformgesetzes geht also ein: Die Universitäten und darin der akademischen Psychologie haben an Autonomie verloren.

Eine einseitige thematische Fokussierung auf heilkundliche Psychologie und eine Einbuße an theoretischer und methodischer Vertiefung in anderen psychologischen Feldern dürfte nachhaltige Folgen für die Forschung haben.

Nicht nur die bisher leistungsfähige universitäre Forschung dürfte darunter leiden, sondern auch außeruniversitäre Forschungseinrichtungen, von denen unverzichtbare Beiträge zur psychologischer Grundlagen- und Anwendungsforschung stammen. So bestreiten etwa die Leibniz-Institute für Wissensmedien in Tübingen sowie für die Pädagogik der Naturwissenschaften und Mathematik in Kiel einen beträchtlichen Teil der Forschung auf dem Gebiet der Pädagogischen Psychologie (Richter, Souvignier, Hertel, Heyder & Kunina-Habenicht, 2019). Mit Universitätsinstituten stehen die außeruniversitären Forschungsinstitute in der Regel in regem Austausch; insbesondere wirken die Einrichtungen bei der Nachwuchsförderung oft eng zusammen. Wird nun die nicht-klinische Grundlagen- und Anwendungsforschung an den Universitäten geschwächt, verliert sie ihre Fähigkeit zur Kooperation. Ein Verlust wäre es, wenn Absolventen des Hochschulstudiums nicht mehr als Mitarbeiter für die Forschungsinstitute zur Verfügung stünden bzw. wenn die Forschungsinstitute ihre Mitarbeiter nicht mehr aus dem wissenschaftlichen Nachwuchs des eigenen Landes rekrutieren könnten.

Eine weitere Frage: Wie haben bei der Reform die Fach- und Privathochschulen abgeschnitten? Dass der Gesetzgeber im Streit über ihre Qualifikation nicht Stellung bezogen hat, mögen sie als politischen Erfolg werten. Auch sie können sich weiterhin an der Ausbildung in Psychotherapie beteiligen, nachdem mehrere Bundesländer im Novellierungsprozess ihre Wertschätzung zum Ausdruck gebracht haben. Zahlreiche Privat- und Fachhochschulen können weiterhin mit einer Anerkennung ihrer Approbationsstudiengänge rechnen. Auch das Bemühen, die etwa 2.500 Studienplätze, für deren Besitzerinnen und Besitzer voraussichtlich eine Kassenzulassung verfügbar ist, den Universitäten vorzubehalten (siehe oben und Abschnitt 14), wird wohl nicht den Erfolg haben, Privat- und Fachhochschulen vom Approbationsstudium abzuschneiden. Vielmehr könnte ihre weitere Beteiligung an der staatlichen Ausbildung von der gegenwärtig zu beobachtenden Tendenz zur Aufwertung nicht-universitärer Hochschulen profitieren, wie sie nicht zuletzt die gegenwärtige Übertragung von Promotionsrechten an Fachhochschulen anzeigt.

Die Deutsche Gesellschaft für Psychologie hat eine Privilegierung staatlicher Universitäten bei der Psychotherapieausbildung nicht durchsetzen können. In Übereinstimmung mit der Politik des Präsidiums der Gesellschaft hatte der Fakultätentag Psychologie Fach- und Privathochschulen nicht als Mitglieder aufgenommen. Wenn ihre Bundesländer ihnen nun die Gleichwertigkeit mit Universitäten bescheinigen, dürfte eine Strategie der Abgrenzung kaum durchzuhalten sein. Bereits steht eine Zwischenlösung zur Debatte, die Aufnahme nicht-universitärer Hochschulen in den Fakultätentag Psychologie als außerordentliche Mitglieder.

Die Länder haben sich bei der Novellierung zudem zu psychiatrischen und außeruniversitären psychologischen Versorgungs- und Ausbildungseinrichtungen bekannt und die Kooperation mit außeruniversitären Einrichtungen angemahnt. Die Approbationsordnung legt großen Wert darauf, Praktika an kooperierenden Forschungseinrichtungen zu ermöglichen (§ 13, 3,3). Psychiatrische und andere Kliniken sowie bewährte Psychotherapeutinnen und Psychotherapeuten aus der Praxis sind in den praktischen Teil des Studiums einzubeziehen. Das Orientierungspraktikum solle „geöffnet werden für den institutionellen Bereich, zu welchem Einrichtungen der Jugend-, Behinderten- oder Suchthilfe oder Einrichtungen der Sozialpsychiatrie gehören" (§ 14,3). Die Mahnung zur Zusammenarbeit von Wissenschaft und Praxis ist im Sinne der angestrebten Praxisorientierung des Studiums. Ein Grund für die Aufforderung zur Kooperation dürfte das Bemühen um Kostenbegrenzung an den Universitäten sein. Beiträge außeruniversitärer Einrichtungen zur Reform der Ausbildung würden helfen, Kosten der Reform zu sparen. Das dürfte bedeuten: Weniger neue Mittel für Hochschulambulanzen, mehr Lehraufgaben für Personen und Institutionen außerhalb der Hochschulen. Die Auslagerung von Studienanteilen könnte entweder zur Erhöhung der Zulassungszahlen führen oder zur Reduzierung des Personals an den Universitäten. In beiden Fällen würde eine Entlastung durch externe Kapazitäten veranschlagte Gewinne psychologischer Universitätseinrichtungen schmälern.

Über den Berufsstand der Psychotherapie und die Hochschulen hinaus: Eine Privilegierung wie in der Heilkunde genießen Psychologinnen und Psychologen auf anderen Berufsfeldern nicht. Dies braucht sich nicht als Nachteil zu erweisen. Freilich gibt es Grund zur Befürchtung, dass Nicht-Kliniker auf dem gesamten Berufsmarkt in die Konkurrenz mit approbierten Klinikern geraten könnten; Arbeitgeber könnten dann Approbierten den Vorzug geben, da sie – in nicht heilkundlichen Berufsfeldern eher zu Unrecht – die dem Studium folgende Approbation als zusätzlichen, möglicherweise qualitätsvolleren Abschluss deuten. Dabei führt die oben erwähnte Erweiterung des bisherigen Berufsbildes auf Prävention und Rehabilitation tatsächlich zu einer Erweiterung des Arbeitsfeldes der Klinischen Psychologie. Bei einer günstigen Beschäftigungslage mag es zu einem produktiven Nebeneinander von klinischen und nicht-klinischen Psychologen auf den gleichen Arbeitsfeldern führen. Bei einem knappen Stellenangebot könnte eine Approbation als zusätzlichen Qualifikationsnachweis der Grund für eine Verdrängung nicht Approbierter sein. Leicht würde eine solche Verdrängung den Charakter psychologischer Praxis in den betroffenen Berufsfeldern verändern. Klinische Fragestellungen und Techniken könnten die Oberhand gewinnen (z. B. gegenüber ergonomischen Problemen und ihren

Lösungen); außerhalb klinisch-psychologischer Domänen liegende, fruchtbare Forschungs- und Lehrgebiete (z. B. Kognitive Ergonomie) könnten verwaisen. Dem Aufschwung der Klinischen Psychologie und Psychotherapie stünde dann eine Verengung der Psychologie auch in der beruflichen Praxis gegenüber.

In der facettenreichen Diskussion um das Ausbildungsreformgesetz hat ein Aspekt gefehlt: Bildungsökonomie. Bildungsökonomie betrachtet den Ertrag von Bildungsprojekten, zugleich aber den dafür zu erbringenden Aufwand, nicht zuletzt den Einsatz von Mühe und Zeit aufseiten der Lernenden. Wie ist in diesem Sinnen die Reform der bisherigen Ausbildung zu beurteilen? Ein Teil der postgradualen Weiterbildung wurde in das Hochschulstudium verschoben. Zum Erwerb der für die Ausübung des Berufs erforderlichen Kompetenzen wurden obligatorische Studienleistungen im Umfang von drei Jahren mit 180 Leistungspunkten vorgesehen. Doch die dem Studium folgende Weiterbildung, die vorher die Funktion der Ausbildung hatte, soll in alter Länge erhalten bleiben. Gleichzeitig wurde darüber geklagt, dass Auszubildenden die Behandlung von Patienten überlassen worden war, ohne sie dafür angemessen zu bezahlen. Doch wann und wo war der Vorwurf zu lesen oder zu hören, Auszubildende seien von der ihnen aufgetragenen Behandlung überfordert, ihre Ausbildungsstätten müssten gar für ihre Fehler haften? Waren die vermeintlich noch Auszubildenden also schon nach einem Studium alter Art reif für die Praxis? War demnach schon früher die Dauer der (damals postgradualen) Ausbildung mit drei Jahren überzogen? Warum muss also die postgraduale Weiterbildung in Zukunft weiterhin drei Jahre dauern, wenn ihr nunmehr (im Hochschulstudium) eine elaborierte, praxisbezogene Ausbildung mit 180 Leistungspunkten im Umfang von drei Studienjahren vorausgeht? Wie gut hätte die zukünftige Weiterbildung eine Kürzung auf zwei Jahre vertragen? Diese Fragen scheinen noch nicht beantwortet. Gleichwohl werden im Jahr 2021 Pläne geschmiedet, die Weiterbildung für Psychotherapeuten auf vier, gar auf fünf Jahre zu verlängern.

Weiterhin: Wenn ein Studium im Umfang von drei Jahren (berechnet nach der Zahl in der Approbationsordnung ausgewiesener obligatorischer Leistungspunkte) hinreichend auf den Beruf der Psychotherapie vorbereitet: Warum wird dann ein Bachelor-/Masterstudium mit insgesamt 300 Leistungspunkten im Umfang von fünf Studienjahren zur Pflicht? Hätte die Qualität der Gesundheitsversorgung gelitten, wenn ein Studiengang sich nur auf die ministeriell ausdrücklich geforderte Ausbildung konzentriert hätte, bevor eine dreijährige Weiterbildung die berufliche Praxis perfektioniert? Woran hätte es einer insgesamt sechsjährigen Vorbereitung auf den Psychotherapieberuf gemangelt? Ein Bachelorabschluss in Psychotherapie hätte unter Berufung auf die

Bologna-Vereinbarungen von 1998 als Berufseingangsqualifikation gewertet werden können; dann hätte ein dreijähriges Studium die Zulassung zur Approbation mit nachfolgender Weiterbildung gestattet. Es war gerade Absicht der Bologna-Vereinbarungen, Kurzstudiengänge zu ermöglichen. Man hätte in diesem Sinne, wenn man schon die Weiterbildung bei den bisherigen drei Jahren belässt, zumindest die Wahl lassen können zwischen einem dreijährigen Studium mit Bachelorabschluss und einem fünfjährigen Studium mit Masterabschluss.

Als Nebenbemerkung sei hinzugefügt: Die Absicht, durch einen Bachelorabschluss zu verhindern, dass nach dreijähriger Ausbildung eine psychotherapeutische Tätigkeit ausgeübt wird, mögen Findige immer noch durchkreuzen. Da die Gesetzgebung – anders als von Verbandsvertretern gefordert – die psychotherapeutische Heilpraxis nicht unterbunden hat, ist es nicht auszuschließen, dass psychotherapeutisch tätige Heilpraktiker in einem Bachelorstudium Kenntnisse und Fähigkeiten erlangen, wie sie für die Approbation nachzuweisen sind; öffentlich können sich solche Heilpraktiker mit einem akademischen Grad empfehlen, der in einem zur Approbation führenden Hochschulstudium erworben wurde. Der erste Teil des zur Approbation führenden Studiengangs wird auf diese Weise doch zu einem attraktiven heilkundlichen Kurzstudium.

Läge eine kürzere Aus- und Weiterbildungszeit nicht im Interesse zahlreicher Studierender? Besonders eindrucksvoll klang im Gesundheitsausschuss des Bundestages bei der Anhörung zum neuen Gesetz die Klage zweier junger Frauen, für ihren Wunschberuf ein Minimum von acht Jahren – tatsächlich sogar mehr – aufbringen zu müssen, und zwar in einer Lebensphase, die noch mehr Entwicklungsaufgaben parat hat – vor allem die Familiengründung. Hätte man da nicht ernsthafter erwägen können, die Berufsvorbereitung der meist jungen Kolleginnen und Kollegen gegenüber dem jetzigen Stand zu verkürzen? Und dabei ist noch gar nicht von der Belastung des Hochschulsystems die Rede, das vielfach an seine Kapazitätsgrenzen stößt, sowie von der Belastung der Steuerzahler, die das System finanzieren.

Nahe liegt die Entgegnung: Kürzungen der vorgesehenen Zeiten für Aus- und Weiterbildung hätten deren Erfolg geschmälert und letztlich das Wohl der Patienten gefährdet. So plausibel dieses Argument klingen mag: Wie groß ist seine empirische Evidenz? Die Psychotherapieverfahren sind aufwendigen Bewährungskontrollen unterworfen, doch die Psychotherapieausbildung wird nicht ebenso sorgsam evaluiert. Immerhin: Strauß et al. (2009a) haben eine erstaunlich einmütige Zufriedenheit mit der (postgradualen) Ausbildung festgestellt. Will man diese Berufsvorbereitung grundlegend reformieren, so sollte man sie nach Art der Lernforschung untersuchen. Es ist anzunehmen, die Lernziele stünden fest – sonst ließe sich ja keine Approbationsprüfung ansetzen. Dann wäre zu ermitteln: Wie nähern sich Studierende im Laufe ihrer Ausbildung deren Zielen? Wie tragen einzelne Lehrveranstaltungen zu ihrem Lernfortschritt bei? Und daran anschließend die beiden wichtigsten Fragen: Verbessert die Ausbildungsreform die Qualifikation der Psychotherapeutinnen und Psychotherapeuten? Werden psychisch Leidende dank der Reform in Zukunft schneller und besser behandelt werden?

Möglicherweise hat die Reform unter einem Systemzwang gelitten: Zum Vorteil des Berufsstandes und in Anlehnung an die Medizinausbildung hat man die Psychotherapieausbildung in die Form einer akademischen Studiums gebracht. Damit war man aber in den Rahmen der europäischen Vereinbarung von Bologna gepresst, der keine zeitliche Flexibilität gestattet; Studiendauer und Leistungspunkte waren rigide festgelegt. Studierende und Hochschulhaushalte durch eine kürzere Ausbildungsdauer zu entlasten kam nicht infrage; es brauchte ein fünfjähriges Studium, um eine Approbation zu rechtfertigen. Die Hochschulen ihrerseits hatten kein Interesse an einer kürzeren Ausbildung, die entweder die Streichung von Lehrkapazität oder die Erhöhung von Zulassungen zur Folge gehabt hätten. So ging das Bachelor-/Masterformat als zwingende Voraussetzung in die Reformdiskussion ein.

So bleibt das Fazit: „Von der Psychotherapie her" ist die Bilanz der Ausbildungsreform also positiv, ja glänzend. Der Berufsstand, die Gesundheitspolitik und die Hochschulvertreter haben zusammen bedeutsame Fortschritte für Aus- und Weiterbildung sowie für den Beruf der Psychotherapeutinnen und Psychotherapeuten erreicht. Klinische Psychologie und Psychotherapie – um nicht zu sagen: Psychotherapiewissenschaft – sind nun als Vollstudiengänge etabliert; historisch gesehen, ist nun ein zweihundertjähriger Weg an seinen Anfang zurückgekehrt. Freilich sind die Voraussetzungen des Anfangs nicht mehr gegeben. Sofern die neue akademische Psychologie mit wertvollen Beständen über ihren heilkundlichen Zweig hinausreicht, gerät sie in Bedrängnis. Inzwischen entstandene nicht heilkundliche psychologische Berufe könnten unter der Privilegierung der Psychotherapie leiden. Die berufsständischen Fortschritte sind wahrscheinlich mit hohen bildungsökonomischen Kosten erkauft. Es ist daher davor zu warnen, Bilanz nur „von der Psychotherapie her" zu ziehen.

Abschnitt 15: Essentials

1. Die Einführung eines Approbationsstudiums stärkt die Klinische Psychologie und Psychotherapie an den Hochschulen und den Berufsstand der Psychotherapeutinnen und Psychotherapeuten.
2. Das Studium der Psychologie verliert seine bisherige Alleinstellung als Voraussetzung zur Ausbildung in Psychologischer Psychotherapie.
3. Nicht-klinische psychologische Fächer haben nur einen kleinen Anteil im Approbationsstudium; ihnen gehen möglicherweise Lehr- und Forschungskapazitäten verloren; das könnte auch ihre Kooperation mit außeruniversitären Forschungseinrichtungen beeinträchtigen.
4. Ob eine Polyvalenz des Bachelorstudiengangs gelingt, welche den Bestand nicht-klinischer Psychologie und die Einheit der Psychologie sichert, ist zweifelhaft; überhaupt ist eine Reduktion der theoretischen Lehre auf Überblickswissen zu befürchten.
5. Da die staatliche Approbationsordnung auf das Studium Einfluss nimmt, geht Hochschulautonomie verloren.
6. Die Ausweitung des Berufsbildes der Psychotherapie auf Rehabilitation und Prävention verstärkt die Konkurrenz mit anderen psychologischen Berufen; auf dem Berufsmarkt könnten sie gegenüber Approbierten benachteiligt werden.
7. Mit der Ausbildungsreform werden Teile der bisherigen postgradualen Weiterbildung in die Hochschulausbildung verlagert; die Chance einer Verkürzung der Aus- und Weiterbildung wurde nicht wahrgenommen.
8. Der Nutzen der Ausbildungsreform für Studierende und Patienten ist noch nicht evaluiert.

16. Psychologie im Feld der Gesundheitspolitik

Die Sozialgeschichte der Medizin zeigt: Gesundheitsdienste wurden zunächst privat oder privatwirtschaftlich geleistet und später kommunal und national reguliert. Auch die Seelenkrankheits- und Seelenheilkunde des späten 18. Jahrhunderts wurde noch privat betrieben (s. Abschnitt 1) und erst im 19. Jahrhundert als Nervenheilkunde professionalisiert (s. Abschnitt 2). In der zweiten Hälfte des 20. Jahrhunderts sind dann Institutionalisierung und Professionalisierung so weit fortgeschritten, dass in Deutschland der Staat Psychotherapie als Teil der Gesundheitsversorgung der Bevölkerung zu regeln beginnt (s. Abschnitt 10). In der Gesundheitspolitik sind soziale, wirtschaftliche und administrative Interessen eng miteinander verflochten; in dem Feld wirken stabile Machtstrukturen, und der Wandel von Interessen bringt neue Machtstrukturen hervor. Psychotherapie wird mit Eintreten in das Feld der Gesundheitspolitik dessen Objekt und gleichzeitig eine ihrer Agentinnen. Sofern Psychotherapie als Teil der Psychologie auftritt und Psychologie sich an Psychotherapie bindet, wird Psychologie mit Psychotherapie Objekt wie Agentin von Politik.

Hein (2014) hat versucht, anhand von vier Aspekten die politische Qualität von Psychotherapie zu erläutern: Versorgung, Ökonomie, Privilegierung und Ideologie. Politisierung lässt sich hinsichtlich aller vier genannten Aspekte positiv deuten: Als kollektives Bestreben nach sozial verantwortlicher Förderung und verbindlicher Regelung, die Wissenschaft und Beruf zu Effizienz, Sicherheit und Ordnung verhilft. Politisierung kann freilich auch die gleichberechtigte Teilnahme, die Innovation und Produktivität gefährden und damit negative Kritik auf sich ziehen. Dies legt der genannte Autor näher dar. Der Krankheitswert von Zuständen und der Anspruch auf Behandlung sind sozialpolitische Größen, die sich im Zusammenhang von Familien-, Schul- und Wirtschaftspolitik stetig verändern; dies kann zum Vorteil oder zum Nachteil einzelner Bevölkerungsgruppen geschehen. Die Regelung der Psychotherapie soll einerseits den Zugang zur kassenärztlichen Versorgung sichern, andererseits das Versorgungssystem vor Überforderung schützen. Die aus einer geregelten Ausbildung hervorgegangenen Therapeutinnen und Therapeuten genießen Vorrechte bei Anstellung und Honorierung. Sie gehören zwar in der Regel nicht zu den Spitzenverdienern im Gesundheitsbereich; niedergelassene Therapeutinnen und Therapeuten erzielen aber immerhin ein Einkommen in der Klasse der obersten zehn Prozent der Bevölkerung. Heikle Fragen spricht

Hein unter der Überschrift „Ideologie“ an. Zieht mit der Ausbildung einer Psychotherapiewissenschaft auch eine herrschende Meinung in die Psychotherapie ein? Nutzt die herrschende Meinung Standesorganisationen und leitenden Gremien wie den Wissenschaftlichen Beirat Psychotherapie zur Durchsetzung hegemonialer Interessen?

Offensichtlich war die Novellierung des Gesetzes zur Reform der Psychotherapieausbildung das Werk mehrerer Gruppen mit teils gemeinsamen, teils divergierenden Interessen. Der Verlauf des Novellierungsprozesses gibt Aufschluss über gegenwärtige und zukünftige für Psychotherapie und Psychologie relevante Machtstrukturen (s. Abschnitt 14). Maßgeblich für die Reform waren das Bundesministerium für Gesundheit und die Bundespsychotherapeutenkammer, die – ungeachtet anfänglicher Unterschiede in Einzelheiten – zu einer in den Grundsätzen einigen Allianz zusammenfanden. Das Ministerium ist federführend bei der gesetzlichen Regelung der Patientenversorgung und Berufszulassung; im Zusammenhang mit der Berufszulassung im nationalen (und europäischem) Rahmen ist das Ministerium auch zuständig für die berufliche Aus- und Weiterbildung. Die lokale Umsetzung der entsprechenden gesetzlichen Regelungen und ministeriellen Verordnungen obliegt Behörden der Bundesländer, weshalb die Regelungen und Verordnungen der Zustimmung der Länder, vertreten im Bundesrat, bedürfen. Seiner Zuständigkeit entsprechend hat das Bundesgesundheitsministerium die Novellierung des Gesetzes zur Reform der Psychotherapieausbildung als Fortentwicklung der heilkundlichen Versorgung gesehen. Im Vordergrund stand dabei die Vergleichbarkeit der Ausbildung in Psychologischer Psychotherapie mit der ärztlichen Ausbildung. Eine Rolle spielte wohl auch die Empfehlung des Wissenschaftsrats (2012), das Feld der Gesundheitsberufe neu zu ordnen.

So hat das Bundesgesundheitsministerium die Ausbildung der Psychotherapeuten in Analogie zu der ebenfalls in Revision befindlichen Medizinerausbildung behandelt. Die Ärztliche Approbationsordnung war zuletzt 2002 gründlich neu gefasst worden; dabei entfiel die vorherige, der universitären Ausbildung nachgeordnete Praxisphase, d.h. Medizinstudenten durchliefen ein „verbessertes“ Universitätsstudium und konnten gleich danach ihr Staatsexamen ablegen. Dies ermöglichte auch eine „Verbesserung der Versorgungsstruktur“ der Ärztinnen und Ärzte während der Facharztausbildung bzw. der Niederlassung als Hausärzte. 2017 haben die Gesundheits- und Wissenschaftsminister und -ministerinnen des Bundes einen „Masterplan Medizinstudium 2020“ beschlossen und eine Expertenkommission zur Neustrukturierung des Medizinstudiums eingesetzt. Diese Kommission, als mandatierte Arbeitsgruppe beim Wissenschaftsrat angesiedelt, hat 2018 ihre Empfehlungen abgegeben

(Bundesgesundheitsministerium, 2020). Die Reform soll die Ausbildung von Ärzten effektiver machen, und zwar im Interesse einer besseren und breiteren Patientenversorgung. Jenseits fachlicher Besonderheiten sollen drei Prinzipien stärker zum Tragen kommen: Kompetenz-, Praxis- und Problemorientierung. Das Kompetenzprinzip erfordert eine Förderung der Handlungsfähigkeit in ärztlicher Diagnostik und Therapie, das Praxisprinzip die Zusammenführung theoretischer und patientennaher Lehre schon in der ersten Phase der Ausbildung; das Prinzip der Problemorientierung verlangt die Ausrichtung der Lehre auf die klinisch anfallenden Behandlungsfälle. Ausdrücklich sieht der ministerielle Entwurf der für das Jahr 2025 anvisierten Ärztlichen Approbationsordnung in § 2 vor: „Die Vermittlung des theoretischen und klinischen Wissens wird während der gesamten Ausbildung miteinander verknüpft. … Die Vermittlung der naturwissenschaftlichen und theoretischen Grundlagen ist auf die medizinisch relevanten Ausbildungsinhalte zu konzentrieren" (Bundesärztekammer, 2020).

Die Bundespsychotherapeutenkammer und die Psychotherapeutentage befanden sich mit ihren Beschlüssen von 2010 und 2014 (s. Abschnitt 14) im besten Einvernehmen mit dem Ministerium. Eine einheitliche Ausbildung für alle Psychotherapeuten in einem Hochschulstudium, Approbation nach Studienabschluss aufgrund eines Staatsexamens, nachfolgende Weiterbildung unter verbesserten finanziellen Bedingungen, Praxisorientierung schon an den Hochschulen – das waren Prinzipien, nach denen Medizin- wie Psychotherapiestudium gleichermaßen reformiert werden sollte. Die Bundespsychotherapeutenkammer besaß aufgrund ihrer Verfasstheit sowie ihrer Willensbildung das Mandat der Mehrheit der Psychotherapeutenschaft. Die Stimme der Bundespsychotherapeutenkammer hatte hohes Gewicht, weil die Bundespsychotherapeutenkammer mit den Länderkammern öffentlich-rechtliche Korporationen vertrat, für die Gesamtheit der über 50.000 in Deutschland beruflich tätigen Psychotherapeuten sprechen und sich auf die Beschlüsse des Psychotherapeutentags als repräsentativer Delegiertenversammlung stützen konnte. Der Wunsch nach Gleichstellung mit der Ärzteschaft einte wohl alle Psychotherapeutinnen und Psychotherapeuten. Die Verlagerung der Ausbildung in das Hochschulstudium war wohl nur von den universitären Klinischen Psychologen uneingeschränkt so gewollt. Stimmen gegen eine solche Verlagerung kamen aus außeruniversitären Ausbildungsinstituten und den ihnen verbundenen Vereinigungen, bildeten jedoch nur eine Minderheit, deren Widerstand gegen die Reform schwach war.

Das Gesundheitsministerium nahm zur Novellierung Vorschläge und Wünsche zahlreicher Verbände und Interessengruppen entgegen; Verhandlungen fanden sowohl auf Bundes- wie auf Landesebene statt (s. wieder Abschnitt 14). Den meisten Beteiligten ging es um die Durchsetzung von Partikularinteressen; so sollten Belange von Behinderten gesondert berücksichtigt werden, Therapieverbände plädierten für die Verankerung aller Richtungen im Studiengang, auf jeden Fall jedoch für die angemessene Berücksichtigung ihrer eigenen Richtung. Zahlreichen partikulären Wünschen wurde in Form von ausdrücklichen Zusätzen entsprochen. Der klinisch-psychologische Anteil an dem neuen Studiengang sowie das Ausmaß der Praxisorientierung übertreffen sogar die Ansätze aus dem 2010 vom Bundespsychotherapeutentag beschlossenen Studienplanentwurf. Das belegt die starke Orientierung des Ministeriums an der geplanten Medizinausbildung. Dass der Gesetzgeber die institutionelle und disziplinäre Einordnung des Approbationsstudiengangs offen ließ, entsprach ebenfalls der Beschlusslage im Psychotherapeutentag. Den ausdrücklichen Wünschen der Deutschen Gesellschaft für Psychologie kam man nicht entgegen, aber lehnte sie auch nicht rundweg ab. Politisch und berufsständisch war die Frage, welche Lehreinrichtungen neben den staatlichen Universitäten zur Ausbildung in Psychotherapie berechtigt sein sollten, ebenso unbedeutend wie die Frage der Einordnung des Approbationsstudiengangs in die Fächerstruktur von Hochschulen. In der Reformdebatte haben das Bundesgesundheitsministerium, die Bundespsychotherapeutenkammer und die Therapieverbände ihre jeweiligen ordnungs- und berufspolitischen Interessen vertreten; das war ihr gutes Recht. Für etwaige nachteilige Nach- und Nebenwirkungen in anderen Bereichen wie der universitären Psychologie sind sie nicht verantwortlich; zur Fürsorge gegenüber nicht-klinischen Disziplinen sind sie nicht verpflichtet.

Die Wahrung universitärer Interessen obliegt vielmehr der Wissenschaftsverwaltung, den Universitätsverwaltungen, den Psychologischen Instituten und Fachbereichen sowie den darin Beschäftigten. An der Novellierung der Psychotherapieausbildung waren freilich das Wissenschaftsministerium des Bundes, einzelne Hochschulleitungen sowie deren nationale Vertretung, die Rektorenkonferenz, nicht erkennbar beteiligt. Die Einrichtung von Studiengängen liegt schließlich im Ermessen der örtlichen Hochschulen; sie sind es, welche örtliche Studien- und Prüfungsordnungen erarbeiten und für deren Durchführung sorgen. Doch auf dem Dienstweg jedenfalls waren sie nicht in die Beratungen über die Reform der Psychotherapeutenausbildung einbezogen. Der wesentliche Grund für die Zurückhaltung der Universitäten war die Trennung von Wissenschafts- und Gesundheitsverwaltung. Die Reform der Psychotherapeutenausbildung galt nur als Gegenstand der Gesundheitspolitik. Dabei hätte die Reform von 2020, die – weitaus mehr als die vorangegangene

Reform von 1998 – die Interessen der gesamten wissenschaftlichen Psychologie berührte, es verdient, auch als Gegenstand von Wissenschaftspolitik behandelt zu werden.

Als einziges Gremium aus der Wissenschaft hat sich der Deutsche Wissenschaftsrat mit der Reform der Psychologie befasst. Seine Stellungnahme (Wissenschaftsrat, 2018b) war jedoch seinerseits gesundheitspolitisch motiviert. Sie stach damit drastisch ab von der Stellungnahme des Deutschen Wissenschaftsrats zur Psychologie aus dem Jahr 1983 (s. Abschnitt 9). Etwa die Hälfte des laufenden Textes der „Perspektiven der Psychologie" ist nunmehr der Psychotherapie gewidmet. Die andere Hälfte der Schrift unterzieht sich der Pflichtübung der Zustandsbeschreibung des Faches, indem sie vor allem statistische Daten über Forschende und Lehrende, Berufstätige und Patienten, Publikationen und Drittmittel kompiliert. Eher zwanglos den Statistiken angefügt sind strategische und organisatorische Empfehlungen: Mehr Interdisziplinarität und weitere Internationalität, stärkere lokale Forschungsprofile, stärkere psychologische Direktive in innovativen, mehrdisziplinären Projekten, höhere Gewichtung organisatorischer und berufspraktischer Fähigkeiten bei Berufungen. Die Schrift lobt pauschal die Forschungsproduktivität der Psychologie, verzichtet aber auf eine differenziertere Evaluation und erst recht auf Initiativen zur Forschungsförderung und zu einer Neugestaltung des akademischen Unterrichts. Wohlfeil ist der Hinweis auf aktuelle gesellschaftliche Probleme wie Digitalisierung, bei deren Lösung von der Psychologie ein Beitrag erwartet wird.

Offensichtlich bildet der allgemeine Hinweis auf die gesellschaftlichen Probleme, deren Lösung von der Psychologie zu erwarten ist, den Einstieg in das Problem der Gesundheitsversorgung und seiner Herausforderungen für die klinische Psychologie und Psychotherapie. Aus dem Lob psychologischer Forschung wird die Verpflichtung, Forschungskapazitäten in den Dienst der Psychotherapie zu stellen: „Die Akademisierung der Psychotherapeutenausbildung muss … gleichzeitig als Chance zur Weiterentwicklung der Psychotherapieforschung genutzt werden" (Wissenschaftsrat, 2018b). Dabei wird weder die bisherige klinisch-psychologische Forschung evaluiert, noch werden spezifische Desiderate für eine Psychotherapieforschung benannt. Ebenso wenig wird thematisiert, wie die oben geforderte Akademisierung der Psychotherapeutenausbildung sich auf die Lehre in Psychologie insgesamt auswirkt, oder wie man das Fach Klinische Psychologie in den Lehrplänen der Hochschulen stärkt, ohne andere Fächer zu schwächen. Was die neue Lehrorganisation anbelangt, gibt der Wissenschaftsrat Empfehlungen, die den Vorschlägen der Deutschen Gesellschaft für Psychologie entsprechen; vor allem empfiehlt er eine

Approbation nach Studienabschluss, die Polyvalenz des Bachelorstudiums, die Konzentration auf die Psychotherapieausbildung im Masterstudium und die Weiterbildung an den Universitäten; die Ausbildung solle Hochschulen mit Forschung „nach höchsten methodischen Standards“ (Wissenschaftsrat, 2018a, S. 9) vorbehalten sein. In Inhalt und Stil mutet die Schrift des Wissenschaftsrats über weite Passagen an, als habe die Kommission „Psychologie und Psychotherapieausbildung“ der Deutschen Gesellschaft für Psychologie bei der Abfassung die Feder geführt. Die prinzipielle Frage einer disziplinären Verselbstständigung von Psychotherapiewissenschaft hat der Wissenschaftsrat nicht einmal angesprochen.

Dem Vernehmen nach hat der Wissenschaftsrat seine „Perspektiven der Psychologie“ aus eigener Initiative in Angriff genommen und verabschiedet. Die Unabhängigkeit des Gremiums, dem nur Wissenschaftler und Wissenschaftlerinnen angehören, steht außer Frage. Der Wissenschaftsrat selbst ist recht heterogen zusammengesetzt, doch in der von ihm zur Erarbeitung seiner Schrift eingesetzten Arbeitsgruppe ist beträchtliche Fachkompetenz vertreten. Plausibel klingt auch die Auskunft, dreißig Jahre nach der letzten repräsentativen Stellungnahme zur Psychologie sei eine Neubefassung an der Zeit gewesen. Umso mehr ist zu fragen, warum die rezente Stellungnahme die zahlreichen aktuellen Perspektiven der Psychologie im Wesentlichen auf eine einzige, die klinische, verengt hat, und warum dies ausgerechnet zu einer Zeit geschah, in der eine umstrittene Erneuerung auf der politischen Tagesordnung stand. Es ist zu fragen, wie ein hochkarätiges wissenschaftlichen Beratergremium sowohl die Divergenzen zwischen heilkundlicher und nicht heilkundlicher Psychologie als auch die Heterogenität der Psychotherapie selbst (s. Abschnitt 13) so völlig außer Acht gelassen hat und sein Glück bei der anrührenden Mutter-Kind-Analogie von Psychologie und Psychotherapie suchte. Schließlich wundert man sich, wie der Wissenschaftsrat die Reihe seiner Stellungnahmen zur Psychologie fortsetzen konnte, ohne auch nur mit einem Wort auf sein Abrücken von seinen Vorgängern einzugehen. So ist die Stellungnahme des Wissenschaftsrats von 2018 ein eindrucksvoller Beleg für die Verschiebung der akademischen Psychologie in den Bereich der Gesundheitsversorgung und -politik.

Die Wahrnehmung der Interessen der Hochschulen und insbesondere der Psychologie als wissenschaftlicher Disziplin oblag damit in erster Linie der Deutschen Gesellschaft für Psychologie. Die Gesellschaft ist freilich ihrer Rechtsform nach nicht mehr als ein Verein. Ihrer Mitgliederzahl nach ist sie kein politisches Schwergewicht. Doch von politischer Bedeutung ist: Die Mitglieder der Gesellschaft kontrollieren die Lehrkapazitäten an den Psychologischen

Instituten und Fachbereichen deutscher Universitäten; auf diese Lehrkapazitäten war die Psychotherapeutenausbildung in Deutschland angewiesen. Mit einer Verweigerungspolitik hätte die Deutsche Gesellschaft die Reform der Psychotherapieausbildung zum Scheitern bringen können. Was wäre geschehen, wenn die Gesellschaft den Reformplänen ihre Zustimmung versagt hätte – sogar in Konföderation mit dem Berufsverband Deutscher Psychologinnen und Psychologen, der seine Zustimmung tatsächlich verweigert hat (s. Abschnitt 14). Hätte der Gesetzgeber dann auf eine Reform verzichtet? Hätten die Bundesländer mit ihrer politischen Macht eine Reform gegen den Willen der Universitätsvertreter durchgesetzt?

Eine Option war durchaus, den Verbund zwischen Psychologie und Psychotherapie aufzulösen, um Auswirkungen der Psychotherapiereform auf die Psychologie zu vermeiden (s. Abschnitt 13). Eine entschiedene Stellungnahme lautete:

> Ist ein Direktstudium in Psychotherapie eigentlich für irgendeine Teildisziplin der wissenschaftlichen Psychologie wünschenswert außer für Klinische Psychologie (KP) … ? Oder handelt es sich bei diesen Plänen nicht vielmehr um eine „feindliche Übernahme", bei der die KP ihre Partikularinteressen verfolgt … ? Wollen wir wirklich die Freiheit von Forschung und Lehre ohne Not aufgeben? …. Wollen wir die psychologischen Grundlagenfächer wirklich zu Handlangern der KP werden lassen? Außerdem ist wohl klar, dass dann zukünftig viele Professuren der nicht-klinischen Fächer in klinische Professuren umgewandelt werden. Und wie ist es dann eigentlich um die vielen anderen erfolgreichen Anwendungsfächer der Psychologie bestellt …? Was wäre eigentlich so schlimm an zwei Studiengängen, einem für „Psychologie" und einem für „Psychotherapie"? … Ich habe keine Sorge, dass uns die Studierenden ausgehen (Knauff, 2016, S. 208).

Solche Aufrufe zur „Rettung der Psychologie" blieben allerdings ohne vernehmbaren Widerhall. Denn groß war die Solidarität vieler Universitätsangehöriger mit ihren Fach- und Institutskollegen und -kolleginnen aus der Klinischen Psychologie; es überwog die Bereitschaft, das Reformvorhaben als einen zeitgemäßen und gesellschaftlich notwendigen Entwicklungsschritt zu unterstützen, ja die Stärkung des Psychotherapieberufs als Fortschritt für die gesamte Psychologie zu begrüßen. Weder eine Auslagerung der Klinischen Psychologie in einen anderen Fachbereich stand ernsthaft zur Diskussion noch die Trennung zweier Studiengänge innerhalb desselben Fachbereichs. Alternativen wurden nicht erwogen, da sich die Reformdebatte auf Psychotherapie fokussierte. Im Sog einer Bewegung zur Optimierung der Ausbildung und der beruflichen Stellung von Therapeuten wurden Nach- und Nebenwirkungen für andere Fachgruppen vernachlässigt.

Eine Verweigerung der Reform, nachdem sie einmal in Gang gesetzt war, wäre zudem wohl nicht weniger riskant gewesen als deren Durchführung. Indem die Mitglieder der Deutschen Gesellschaft für Psychologie über universitäre Ressourcen verfügten, die für die Realisierung der Reform unverzichtbar waren, trugen sie auch die Verantwortung für den Erhalt dieser Ressourcen. Das schwächte die Verhandlungsposition der Gesellschaft. Hätte die Gesellschaft sich für einen Boykott der Reform entschieden, wäre sie ein doppeltes Risiko eingegangen: Die Psychotherapieausbildung hätte in außeruniversitäre oder innerhalb der Universität in andere als psychologische Einrichtungen abwandern können; die Vertreterinnen und Vertreter der Klinischen Psychologie hätten sich dann von der Gesamtdisziplin abgesondert. Als Folge einer solchen Abspaltung wäre eine verminderte Nachfrage nach nicht-klinischer Psychologie zu befürchten gewesen, verbunden mit schrumpfenden Ressourcen für diese. Man machte sich in der Tat Sorge, „dass uns die Studierenden ausgehen" (siehe oben). Eine Variante einschlägiger Befürchtungen: Das Reformgesetz wird gegen den Willen der Deutschen Gesellschaft für Psychologie erlassen, und in den Psychologischen Instituten und Fachbereichen setzen die Lehrkräfte der Klinischen Psychologie im Verein mit einer Mehrheit von Studierenden dennoch den Approbationsstudiengang durch. Eine völlige Verweigerung der Reform wäre also eine Quelle schmerzlicher Konflikte und wahrscheinlich sogar ein Grund für die Spaltung der Deutschen Gesellschaft für Psychologie sowie psychologischer Universitätsinstitute geworden.

Das Präsidium suchte eine einvernehmliche Lösung, die der Klinischen Psychologie alle gewünschten Fortschritte verschaffte, jedoch andere Psychologische Fächer vor Einbußen bewahrte (vor allem Frensch, 2012; Abele-Brehm & Rief, 2016). Die neue staatliche Approbationsprüfung sollte kommen, und zwar zeitlich nach Erteilung des Magistergrades; doch das Psychologiestudium im akademischen Bachelor-/Masterformat sollte im Großen und Ganzen das bereits an den meisten Instituten und Fachbereichen etablierte bleiben: Ein klinischer Schwerpunkt im Masterstudium und ein breit angelegtes Bachelorstudium; den nicht heilkundlichen Grundlagen- und Anwendungsfächern bot das Bachelorstudium eine solide Basis, die optional im Masterstudium noch vertieft werden konnte. Spätestens die Veröffentlichung des ersten Entwurfs der Gesetzesnovelle machte klar, dass die Vorschläge der Gesellschaft in ihren für das Fach bedeutsamen Teilen beim Ministerium nicht auf Zustimmung gestoßen waren. Die Psychologie war im Begriff, ihre dominante Stellung einzubüßen; der Spielraum für nicht-klinische Fächer war bedenklich klein geworden; den staatlichen Universitäten wurde kein Privileg für den neuen Studiengang gewährt. Trotzdem hat das Präsidium der Gesellschaft die Gesetzesentwürfe aus dem Ministerium als Erfolg für die eigene Politik gewertet (Antoni, 2017). Ohne öffentlichen Widerspruch, ohne Vorbedingungen und nur mit schwachen Vorbehalten hat das Präsidium zusammen mit dem Fakultätentag die Entwürfe des Ministeriums gut geheißen und deren baldige Verabschiedung angemahnt (Deutsche Gesellschaft für Psychologie, 2017). Unverzüglich stimmte das Präsidium der Ermächtigung des Gesundheitsministers zur Verordnung einer Approbationsordnung zu, ohne dass auch nur ein Entwurf für diese Ordnung vorlag. Er sei noch einmal daran erinnert: Im Deutschen Bundestag hat eine Oppositionspartei, die Freien Demokraten, sogar verfassungsrechtliche Bedenken gegen dieses Vorgehen angemeldet (s. Abschnitt 14); aus der Fachgesellschaft kam nicht einmal die pragmatische Forderung, das Reformpaket vor einer Entscheidung komplett vorzulegen.

Als der Gesundheitsminister aus dem alten Gesetz das Prädikat „Psychologische/r" zu „Psychotherapeut/ Psychotherapeutin" nicht in den neuen Gesetzesentwurf übernahm und als neuen übergeordneten Begriff „psychotherapiewissenschaftlich" darin verankerte, gab er zu erkennen, dass er die Psychologie als wissenschaftliche Leitdisziplin bei der Psychotherapieausbildung abzulösen gedachte. Selbst dazu gab es vonseiten der Deutschen Gesellschaft für Psychologie keinen öffentlichen Widerspruch, nicht einmal eine Bitte um Begründung und Klarstellung, erst recht keinen Protest. Als im Februar 2020 im Bundesrat die endgültige Verabschiedung der Approbationsordnung anstand, welche die Zurücksetzung der Psychologie als führende Disziplin der Psychotherapieausbildung besiegelte, begleitete dies das Präsidium mit einer dringenden Mahnung zur Verabschiedung. Bedenken wurden lediglich – dies allerdings wortreich – gegen eine fachpolitisch völlig marginale Frage geäußert, die geplante obligatorische Verwendung von Patientenvideos für Prüfungszwecke; erst an dritter Stelle wurde in knapper Form auf fehlende Finanzierung hingewiesen (Stellungnahme, 2020a).

Die Präsidien suchten Beschlussvorlagen im Sinne der Gesellschaft zu interpretieren. So führte das Ministerium den Begriff der Psychotherapiewissenschaft in das Reformgesetz ein. Das wurde aber nicht als Absage an die Psychologie als akademische Disziplin kritisiert. Vielmehr beruhigte man sich in der Gewissheit, dass auf absehbare Frist die Kapazität für Klinische Psychologie weitgehend in den Psychologischen Instituten und Fachbereichen etatisiert war; die im neuen Studiengang als psychotherapiewissenschaftlich definierten Inhalte deckten sich tatsächlich weitgehend mit der im alten Studiengang gelehrten Psychologie. Die Dominanz der universitären psychologischen Lehre sei also nicht gefährdet, und im Wesentlichen seien es die staatlichen

Universitäten, denen die Durchführung des Approbationsstudiums obliegen würde. Zudem rechnete man mit größerem Spielraum für nicht-klinische Fächer, da man den Löwenanteil für „Bezugswissenschaften der Psychotherapie" der Psychologie zuschlug.

Die Deutsche Gesellschaft für Psychologie hält nun auch in der Phase der Umsetzung des Reformgesetzes an dieser Position fest (Spinath, 2021). „Quo vadis ′Studium und Lehre′ in der Psychologie?" hat ein Artikel von Tuschen-Caffier, Antoni, Elsner und acht weiteren Mitgliedern der Kommission „Studium und Lehre" der Gesellschaft (2020) gefragt. Der Artikel ist als Bericht deklariert im nicht-redaktionellen Teil der Zeitschrift „Psychologische Rundschau" erschienen; als Autor und Autorin zeichnen auch der Präsident der Jahre 2016–2018 und die Präsidentin der Jahre 2018–2020. Ein Kernsatz lautet:

> Indem die **Universitäten** für die Umsetzung der Studieninhalte mit der **Psychologie als primärer Disziplin** zuständig sind, bleiben die bisherigen **wissenschaftlichen Qualitätsstandards** … mit **jeweils wissenschaftlichen** wie auch **berufspraktischen** Inhalt der psychologischen Grundlagen- und Anwendungsdisziplinen erhalten. … Damit können die Grundlagen-, Methoden- und Anwendungsfächer in den polyvalenten B.Sc. Studiengängen weiterhin im jeweils empfohlenen Umfang gelehrt werden (S. 385, Fettdruck im Original).

Der Fettdruck von „Universitäten", „Psychologie als primärer Disziplin" und „bisherigen wissenschaftlichen Qualitätsstandards" ist eine dreifache Ansage. Die Gesellschaft verteidigt die Universitäten als Orte der psychotherapeutischen Ausbildung, die alleinige Zuständigkeit der darin befindlichen Psychologischen Institute und Fachbereiche und die in den universitären Einrichtungen dominierende Verhaltenstherapie. Die Gesellschaft als ganze bekennt sich zu dem Selbstverständnis der Verhaltenstherapie als wissenschaftlich fundierter Richtung, die den Anspruch auf alleinige Berechtigung zu Ausbildung und Patientenversorgung erheben kann. Zudem bleibt die Gesellschaft offenbar bei ihrer Strategie, anderslautende Intentionen des Bundes und der Länder nicht zur Sprache zu bringen. Mit ihrem gesundheitspolitischen Engagement verlagert sie jedoch Schwerpunkt psychologischer Forschung und Lehre von der nicht-klinischen zur heilkundlichen Psychologie.

Die Gesellschaft nimmt damit weiterhin Partei für ihre Fachgruppe Klinische Psychologie, gerät dabei aber auch in Gegnerschaft zu den psychodynamischen und humanistischen Therapierichtungen sowie den sie pflegenden Fach- und Privathochschulen und anderen außeruniversitären Ausbildungsinstituten. Maßgebliche Vertreterinnen und Vertreter der universitären Klinischen Psychologie haben immer wieder die Wissenschaftlichkeit anderer als verhaltenstherapeutischer Ansätze infrage gestellt; sogar in parlamentarischen

Anhörungen haben sie keinen Hehl aus ihrer Überzeugung gemacht. Die Parteinahme für Klinische Psychologie verstand die Gesellschaft sicherlich nicht als Unterstützung für die Anerkennung der Klinischen Psychologie als Leitdisziplin der Psychologie; auch wandte sie sich gegen die Bevorzugung der Klinischen Psychologie bei der Verteilung von Lehr- und Forschungsmitteln. Gegen solche Tendenzen hat sie sich mit Beteuerungen gewandt, jedoch keine Vorsorge getroffen, dass mit den staatlichen Sonderregelungen für Psychotherapie die bisherigen Gewichtungen zwischen heilkundlicher und nicht heilkundlicher Psychologie erhalten bleiben. Dabei konnte der Expansionsdrang der Klinischen Psychologie innerhalb der Universitäten seit deren „Standortbestimmung" von 2007 nicht verborgen geblieben sein. Abschnitt 13 hat bereits ausführlich die Interessengegensätze innerhalb der Psychologie geschildert, die in der Debatte zur Novellierung des Psychotherapeutengesetzes erneut aufbrachen und welchen die anstehende Gesetzgebung Rechnung tragen sollte.

Das Gesundheitsministerium, die zuständigen Länderministerien und die an der Gesetzgebung beteiligten Parteien konnten wohl nicht umhin, die Interessengegensätze zur Kenntnis zu nehmen. Sie haben aber einseitige Parteinahmen zu vermeiden versucht. Für sie waren Kategorien der Gesundheitsversorgung maßgebend. So wurde der Begriff der Psychotherapiewissenschaft in seiner breiten Bedeutung aufgegriffen und Fragen der Anerkennung an die Wissenschaft zurückverwiesen bzw. dem Bundesausschuss für Psychotherapie überlassen. Dies wirkte sich – wie in Abschnitt 14 berichtet – zugunsten der nicht-universitären Lehreinrichtungen aus und führte zu einer recht vagen Bestimmung der wissenschaftlichen Bewertung von Studieninhalten. Negativ ausgedrückt: Dem speziellen Bestreben der Deutschen Gesellschaft für Psychologie und der in ihr dominierenden klinischen Fachgruppe kam die Reform nicht entgegen: Es gibt eine deutliche Präferenz weder für Universitäten noch für die verhaltenstherapeutische Richtung. Im Gegenteil: Das Ministerium und die Länder wandten sich gegen eine Dominanz „der Psychologie" und brachten dies im Gesetz und in der Approbationsordnung auch zum Ausdruck (s. Abschnitt 14).

Mit ihrer eindeutigen Fokussierung auf die Gesundheitsversorgung schenkte die Gesundheitspolitik dem Schicksal der Psychologie als Wissenschaft und als Beruf keinerlei Aufmerksamkeit. Insofern sind etwaige Auswirkungen der Psychotherapiereform auf nicht-klinische Lehrfächer und Berufssparten der Psychologie nicht intendiert; doch übernimmt die Gesundheitspolitik dafür auch keine Verantwortung. Die Deutsche Gesellschaft für Psychologie hat sich mit ihrem Engagement für die Reform an der einseitigen Fokussierung auf Gesundheitspolitik beteiligt. Die Betroffenheit vieler Mitglieder zwingt sie nun, sich um die Begrenzung nachteiliger Auswirkungen zu bemühen. Sie scheint sich nun einer Beharrungsstrategie zu bedienen. Sie tendiert dazu, die neue Gesetzeslage zu ignorieren und die Macht der bestehenden Verhältnisse zu nutzen. So verteidigt sie – wie auch die oben zitierte Stellungnahme ihrer Kommission „Studium und Lehre" zeigt – die Vorrangstellung der Universitäten und ihres Faches Psychologie, damit auch die von anderer Seite als „Monokultur" kritisierten Verhaltenstherapie. Sie verspricht den Grundlagen-, Methoden- und Anwendungsfächern Lehre „weiterhin im jeweils empfohlenen Umfang" (siehe oben). Eine solche Beharrungsstrategie beruht offenbar auf der Überzeugung, dass die Lehre an psychologischen Instituten und Fachbereichen weitgehend von dem dortigen Personal bestimmt ist, sowie auf der Zuversicht, dass die Personalpolitik der vergangenen Jahre weiterhin fortgesetzt werden kann. Doch ob sich die Strategie durchhalten lässt? Die Genehmigungsverfahren geben der staatlichen Seite erhebliche Macht, ihre Bestimmungen durchzusetzen, und neue Studienordnungen dürften erheblichen Einfluss auf zukünftige Besetzungsverfahren ausüben.

Beflügelt von der aktuellen Gesundheitspolitik hat innerhalb der Deutschen Gesellschaft für Psychologie die Fachgruppe Klinische Psychologie einen Einfluss erreicht, der weit über ihren Anteil an der Zahl der Ordentlichen Mitglieder der Gesellschaft hinausging. Der aus ihr hervorgegangenen Kommission „Psychologie und Psychotherapieausbildung" ist zuzuschreiben, dass die Reformvorstellungen der universitären Klinischen Psychologie in der Gesellschaft mit Priorität behandelt wurden. Ihr bevorzugter Verhandlungspartner innerhalb der Gesellschaft war die Kommission „Studium und Lehre", die um Lösungen für das gesamte Fach bemüht war. Nach außen wurden Verbindungen zu politischen Instanzen gepflegt sowie insbesondere zur Bundespsychotherapeutenkammer. Schon vor dem Bundespsychotherapeutentag im Jahre 2010 hatte es zwischen den beiden Seiten eine Vereinbarung über einen reformierten Studienplan gegeben, und noch während des genannten Psychotherapeutentags stellte ein Vertreter der Kommission die Zustimmung der wissenschaftlichen Gesellschaft zu den gerade erfolgten gravierenden Beschlüssen der Praxisvertreter in Aussicht (s. Abschnitt 14). Die oben erwähnten informellen Verhandlungen auf den verschiedenen politischen Ebenen wurden wohl vorwiegend von Angehörigen der Fachgruppe Klinische Psychologie geführt. Sie waren es jedenfalls, welche die Deutsche Gesellschaft für Psychologie bei den Anhörungen des Bundesgesundheitsministeriums am 4. Februar 2019 und des Gesundheitsausschusses des Bundestages am 15. März 2019 vertraten.

Wenn Interessen der Klinischen Psychologie und der Psychologie im Widerstreit lagen, wo war dann die Position der klinischen Fachgruppe? Welches war ihre Identität? Die Vertreterinnen und Vertreter der universitären Klinische Psychologie hatten alle ein Diplomstudium der Psychologie absolviert; insofern ist ihnen eine Identität als (universelle) Psychologen zuzuschreiben. Doch durch ihre Spezialisierung hatten sie sich auch eine zweite Identität zugelegt. Leicht zu behaupten, dass die zweite Identität aus der ersten hervorgeht und daher die beiden Identitäten miteinander harmonieren. Wenn aber Psychologie als universelle Wissenschaft und vielseitige Praxis mit Psychotherapie als spezialisierter Wissenschaft und Berufspraxis in Konkurrenz tritt: Sind dann die beiden Identitäten gleichgewichtig oder überwiegt die klinische Identität? Es scheint, dass bei der Reform der Psychotherapieausbildung die politisch aktiven universitären klinischen Psychologen mehr ihr eigenes Fach und den von ihren Studierenden gewählten Berufsstand im Blick hatten, dass es also eher ihre Identität als Klinische Psychologen und Psychotherapeuten war, die ihr Handeln motivierte.

Politisch betrachtet bildeten die im Reformprozess aktiven Klinischen Psychologinnen und Psychologen aus den Universitäten eine nach innen wie nach außen wirkende Lobby. In der Phase der Reform standen sie eher an der Seite ihrer in den Psychotherapeutenkammern organisierten Berufskollegen. Als Teil von Politik ist Lobbyismus pragmatisch zu betrachten und keinesfalls abzuwerten. Für demokratische Gesellschaften sind Interessengruppen systembildend; es ist nicht nur zulässig, sondern auch wünschenswert, dass Interessengruppen ihre Wünsche artikulieren und für deren Erfüllung werben. Im Bereich der Verwaltung und der Gesetzgebung nennt man so agierende Interessengruppen „Lobbies" nach den Vorhallen des Britischen Parlaments, in denen sich Abgeordnete mit Bürgern aus ihren Wahlbezirken, aus Kultur, Wirtschaft etc. zu treffen pflegten. Der Begriff des Lobbyismus hat negative Konnotationen angenommen, weil sich oft der Verdacht bestätigte, dass mächtige Interessengruppen durch unangemessene Information oder gar mit publizistischem, wirtschaftlichem und politischem Druck Einfluss auf administrative und politische Entscheidungen ausübten. Im Falle der Psychotherapiereform soll jeder Verdacht einer unzulässigen Einflussnahme fern sein. Umso unbefangener ist festzustellen, dass nachdem Psychologie in das Feld der Gesundheitspolitik geraten ist, die Bedingungen für eine Psychotherapielobby gegeben waren, welche die Reformgesetzgebung in ihrem Sinne zu lenken verstand.

Die Verhaltenstherapie, auf die sich die akademische Psychologie fokussierte, war von Anfang auch eine sozialpolitische Bewegung (s. Abschnitt 10). Insofern hat sich deren Verband nicht nur für die Aufnahme seiner Verfahren in die Psychotherapierichtlinien eingesetzt, sondern darüber hinaus für die schließlich 1998 erreichte gesetzliche Anerkennung der Psychotherapie (s. Abschnitt 11). Dafür steht niemand mehr als Professor Dietmar Schulte, der für seinen vielseitigen Einsatz hoch geehrt wurde (s. wieder Abschnitt 10). Die

Reform von 2020 hatte ebenfalls maßgebliche politischen Vorkämpfer aus der Verhaltenstherapie. Keiner von ihnen hat im Novellierungsprozess außerhalb und innerhalb der Deutschen Gesellschaft für Psychologie eine prominentere Rolle gespielt als der langjährige Vorsitzende der Kommission „Psychologie und Psychotherapieausbildung", Professor Winfried Rief. Schon 2007 ist er als Erstautor der neuen „Standortbestimmung" hervorgetreten und hat seitdem eine stattliche Zahl von Schriften zur Reform verfasst oder mit verfasst. Ihm hat die Deutsche Gesellschaft für Psychologie (2020) schon kurz nach Erlass des Reformgesetzes durch Verleihung ihrer Ehrenmitgliedschaft gedankt.

Die traditionsreiche Deutsche Gesellschaft für Psychologie hat ihre Reformziele nur insofern erreicht, als sie sich mit ihrer klinischen Fachgruppe solidarisiert hat. Ihre Agenda hat sie nun jahrelang den Anliegen einer Minderheit ihrer Mitglieder gewidmet, und es ist abzusehen, dass durch die berufsständische Aufwertung dieser Minderheit die Fachgruppe Klinische Psychologie zur Mehrheit gelangt. Welche Stellung hätte dann eine auf die Belange der Klinischen Psychologie ausgerichtete Gesellschaft für Psychologie neben der Bundespsychotherapeutenkammer? Würde sie die Vereinigung der praktisch tätigen Psychotherapeuten lediglich mit akademischem Personal begleiten? Würde sie als wissenschaftliche Gesellschaft ein Gegengewicht zur psychotherapeutischen Praxis bilden? Für ihre Politik braucht die Deutsche Gesellschaft für Psychologie Legitimierung nach innen und nach außen. Ihr die zu verschaffen, wurde der Fakultätentag Psychologie gegründet. Alle oben genannten, durchweg zustimmenden und auf Verabschiedung drängenden Stellungnahmen gab das Präsidium der Gesellschaft stets im Einklang mit dem Vorsitzenden des Fakultätentags ab. Der Fakultätentag sollte das politische Gewicht der Gesellschaft erhöhen. Wie weit die Akteure der Gesundheitspolitik die Versammlung von Hochschulvertretern tatsächlich als Machtfaktor wahrgenommen haben, mag dahingestellt sein. Wahrscheinlich diente der Fakultätentag jedoch der Kommunikation nach innen. Die Mitglieder der nicht-klinischen Fachgruppen hatten der Fortsetzung der Jahrzehnte dauernden Debatten über die Lage und den Reformbedarf der Psychotherapie wenig Beachtung geschenkt; erst spät haben sie bemerkt, dass sie von der anstehenden Reform der Psychotherapeutenausbildung selbst betroffen waren. Der Fakultätentag mochte also helfen, die Diskussion in die Institute und Fachbereiche zu tragen, dort Unterstützung für den Kurs des Präsidiums zu mobilisieren und Widerspruch dagegen zu moderieren.

Eine exklusive wissenschaftliche Vereinigung wollte die Gesellschaft selbst schon längere Zeit nicht mehr sein. So hat sie durch Satzungsänderung die außerordentliche Mitgliedschaft für Personen eingeführt, die sich für die ordentliche

Mitgliedschaft nicht (wohlwollend: noch nicht) qualifiziert haben. Inzwischen hält sich die Zahl ordentlicher und außerordentlicher Mitglieder einigermaßen die Waage. Noch einschneidender war die vereinsrechtlich gewagte Gründung des oben mehrfach genannten Fakultätentags Psychologie. Der Fakultätentag trat, obwohl Untergliederung der Gesellschaft, als eigenständige Institution auf, als „Fakultätentag Psychologie der (sic!) Bundesrepublik Deutschland" sowie als „die hochschulpolitische Vertretung der wissenschaftlichen Psychologie an den deutschen Universitäten" (Fakultätentag, 2015). Wenn er sich – wie erwähnt – als Teil einer Doppelspitze mit dem Präsidium der Gesellschaft an die Öffentlichkeit wandte: Erhöhte er damit das politische Gewicht der wissenschaftlichen Gesellschaft oder minderte er ihre Autorität, indem er glaubte, die gewählte Vertretung ihrer Mitglieder durch ein soziales Konstrukt nach dem Vorbild des Medizinischen Fakultätentages sowie des Psychotherapeutentages stützen zu sollen?

Dabei sind die institutionellen Schwächen der Konstruktion eines Nationalen Psychologenparlaments unverkennbar; der Fakultätentag Psychologie hält einem Vergleich mit dem medizinischen und dem psychotherapeutischen Fakultätentag nicht stand. Diese sind selbstständige Organisationen. Der Fakultätentag Psychologie ist dagegen nach § 15(5) der Satzung der Deutschen Gesellschaft eine ihrer Fachgruppen; Fachgruppen sollen dem Präsidium zuarbeiten, aber nicht paritätisch mit diesem auftreten. Nun ist der Fakultätentag als Repräsentativorgan geplant. Doch seine Repräsentativität ist fraglich. Die Wahl der Delegierten in den örtlichen Universitätsinstituten, ihre Kompetenzen und ihre Verpflichtungen sind nicht näher bestimmt; nach der Ordnung des Fakultätentages werden Vertreterinnen und Vertreter von Hochschulen lediglich „benannt" (Fakultätentag Psychologie, 2015, ohne Jahr). Angehörige örtlicher Universitätsinstitute können diese ohnehin nur bedingt nach außen vertreten; die Außenvertretung der Hochschulen ist deren Leitungen vorbehalten. Für die Deutsche Gesellschaft für Psychologie als Verein ordentlicher Mitglieder müsste es ein Problem sein, dass in einer ihrer Fachgruppen Personen mitwirken können, die gar nicht Mitglied der Gesellschaft sind. Man vergleiche diese Konstruktion mit dem Medizinischen Fakultätentag. Dieser ist ein selbstständiger Dachverband Medizinischer Fakultäten bzw. Fachbereiche; sie sind jeweils durch ihre Dekane vertreten, die ordnungsgemäß gewählt und ihren Fakultäten verantwortlich sind (Medizinischer Fakultätentag, ohne Jahr). Die Psychotherapeutenschaft besitzt in ihren Länderkammern sogar öffentlich-rechtliche Korporationen; zu ihrem Psychotherapeutentag entsenden die Länderkammern ihre Delegierten nach Maßgabe ihrer Ordnung. Ungeachtet seiner fragilen Stellung hat sich der Fakultätentag Psychologie als

Parallelorganisation mit zusätzlichem Personal und beträchtlichen eigenen Einnahmen von zuletzt 28.000 Euro jährlich (Nachrichten, 2021, S. 75) konsolidiert. Im Zuge der Novellierungsdebatte entstanden, hat er als Forum für ihre Ausweitung im universitären Bereich gedient. Dabei hat er weitgehend als Akklamationsgremium gewirkt, jedoch keine eigenen Initiativen ergriffen und neue Akzente gesetzt.

Mitten im Feld der Gesundheitspolitik steht nun die wissenschaftliche Psychologie mit einer Fachgesellschaft, die hinsichtlich ihrer Mitglieder- und Organisationsstruktur problematisch geworden ist. Eine fortschreitende Majorisierung durch Klinische Psychologie und Psychotherapie ist vorherzusehen. Wie weit andere Bereiche der Psychologie sich in Zukunft in der Gesellschaft und durch diese vertreten sehen werden, ist abzuwarten. Eine formelle Spaltung der Gesellschaft ist in den letzten Jahren vermieden worden. Der Preis dafür war das entschiedene Eintreten für die Belange der Psychotherapie in der Hoffnung, nachteilige Neben- und Nachwirkungen auf nicht-klinische Psychologie vermeiden zu können. Was aber, wenn diese Hoffnung trügt? Werden dann leistungsstarke Gruppen nicht heilkundlicher Provenienz Vertretungen zur Erhaltung der eigenen Identität und zur Wahrung ihrer eigenen Interessen gründen? Droht der Deutschen Gesellschaft für Psychologie dann nicht erst recht eine vielfache Abspaltung und damit der Psychologie in wissenschaftlicher Lehre und Forschung die schon länger befürchtete institutionelle Zersplitterung?

Das einseitige Engagement der Deutschen Gesellschaft belastet auch deren Beziehung zur nicht heilkundlichen psychologischen Praxis. Was die Reform der Psychotherapieausbildung anbelangt, hat sich die Gesellschaft mit dem Berufsverband Deutscher Psychologinnen und Psychologen zunächst nur über einen Verbalkompromiss einigen können; hinsichtlich der endgültigen Zustimmung zu dem Reformgesetz war keine Einigung zu erreichen (s. Abschnitt 14). Während die wissenschaftliche Gesellschaft in Übereinstimmung mit den Psychotherapeutenkammern die Reform uneingeschränkt begrüßten, beklagten die drei frühere Präsidentinnen und Präsidenten des Berufsverbandes, dass „ die Psychotherapeutenschaft vom Berufsbild und der Ausbildung der Psychologen und Psychologinnen abgekoppelt wird.“ Sie befürchteten einen Approbationsvorbehalt für „große Anteile psychologischer Berufsaufgaben in unterschiedlichen Berufsfeldern z.B. Rechts- oder Verkehrspsychologie wie aber auch der Gesundheitsversorgungsbereich (Prävention, Rehabilitation)“ sowie eine „Spaltung zwischen Psychologenschaft und Psychotherapeutenschaft in

Wissenschaft und Praxis". Die Einheitlichkeit des Berufsbildes und der Ausbildung gehe verloren, die spezifisch psychologischen Anteile im Studium würden gemindert. „ ..., dass nicht alle Absolventinnen und Absolventen in heilkundlichen Versorgungsbereichen tätig werden können, ... hat zur Folge, dass entweder mit Hilfe des Konstrukts eines Approbationsvorbehaltes ... eine Klinifizierung und Medikalisierung eigenständiger psychologischer Berufsfelder zu erwarten ist" (Hellfritsch, Richardt & Brücher-Albers, 2019).

Entfremden sich nun heilkundliche und nicht heilkundliche Praxis? Geht bisher nicht klinisch ausgerichtete psychologische Praxis in einem fortschreitenden Prozess der „Klinifizierung und Medikalisierung" unter? Welchen Weg nimmt dann die Deutsche Gesellschaft für Psychologie, welchen der Berufsverband der Psychologinnen und Psychologen? Oder kann Psychologie ihre Freiheit erhalten, unter den ihr gemäßen institutionellen Rahmenbedingungen allen ihren wissenschaftlichen und gesellschaftlichen Aufgaben nachgehen zu können?

Abschnitt 16: Essentials

1. Indem Psychotherapie eine Dienstleistung zur allgemeinen Gesundheitsversorgung wird, gerät Psychologie in das Feld der Gesundheitspolitik.
2. Die psychotherapeutische Versorgung und die Privilegierung psychotherapeutischer Leistungen werden damit Gegenstände staatlicher Regelung.
3. Politisch bedingt wird die Psychotherapieausbildung dem Vorbild der ebenfalls in Reform befindlichen Medizinerausbildung angepasst.
4. In dieser Reformpolitik gab es eine hohe Übereinstimmung des Bundesgesundheitsministeriums und den Psychotherapeutenkammern.
5. Die Deutsche Gesellschaft für Psychologie spielte bei der Reform eine Schlüsselrolle, weil in ihr die für Studienpläne zuständigen Hochschulangehörigen organisiert sind. Ihrer Fachgruppe „Klinische Psychologie" folgend unterstützte sie die Reformpläne.
6. Die Gesundheitspolitik verwendet einen unscharfen Begriff von Psychotherapiewissenschaft, der bezüglich der Vielfalt von Therapieverfahren neutral ist; die pragmatische Auffassung dieses Begriffs ermöglichte die weitere Beteiligung von Fach- und Privathochschulen an der Psychotherapieausbildung.
7. Die Deutsche Gesellschaft für Psychologie konnte ihre Ziele nur so weit erreichen, als sie mit denen der Psychotherapeutenkammern übereinstimmten.

Sie besteht aber weiterhin auf ihrem Anspruch, das neue Approbationsstudium nur an Universitäten und nur als psychologischen Studiengang anzusiedeln.

8. Kritisch eingeschätzt wird die gegenwärtige Verfassung der Deutschen Gesellschaft für Psychologie und ihre zukünftige Fähigkeit, die Interessen psychologischer Lehre und Forschung in ihrer Breite wirkungsvoll zu vertreten.

17. Psychologie in der (post-)modernen Gesellschaft

Bevor diese Schrift mit Schlussfolgerungen für die nähere Zukunft der Psychologie schließt (s. Abschnitt 18), sei ein Blick auf die Stellung der Psychologie in der Gesellschaft geworfen. Psychologie und Psychotherapie haben es nicht an Selbstreflexion fehlen lassen; insbesondere hat akademische Psychologie ihrer Methodologie viel Aufmerksamkeit geschenkt (z.B. Mandler & Kessen, 1959). Freilich geschah das meist aus einer selbstzentrierten Innenperspektive. Ansätze zu einer Betrachtung aus gesellschaftlicher Perspektive (z.B. Holzkamp, 1983; Rose, 1990) stammten eher aus dem Rand des politischen Spektrums und konnten in der politisch breit aufgestellten wissenschaftlichen und professionellen Gemeinschaft keine Schule machen. Auch diese kurze Geschichte war weit überwiegend aus der Innensicht, „von der Psychologie her", aufgebaut. So soll wenigstens kurz skizziert werden, wie sie sich in der Außensicht, „von der Gesellschaft her", darzustellen mag. Zusammenfassende Werke zur Soziologie des Bildungs- und Gesundheitswesens (z.B. Hurrelmann & Richter, 2013; Löw & Geier, 2014) geben wertvolle Aufschlüsse, und die einschlägige Fachliteratur hätte eine eingehendere Auswertung verdient. Doch müssen hier wenige pauschale Feststellungen mit spärlichen Einzelnachweisen genügen, den gesellschaftlichen Kontext zu charakterisieren, in dem sich Psychologie entwickelt hat und weiter bestehen soll.

Seit dem Ende des 18. Jahrhunderts, mit dem diese kurze Geschichte begonnen hat, hat sich ein enormer sozialer, wirtschaftlicher und technischer Wandel vollzogen, der in der Gegenwart fortschreitet (vgl. Frevert & Haupt, 2004). Dabei ist die Bevölkerung gewachsen und hat sich in Städten konzentriert; Wohlstand, Bildung und Lebenserwartung haben sich erhöht; Familien werden kleiner, und eine zunehmende Zahl von Personen lebt in ihrem Haushalt allein. Kollektive Unternehmen (Fabriken, Kaufhäuser etc.) ersetzen zunehmend Kleinunternehmen (z.B. Meisterwerkstätten, Einzelhandel etc.). Eine leistungsfähige Infrastruktur entsteht (u. a. Bahn und Post) sowie ein System der Wohlfahrtspflege (vor allem Kranken-, Arbeitslosen- und Altersversicherung). Träger der Einrichtungen zur öffentlichen Versorgung und Fürsorge werden der Staat und die Kommunen, Privatunternehmen (z. B. Eisenbahngesellschaften), Solidargemeinschaften (z. B. Versicherungen) und Wohlfahrtsverbände (z. B. Innere Mission der Deutschen Evangelischen Kirche, Arbeiterwohlfahrt). Ganz neue Errungenschaften, doch auch Bedrohungen ergeben sich mit dem Ende des letzten Jahrhunderts: Digitalisierung, Globalisierung der Wirtschaft, expandierende Finanzmärkte, weltweite Kommunikation und Mobilität, Klimawandel, Migration, Terrorismus. Produktion und Konsum steigen. Solidaritätsgemeinschaften mit ausgeprägter Arbeitsdisziplin nehmen individualistische und hedonistische Züge an. Den Mehrheiten treten benachteiligte Minderheiten gegenüber und kämpfen um Anerkennung und Gleichstellung.

Während Wirtschaftsunternehmen und Versorgungseinrichtungen wachsen, wird die Arbeit der Bürger kleinteiliger. Es entstehen immer mehr Berufe mit immer höherer Spezialisierung, und immer mehr Dienstleistungen werden professionell angeboten. Damit steigt der Anteil der Erwerbsarbeit. Erwerbsarbeit wird zur Regel für alle Männer und Frauen im berufsfähigen Alter, und die Erwerbsarbeit führt immer häufiger zu Arbeitsstätten, die weiter von dem eigenen Haushalt entfernt liegen. Aufgrund entfernterer Arbeitsstätten und längerer Wegzeiten verkürzt sich die Zeit im eigenen Haushalt. Vorherige Haushaltsleistungen werden deshalb außerhalb des eigenen Haushalts nachgefragt (z.B. Restaurantbesuche statt eigener Essenszubereitung, Schneiden der Haare im Friseursalon). Überhaupt verlagern sich soziale Dienste heraus aus den Haushalten (z.B. Kinderbetreuung, Krankenpflege).

Die Qualitätssicherung beruflicher Leistungen in wachsenden und zunehmend mobilen Gesellschaften erfordert die Sicherung der Berufseignung; die Zulassung zu beruflicher Tätigkeit wird immer stärker staatlich geregelt. Einen Meilenstein bildete 1869 in den Staaten des Norddeutschen Bundes der Erlass einer Reichsgewerbeordnung; sie regelte die Zulassung zu wirtschaftlich selbstständigen Tätigkeiten, darunter auch zur Tätigkeit der Ärzte und Apotheker. Aus dieser Ordnung stammt auch der Begriff der Approbation. Zur gleichen Zeit hat der Preußische Staat zum Eintritt in den Staatsdienst (Gerichte und Verwaltung) einen eigenen Werdegang eingeführt: Ein Staatsexamen mit nachfolgender zweistufiger Weiterbildung zum Referendar und Assessor (Bleek, 1972); nach diesem Muster wurden auch die Studienräte an Gymnasien in ihren Beruf eingeführt. Mit der Wende zum 20. Jahrhundert führten Technische Hochschulen und Handelshochschulen für ihre Absolventen Diplome ein, welche ihre Berufseignung bescheinigten. Universitäten folgten ihnen, indem sie Diplome für naturwissenschaftliche Fächer sowie für Wirtschaftswissenschaften ausstellten; das wirtschaftswissenschaftliche Diplom nahm eine Sonderstellung ein, weil es 1922 als Äquivalent zum juristischen Staatsexamen zu einem Referendariat im Staatsdienst berechtigte.

Schon die Gewerbeordnung von 1869 stellte fest: Der akademische Grad des Doktors reicht zur beruflichen Qualifikation sowie zu einer Berufszulassung nicht aus. Die Trennung von akademischer Qualifikation und Berufszulassung war den deutschen Universitäten durchaus nicht fremd. Bildeten doch drei ihrer Fakultäten, die Medizinische, die Juristische und die Theologische den Nachwuchs für die drei großen gesellschaftlichen Institutionen (Kirche, Justiz, Medizin) aus; diese entschieden freilich selbst, wen sie in ihren Dienst übernahmen. Nicht so bis ins 19. Jahrhundert die Philosophischen Fakultäten; sie setzten die Tradition der *artes liberales* (Freie Künste) fort – mit Natur- und Geisteswissenschaften. Für deren Absolventen gab es zunächst keine Berufsbilder. Das Doktorat der Philosophischen Fakultät kam jedenfalls dem Erwerb nicht zugute. Bis ins frühe 20. Jahrhundert hatten Studenten keine Berufsvorbereitung im Sinn, wenn sie sich in der Philosophischen Fakultät einschrieben. Sie absolvierten ein Fachstudium nur aus wissenschaftlichem Interesse und schlossen es mit dem Erwerb des Doktorgrades ab, der im Bürgertum hohes Ansehen genoss. Wieder andere verzichteten auf jeglichen Abschluss; viele besuchten die Universität nur wenige Semester. Solche Studierenden wollten ihre Bildung bei berühmten Gelehrten erweitern und vertiefen; nicht zuletzt suchten sie zwischen Schule und Beruf eine Zeit der Freiheit, des ungebundenen Lebens und der Geselligkeit; das war eine Zeit, in der man in Studentenbünden lebenslange Freundschaften eingehen und wertvolle soziale Beziehungen knüpfen konnte. Für ihre Persönlichkeitsentwicklung mögen ihre Studienerfahrungen wichtig gewesen sein, für ihre späteren Berufe waren ihre Studien nicht erforderlich. Ihre spätere Erwerbstätigkeit war (noch) nicht staatlich reguliert; die dafür nötige Sachkunde und Kompetenzen konnte man autodidaktisch oder vor Ort (z.B. im väterlichen Geschäft) erlernen. So wurden sie Unternehmer, Verwalter, Berater, Künstler usw., in Handel, Industrie, Manufakturen usw., im Dienste der Bildung, der Kunst, der Presse, des Erziehungs- und Heilwesens (Jarausch, 2000, 2004).

Es entsprach dem Selbstverständnis der Philosophischen Fakultät, Wissenschaft ohne Rücksicht auf absehbaren Nutzen zu treiben und Studierende an der Forschung teilnehmen zu lassen. Das Ideal der sich eigenständig entfaltenden Wissenschaft wurde nicht nur in der Artistenfakultät gepflegt, sondern auch in allen anderen Fakultäten. So entwickelte sich an den Universitäten eine eigenständige akademische Gelehrsamkeit. Es entstand eine „*unworldly university*", eine weltentrückte Universität, die den Zwängen des Marktes und jedweder Macht enthoben, nur nach Wahrheit in dem von ihr selbst bestimmten Sinne strebte (Gaita, 2012). Die „weltentrückte Universität" war nach dem Meisterprinzip aufgebaut. Jedem Lehrfach war ein „Lehrstuhl" zugeordnet; bei dem Lehrstuhl konnten Studenten – sozusagen als Gesellenstück – eine Dissertation anfertigen. Die Lehrstuhlinhaber bildeten zunftähnliche Versammlungen, die über Neubesetzungen sowie über akademische Qualifikationen entschieden, insbesondere Promotionen (Verleihung des Doktorgrades) und Habilitationen (Erteilung der Lehrbefugnis): die Fakultät. Als Beamte auf Lebenszeit hatten Professoren, die einen Lehrstuhl innehatten, eine feste Besoldung und konnten zudem noch von ihren Studierenden „Hörergelder" erheben. Ohne Besoldung lehrten Privatdozenten; sie erhielten nur „Hörergelder" von den Studierenden, die sich in ihre Veranstaltungen einschrieben. Volontärassistenten bekamen gar kein finanzielles Entgelt. An Entscheidungen waren weder Privatdozenten noch Assistenten und Studierende beteiligt (Klinge, 2004) .

Auch in ihren ruhmreichsten Zeiten haben die Landesherren und ihre Minister den Universitätsfakultäten Verpflichtungen auferlegt, zur beruflichen Bildung beizutragen. Oft haben diese sich nur unwillig und nicht zur Zufriedenheit von praktisch gesonnenen Studierenden diesen Verpflichtungen unterzogen. Klagen über die Weltfremdheit etwa des Jurastudiums seien hier nur kurz erwähnt. In der Medizin, der Theologie und der Jurisprudenz hatte die Berufsvorbereitung – wie oben erwähnt – Tradition; die Berufe von Ärzten, Pfarrern, Richtern und Staatsbeamten setzten stets ein wissenschaftliches Studium voraus. Die Philosophischen Fakultäten, zunächst frei von Ausbildungsverpflichtungen, erhielten – in Preußen mit der Gründung der Berliner Universität im Jahre 1810 – ebenfalls einen Ausbildungsauftrag. Sie sollten zukünftige Gymnasiallehrer auf ihre Unterrichtsfächer (u.a. Mathematik, Griechisch) vorbereiten und ihnen mit Philosophie, Pädagogik und Psychologie die geistigen und ethischen Grundlagen der Bildung vermitteln; am Ende des Studiums der Bewerber um ein Lehramt stand ein Staatsexamen, das von Professoren und „Schulmännern" gemeinsam abgenommen wurde. Die Abstimmung der akademischen Lehre mit den Anforderungen der Schulpraxis erwies sich als Dauerproblem. Mit dem praktischen Ertrag des Studiums der Philosophie, Pädagogik und Psychologie waren die Schulbehörden ebenso unzufrieden wie die Professoren mit den wissenschaftlichen Leistungen der Studenten. So verfügte das Land Preußen 1890 auch für angehende Gymnasiallehrer eine Weiterbildungsphase (Referendariat) vor der Übernahme in den Schuldienst (Tenorth, 2013).

Nach 1900 setzten gehobene und besser dotierte berufliche Tätigkeiten immer häufiger ein abgeschlossenes Hochschulstudium voraus, und immer häufiger bestimmte der Staat in seinen Zulassungsordnungen die Bedingungen, unter denen das Studium anerkannt wurde (z.B. Studiendauer, Prüfungsfächer). Staatliche Prüfungsämter überwachten die Einhaltung der Bedingungen; sie beteiligten sich an den universitären Abschlussprüfungen (wie bei den Volkswirten) oder sie führten selbst nach Abschluss des Studiums eigene Examina durch (wie bei den Juristen). Auf breiter Front erlebte Deutschland mit Zulassungs- und Berufsordnungen eine Professionalisierung (McClelland, 1991). In der sich zunehmend professionalisierenden Gesellschaft wurde berufliche Bildung zu einer zentralen Aufgabe. Die Fortschritte von Technik, Handel und Verwaltung führten zur Gründung neuer Typen von Hochschulen: Technische Hochschulen, Wirtschaftshochschulen, Hochschulen für Sozialarbeit. Auch von den etablierten Universitäten erwartete man nun mehr an Vermittlung praktischer, für einen Beruf qualifizierender Kompetenzen; ihre Abschlüsse dienten dem Zugang zu einer Fülle attraktiver Berufe. Nicht zuletzt Gesundheitsberufe erfahren eine Akademisierung durch Ausbildung an Hochschulen. Physio- und Ergotherapeuten, Logopädinnen und Hebammen erwarten gegenwärtig die Übernahme ihrer Modellstudiengänge in das Regelprogramm von Hochschulen (Teichler, 2010).

Die wachsende Erwerbstätigkeit und Professionalisierung, verbunden mit einer zunehmenden Akademisierung von Berufen ging einher mit einer steigenden Nachfrage nach Studienplätzen. Waren in der Deutschen Bundesrepublik in den 1960er-Jahren rund 250.000 Personen an Universitäten und Hochschulen als Studierende verzeichnet, so sind es nun (allerdings nach Beitritt der Länder der früheren DDR) drei Millionen. Den Universitäten haben seit den 1960er-Jahren die neuen Anforderungen nicht nur mehr Lehrleistungen abverlangt, sondern auch einschneidende Strukturreformen. Das Ordinarienprinzip wurde aufgegeben. Es gibt im Lehrkörper weiterhin Ränge und Gehaltsstufen; doch auf allen Gehaltsstufen ist eine angemessene Versorgung sichergestellt. Eine weitere Umwälzung ist die Mitbestimmung: Alle funktionalen Gruppen (Professoren, akademische Mitarbeiter, Mitarbeiter in Verwaltung und Technik, Studierende) sind in allen Gremien der Universität vertreten und haben dort Mitspracherechte. Ist die Universität immer noch eine Meisterschule? Ja, es gibt noch die hervorragenden Gelehrten, die Maßstäbe und Schwerpunkte setzen. Doch hat sich die Universität zunehmend zur Lehranstalt mit weitgehend festen Lehrplänen gewandelt. Studierende sind zur Einhaltung der Lehrpläne und zu laufenden Prüfungen verpflichtet. Durch die Lehrpläne führt sie ein Team, bestehend aus mehreren Professoren und Professorinnen sowie deren Mitarbeiterinnen und Mitarbeitern (Finkenstaedt, 2010). Wissenschaft und in ihr die Universität haben sich damit der Welt und ihren Anliegen geöffnet. Hochschulen nehmen in Deutschland inzwischen fast die Hälfte der Geburtsjahrgänge auf; sie müssen dabei der Diversität der Bevölkerung Rechnung tragen. Die akademische Bildung für Millionen erfordert große Haushaltsmittel. Da in Deutschland Studiengebühren abgeschafft sind, müssen die Mittel weit überwiegend von den Bundesländern und der Bundesregierung aufgebracht werden. Politik und Öffentlichkeit dringen daher auf die

Praxisorientierung des Studiums. Das spiegelt sich zum Beispiel in der Reform der Medizinerausbildung, von der in Abschnitt 16 zu berichten war.

Forschung, jene Leistung, mit der die Universität traditionell ihren elitären Anspruch begründete, musste nicht selten hinter Lehre zurückstehen. Um dieser Tendenz entgegenzuwirken, wurden an den Universitäten Forschungsgruppen und -programme eingerichtet; die von den Universitäten dafür bereitgestellten Haushaltsmittel wurden durch außeruniversitäre Geldgeber (z.B. die Deutsche Forschungsgemeinschaft) aufgestockt. Die Forschungsgruppen und ihre Mitglieder kooperierten und konkurrierten innerhalb der internationalen Wissenschaftlergemeinschaft – etwa in Fachkonferenzen oder in Fachzeitschriften. So lebt in vielen Forschergemeinschaften die „weltentrückte" Universität weiter, mit ihren elitären Ansprüchen und meisterlichen Vorbildern. Sie widmen sich Grundlagenproblemen und anderen Fragen vorzugsweise wissenschaftlichen Interesses (z.B. der Erforschung ausgestorbenen Sprachen). Um innovative und aufwendige Wissenschaft zu ermöglichen, wurden außeruniversitäre Forschungsinstitute ins Leben gerufen. Zur Förderung der Grundlagenforschung wurde in Deutschland 1911 die Kaiser-Wilhelm-Gesellschaft gegründet, die nach 1945 unter dem Namen „Max-Planck-Gesellschaft" weiter wirkte. Das Netz der außeruniversitären Forschungseinrichtungen ist gewachsen – in Deutschland sind es inzwischen über tausend öffentlich finanzierte (z.B. Fraunhofer Gesellschaft, Helmholtz-Zentren). In glücklichen Phasen wird aus selbstbezogener wissenschaftlicher Erkenntnis praktischer Fortschritt – ein Grund, weshalb die Gesellschaft auch freie Forschung honoriert. Wer hätte z. B. im Jahr 1800, als der italienische Physiker Alessandro Volta seine elektrische Batterie konstruierte, an die Elektromobilität im 21. Jahrhundert gedacht? Wer kennt nicht die bahnbrechenden wissenschaftlichen Entdeckungen die zu umwälzenden Neuerungen in Biologie, Technik u.s.w., die das Leben grundlegend verändert haben? Und wer hofft nicht, dass es weiterer wissenschaftlicher Forschung gelingen wird, die Krebskrankheit zu besiegen und das Weltklima zu retten?

Die Lebenserwartung hat sich verlängert, Wissenschaft und Praxis sind fortgeschritten; so bildet sich ein wachsender Teil der Bevölkerung in einem tertiären (d. h. der Grund- und Oberstufe der Schule nachfolgenden) Bildungssektor. Darin stellen sich Universitäten in die (ältere) Tradition der forschungsorientierten Meisterschulen, Hochschulen in die (jüngere) Tradition der berufsbildenden höheren Lehranstalten. Idealtypisch sind Universitäten vor allem ihrer eigenen Exzellenz verpflichtet, die sich gegenwärtig nicht zuletzt in der internationalen Konkurrenz erweist, Hochschulen der breiten und zuverlässigen Berufsvorbereitung, die aus der Qualifikation ihrer Absolventen zu ersehen ist. Die idealtypische Unterscheidung lässt sich an mancherlei Merkmalen vertiefen. Universitäten treten seltener als Dienstleister auf, tragen aber einen Großteil der Grundlagenforschung und Theorie. Als Kaderschmiede für den vergleichsweise kleinen Forschungssektor setzen sie auf Bestenauslese; in Erwartung hoher Eigenmotivation der Studierenden sind didaktische Bemühungen eher gering. Hochschulen treten entsprechend eher im Dienste der Praxis, ja selbst als Dienstleister auf und verpflichten sich ausdrücklich zur Nachwuchsausbildung für ausgedehnte Industrie- und Verwaltungsunternehmen; sie widmen sich daher durchweg der systematischen Unterweisung und pflegen eine Didaktik, die den Studienerfolg einer größeren Zahl von Absolventen gewährleistet.

Längst wird freilich die obige idealtypische Unterscheidung zwischen Universitäten und Hochschulen der Wirklichkeit nur ansatzweise gerecht. Sie ist vor allem politisch weitgehend nicht mehr gewollt. Längst sind Hochschulen ebenfalls Orte für hochwertige, international kompetitive Forschung, während Universitäten mit Standardprogrammen große Mengen von Studierenden für ausgedehnte Berufsfelder vorbereiten. Universitäten und Hochschulen sind also gegenwärtig eher Zwitter. In einigen ihrer Fächer – oder in einigen Abteilungen einzelner Fächer – dominiert in der Tradition der Gelehrtenuniversität, gar in elitärer Abgeschiedenheit, die Forschungsorientierung, während anderswo mit dem Blick auf Anforderungen der Praxis größere Mengen von Studierenden ausgebildet werden. Noch mehr zum Hybrid wird tertiäre Bildung, wenn man überhaupt die Differenzierung zwischen Forschung und Praxis aufzuheben versucht und durchweg eine didaktisch hochwertige Vermittlung für die Vielzahl von Studierenden verlangt.

Wie ist Psychologie in diese Bildungslandschaft einzuordnen? Akademische Psychologie ist ein Spross der „weltentrückten Universität" des 19. Jahrhunderts. Mit ihren Laboratorien hat sie sich im wörtlichen Sinne aus der Welt zurückgezogen, hat dort ihre eigenen Paradigmen entwickelt (wie die experimentelle Psychologie) und ihre eigenen Gelehrtenkreise (wie Wilhelm Wundt und seine Schüler im Leipziger Institut). Dabei ist sie selbst zu einer weltentrückten, selbstbezogenen Disziplin geworden. Mit Schwerpunkt in der Grundlagenforschung (z. B. der Wahrnehmungspsychologie) hat sie ein eigenes Profil entwickelt. In der Moderne, insbesondere nach dem Ersten Weltkrieg, hat diese Psychologie ihre Forschung aufgefächert, bis sie sich über ein breites Spektrum allgemein-, differentiell- und sozialpsychologischer Fragen erstreckte. Abschnitt 5 hat dargestellt: Praktische Psychologie ist nicht unmittelbar aus der Theoretischen hervorgegangen. Sie hat sich aus der unmittelbaren Auseinandersetzung mit praktischen Problemen entwickelt und im Austausch mit

Betroffenen und Experten aus anderen Berufen (s.a. Schönpflug, 1993). So spiegelt sich in der Psychologie die Polarisierung zwischen „weltentrückter" Grundlagentheorie und der Lebenswelt zugewandter Praxisorientierung wider.

Für die Stellung der Psychologie in der Gesellschaft maßgeblich ist vor allem die Praktische Psychologie geworden. Industrie und Verwaltung, Schule und Militär erwarteten nach 1900 von der Psychologie Beiträge zur Modernisierung. Charakteristisch für den Modernisierungsansatz war das Motto der Psychotechnik: Anpassung des Menschen an die Arbeit und Anpassung der Arbeit an den Menschen. Beiträge zur Modernisierung umfassten die Eignungsauslese und die Gestaltung von Arbeitsplätzen, Schulung und Rehabilitation (z.B. von Unfallgeschädigten und Kriegsverletzten) (Giese, 1928; Schlesinger, 1920). Autoren wie Jaeger und Staeuble (1978) haben den Modernisierungsansatz der praktischen Psychologie recht kritisch beurteilt; sie sahen darin die Dominanz von Wirtschaft und Politik zulasten der arbeitenden und sozial schwachen Bürger. So hat sich Praktische Psychologie, als sie als eigener Beruf aufzutreten begann, zunächst als Modernisierungsagentur empfohlen und mag im Dienste von Effizienzmaximierung zur Anpassungsagentur und zum Reparaturbetrieb für gesellschaftliche Schäden geworden sein.

Stand in der ersten Hälfte des vergangenen 20. Jahrhunderts die Modernisierung von Wirtschaft, Verkehr, Medizin, Kommunikation usw. im Vordergrund, folgte in der zweiten Hälfte der Ausbau der Sozialsysteme. In diesem Zusammenhang fiel Psychologen eine neue Rolle zu; sie wurden als Humanisierungsexperten in Anspruch genommen. Im Bereich der Arbeitsgestaltung war etwa nicht nur Leistungssteigerung gefragt, sondern auch Stressreduktion und Persönlichkeitsförderung. Im Bereich der Erziehung wurde über die Unterrichtsgestaltung und -organisation hinaus die Förderung von Kindern mit Schulschwierigkeiten sowie die Inklusion von Behinderten zu vorrangigen Aufgaben. Der Ausbau von sozialen Diensten und die Zunahme von sozialen Leistungen begünstigte die erwerbsmäßig angebotene Intervention bei persönlichen Krisen. Es wäre nun falsch zu behaupten, dass mit dem Ausbau der Sozialsysteme ein Ende der effizienzorientierten Moderne zu Ende gegangen sei. Im Gegenteil: Die Nutzenmaximierung in Wirtschaft, Technik, Medizin usw. schreitet unablässig voran. Doch wird sie nunmehr überlagert von einer Sorge für alle, die an den modernen Entwicklungen beteiligt sind (z.B. Beschäftigte in der Industrie) und denen, die nicht gleichermaßen an ihren Errungenschaften teilhaben (z.B. Arbeitslose). Sie ist weniger auf allgemeine Prinzipien und widerspruchsfreie Argumente fixiert, sondern sucht der Diversität gerecht zu werden und pragmatische Lösungen zu finden.

Den Wandel des Psychologen vom Anpassungsagenten zum Humanisierungsexperten kann man im größeren Zusammenhang eines Übergangs von der Moderne zu einer Phase der Postmoderne sehen (Welsch, 1991). In diesem Sinne schrieb Polkinghorne (1992, S. 146 ff.):

> The story of academic psychology is a subplot within the history of modernism. … The psychology of practice – the second psychology – emerged under the shadow of academic psychology. While academic psychology was focused on the discovery of general laws of human behavior, the psychology of practice was focused on pragmatic action in service of the mental health and personal development of people. … the psychology of practice provides a forceful illustration of the implementation of a postmodern science.

Nach Polkinghorne hat die Praktische Psychologie den modernen Glauben an universelle Theorien vom Menschen und seiner Welt verloren, deren Anwendung die Menschheit von Armut, Krankheit und sozialer Benachteiligung befreit. Sie gibt sich mit fragmentiertem Wissen zufrieden und einem summarischen Handlungswissen, dessen Tauglichkeit in einer Reihe von vergleichbaren Fällen evident geworden ist.

Die Theorie der Postmoderne behauptet keineswegs eine Ablösung der Moderne durch die Postmoderne, sondern eine Überlagerung der Moderne durch die Postmoderne. Psychologie kann auch im 21. Jahrhundert noch Aufgaben der Anpassung und der Auslese erfüllen; doch mit dem Ende des 20. Jahrhunderts verschiebt sich die berufliche Tätigkeit hin zum Auftrag der Humanisierung. So galt zunächst der Berufspsychologe vorwiegend als Experte für Diagnostik (s. Abschnitt 8). Mit der Annäherung an das Jahr 2000 hat dann das Berufsbild des Therapeuten das Berufsbild des Diagnostikers abgelöst. Noch 1999 waren Jiménez und Raab überrascht, wie häufig Schulreifeuntersuchungen oder Berufseignungsprüfungen (von einer Stichprobe aus dem steirischen Graz) als typische berufliche Tätigkeiten von Psychologen genannt wurden. Psychotherapie lag unter den Tätigkeitsfeldern zwar (mit Strafvollzug) in der Spitzengruppe, jedoch nicht unangefochten an der Spitze. Das hatte sich geändert, als zehn Jahre später Kanning (2012) die Befragung von Jiménez und Raab online wiederholte; nun lag Psychotherapie an der Spitze.

Pragmatismus und soziales Engagement waren wohl Tugenden, die der Klinischen Psychologie zu ihren Aufstieg verhalfen. Er wurde in Deutschland begünstigt, wenn nicht gar überhaupt erst ermöglicht, durch eine aufwendige Sozialpolitik mit vielfältigen Fördermaßnahmen (z.B. Umschulung für Arbeitslose) und sozialer Fürsorge (z. B. Inklusion). Der Begriff der Gesundheit weitet sich aus, und Klinische Psychologie gewinnt Anteile in der

Gesundheitsversorgung. Vorbildlich war die oben erwähnte Definition des Begriffs der Gesundheit durch die Weltgesundheitsorganisation (1946): *Health is a state of complete physical, mental and social well-being and not merely the absence of disease or infirmity.* Nach dieser Auffassung fallen persönliche und familiäre Krisen in die Zuständigkeit von öffentlich oder solidarisch finanzierten Gesundheits- und Sozialdiensten. Selbstverständlich sind die Kosten dieser Dienste zu begrenzen, doch immerhin wächst die Liste zu behandelnder Beschwerden, denen ein erheblicher „Krankheitswert" zuerkannt wird.

Wie jedweder Beruf bieten psychologische Dienste zweierlei: Spezifische Kompetenz und Arbeitszeit. Es sei nicht grundsätzlich infrage gestellt, dass Psychologinnen und Psychologen aufgrund ihrer Ausbildung und Erfahrung Kompetenzen einzusetzen haben wie kein anderer Beruf und keine Laien. Doch von nicht zu unterschätzender gesellschaftlicher Bedeutung ist auch die Zeitökonomie. Die anfangs dargestellte Ausweitung der Erwerbsarbeit hat die für den eigenen Haushalt verfügbare Zeit reduziert; die Folge ist eine Auslagerung von früheren Haushaltsleistungen (wieder das Beispiel: Restaurantbesuch statt Kochen). Von einer solchen Auslagerung profitiert auch der Beruf der Psychologen. Psychologinnen und Psychologen übernehmen soziale Leistungen, die Familie, Verwandte, Freunde, Kollegen und Nachbarn nicht mehr erbringen. Psychologische Sozial- und Lernprojekte sowie Individual- und Gruppentherapien treten an die Stelle von familiärer, verwandtschaftlicher, nachbarschaftlicher etc. Fürsorge. Im Dienste der Humanisierung leistet somit Psychologie eine zeitliche Entlastung im privaten Leben. Ähnlich im öffentlichen und beruflichen Leben: Betriebe, Schulen, Verwaltungen etc. stehen vor erhöhten Anforderungen an die menschengerechte Gestaltung von Arbeits- und Lebensbedingungen sowie an einen humanen Umgang mit Mitarbeitern und Kunden. Sind Lehrer, Ingenieure und Angehörige anderer Berufsgruppen mit ihren Primäraufgaben so weit ausgelastet, dass sie das geforderte Mehr an Humanisierung nicht leisten können, dann wird dieses an die Berufsgruppe der Psychologen delegiert. Zeitökonomie, genauer: die zeitliche Entlastung primär Verantwortlicher ist also auch ein gewichtiges Argument für die Beschäftigung von Psychologinnen und Psychologen in Organisationen.

Sofern Zeitökonomie eher als spezifische Kompetenz oder zusätzlich zu dieser der Grund für die Beschäftigung von Psychologinnen und Psychologen ist, erscheint deren Verhältnis zu Angehörigen anderer Berufe und zu Laien in einem anderen Licht. Das oben als Charakteristikum der postmodernen Psychologie dargestellte fragmentierende, pragmatische Vorgehen entspricht dem schon seit jeher (d.h. prämodern) dem Umgang anderer Berufsgruppen und betroffener Laien mit psychologisch zu nennenden Problemen. Warum sollten nicht auch sie Können erworben und tradiert haben, das der Expertise von Berufspsychologen äquivalent ist? Die Erwartung einer hohen Kompetenz psychologisch und psychotherapeutisch ausgebildeter Fachleute schließt übrigens eine entsprechende Kompetenz Anderer nicht aus. So schrieben in einer Befragung von Sander (1998) 90 % den Psychologen eine hohe fachliche Kompetenz zu; doch über 60 % haben guten Freunden eine gleich wirkungsvolle Hilfe zugetraut.

Sanders Untersuchung ist nun schon über 20 Jahre alt, und neuere Daten zur Einschätzung professioneller psychologischer Leistungen liegen nicht vor. Zu ergänzen wären diese ohnehin durch Einschätzungen von anderen Berufsgruppen. Noch wichtiger wären Untersuchungen zur Bewährung professioneller psychologischer Leistungen, die Effizienz auch im Vergleich mit den Leistungen bestimmen, die andere Berufsgruppen und Laien zu erbringen imstande sind oder tatsächlich erbringen. Wie weit könnten Private und Berufstätige in ihrem Umfeld den Bedarf an menschlicher Fürsorge und an menschengerechter Gestaltung decken, könnten sie nur die Zeit dafür erübrigen? Gesellschaftlich ist diese Frage durchaus brisant. Wie sehr ist die Gesellschaft bei ihrem Bemühen um Humanisierung auf professionelle Psychologie angewiesen? Sollte man Verantwortliche in Organisationen lieber von Primäraufgaben entlasten, um sie stärker mit Aufgaben der menschengerechten Arbeitsgestaltung zu betrauen? Sollte man, anstatt bei Anpassungs- und Lernstörungen von Kindern eine professionelle Therapie zu finanzieren, deren Eltern nicht lieber einen Verdienstausfall erstatten, damit sie selbst ihren Kindern helfen können?

Jedenfalls hat sich Psychologie als Beruf in einem Zeitraum von etwa einem halben Jahrhundert durchgesetzt. Paradox ist freilich: Der Beruf gründet sich paradigmatisch nicht auf der akademischen Psychologie zur Zeit seiner Entstehung. Doch hätte die Professionalisierung von Psychologie wohl nicht stattgefunden, wenn es akademische Psychologie nicht gegeben hätte. Die Einrichtung von Forschungsinstituten und wissenschaftlichen Gesellschaften für Psychologie hat ein Identitätsbewusstsein gefördert. Zugleich boten – wie oben geschildert – die wissenschaftlichen Institute nur Wenigen die Chance einer bezahlten Beschäftigung. Mit psychologischen Dissertationen Promovierte suchten daher eine Erwerbstätigkeit, bei der sie ihre wissenschaftliche Qualifikation zur Geltung bringen konnten. Groß war freilich die Kluft zwischen den Promotionsarbeiten und den späteren beruflichen Aufgaben (s. Schönpflug, 2017). Erst die Diplomordnung von 1941 führte ein Psychologiestudium ein, in dem Praxisfächer obligatorisch waren (s. Abschnitt 5). Noch lange dominierten die theoriezentrierten Grundlagenfächer. Mit ihrem Nebeneinander von Grundlagenforschung und Anwendungsorientierung passte Psychologie recht gut in das Profil der oben beschriebenen hybriden Universität, die sich einerseits elitär absondert, andererseits den Anforderungen der Gesellschaft öffnet.

Polkinghorne (siehe oben) hat Praktische, pragmatisch ausgerichtete Psychologie als Erscheinung der Postmoderne charakterisiert. Unter akademischer Psychologie versteht er offensichtlich die theoriegeleitete Grundlagenforschung, die mit ihrer Suche nach allgemeinen Gesetzen das Programm der Moderne fortführt. Dem mag man doppelt widersprechen. Zum einen mag man auch in der neueren Grundlagenforschung Züge entdecken, die sie in die Postmoderne einordnen (z.B. Fragmentierung), zum anderen wird man der Anwendungsforschung die Suche nach einer allgemeingesetzlichen Fundierung nicht absprechen wollen. Doch eine anhaltende Polarisierung zwischen Theoretischer und Praktischer Psychologie ist nicht zu verkennen. War in der Frühzeit der Professionalisierung die Erstere – wie vorhin festgestellt – an den Universitäten dominant, so hat in den letzten Jahrzenten die Letztere sich ausgeweitet, insbesondere in ihrer klinischen Ausrichtung. Dieser Prozess geht einher mit der oben beschriebenen zunehmenden Inanspruchnahme der Hochschulen für berufliche Bildung.

Eine liberale Wissenschaftspolitik hat psychologische Forschung mit erheblichen Mitteln gefördert. Allein im Jahr 2015 sind in Deutschland fast 80 Millionen Euro an für psychologische Forschung geflossen – zusätzlich zu den Normaletats von Instituten (Wissenschaftsrat, 2018a, S. 31). Waren bis etwa 1950 fast ausschließlich Psychologische Universitätsinstitute Trägerinnen psychologischer Forschung, so wächst seitdem der Anteil außeruniversitäre Institute. Die oben erwähnte Max-Planck-Gesellschaft hat 1982 sogar in München ein eigenes Institut für Psychologische Forschung gegründet (inzwischen Max-Planck-Institut für Kognitions- und Neurowissenschaften in Leipzig). Man wird aufmerksam beobachten müssen, ob sich nun Forschungsbereiche dauerhaft aus Universitäten verlagern, nachdem diese stärker zur Berufsbildung herangezogen werden.

Hochschulen werden vermehrt zur Berufsbildung herangezogen, weil Politik und Öffentlichkeit sich von ihrer Wissenschaftlichkeit eine höhere Qualifikation der Absolventen versprechen. Dies entspricht den Interessen des Psychologieberufs. Das Durchlaufen eines aufwendigen akademischen Studiums begründet den Anspruch auf spezifische Kompetenz. Im arbeitsteiligen System der Moderne kann Psychologie als akademischer Beruf eine Vorzugsstellung sowie eine gehobene Honorierung beanspruchen. Politik und Öffentlichkeit setzen dabei ein *Scientist-Practitioner*-Modell mit zügiger wechselseitiger Unterstützung von Wissenschaft und Praxis voraus. Die Berufspolitik würde sich zum Scheitern verdammen, würde sie diese Annahme nicht teilen und propagieren.

Doch so einfach ist zumindest in der Psychologie – wie schon Abschnitt 12 gezeigt hat – das Verhältnis von Wissenschaft und Praxis nicht zu bestimmen.

Nicht nur das Verhältnis von Wissenschaft und Praxis steht in der Psychologie zur Diskussion, sondern auch das Verhältnis der Sparten psychologischer Praxis zueinander. Indem sich Arbeits-, Rechts-, Schulpsychologie etc. der akademischen angelehnt haben, haben sie sich in einen Verbund begeben. Die akademische Ausbildung hat diesen Verbund institutionalisiert, indem sie die gesamte Angewandte Psychologie zum Gegenstand des Psychologiestudiums erklärte. Was wäre gewesen, wenn akademische Psychologie nicht zum Sammelbecken für praktische Psychologien geworden wäre? Sie hätten sich getrennt entwickelt, jeweils ihren Anwendungsgebieten zugeordnet. Rechtspsychologie hätte sich dann als Teil der Rechtspflege entwickelt, Arbeitspsychologie als Teil der Betriebslehre u.s.w. Gebietsübergreifende Kooperationen wären dabei nicht ausgeschlossen – zum Beispiel Intelligenztests für Schule, Militär und Betrieb. Mit dem Verbund zu einer disziplinären Psychologie haben sich gleichzeitige psychologisch zu nennende Ansätze in anderen Berufen nicht erübrigt. Psychologie hat sich außerhalb der Einzeldisziplin in mehreren „Territorien" angesiedelt (Ash & Sturm, 2007). So entstand, was oben mehrfach als transdisziplinäre Psychologie bezeichnet wurde. Wenn die Einheit der praktischen Psychologien nicht durch ihre Beziehung zu gemeinsamen Grundlagen gestiftet ist, beruht sie dann auf gemeinsamen Problemen und Techniken? Oder ist sie eher strategisch bedingt, und zwar durch Legitimierung über eine akademische Disziplin?

Zu Beginn des 21. Jahrhunderts zeichnet sich für Psychologie eine zweifache Polarisierung ab: Nach Disziplinarität und Professionalität. Es gibt eine ausdrücklich als wissenschaftliche Psychologie institutionalisierte Disziplin, der alle angehören, die ihr ordnungsgemäßes Studium durchlaufen haben – die Diplompsychologen und -psychologinnen sowie die Besitzerinnen und Besitzer eines Mastergrades in Psychologie. Die Disziplinäre Psychologie ist nach ihrer Professionalität in zwei ungleich starke Sparten zu teilen. Die in Forschung und Lehre Tätigen – nach der Zahl von Mitgliedern der Deutschen Gesellschaft für Psychologie zu urteilen in Deutschland rund 10.000 – sowie die außerhalb der Hochschulen und Forschungsinstitute in verschiedenen Praxisfeldern Tätigen – etwa 100.000. Wegen der bisherigen Einheitlichkeit des Studiengangs gilt es als korrekt, alle Absolventen als homogene Gruppe aufzufassen. Daran bestehen jedoch erhebliche Zweifel. Die verschiedenen Praxisfelder zeichnen sich durch spezifische Expertise aus, die erst mit der Praxis selbst erworben wird (und nur unzureichend während des Studiums). So kann man durchaus eine Unterscheidung treffen zwischen einer (in der Forschung der akademischen Psychologie vorherrschenden) Theoretischen Psychologie und einer

Praktischen oder Angewandten Psychologie (in der außeruniversitären Praxis) (Schönpflug, 1993).

Zwischen den oben grob unterschiedenen Theoretischen und Praktischen Psychologien steht die (ebenfalls meist universitär betriebene) Forschung zur Praktischen Psychologie, kurz: Anwendungsforschung. Anwendungsforschung verschafft zumindest durch Systematisierung und Dokumentation Evidenz für die Praxis. Wie weit sie methodisch und theoretisch mit der Grundlagenforschung korrespondiert, ist unklar. Differenzen dürften beachtlich sein. Herrmann, Raybeck & Gruneberg (1997) wollen sogar zwischen Grundlagen- und Anwendungsforschern einen Unterschied in Konventionen und Sprache festgestellt – wie zwischen zwei Kulturen.

Der damit doppelt bestimmten disziplinären Psychologie stehen zwei Gruppen gegenüber. Die eine, überaus heterogene Gruppe besteht aus Angehörigen zahlreicher anderer wissenschaftlicher Disziplinen, zu deren Bestand auch psychologische Fragestellungen gehören (z. B. Soziologie, Sprachwissenschaften, Wirtschafts- und Rechtswissenshaften, Physiologie, Genetik). Die andere, nicht minder heterogene Gruppe besteht aus Angehörigen anderer Berufsgruppen mit psychologischen Kompetenzen und teilweiser psychologischer Ausbildung (z. B. Lehrer, Richter und Rechtsanwälte, Verkaufsleiter). Der disziplinären Psychologie steht somit die hier „transdisziplinär" genannte Psychologie gegenüber. Von disziplinärer wie transdisziplinärer Psychologie zu unterscheiden ist die von engagierten Laien und ihren Medien gepflegte freie, hier „adisziplinär" genannte Psychologie. Adisziplinäre Psychologie wird nicht systematisch erforscht und nicht formell gelehrt. Sie entfaltet sich in kleinen Kreisen (z. B. Elterngruppen) und wird über Medien (z. B. Foren, Publikumszeitschriften) öffentlich; nicht zu unterschätzen ist der popularpsychologische Gehalt von Kultur und Politik.

Zu Zeiten postmoderner Vielfalt sind Taxonomien zwar zur Orientierung hilfreich, doch in vielen Einzelfällen nicht leicht durchzuhalten. Recht gut anwendbar ist sie auf die Zuordnung von Institutionen (z.B. Fachbereich Psychologie einer Universität, Psychotherapeutische Praxis, Fachhochschule für Sozialarbeit, Kanzlei für Familienrecht, TV-Ratgeber). Doch bei der Anwendung auf Paradigmen häufen sich die Schwierigkeiten. Sind die Methoden und Theorien der Wissenschaft die gleichen oder andere als die der Praxis? Unterscheiden sich psychologische Ansätze in den Psychologischen Instituten von denen in den Soziologischen oder Pädagogischen Instituten? Wie weicht die adisziplinäre Popularpsychologie von der disziplinären ab? Solche Fragen bringen ans Licht, wie wenig wir über die Verbreitung und Wirksamkeit von Psychologie wissen. Würden wir es untersuchen, würden wir klare

Unterschiede feststellen (z.B. dürfte die Verwendung stochastischer Methoden ein Alleinstellungsmerkmal der wissenschaftlichen Psychologie sein). Doch aufschlussreich werden könnten Gemeinsamkeiten und Interaktionen. Vorrangig zu ermitteln wäre etwa der Austausch zwischen disziplinärer und adisziplinärer Psychologie. Wie stark und wie schnell wandern etwa Begriffe und Meinungen aus der Wissenschaft in den öffentlichen Diskurs (z.B. der Begriff „Stress", die Theorie der Verdrängung)? Wie beeinflusst die öffentliche Meinung wissenschaftliche Lehre und Forschung (z.B. Kontroversen über Zuwanderung).

Interessant ist das Verhältnis der in der Praktischen Psychologie Tätigen zu ihren transdisziplinären Kolleginnen und Kollegen. Ihre Berufsaufgaben und -erfahrungen dürften recht ähnlich sein; mit der Dauer ihrer Berufstätigkeit nähert sich ihre Expertise der ihrer Kolleginnen und Kollegen mit anderer Ausbildung an. Was macht dann noch ihren Mehrwert als fachpsychologisch ausgewiesene Praktiker aus? Oder sind die Berufsaufgaben und -tätigkeiten für Psychologinnen und Psychologen in denselben Praxisfeldern gar nicht dieselben wie die ihrer anders ausgebildeten Kolleginnen und Kollegen? Herrscht Arbeitsteilung, die Psychologinnen und Psychologen eine ihrer Qualifikation entsprechende Sparte von sozialen Diensten zuweist? Handelt es sich hierbei um Aufgaben, die nur von psychologisch Ausgebildeten zu bewältigen sind? Oder sind diese Aufgaben – wie oben beschrieben – nur an Berufspsychologen delegiert, um andere (z. B. Lehrer, Betriebsleiter, Ingenieure) zugunsten ihrer Primäraufgaben zu entlasten?

Antworten auf diese Fragen wünschte man sich nicht nur aus der Sicht der Psychologie, sondern auch aus der Sicht von anderen Berufen mit transdisziplinärer Ausrichtung. Aus der einen Sicht ist zu fragen: Für wie kompetent und unersetzlich halten sich Psychologen selbst in ihrem Fachgebiet? Leistungsprofile sind auch mit objektiven Methoden zu ermitteln: Was leistet Psychologie in der Praxis, was transdisziplinäre Berufe nicht auch leisten? Inwiefern ist also professionell betriebene Psychologie eine Bereicherung, inwiefern nur eine Erweiterung des Personals? Damit ist zu vergleichen: Wie beurteilen etwa Lehrerinnen und Lehrer die mit ihnen kooperierenden Schulpsychologen, wie beurteilen Betriebswirte die in ihrem Unternehmen tätigen Arbeits- und Organisationspsychologen etc.? Wie schätzen sie die durch ihre psychologische Ausbildung erworbene Kompetenz ein? Wie weit trauen sie sich selbst die Aufgaben ihrer psychologischen Kolleginnen und Kollegen zu? Wie weit glauben sie, berufliche Aufgaben an die psychologischen Kolleginnen und -kollegen nur abzugeben, weil ihre Hauptaufgaben (z.B. Unterricht, Produktionsleitung) ihnen dafür die Zeit nicht lassen?

Es stellt sich sogar die Frage, wie weit in der postmodernen Gesellschaft die Psychologie, insbesondere die Klinischen Psychologie, Ersatz für die Pastoraldienste der christlichen Kirchen schafft. Bis zur Mitte des verflossenen Jahrhunderts dienten sie vorrangig als Institutionen der Krisenprävention und Krisenbewältigung (z.B. im Trauerfall, durch Umgang mit Schuld). Inzwischen befinden sich die christlichen Kirchen in einem dramatischen Niedergang. Sogar in einem Kernbereich der kirchlichen Seelsorge, der Betreuung in Katastrophenfällen, kommt eine eigene nicht-kirchliche Notfallpsychologie zum Einsatz (z. B. Lasogga & Gasch, 2011). Als Ersatz für nicht in Anspruch genommene oder – etwa aufgrund von Priestermangel – nicht mehr geleistete pastorale Hilfe, bietet sich Psychotherapie und anderweitige psychologische Beratung an. Dass diese – dem Zeitgeist der Moderne folgend – ohne spirituelle Ausrichtung auskommt, mag man als ihren Vorzug werten (Hofstätter, 1941). Doch Psychotherapie weiß sich – nun wiederum im Sinne der Postmoderne – auch der Spiritualität zu öffnen und damit religiöse Bedürfnisse eines Klientels zu befriedigen, welches das Vertrauen zu Amtskirchen und ihrer Orthodoxie verloren hat (Rowan, 2015).

„Von der Gesellschaft her“ betrachtet, ist zu klären, in welchem Verhältnis wissenschaftliche und professionelle Psychologie zur Alltagspsychologie oder Naiven Psychologie steht, jenem Bestand an einschlägigen Begriffen, Deutungen und Evidenzen, welche die Sprache als gemeinsames Medium bereit hält (Laucken, 1974). Die Begriffe „Alltagspsychologie“ und „Naive Psychologie“ sind im landläufigen Sinne missverständlich. Denn jene Psychologie ist weder auf den Alltag beschränkt (sie umfasst z. B. auch besondere Situationen wie die Geburt eines Kindes) noch ist sie kindlich (sie umfasst z. B. auch Annahmen über politische Macht). Daher bevorzugt diese Schrift Dessoirs Begriff der Popularpsychologie (s. Abschnitt 1). Stich (1983) nennt sie *folk psychology* und bescheinigt ihr eine eigene Qualität. Wie ist sie inhaltlich beschaffen? Wie variiert sie mit Bevölkerungsgruppen? Wie wandelt sie sich mit Situationen und Epochen? Welche Medien vermitteln sie? Welche Autorinnen und Autoren prägen und verbreiten ihre Begriffe, Annahmen, Techniken?

Auf dem Weg ins 21. Jahrhundert setzte eine neue soziale Bewegung ein. Die Opfer-Täter Problematik sowie Fragen der Identität und Diversität lösten eine vehemente Debatte aus – oft im Zusammenhang mit Sexualität (sexuelle Gewalt, sexuelle Identität und Diversität, Empfängnisverhütung und Schwangerschaftsabbruch), aber auch im Zusammenhang mit ethnischer Zugehörigkeit, körperlicher Behinderung und anderen Diskriminierungen. Vieles, was vorher in der Privatsphäre verborgen war, wurde öffentlich behandelt (z. B. Drogenkonsum). Forderungen nach Anerkennung und Schutz, wenn nicht gar

Förderung, bewirkten eine erhebliche Veränderung sozialer Einstellungen in einem Teil der Bevölkerung und führten zu Revisionen der Gesetzgebung (z. B. Eheschließung für Homosexuelle). Aufmerksame Beobachter konstatieren eine Politisierung der Psychologie (erhellend Sarasin, 2021). Unter dem Opfer-Täter Aspekt wurden aktuelle und abzusehende Krisen (z. B. eine Pandemie, der Klimawandel) behandelt. So weitete sich die Thematik über zurückgesetzte, stigmatisierte und traumatisierte Minderheiten auf umfassende Teile der Bevölkerung (Frauen, die junge Generation etc.). Aus Klagen über Einzelfälle wurden Entwürfe für Reformen von Arbeit und Familie, Technik und Politik. In der Tradition der Popularpsychologie erneuerten sich Diskurse über Lebensstile und Menschenrechte, verbunden mit wohl organisierten politischen Aktivitäten.

Den Inhalten und Zielen nach war die neue Menschenrechtsbewegung in der Tat psychologisch; disziplinär gebunden war sie nicht. Es waren auch nicht in erster Linie wissenschaftlich oder professionell arbeitende Psychologinnen und Psychologen, die sie initiierten und organisierten. Sie entstand nicht primär aus wissenschaftlicher Analyse und Evidenz, sondern aus der Betroffenheit über Leiden in der Gesellschaft und Sorgen um ihre Zukunft. Doch nachdem die Auseinandersetzungen begonnen hatten, steuerten auch einzelne Psychologinnen und Psychologen sowie Vorstände ihrer Verbände positive Stellungnahmen bei. Psychologie als Expertin für Humanisierung (siehe oben) wurde so zur Advokatin für Menschenrechte. Die Unterstützung für soziale Programme war freilich nicht stets uneigennützig; beschafften der Kampf gegen Vorurteile und die Hilfe für Opfer doch oft auch Arbeit und Einkommen für Psychologen. So wurden in der Gesellschaft psychologische Probleme politisiert; indem institutionelle Psychologie sich gesellschaftlich engagierte, hat sie sich selbst politisiert.

Die Menschenrechtsbewegung hat ihre eigenen Organisationen und ihre eigenen Protagonisten; sie genießt enorme öffentliche Aufmerksamkeit und ist weithin in Medien repräsentiert. Es empfiehlt sich, einschlägige Darstellungen in der Publizistik, in Aufrufen von Aktivisten etc. zu analysieren. Das Ergebnis ist wahrscheinlich: Die vorgetragene Situationsbeschreibung und Verhaltenskritik entspricht den Anforderungen eines psychologischen Handlungsmodells; dieses Modell erscheint freilich ohne disziplinäre Bindung. Man vergleiche nun die adisziplinären Belege mit einschlägigen Darstellungen von Autorinnen und Autoren aus der wissenschaftlichen und professionellen Psychologie, insbesondere öffentlichen Verlautbarungen von Verbänden. Beruhen sie auf mehr oder anderer wissenschaftlicher und professioneller Expertise? Bedienen sie sich eines sophistizierteren Handlungsmodells? Der Eindruck drängt sich jedenfalls auf: Disziplinäre Psychologie gleicht in ihrem Wissen, ihren Argumenten und Zielen der adisziplinären, hat sich ihr angeglichen. Mit der Pragmatik, die Praktische Psychologie kennzeichnet, steht sie in Allianz mit Popularpsychologie; Popularpsychologie begrüßt sie als Verbündete mit gehobenem gesellschaftlichem Status.

Wissenschaftliche und professionelle Psychologie nehmen in der Gesellschaft mit eigenen Institutionen eine privilegierte Stellung ein. Doch in pragmatischer Hinsicht teilen sie viel Wissen und Können mit anderen Wissenschaften und Berufen, ja mit der Gesellschaft im Allgemeinen. Es ist schon richtig: Disziplinäre Psychologie hat – im Auftrag und mit Unterstützung der Gesellschaft – Wissen über den Menschen vermehrt und seine Lebensgestaltung zu verbessern geholfen. Sie haben Evidenz gesichert, Wissen dokumentiert, systematisiert, analysiert und modelliert, Techniken der Diagnostik, Gestaltung und Intervention optimiert. Dies ersetzt freilich nicht die Menschenkenntnis und die Fähigkeiten zur menschengerechten Behandlung und Gestaltung als Teil der Allgemeinbildung.

„Von der Gesellschaft her" ergibt sich somit ein eher komplexes Bild einer Psychologie, die weit mehr ist als eine institutionalisierte Disziplin, mit Paradigmen und Protagonisten, die sich über Berufs- und Lebensbereiche verteilen. Disziplinäre Psychologie täte gut daran, sich zu dieser Universalität zu bekennen und sie sogar zum Gegenstand ihrer Forschung zu machen. Dann könnte sie sich bewähren als „*hub science*", als „Drehkreuz" zwischen Human-bzw. Sozialwissenschaften, sozialen Berufen und Allgemeinbildung. Wissens- und Praxismanagement im gesellschaftlichen Verbund, das könnte ein neues Konzept für eine zukünftige, dann universelle Psychologie sein. Man hat aufgehört, im Sinne der Moderne von großen integrativen Theorien zu träumen. Da wird man eher im Sinne der Postmoderne eine ausufernde Menge von Beschreibungen, Erklärungen und Verhaltensanweisungen als ein aus verschiedenen Arbeits- und Lebensbereichen stammendes Netzwerk verstehen. Die Aufgabe stellt sich dann, die Kohärenz dieses Netzwerks zu ermitteln und zu vermitteln. Das ist freilich ein spekulatives Konzept, das zudem keine Gewähr für die Beschäftigung großer Gruppen bietet.

Tatsächlich ist in der Disziplin der Psychologie eine zunehmende Spezialisierung festzustellen. Diese geht mit einer Fragmentierung einher. Man spezialisiert sich also nicht mit, sondern innerhalb von Psychologie. Dies scheint nun gesellschaftlich gewollt, wird jedenfalls durch Bildungspolitik gefördert. Die Schematisierung von Studienordnungen und die Bestimmung von Qualifikationen nach der Dauer von Ausbildungen verbindet sich mit immer konkreteren Berufsbildern, für die schon bei Berufsbeginn volle Kompetenzen nachgewiesen werden sollen. Wie sich dies gerade erst bei der Studienreform in Psychologie ausgewirkt hat, sollte Abschnitt 15 darstellen.

Selbstverständlich schließt das Konzept einer universellen Psychologie Privilegierungen nicht aus. Es gibt Diagnosen und Interventionen, die man nur ausgewiesenen Experten überlassen kann und nicht Laien bzw. Autodidakten. Der Psychologieberuf bedarf des Schutzes vor unlauterem Wettbewerb und die Bevölkerung des Schutzes vor unlauteren quasi-psychologischen Methoden Unkundiger. Bedenklich stimmt freilich, dass das neue Psychotherapiegesetz die psychotherapeutisch Tätigen schützt, was ihre Berufsbezeichnung und ihre Tätigkeit anbelangt; für andere Psychologinnen und Psychologen sind keine entsprechenden Regelungen vorgesehen. Die anstehenden Bemühungen um ein Psycholog:innengesetz sollen den Mangel beheben. Es ist zu hoffen, dass Politik und Verwaltung allen psychologischen Berufen den gleichen gebotenen rechtlichen Schutz gewähren. Bedenklich wäre es, wenn im Banne der Gesundheitspolitik Psychologie auf die Befassung mit abweichendem Verhalten reduziert würde. So könnte eine Gesellschaft, die Wohlbefinden, Wohlfahrt und Gerechtigkeit zu ihren bevorzugten Werten zählt, der Psychologie keine anderen Aufgaben zuweisen als die Diagnose und Behandlung psychischer Störungen. Psychologische Probleme in Arbeit und Wirtschaft, Schule und Freizeit würden dann ohne fachpsychologische Expertise behandelt werden oder – wie befürchtet (siehe Abschnitt 16) – einseitig und vorschnell „klinikisiert" und „medikalisiert". Die gesellschaftliche und politische Priorisierung der Klinischen Psychologie und Psychotherapie birgt die Gefahr, dass andere Bereiche der Psychologie unterschätzt und vernachlässigt werden.

Psychologie ist mehrdimensional und facettenreich. Sie ist disziplinär konzentriert und über Disziplinen verteilt, sie ist Kulturphänomen und Lebenstechnik, teils trivial, teils sophistiziert, teils prinzipiell begründet, teil politisch verhandelt, im Dienste von Effizienz und Humanität, dazu ein selbstreferentielles Projekt. Mit gutem Grund hat man Psychologie, als sie zur akademischen Disziplin wurde, zu den freien Künsten gerechnet. Nun hat – disziplinär gesehen – ihr jüngster Zweig sie prominent in den Bereich der Gesundheitsversorgung geführt, einen der traditionell am strengsten geregelten Bereiche. Als eine Heilkunde zu nachweislicher Effizienz angehalten, verengt sie sich pragmatisch, erfährt aber bei anhaltender Nachfrage verstärkte Förderung. Geschieht dies zulasten nicht heilkundlicher Psychologie? Müssen deren Freunde nun hoffen, dass sich Biologie, Pädagogik, Wirtschaftswissenschaften und andere Disziplinen brachliegender Gebiete der Psychologie annehmen? Kann es hierzulande beruhigen, dass Nachbarn Psychologie weiterhin in bewährter Breite praktizieren, lehren und erforschen? Oder kann man Vorkehrungen treffen, dass Psychologie auch dort, wo Heilkunde zu ihrem Schwerpunkt wird, in allen ihren anderen Gebieten weiterhin gedeiht?

Psychologische Kapazitäten, die nicht durch das Gesundheitssystem gefördert werden, bedürfen nunmehr der sorgsamen Evaluation. Unter den gegebenen sozialen und politischen Bedingungen werden nur wenige Programme und Projekte damit rechnen können, allein aufgrund wissenschaftlicher Exzellenz dauerhaft unterstützt zu werden. Für den Erhalt von Lehr- und Forschungsgebieten wird stetige Nachfrage eine entscheidende Voraussetzung sein. Weniger als im Gesundheitsbereich wird diese Nachfrage aus der Öffentlichkeit an die Lehr- und Forschungsinstitute herangetragen. Vielmehr bedarf es attraktiver und innovativer Lehr- und Dienstleistungsangebote aus diesen Instituten, um ausreichende Nachfrage zu erzeugen. Es mag dies nun ein Rennen gegen die Zeit sein. Bestehende Kapazitäten, die zu schrumpfen drohen, müssen unter den aktuellen Bedingungen neu positioniert werden, um ihren Bestand zu sichern und möglichst weiteres Wachstum zu ermöglichen. Es wird im folgenden 18. Abschnitt argumentiert werden, dass dies im Rahmen des nunmehr weithin eingeführten Psychotherapiestudiums nicht gelingen kann. Es braucht daher – wie ebenfalls im folgenden Abschnitt näher ausgeführt – schnell einer flexibleren Studienorganisation. Das Festhalten an einem einheitlichen Konzept von Psychologie im Sinne der Moderne bleibt dabei eine Option. Doch eher dürften Fragmentierung und Pragmatismus im Sinne der Postmoderne geeignet sein, das reiche Potential der Psychologie zu erhalten.

Abschnitt 17: Essentials

1. Im Unterschied zu Darstellungen der Psychologie „von der Psychologie“ her, wird eine Darstellung der Psychologie „von der Gesellschaft her“ umrissen.
2. Psychologie wird nicht allein als Wissenschaft und Beruf betrachtet, sondern auch als Wissen und Können, an dem andere Wissenschaften und Berufe sowie überhaupt alle Mitglieder der Gesellschaft teilhaben; so kommt dieser Abschnitt auf die Unterscheidung von disziplinärer sowie trans- und adisziplinärer Psychologie zurück.
3. Wünschenswert ist die eingehendere Untersuchung der Beziehungen unterschiedlicher gesellschaftlicher Erscheinungsformen von Psychologie; dabei stellt sich nicht zuletzt die Frage der Politisierung von Psychologie.
4. In der Moderne etabliert sich Theoretische Psychologie innerhalb einer „weltentrückten“ Universität mit dem Bemühen um empirische und begriffliche Grundlagen.

5. Zugleich beteiligt sich Praktische Psychologie in der Moderne im Zuge fortschreitender Entwicklung in Wirtschaft, Technik und Verwaltung an der Steigerung von Effizienz; dabei wird sie professionalisiert.
6. In der Postmoderne löst sich Psychologische Praxis von der Orientierung an theoretischen Prinzipien; sie sucht nach pragmatischen Lösungen von Problemen. In einer Gesellschaft, in der soziale Wohlfahrt ein maßgeblicher Wert wird, nehmen Psychologen die Rolle von Humanisierungsexperten ein. In diesem Zusammenhang vollzieht sich der Aufstieg der Klinischen Psychologie und Psychotherapie.
7. In einer arbeitsteiligen Gesellschaft, in welcher ein großer Teil der Bevölkerung einer Erwerbsarbeit nachgeht, werden Leistungen zunehmend aus den Haushalten ausgelagert, dazu gehören auch Fürsorgeleistungen, die nunmehr von professionellen Psychologen übernommen und weitgehend öffentlich finanziert werden.
8. Psychologie steht in der Tradition der freien Künste, d. h. der staatlich nicht geregelten Disziplinen. Mit dem heilkundlichen Schwerpunkt unterliegt sie nun den Regeln der staatlichen Gesundheitsversorgung. Um das Potential der gesamten Psychologie zu erhalten, bedarf es nun psychologischer Lehr- und Forschungsprogramme mit anderen Schwerpunkten.

18. Diversität und Identität in der gegenwärtigen und zukünftigen Psychologie

Die Erhaltung der Einheit der Psychologie – das war ein zentrales Thema der Reformdiskussion der vergangenen Jahre; denn unverkennbar waren zentrifugale Tendenzen. Unübersehbar ist die Diversität von Paradigmen, von Fachgruppen und Berufszweigen. Das Vorpreschen der Klinischen Psychologie hat eine Bruchstelle offengelegt; nun besinnen sich auch andere Fachgruppen auf ihre Eigenständigkeit. Einheit war schon zu Beginn der institutionellen akademischen Psychologie eine Wunschvorstellung (vgl. schon Meumann, 1903). Über paradigmatische Unterschiede hinweg bildeten sich Bündnisse und Aktionen, die den Zusammenhalt fördern wollten. Einheit stiftende Einrichtungen waren vor allem Fachzeitschriften – so in Deutschland die 1903 gegründete „Zeitschrift für die gesamte (sic!) Psychologie", wissenschaftliche Vereinigungen – wie in Deutschland die 1904 gegründete Gesellschaft für experimentelle Psychologie sowie gemeinsame Studienordnungen – wie in Deutschland die 1941 erlassene Diplomprüfungsordnung für Psychologie. Dass aus dem institutionellen Zusammengehen so wenig an paradigmatischer Integration folgte, war eine stets Quelle von Enttäuschung; Krisendiskussionen begleiteten die Psychologie im Verlauf ihrer gesamten Geschichte (Mülberger & Sturm, 2012).

Das Wachstum des Faches Psychologie wurde jedoch durch sein vielfältiges Angebot und durch sein nach außen geschlossenes Auftreten möglich. Vielseitigkeit und Geschlossenheit kennzeichnen noch an vielen Orten den Status quo. Institute suchen durch Erhalt ihres gegenwärtigen Zustands ihren Personalbestand und ihre Forschungsprogramme zu sichern. Als Prinzip, das Gemeinsamkeit schafft und Erfolg gewährleistet, hat Einheit eine positive Konnotation. Die Privilegierung und Expansion der Klinischen Psychologie stellt nun das Gleichgewicht der Fächer im einheitlichen Verbund infrage. Steigt Klinische Psychologie zur Leitdisziplin auf und erleiden andere psychologische Disziplinen eine Schwächung, so reichert sich der Begriff der Einheit mit negativen Konnotationen an. Einheit lässt sich auch durch Gleichschaltung und Ausgrenzung erreichen. Dem können sich Universitäten mit forschungsstarken und personell gut ausgestatteten nicht-klinischen psychologischen Abteilungen widersetzen. Doch fraglich ist, wie weit sie durch das Psychotherapeutengesetz bedingte Strukturänderungen aufhalten können, indem sie gesetzliche

Spielräume ausreizen, vielleicht gar formelles Recht zu beugen. Politisch favorisiert ist nun einmal die psychotherapiewissenschaftliche Sparte. Damit steht die Politik im Einklang mit der Mehrheit sowohl der Praktiker als auch der Studierenden. Prüfungskommissionen und Studierende werden – worauf schon Abschnitt 15 aufmerksam gemacht hat – auf die Abkehr von einer unidisziplinären Ausbildung und die Öffnung zu einer berufsfeldorientierten Ausbildung drängen. Neue Kohorten von Studierenden werden, wenn man ihnen keine überzeugenden Alternativen bietet, eine Dynamik zugunsten einer sich weiter auffächernden Psychotherapiewissenschaft entfalten. Wenn diese Kohorten in die Lehrkörper aufrücken, könnte die Transformation von Psychologie in Klinische Psychologie noch an Fahrt gewinnen.

Fachhochschulen dürften eine solche Transformation bereitwillig vollziehen. In den Bundesländern sind viele von ihnen als gleichwertig mit Universitäten anerkannt. Man hat ihnen in der Vergangenheit oft vorgehalten, nicht Psychologie in ihrer vollen Breite zu vertreten. Nun sind sie von dieser Forderung befreit und können umso leichter ihr Lehrpersonal den Bedürfnissen des Approbationsstudiengangs anpassen. Fachhochschulen könnten so zu Vorreitern einer Fraktionierung der Psychologieausbildung werden.

Die Deutsche Gesellschaft für Psychologie hat das Konstrukt des polyvalenten Bachelorstudiengangs als probates Mittel gepriesen, um die Ziele der gegenwärtigen universitären Klinischen Psychologie zu verwirklichen und zugleich die vorhandenen Kapazitäten der darüber hinausgehenden Psychologie zu erhalten. Die Kommission „Studium und Lehre" der Gesellschaft hat sich erneut zu diesem Kurs bekannt (Tuschen-Caffier, Antoni, Elsner et. al., 2020). Erhebliche Kritik daran findet sich in Abschnitt 15. Doch beginnende Einsicht in die Gefährdung des Psychologiestudiums durch die Psychotherapieausbildung und ein erstes Bemühen um Erweiterung eines nur auf die Approbation gerichteten Bachelorstudiums zeigen nun auch der Beitrag von Tuschen-Caffier und ihren Mitstreiterinnen und Mitstreitern. Die gerade stattfindende Umstellung sei „als Herausforderung, ja sogar als Bedrohung für die bisher sehr erfolgreich vertretene Einheit des Fachs Psychologie" zu erleben. Und das neue Bachelor-Studium sei es kein „Pflichtmodell, bei dem es keine Alternativen zu den in der PsychThApprO vorgesehenen Inhalten gibt" (S. 386). Es sollen dann doch gewisse Alternativen geschaffen werden durch Zu- und Abwahlmöglichkeiten. In dem Maße, in dem Studierende Wahlmöglichkeiten zugunsten nicht-klinischer psychologischer Fächern nutzen, steigen die Chancen für „zukünftige B.Sc.Studiengänge" (Plural !). Man wird hier Zeuge eines zähen Lernprozesses. Auf der einen Seite behauptet die Kommission, im neuen polyvalenten (einheitlichen) B.Sc.-Studiengang „ändere sich … für die Grundlagenfächer kaum etwas" (S. 388). Auf derselben Seite wird dennoch geschildert, wie angehende Psychotherapeuten dazu tendieren, Grundlagen- und Methodenfächer zu meiden. Die Vision einer „neuen Generation an Studierenden, für die die Grundlagenforschung bereits zu Beginn oder früh im Studium eine attraktive Option darstellt" (S. 388) sowie die Rücksicht auf nicht-klinische Anwendungsfelder der Psychologie führen dann zu dem verwirrenden Vexierbild eines mehrteiligen und doch einheitlichen Grundstudiums.

Warum nicht gleich eine Teilung des Bachelorstudiums? Das Tabu der Teilung von akademischen Studien ist ja bereits mit der Diversifizierung des psychologischen Magisterstudiums gebrochen. Die Deutsche Gesellschaft für Psychologie hat dafür einen Rahmen mit drei Klassen vorgesehen: M.Sc. Psychologie (allgemein, nicht inhaltlich spezifiziert), M.Sc. X-Psychologie (inhaltlich spezifiziert, z.B. Medienpsychologie), M.Sc. XXX (interdisziplinär, mit mindestens 40 Leistungspunkten Psychologie) (Nachrichten, 2020; Tuschen-Caffier, Antoni, Elsner, Bemeitinger, Bühner et al., 2020). Das Beharren auf dem „Master of Science" statt auf dem „Master of Arts" aus den „*humanities*" ist – nebenbei bemerkt – ein Relikt des naturwissenschaftlichen Verständnisses der von der Verhaltenstherapie besonders geschätzten Experimentellen Psychologie; dies sei an dieser Stelle nicht kommentiert. Mit ihrem Drei-Klassensystem spannt die wissenschaftliche Gesellschaft ein breites Spektrum von Psychologien auf. Oder vielleicht schon so: Die Gesellschaft akzeptiert die Tatsache, dass ein breites Spektrum an Psychologien das Stadium einer Verselbstständigung erreicht hat. Mit welcher Dynamik sich an staatlichen und privaten Universitäten und Hochschulen neue und spezialisierte Studiengänge entwickeln, ist abzuwarten. Viel wird von lokalen Verhältnissen abhängen – nicht zuletzt von örtlichen Forschungstraditionen; persönliche Initiativen werden eine wichtige Rolle spielen.

Die Diversifizierung des Bachelorstudiums wäre ein konsequenter Schritt. Er würde ermöglichen, mit konsekutiven sowie konformen Bachelor- und Masterstudien das Prinzip des Direktstudiums auch auf nicht-klinische Bereiche auszuweiten. Warum nicht ein Direktstudium der Schulpsychologie oder der Sozialpsychologie? Ein Argument gegen eine starke Differenzierung des Bachelorstudiums ist ein ökonomisches: Es gibt derart viele methodische und theoretische Gemeinsamkeiten, dass man Lehrkapazitäten besser ausnutzen kann, indem man sie in den ersten Studienjahren bündelt. Das zweite Argument bezieht sich auf das Wahlverhalten der Studierenden: Über die Differenziertheit der nicht-klinischen Psychologie ist Studienanfängern meist wenig bekannt, sodass es für sie vorteilhaft ist, die ersten Studienjahre zur Orientierung und Entscheidung zu nutzen.

Auf jeden Fall sollte es ein Bachelorstudium der Psychologie geben, das nicht in das enge (und möglicherweise bald noch engere) Korsett einer Approbationsordnung für Psychotherapie eingezwängt ist. Dies könnte im Unterschied zum dann eindeutig abgesetzten Studium der Klinischen Psychologie und Psychotherapie ein generelles Studium der Psychologie sein. Das generelle Bachelorstudium der Psychologie sollte nun wahrhaft polyvalent sein (und dann auch einen Einblick in die Klinische Psychologie gestatten); es sollte auf mehrere psychologischen Masterstudien vorbereiten, eben nur nicht auf das Masterstudium der Klinischen Psychologie und Psychotherapie. Es wäre wohl gleichermaßen eine hervorragende Vorbereitung für alle drei von der Deutschen Gesellschaft für Psychologie anvisierten Typen von Masterstudien (siehe oben). Ja, der Abschluss eines generellen, nicht-klinischen Bachelorstudiums der Psychologie käme auch als Eingangsqualifikation für eine Reihe von Berufen in der Wirtschaft, im Erziehungswesen und anderen Praxisbereichen infrage.

Im Abschnitt 15 wurde mit Bedauern festgestellt, dass eine akademische Ausbildung nur noch im vollen Bachelor-/Master-Format vorgesehen ist. Mit einem Berufsbild, das – wie im Abschnitt 17 herausgearbeitet – pragmatisch und transdisziplinär vernetzt ist, wäre ein Aufbrechen dieses Formats möglich. Warum also nicht den Bachelorabschluss – wie bei seiner Einführung geplant (s. Abschnitt 14) – als Qualifikation zum Berufseinstieg anerkennen? Gerade in innovativen Berufsfeldern sollte es sinnvoll sein, nach einer basalen wissenschaftlichen Ausbildung zu einem – eventuell von Betrieben oder Verbänden geregelten – „*training in the job*" überzugehen. Für solche Absolventen mit Berufsexpertise könnte dann wissenschaftlich fundierte Weiterbildung eine reizvolle Aufgabe sein.

Zur besseren Verständigung sollte man sich innerhalb der Universitäten und anderswo darauf einigen, was sich ohnehin einbürgert: das de facto Direktstudium Psychotherapie auch so oder so ähnlich zu benennen. Für weitere psychologische Studien wäre dann die traditionelle Bezeichnung „Psychologie" (mit oder ohne Zusätzen) wieder frei. Es eilt: Neue Bachelorstudiengänge Psychologie (im obigen Sinne) müssen schnell eingerichtet werden, und zwar vor dem Auslaufen der bisherigen Studiengänge. Es sind dafür vorhandene Konzepte und Ressourcen zu prüfen und Beschlüsse über ihre Erhaltung zu treffen. Laufen die bisherigen Studien ohne Nachfolgeregelungen aus, wird der drückende Bedarf für Klinische Psychologie und Psychotherapie dazu führen, dass ausscheidendes Lehrpersonal aus nicht-klinischen Bereichen durch klinisches ersetzt wird. Dabei kommen den Psychologischen Instituten und Fachbereichen auch Führungspersönlichkeiten abhanden, die nicht-klinische Lehre und Forschung zu initiieren und auf hohem Stand zu halten imstande sind.

Teilt man Studienbereiche, sind auch Ressourcen zu teilen; vor allem wird zu entscheiden sein, welche Anteile dem klinischen und dem nicht-klinischen Bereich zugehören. Wie immer man die Qualität von Forschung und Lehre als Kriterien berücksichtigt: Maßgebend für Haushaltsansätze wird die Nachfrage von Studierenden sein. Vertreter der Grundlagenfächer sowie der nicht-klinischen Anwendungsfächer mögen sich, so lange nicht-klinische Lehrveranstaltungen in großem Umfang zur Pflicht für alle Studierenden waren, der Illusion hingegeben haben, der starke Zulauf von Studierenden beruhe auf dem guten Ruf ihrer Lehre und Forschung. Stellt man dagegen zwei Studiengänge für klinische und nicht-klinische Psychologie zur Wahl, wird die Mehrheit der Studienbewerber für die Erstere optieren. Insofern werden nicht-klinische Studien an den meisten Orten ein Minderheitenprogramm darstellen. Während das Psychotherapiestudium auf Dauer überbucht sein dürfte, wird es schwieriger sein, für eine nicht-klinische Ausbildung bereits im Bachelorprogramm Studierende mit dauerhaftem Interesse an nicht-klinischen Forschungs- und Praxisfeldern zu gewinnen.

Ein Dilemma ist dabei unvermeidbar. Eine feste Zuordnung zu dem klinischen Psychotherapie- und dem nicht-klinischen Psychologiestudiengang sollte möglichst frühzeitig erfolgen. Bedauerlicherweise wird gerade die Entscheidung für einen nicht-klinischen Studiengang schwierig sein, da es Studieninteressenten oft an den für die Entscheidung nötigen Informationen fehlt. Ein „Vorsemester" könnte da Abhilfe schaffen. Jedenfalls sind nachträgliche Wechsel von Studiengängen zu vermeiden. Insbesondere sollen Studierende den nicht-klinischen Psychologiestudiengang nicht als „Parkstudium" benutzen können, um alsbald in die Psychotherapieausbildung nachzurücken. Zugleich sind Lehrkapazitäten für Studiengänge verwaltungsrechtlich nur mit einer stabilen Nachfrage über den gesamten Verlauf zu begründen. Es führt also kein Weg an einer festen Quotierung von Studienplätzen vorbei; die zu erwartete Abbruchquote muss kalkulierbar sein. Das absehbar weniger nachgefragten Psychologiestudium sollte danach bewertet werden, ob es die ihm zugestandenen Studienplätze mit geeigneten Bewerbern überhaupt füllen kann. Nicht angemessen wäre eine Zuteilung von Personal- und Sachmitteln nach der Zahl von Studienbewerbern.

Wer eine Psychotherapieausbildung anbietet, braucht kein Psychologiestudium anzubieten – und vice versa. Das Psychotherapiegesetz ist kein Oktroi; niemand muss nach der Approbationsordnung des Bundesgesundheitsministeriums unterrichten. Vielmehr müssen sich psychologische Institute und Fachbereiche erst entscheiden, ob sie überhaupt ein staatlich anerkanntes Psychotherapiestudium anbieten wollen. So kann es dann Hochschulen mit und ohne Psychologiestudium, aber auch mit und ohne Psychotherapieausbildung geben. Psychologiestudien können dabei – wie bisher – generell oder speziell qualifizieren. Warum nicht an einem Ort oder mehreren Orten in Deutschland ein Studium mit dem Schwerpunkt „Kognitive Psychologie" oder ein Studium mit dem Berufsziel „Arbeits- und Organisationspsychologie"? Die Bildung örtlich spezifischer Psychologiestudien ist jeweils an den beteiligten Institutionen zu konzipieren und zu realisieren. Doch überregionale Koordination wäre zu begrüßen: Wo ist welcher Schwerpunkt ratsam? Wie viele Schwerpunkte gleicher Art soll es geben – insbesondere in Anbetracht zu erwartender Studienbewerber? Ein Masterplan wäre wünschenswert und dazu eine weitere Reformdiskussion, welche die Perspektiven einer zukunftsfähigen Psychologie klärt.

Diversität – Teilung – Schwerpunktbildung: Sind dies nicht Synonyme für die Spaltung der Psychologie, die man während der Reform der Psychotherapieausbildung gerade vermeiden wollte? Diese Schrift hat gezeigt: Psychotherapie und Psychologie waren wissenschaftlich nie recht integriert; beruflich und organisatorisch haben die Vertreter der Klinischen Psychologie und Psychotherapie durchweg ihren Sonderstatus aufrecht erhalten, ja sogar ausgebaut. Im Bestreben nach akademischer Anerkennung ging Psychotherapie an den Hochschulen eine institutionelle Allianz ein; zuletzt wurde die Allianz zur Voraussetzung für die Gleichstellung der Psychotherapie mit anderen heilkundlichen Berufen. Bei aller Divergenz gestaltete sich die Allianz zwischen Psychotherapie und Psychologie paritätisch. Das paritätische Verhältnis hat sich durch die Ausbildungsreform grundlegend geändert. Klinische Psychologie ist nunmehr staatlich kontrolliert, aber auch staatlich privilegiert, sie genießt verwaltungsrechtlich den Vorrang und kann sich voraussichtlich über den gesamten Studiengang hinweg die Mehrheit der Studierenden anrechnen. Der Verlust der Parität belastet nun die Allianz.

Bahnt sich mit der Teilung von Studiengängen eine Spaltung von Universitätsinstituten und -fachbereichen an? Hier hat die Klinische Psychologie wohl die Richtung vorgegeben, als sie sich für ihre „Verortung" in der Psychologie entschied. Klinische Psychologie hat nach der Gesetzesreform erst recht keinen Grund, Psychologische Institute oder Fachbereiche zu verlassen. In den bestehenden akademischen Einrichtungen ist ihre Stellung eine dominierende geworden. Ein eigener Studiengang ist ihr sicher, und für ihr Wachstum bietet der bestehende institutionelle Rahmen eine vorzügliche Voraussetzung. Nicht heilkundliche Fächer halten ihren Aufstieg nicht auf. Sie wird jedoch gut daran tun, sich traditionsreicher und forschungsstarker Fächer nicht ganz zu entledigen und mit ihrer Hilfe ihr wissenschaftliches Ansehen zu stärken.

Psychologische Grundlagen- und Praxisfächer werden ihrerseits kaum institutionelle Alleingänge wagen. Durch die Reform geschwächt, sind sie in einer so kritischen Lage, dass sie vorerst weder eine Verselbstständigung noch einen Wechsel in einen anderen Fachbereich in Erwägung ziehen dürften. Doch dies mag ein Zwischenstadium sein, dem in absehbarer Zeit eine Phase der Sezession folgt.

Es ist sehr wohl eine Trennung von psychologischen Fachgruppen zu beobachten, wenn auch auf niedrigerer institutioneller Ebene. Fachzeitschriften und Fachkongresse werden immer spezieller. Ausgeprägter werden die Differenzen zwischen wissenschaftlich und praktisch Tätigen, testdiagnostisch und hermeneutisch Orientierten, Schul- und Verkehrspsychologen und so fort. Ihre Neigung, über die Heterogenität hinweg zu kommunizieren und Bündnisse einzugehen, schwindet. Eine maßgebliche Voraussetzung für zunehmende Diversität und Separation ist innerhalb der Psychologie die gestiegene Zahl von Psychologen. Der ersten Kongresse der deutschen Gesellschaft für experimentelle Psychologie versammelte 126 Teilnehmer (Schumann, 1904, S. XV f.), bei der Einführung der Diplomprüfungsordnung für Psychologie dürfte es in Deutschland (damals einschließlich Österreichs) rund 600 praktizierende und lehrende Psychologen gegeben haben (Schönpflug, 2021). Welch ein Unterschied zu den gegenwärtigen, von Tausenden besuchten Psychologiekongressen, den weit über 100.000 berufstätigen Psychologinnen und Psychologen! Wo man anfangs zusammenrücken musste, um als Organisation handlungsfähig zu werden, erlaubt die Masse inzwischen organisatorische Aufgliederungen, Sonderwege, ja Verselbstständigungen.

Es ist in dieser Schrift eindringlich auf die Heterogenität von Psychotherapie und Psychologie hingewiesen worden (s. insbesondere Abschnitt 12). Paradigmatische Differenzen zwischen Theoretischer und Praktischer sowie innerhalb Praktischer Psychologie waren nicht Thema dieser Schrift; sie sind ebenfalls nicht unbeträchtlich. Die These, dass Pragmatismus, Fragmentierung und Politisierung die Differenzierung vorantreiben (s. Abschnitt 17), lässt sich auf die Psychologie insgesamt anwenden. Im Verwandtschaftsnetzwerk der Psychologie (s. Einleitung) gibt es mehrere Stämme und Großfamilien, die sich unter dem Dach der akademischen Psychologie versammelt haben. Ihr Streben nach Einheit entsprang dem universalistischen Denken der Moderne. Mit dem Übergang in eine Postmoderne, verbunden mit einem Wandel akademischer Institutionen und einer Vermehrung von Personal, eröffnen sich Möglichkeiten der Auflösung alter Allianzen und des Eingehens neuer Allianzen.

Immerhin hat die Vision der Vereinheitlichung unterschiedlicher theoretischer, methodischer und praktischer Zugänge zur Etablierung einer

Wissenschaft und eines Berufes geführt, die – wie keine andere Wissenschaft und kein anderer Beruf – auf psychische Strukturen und Funktionen fokussieren. So schwer dieser Fokus in Begriffen und Aussagen zu fassen ist (Was ist mit „Seele" gemeint? Erleben? Verhalten? Ich? Selbst? System Mensch? Deren neuronale Grundlage?), so plausibel erscheint die Vernetzung einschlägiger Beobachtungen, Konzepte, Thesen und Praktiken. Es waren wohl vor allem Lehrbücher, welche die Konstruktion eines solchen Netzes geleistet und damit die Alleinstellung von Psychologie als Wissenschaft und Beruf bewirkt haben. Wer sich durch Forschung, Lehre und Praxis im Rahmen dieses Netzes bewährt und darin eine Lebensaufgabe gefunden hat, der durfte sich einer universellen Identität erfreuen: „Ich bin (wissenschaftlich gebildete/r, akademisch und staatlich geprüfte/r, beruflich erfahrene/r) Psychologin/Psychologe." In diesem Sinne war das Konzept der Einheit der Psychologie eine überaus nützliche Fiktion.

Nun hat das Einheitsstreben möglicherweise seinen Dienst getan. Der Zusammenhalt sinkt, Bündnisse lösen sich auf, Partikularinteressen äußern sich unbefangener. Das ermöglicht partikuläre Organisationen, die eigene Identitäten vermitteln: „Ich bin Sozialpsychologe, Wirtschaftspsychologin, Entwicklungspsychologin, Neuropsychologe" etc. Die Frage ist dann, wie weit partikulare Organisationen und Identitäten noch Teil universeller Organisationen und Identitäten sind. Sind Sozialpsychologie, Wirtschaftspsychologie, Rehabilitationspsychologie etc. Ausschnitte eines Netzes „Psychologie", das sich als Ganzes in allen seinen Teilen widerspiegelt? Oder sind es Spezialdisziplinen, die sich aus dem Netz ausgesondert oder gar nicht erst in das Netz eingebettet haben? Sind dann Sozialpsycholog/inn/en, Wirtschaftspsycholog/inn/en, Rehabilitationspsycholog/inn/en etc. zu allererst mit allen anderen Psychologinnen oder Psychologen? Oder empfinden sie sich als Sozialpsycholog/inn/en, Wirtschaftspsycholog/inn/en, Rehabilitationspsycholog/inn/en etc. und nichts anderes als dieses? Von der psychologischen Partikularidentität mag es nur ein kurzer Schritt sein zum Anschluss an eine andere Disziplin. Der Wirtschaftspsychologe ist auch – oder gar in erster Linie – Wirtschaftswissenschaftler, der Sozialpsychologe wird – ganz oder teilweise – zum Sozialwissenschaftler. So mögen Grenzen, die eine auf ihre Einheit pochende Disziplin gezogen hat, durchlässig werden und gar ganz fallen.

Wachstum vollzieht sich mit Differenzierung und Teilung – in Natur und Gesellschaft. Auch Psychologie ist als Wissenschaft und Beruf gewachsen, hat sich differenziert und ist nun dabei, sich zu teilen, wird sich im äußersten Fall auflösen. Indem sich Fachverbände, Studien- und Forschungsprogramme teilen, lösen sich alte Identitäten auf; es bilden sich neue. Klinische Psychologie und Psychotherapie ist zum Wachstumsmotor der Psychologie geworden; sie ist es nun vor allem, welche die Psychologie sprengt. Zentrifugale, ja sezessionistische Tendenzen bei anderen Fachgruppen werden durch das Vorpreschen der Psychotherapie nun bestärkt. Einen etwaigen Sprung zu mehr Eigenständigkeit sollten sie nicht zu lange hinauszögern, sonst laufen sie Gefahr, dass ihr Bestand im Zuge einer „Klinikisierung und Medikalisierung“ (Hellfritsch, Richardt & Brücher-Albers, 2019, s. bereits Abschnitt 16) schrumpft; für den Neuanfang verbliebe ihnen dann nur noch ein reduziertes Startkapital.

So kündigt sich also – zumindest in Deutschland – ein Ende der Psychologie als einheitliche Disziplin an; das einheitliche Hochschulstudium, das die Grundlage für alle Arten von psychologischen Wissenschafts- und Berufszweigen abgibt, ist zum Auslaufmodell geworden. Einheit der Psychologie als Wissenschaft und, darauf aufbauend, das Berufsbild des wissenschaftlich gebildeten Allround-Psychologen, der sich je nach Markt und Neigung spezialisieren kann – das war die Vision der Pioniere der Psychologie gewesen. Dass diese Vision mit fortschreitender Entwicklung der Psychologie im Laufe der Zeit nicht immer mehr zur Wirklichkeit wird, sondern sich zunehmend als unrealistisch erweist, ist keine neue Erkenntnis. Schon vor dreißig Jahren haben Koch & Leary (1985) in ihrem Rückblick auf ein Jahrhundert institutionalisierter akademischer Psychologie festgestellt: Psychologische Forschung führt zu fortlaufender Differenzierung, jedoch nicht zur Integration von Theorien und Methoden. Daher sagten die Autoren voraus, Psychologie als einheitliche Wissenschaft werde einer Fülle von *psychological studies* Platz machen. Immerhin halten die Autoren an *„psychology“* als Sammelbegriff fest. Sie erwarten eine große Vielfalt von *„psychological studies and professions“*, die ein breites Feld von Aufgabenstellungen, Lehren und Praktiken abdecken.

Was und wie viel an Gemeinsamkeit in der Psychologie noch vorhanden ist, wird sich im Verlauf und am Ergebnis der Diskussion zu dem vom Berufsverband Deutscher Psychologinnen und Psychologen vorgeschlagenen Psycholog:innengesetz zeigen. Mithilfe des Gesetzes soll der Begriff „Psychologie“ unter neuen gesellschaftlichen Voraussetzungen erneut definiert und geschützt werden. Doch ebenso ist ein ganz anderes Szenario vorstellbar: Der Begriff der Psychologie verschwindet nach und nach aus dem aktuellen Gebrauch. Befürworter der leichten Sprache würden das sicher begrüßen. Kündigt sich ein Schwinden der disziplinären Kennzeichnung nicht schon an in Plänen für die von der Deutschen Gesellschaft für Psychologie konzipierten interdisziplinären Masterstudiengängen (siehe oben)? Sie bieten inter- und transdisziplinäre Mischungen, die auch Psychologie enthalten – nach dem Willen der Gesellschaft mit einem Anteil von mindestens 40 Leistungspunkten; doch „Psychologie“ und „psychologisch“ braucht nicht mehr in ihrem Namen zu stehen. Interdisziplinäre Studien können dann „Kognitive Ergonomie“ oder „Bildungsforschung“ heißen, ihre Vertreterinnen und Vertreter mögen unter der Bezeichnung „Life Coach“ oder „Unternehmensberater/in“ oder „Hirnforscher/in“ ihre Dienste anbieten. Bei solcher Interdisziplinarität verschwinden fachliche Grenzziehungen: Es kann insbesondere zu Überschneidungen mit benachbarten Wissenschaften und Berufen kommen; zwischen Disziplinarität und Transdisziplinarität ist nicht mehr zu unterscheiden (z.B. in Entwicklungsprojekten für digitale Techniken).

Wenn die Psychologie ihre Einheit verliert: Vielleicht bilden ihre Nachfolger immer noch einen Verbund von Psychologiewissenschaften – entsprechend der von Koch und Leary (siehe oben) angekündigten *„psychological studies“*. Wenn die Disziplin der Psychologie aus dem Kanon der Lehrfächer ausscheidet: Dann mag auch das Wort „Psychologie“ aus dem Sprachgebrauch verschwinden; dann sind „Psychologie“ und „psychologisch“ keine Merkmale mehr, die zur Identität von Institutionen und Personen beitragen. Wenn Psychologie nicht mehr ihre Einheit und Selbstständigkeit innerhalb paradigmatisch und methodisch gesetzter Grenzen zu bewahren trachtet, kann sie sich vielerorts ausbreiten und vielfach anreichern, ohne sich disziplinär auszuweisen. Sie mag gar – so die Perspektive von Thomas Teo (2017) – sich als Wissenschaft (*psychological science*) öffnen gegenüber Philosophie und Kunst, gegenüber Geschichts- und Soziallehren sowie gegenüber Technikkunde; damit mag sie zu einer mächtigen humanitären Bewegung (*psychological humanities*) werden.

Auf Institutionalisierungen und Bezeichnungen soll es freilich nicht ankommen. Wichtig ist nur, dass die Vielfalt von Paradigmen, die sich in der Tradition der disziplinären Psychologie entfaltet haben, erhalten bleibt.

Abschnitt 18: Essentials

1. Eine Vielzahl von theoretischen und praktischen Ansätzen innerhalb einer Disziplin zu vereinen, war das Ziel der modernen Psychologie. Die Vielfalt geht jedoch verloren, wenn Einheit durch Anpassung an eine dominante Richtung entsteht.
2. Insofern werden Pläne begrüßt, mehrere psychologische Masterstudiengänge einzurichten.
3. Es wird vorgeschlagen, auch das Bachelorstudium zu teilen – mindestens in einen Studiengang Psychotherapie und einen weiteren Studiengang Psychologie.

4. Kombinationen von Bachelor- und Masterstudiengängen ermöglichen dann weitere psychologische „Direktstudien" (für Berufssparten und Forschungsgebiete) nach dem Muster der Psychotherapie.
5. Das Streben nach einer einheitlichen Psychologie entstammt der Frühzeit der Psychologie; die geringe Zahl der Fachvertreter erlaubte nur eine einheitliche Organisation. Nunmehr ist allein in Deutschland die Zahl von Psychologinnen und Psychologen auf über 100.000 angewachsen; das gestattet deren organisatorische Aufgliederung.
6. Mit einer Aufgliederung des Studiengangs tritt die universelle Fachidentität („ich bin Psychologe/in") zurück; die partikulare Identität („ich bin Sozial-, Entwicklungs-, Schulpsychologe/in" etc.) wird gestärkt.
7. Mit auf Forschungs- und Berufsfelder fokussierten Studiengängen und Laufbahnen nähert sich disziplinäre Psychologie an transdisziplinäre an.
8. An die Stelle der Psychologie als Einzeldisziplin tritt möglicherweise ein Verbund von Psychologiewissenschaften.
9. Wichtig ist die Erhaltung der Vielfalt von Paradigmen aus der traditionellen Psychologie, nicht deren Institutionalisierung.

Literatur und Dokumente

Internetadressen und zugehörige Inhalte nach dem Stand von 2020/2021. Dokumente, für die kein Fundort angegeben wird, sind gegenwärtig nicht öffentlich zugänglich.

Abele-Brehm, A. (2017). Zur Lage der Psychologie. *Psychologische Rundschau, 68*, 1–19.

Abele-Brehm, A., Bühner, M., Deutsch, R., Erdfelder, E., Fydrich, Th., Gollwitzer, M., Heinrichs, M., König, C., Spinath, B., Vaterrodt, B. & Heinke-Becker, J. (2014). Bericht der Kommission „Studium und Lehre" der Deutschen Gesellschaft für Psychologie. *Psychologische Rundschau, 65*, 230–235.

Abele-Brehm, A., Bühner, M., Deutsch, R., Erdfelder, E., Fydrich, Th., Gollwitzer, M., Heinrichs, M., König, C., Spinath, B., Vaterrodt, B. & Heinke-Becker,J. (2015). Bericht der Kommission „Studium und Lehre" der Deutschen Gesellschaft für Psychologie. Teil II: Masterstudium Psychologie. *Psychologische Rundschau, 66*, 31–36.

Abele-Brehm, A. & Krämer, M. (2015). Gemeinsame Erklärung der Deutschen Gesellschaft für Psychologie (DGPs) und des Berufsverbandes Deutscher Psychologinnen und Psychologen (BDP) zur Reform des Psychotherapeutengesetzes vom 5. Juni 2015. https://www.dgps.de/uploads/media/Gemeinsame_Erklaerung_DGPs_BDP_Reform_Psychotherapeutengesetz.pdf

Abele-Brehm, A. & Krämer, M. (2016). Gemeinsame Erklärung der Deutschen Gesellschaft für Psychologie (DGPs) und des Berufsverbandes Deutscher Psychologinnen und Psychologen (BDP) zur Reform des Psychotherapeutengesetzes vom 1. Juni 2016. https://www.dgps.de/index.php?id=2000498&tx_ttnews%5Btt_news%5D=1716&cHash=d6cb7d54fd4b7d37949944f94591ff10

Abele-Brehm, A., & Rief, W. (2016). Standpunkte der DGPs zum Studium zur Approbation in Psychotherapie. *Psychologische Rundschau, 67*, 56–58.

Adorno, Th. W. (1959/1972). Theorie der Halbbildung (1959). *Gesammelte Schriften* (Band 8, S. 93–121). Frankfurt a. M.: Suhrkamp.

Allesch, Ch., Allolio-Näcke, L., Billmann-Mahecha, E., Eid, M., Fitzek, H., Guski-Leinwand, S., Hoppe-Graf, S., Jacobs, A., Kaiser-El-Safti, M., Krampen, G., Kugemann, W., Lange, L., Lück, H. E., Lüdmann, M., Lüer, G., Mack, W., Maiers, W., Prinz, W., Renner, K.-H., Schneider, W., Schönpflug, W., Sprung, H., Sprung, L., Stegie, R., Volkmann-Raue, S., Witte, E., Wolfradt,

U. (2015). Memorandum zur Lage und zur Zukunft des Faches Geschichte der Psychologie. *Psychologische Rundschau, 66*, 176–177.

Alpers, G. & Vogel, H. (2004). Bachelor und Master, wer wird Psychotherapeut? *Psychotherapeutenjournal, 4*, 315–319.

Amelang, M. (1999). Zur Lage der Psychologie: Einzelaspekte von Ausbildung und Beruf unter besonderer Berücksichtigung der ökonomischen Implikationen psychologischen Handelns. *Psychologische Rundschau, 50*, 2–13.

Antoni, C. (2017). Reform des Psychotherapiegesetzes. https://www.dgps.de/fileadmin/user_upload/interner_bereich/Brief_PsychThG_170726_mit_Anlagen.pdf

Antoni, C. H. (2019a). Zur Lage der Psychologie. *Psychologische Rundschau, 70*, 4–26.

Antoni, C. H. (2019b). Rechenschaftsbericht des Präsidenten Conny Herbert Antoni (Universität Trier) 2016–2018. *Psychologische Rundschau, 70*, 43–76.

Approbationsordnung für Psychotherapeutinnen und Psychotherapeuten (PsychThApprO). *Bundesgesetzblatt 2020, Teil I, Nr. 11*, S. 446–483.

Ärztetag (2018). Ärztetag kritisiert Arbeitsentwurf zur Reform der Psychotherapeutenausbildung. https://www.bundesaerztekammer.de/presse/pressemitteilungen/news-detail/aerztetag-kritisiert-arbeitsentwurf-zur-reform-der-psychotherapeutenausbildung

Ash, M. & Sturm, Th. (Hrsg.). (2007). *Psychology´s territories: Historical and contemporary perspectives from different disciplines*. Mahwah, NJ: Lawrence Erlbaum.

Auckenthaler, A. (2000). Die Manualisierung der Psychotherapie. Ziele und Implikationen. In M. Hermer, M. (Hrsg.), *Psychotherapeutische Perspektiven am Beginn des 21. Jahrhunderts* (S. 213–223). Tübingen: dgvt-Verlag.

Ausbildungs- und Prüfungsverordnung für Psychologische Psychotherapeuten (PsychTh-APrV). *Bundesgesetzblatt 1998, Teil I*, S. 3749–3759.

Ausbildungs- und Prüfungsverordnung für Kinder- und Jugendlichenpsychotherapeuten (KJPsychTh-APrV). *Bundesgesetzblatt 1998, Teil I*, S. 3761–3771.

Beck, A. T. (1975). *Cognitive therapy and the emotional disorders*. Madison, CT: International Universities Press.

Bellach, B. M., Knopf, H. & Thefeld, W. (1998). Der Bundesgesundheitssurvey 1997/98. *Gesundheitswesen, 60*(2), 59–6

Benecke, C. (2019). Die Zukunft der Psychotherapieverfahren im neuen Psychotherapiestudium. *Psychotherapeutenjournal, 18*, 393–401.

Beneke, F. E. (1845). *Lehrbuch der Psychologie als Naturwissenschaft*. Berlin: Mittler.

Beneke, F. E. (1850). *Pragmatische Psychologie* (2 Bände). Berlin: Mittler.

Beneke, E. (1851–1953). *Archiv für die pragmatische Psychologie*. Berlin: Mittler.

Benetka, G. (2017). *Die Psychoanalyse der Schüler um Freud*. Wiesbaden: Springer.

Bentham, J. (1789/1948). *An introduction to the principles of moral and legislation*. Oxford: Blackwell.

Bergson, H. (1921). *Schöpferische Entwicklung*. Jena: Diederichs.

Bermeitinger, Ch., Kaup, B., Kiesel, A., Koch, I., Kunde, W., Müsseler, J., Oberfeld-Twistel, D., Strobach, T. & Ulrich, R. (2016). Positionspapier zur Lage der Allgemeinen Psychologie. *Psychologische Rundschau, 67*, 175–179.

Berufsverband Deutscher Psychologen (1981). Entwurf einer Bundespsychologen-Ordnung (BuPo). *Report Psychologie, 6*(4), 32–39.

Berufsverband Deutscher Psychologen, Vertragsabteilung Psychotherapie (1994). *Psychotherapeutengesetz. Dokumentation eines Gesetzgebungsverfahrens*. Bonn: Deutscher Psychologenverlag.

Berufsverband Deutscher Psychologen (1995) mit Verband Psychologischer Psychotherapeuten und Psychotherapeutinnen (Hrsg.). *Symposium „Psychotherapie im Gesundheitswesen"*. Bonn: Deutscher Psychologenverlag.

Berufsverband Deutscher Psychologinnen und Psychologen (2012). Positionspapier zur Reform der Psychotherapieausbildung vom 26.3.12. https://www.bdp-verband.de/profession/berufspolitik/themen

Berufsverband Deutscher Psychologinnen und Psychologen (2019a). Stellungnahme zum „Entwurf eines Gesetzes zur Reform der Psychotherapeutenausbildung (Psychotherapeutenausbildungsreformgesetz – PsychThGAusbRefG)" vom 30.1.2019. https://www.bdp-verband.de/profession/berufspolitik/themen

Berufsverband Deutscher Psychologinnen und Psychologen (2019b). Stellungnahme zum „Entwurf eines Gesetzes zur Reform der Psychotherapeutenausbildung (Psychotherapeutenausbildungsreformgesetz – PsychThGAusbRefG)" vom 8. 4.2019. https://www.bdp-verband.de/profession/berufspolitik/themen

Berufsverband Deutscher Psychologinnen und Psychologen (2019c). Stellungnahme zum Referentenentwurf einer Approbationsordnung für Psychotherapeut*innen vom 12. 11. 2019. https://www.bdp-verband.de/publikationen/politische-positionen

Binet, A. & Simon, Th. (1905a). Sur la nécessité d'établir un diagnostic scientific des états inférieurs de l'intelligence. *L'Année Psychologique, 11*, 163–191.

Binet, A. & Simon, Th. (1905b). Application des méthodes nouvelles au diagnostic du niveau intellectuel chez les enfants normaux et anormaux d'hospice et d'école primaire. *L'Année Psychologique, 11*, 245–336.

Bleek, W. (1972). *Von der Kameralausbildung zum Juristenprivileg*. Berlin: Colloquium.

Bodenstein, D. & Wunderlich, G. (2003). Eine Vision S. Freuds über die psychoanalytische Versorgung breiter Schichten der Bevölkerung und deren Verwirklichung in Berlin. In L. Sprung & W. Schönpflug (Hrsg.), *Zur Geschichte der Psychologie in Berlin* (S. 391– 399). Frankfurt a. M.: Peter Lang.

Böhr, Ch. (2003). *Philosophie für die Welt*. Stuttgart-Bad Cannstatt: frommann-holzboog.

Boll-Klatt, A., Kohrs, M. & Strauß, B. (2021). Ideengeschichte der Psychodynamischen Psychotherapie. In B. Strauß, M. Galliker, M. Linden & J. Schweitzer, J. (Hrsg.). *Ideengeschichte der Psychotherapieverfahren* (S. 26–43). Stuttgart: Kohlhammer.

Boring, E. G. (1950). *A history of experimental psychology*. New York: Appleton-Century-Crofts.

Braat, M., Engelen, J., van Gemert, T., & Verhaegh, S. (2020). The rise and fall of behaviorism: The narrative and the numbers. *History of Psychology, 23*, 252–280.

Brentano, F. (1874/1955). *Psychologie vom empirischen Standpunkt*, hrsg. von O. Kraus (Band 1). Hamburg: Meiner.

Bringmann, W., Krichev, A. & Balance, W. (1970). Goethe as behavior therapist. *Journal of the History of the Behavioral Sciences, 6*, 151–155.

Buchholz, M. B. (2015). Psychotherapie als Profession. In S. K. D. Sulz (Hrsg.), *Von der Psychotherapie-Wissenschaft zur Kunst der Psychotherapie* (S. 25–43). München: CIP-Medien.

Boll-Klatt, A., Kohrs, M. & Strauß, B. (2021). Ideengeschichte der Psychodynamischen Psychotherapie. In B. Strauß, M. Galliker, M. Linden & J. Schweitzer, J. (Hrsg.). *Ideengeschichte der Psychotherapieverfahren* (S. 26–43). Stuttgart: Kohlhammer.

Bundesärztekammer (2020). Synopse Approbationsordnung für Ärzte (ÄApprO) aktuelle Fassung – Arbeitsentwurf. https://www.bundesaerztekammer.de/fileadmin/user_upload/downloads/pdf-Ordner/Stellungnahmen/AEApprO_Arbeitsentwurf_SN-BAEK_Synopse_final_24012020.pdf

Bundesgesundheitsministerium (2016). Eckpunkte zur Novellierung der Ausbildung zum Psychologischen Psychotherapeuten.

Bundesgesundheitsministerium (2019). Referentenentwurf des Gesetzes zur Reform der Psychotherapeutenausbildung.

Bundesgesundheitsministerium (2020). https://www.bundesministerium.de/themen/gesundheitswesen/gesundheitsberufe/aerzte.html.

Bundespsychotherapeutenkammer (2010). 16. Deutscher Psychotherapeutentag. Ergebnisprotokoll. (Unveröffentlicht, mit freundlicher Genehmigung der Bundesgeschäftsführung).

Bundespsychotherapeutenkammer (2014). 25. Deutscher Psychotherapeutentag. Ergebnisprotokoll. (Unveröffentlicht, mit freundlicher Genehmigung der Bundesgeschäftsführung).

Bundespsychotherapeutenkammer (2019). 35. Deutscher Psychotherapeutentag würdigt die Reform der Psychotherapeutenausbildung. https://www.ptk.de/anerkennung-fuer-den-beruf

Bundesrat (2020). Protokoll der Sitzung vom 14. 2. 2020. Drucksache 670/19.

Bundesregierung (2019a). Entwurf eines Gesetzes zur Reform der Psychotherapeutenausbildung vom 1. 3. 2019. https://dserver.bundestag.de/brd/2019/0098-19(neu).pdf

Bundesregierung (2019b). Entwurf eines Gesetzes zur Reform der Psychotherapeutenausbildung vom 30. 4. 2019. https://dserver.bundestag.de/btd/19/097/1909770.pdf

Bundesregierung (2019c). Mitteilung der Bundesregierung vom 8. November 2019. https://www.bundesregierung.de/breg-de/aktuelles/psychothera peutenausbildung-15841140

Bundestag (2019). Protokoll der 98. Sitzung vom 9 . Mai 2019, S. 11869–11877. https://dip.bundestag.de/vorgang/gesetz-zur-reform-der-psychotherapeutenausbildung/244634?term=Gesetz%20zur%20Reform%20der%20Psychotherapeutenausbildung&rows=25&pos=1

Butzer, G. (2011). Psychagogik in der Frühen Neuzeit. In H. Jaumann (Hrsg.), *Diskurse der Gelehrtenkultur der Frühen Neuzeit* (S. 715–746). Berlin: de Gruyter.

Carus, C. G. (1851). *Psyche*. Stuttgart: Schcitlin.

Caspar, F. (1996). Was ist aus der guten alten Verhaltensanalyse geworden? In F. Caspar (Hrsg.), *Psychotherapeutische Problemanalyse* (S. 7–43). Tübingen: Deutsche Gesellschaft für Verhaltenstherapie.

Cocks, G. (1985). *Psychotherapy in the Third Reich*. New York: Taylor & Francis.

Dahm, A. (2008). Geschichte der Psychotherapierichtlinien. *Psychotherapeut, 53*(6), 397–401.

Daiminger, Ch. (2005). ZeitzeugInnen zur Geschichte der Verhaltenstherapie und der Deutschen Gesellschaft für Verhaltenstherapie (DGVT) in der Bundesrepublik Deutschland. http://www.dgvt-geschichte.de/Prof-Dr-Lilly-Kemmler.2426.0.html

Daiminger, Ch. (2007). *Eine Erfolgsgeschichte mit Differenzen*. Tübingen: dgvt Verlag.

Deutscher Bundestag (1975). *Bericht über die Lage der Psychiatrie in der Bundesrepublik Deutschland*. Bonn: Drucksache Nr. 7/4200.

Dewsbury, D. A. & Bolles, R. C. (1995). The founding of the Psychonomic Society. *Psychonomic Bulletin and Review, 2*, 216–233.

Dessoir, M. (1902/1964). *Geschichte der Neueren Deutschen Psychologie*. Amsterdam: Bonset.

Deutsche Gesellschaft für Psychologie (1983). Ausbildung in und Ausübung von Psychologie: Qualifizierungen und berufsrechtliche Regelungen. *Psychologische Rundschau, 34*, 158–164.

Deutsche Gesellschaft für Psychologie (DGPs) und Berufsverband Deutscher Psychologinnen und Psychologen (BDP) (2017). Gemeinsame Erklärung zur Reform des Psychotherapeutengesetzes vom 5. 10. 2017. https://www.bdp-verband.de/profession/berufspolitik/themen

Deutsche Gesellschaft für Psychologie und Fakultätentag Psychologie (2017). Kommentar zum Arbeitsentwurf des Bundesministeriums für Gesundheit zur Reform des Psychotherapeutengesetzes vom Juli 2017, September 2017.

Deutsche Gesellschaft für Psychologie und Fakultätentag Psychologie (2019a). Stellungnahme des Fakultätentags Psychologie und der Deutschen Gesellschaft für Psychologie zum Referentenentwurf des BMG zur Reform der Psychotherapeutenausbildung vom 4. 2. 2019. https://psychotherapie-dgps.de/fileadmin/user_upload/medien_psychotherapie/PsychThG_DGPs_FTPs-Stellungnahme_BMG20190129.pdf

Deutsche Gesellschaft für Psychologie und Fakultätentag Psychologie (2019b). Stellungnahme zum Referentenentwurf der Approbationsordnung vom 28. 10. 2019. https://psychotherapie-dgps.de/fileadmin/user_upload/medien_psychotherapie/DGPs-Stellungnahme_ApprobationReferentenentwurf.pdf

Deutsche Gesellschaft für Psychologie (2020). Laudatio für Prof. Dr. Winfried Rief anläßlich der Verleihung der Ehrenmitgliedschaft der DGPs. https://www.dgps.de/uploads/media/DGPs-Presse_Laudatio_Ehrenmitgliedschaft_Rief_01.pdf

Deutsche Gesellschaft für Psychoanalyse, Psychotherapie, Psychosomatik und Tiefenpsychologie (2012). Novellierung des Psychotherapeutengesetzes – Psychotherapeutische Direktausbildung? http://dgpt.de/fileadmin/download/Mitteilungen/StN_Direktausbildung.pdf

Deutsche Gesellschaft für Verhaltenstherapie (2017). Stellungnahme zum Arbeitsentwurf des BMG. Schreiben vom 10. 8. 2017.

Diagnostik- und Testkuratorium der Föderation Deutscher Psychologenvereinigungen (2019). *Tests in Lehre und Forschung: Informationen zum Testschutz und zum Urheberrecht.* Berlin: Autor.

Diedrichs-Paeschke, V. & Stafski, B. (2000). Auf der Suche nach einer verlorenen Identität? Wandel eines Berufsbildes – Kinderanalytiker – Psychagoge – Kinder- und Jugendlichenpsychotherapeut. *Luzifer-Amor, 25*, 105–125.

Dilling, H., Mombour, W., Schmidt, M. H., Schulte-Markwort, M & Remschmidt, H. (Hrsg.). (2016). *Internationale Klassifikation psychischer Störungen: ICD-10 Kapitel V (F); klinisch-diagnostische Leitlinien.* Bern: Hogrefe.

Döpfner, M., Kinnen, C. & Petermann, F. (2010). Vor- und Nachteile von Therapiemanualen. *Kindheit und Entwicklung,* 19, 129–138.

Eberhard, A. E. (1776/1984). *Allgemeine Theorie des Denkens und Empfindens.* Hildesheim: Olms.

Ellenberger, H. F. (1970). *The discovery of the unconscious.* London: Allen Lane/ The Penguin Press (deutsch 2011: Die Entdeckung des Unbewussten. Zürich: Diogenes).

Ellis, A. (1962/1993). *Die rational-emotive Therapie.* München: Pfeiffer.

Ermann, M. (2012). *Psychoanalyse in den Jahren nach Freud.* Stuttgart: Kohlhammer.

European Association for Psychotherapy (1990). Strasbourg Declaration on Psychotherapy, October 21st, 1990. https://www.europsyche.org/about-eap/documents-activities/strasbourg-declaration-on-psychotherapy/

Eyferth, K. (1980). Bericht über eine Umfrage über die Ausbildung im zweiten Studienabschnitt des Diplomstudiengangs Psychologie. In: E. Stephan (Hrsg.), *Ausbildung und Weiterbildung in Psychologie* (S. 8–21). Weinheim: Beltz.

Eysenck, H. J. (1952). The effects of psychotherapy: An evaluation. *Journal of Consulting Psychology, 16*, 319–324.

Fachbereichstag Soziale Arbeit (2017). Stellungnahme zum Eckpunktepapier des Bundesgesundheitsministeriums vom November 2016. Schreiben vom 18. 1. 2017. https://www.fbts-ev.de/stellungnahmen/beschlüsse/empfehlungen

Fachbereichstag Soziale Arbeit (2019). Stellungnahme zum Entwurf eines Gesetzes zur Reform der Psychotherapieausbildung (BT-DS 19/9770 vom 30.04.2019), ohne Datum. https://www.fbts-ev.de/stellungnahmen/beschlüsse/empfehlungen

Fachgruppe Allgemeine Psychologie (2020). Umfrage zum Fach Allgemeine Psychologie im polyvalenten Bachelor-Studiengang. *Psychologische Rundschau, 71*, 158.

Fahrenberg, J. (2018). *Wilhelm Wundt (1832–1920)*. Lengerich: Pabst.

Fakultätentag Psychologie (2015). Memorandum anlässlich der Gründung des Fakultätentags Psychologie der Bundesrepublik Deutschland in der Deutschen Gesellschaft für Psychologie e.V. am 18. Mai 2015 in Frankfurt a. M.. https://www.fakultaetentag-psychologie.de

Fakultätentag Psychologie (ohne Jahr). Ordnung der Fachgruppe Psychologie der Bundesrepublik Deutschland in der Deutschen Gesellschaft für Psychologie e. V. (unveröffentlicht, mit freundlicher Genehmigung der Geschäftsstelle der Deutschen Gesellschaft für Psychologie).

Fichter, M., Ferstl, R., Hahlweg, K. & de Jong-Meyer, R. (2006). Hommage an Johannes C. Brengelmann (1920–1999) – drei seiner Schüler über die Aufbruchstimmung der frühen 1970er-Jahre. *Verhaltenstherapie, 16*, 59–64.

Finkenstaedt, Th. (2010). Die Universitätslehrer. In W. Rüegg (Hrsg.), *Geschichte der Universität in Europa* (Band IV, S. 153–188). München: Beck.

Fischer, G. (2011). *Psychotherapiewissenschaft. Einführung in eine neue humanwissenschaftliche Disziplin*. Gießen: psychosozial-Verlag.

Fliegel, S. (2010). DGVT-Interview mit Prof. Dr. Gottwald und Prof. Dr. Dietmar Schulte vom 19. Juli 2010. https://www.dgvt.de/aktuelles/details/tx_ttnews[tt.news]=2446&cHash=72d5e7eb1043956298352e8971278e&L=0

Franks,, C. M. & Susskind, D. (1968). Behavior modification with children. Rationale and technique. *Journal of School Psychology, 4*, 75–88 (nach Schorr, 1984).

Frensch, P. A. (2012). Modellvorschlag Direktausbildung Psychotherapie, 1. April 2012.

Freud, S. (1913/ 1969). Geleitwort zu der psychoanalytischen Methode von Dr. Oskar Pfister. *Gesammelte Werke* (Band 10, S. 448–450). Frankfurt a. M.: Fischer.

Freud, S. (1926a/1972). Die Frage der Laienanalyse. *Gesammelte Werke* (Band 14, S. 208–286). Frankfurt a. M.: Fischer.

Freud, S. (1926b/1972). Nachwort zur „Frage der Laienanalyse“. *Gesammelte Werke* (Band 14, S. 287–296). Frankfurt a. M.: Fischer.

Frevert, U. & Haupt, H.-G. (Hrsg.). (2004). *Der Mensch des 19. Jahrhunderts*. Essen: Magnus.

Fydrich, Th. (2017). Reform des Psychotherapeutengesetzes. *Psychotherapeut, 62*, 249–250.

Fydrich, Th. & Fehm, L. (2018). Psychotherapieausbildung am Beispiel von unith-Ausbildungsinstituten. *Psychotherapeut, 63*, 458–464.

Fydrich, Th. & Unger, T. (2013): Hochschulambulanzen an Psychologischen Universitätsinstituten – Was sind das für Einrichtungen und was wird dort gemacht? *Psychotherapeutenjournal, 0,* 146–151.

Gaita, R. (2012). To Civilise the City? *Meanjin Quarterly,* 71(1).

Galliker, M. (2021). Ideengeschichte der Humanistischen Psychotherapie. In B. Strauß, M. Galliker, M. Linden & J. Schweitzer, J. (Hrsg.). *Ideengeschichte der Psychotherapieverfahren* (S. 59–71). Stuttgart: Kohlhammer.

Galison, P. (2005). Das Bild des Ich. In C. Borck & A. Schäfer (Hrsg.), *Psychographien* (S. 111–140). Zürich: Diaphanes.

Gerhardt, V., Mehring, R. & Rindert, J. (1999). *Berliner Geist. Eine Geschichte der Berliner Universitätsphilosophie.* Berlin: Akademie Verlag.

Gesetz über die Berufe des Psychologischen Psychotherapeuten und des Kinder- und Jugendlichenpsychotherapeuten vom 16. 6. 1998. *Bundesgesetzblatt 1998, Teil I, Nr. 36, S. 1289–1298.*

Gesetz zur Reform der Psychotherapeutenausbildung vom 15. November 2019. *Bundesgesetzblatt 2019, Teil I, Nr. 40,* S. 1604–1621.

Geuter, U. (1984). *Die Professionalisierung der deutschen Psychologie im Nationalsozialismus.* Frankfurt a. M.: Suhrkamp.

Geyer, M. (2011). *Psychotherapie im Osten Deutschlands.* Geschichte und Geschichten 1945–1995. Göttingen: Vandenhoek & Ruprecht.

Giese, F. (1928). *Psychotechnik.* Breslau: Hirt.

Gieseke, S. (2009). Dietmar Schulte: Unerschütterlicher Optimist. *Deutsches Ärzteblatt, 106* (12): A-563/B-483/C-467.

Gilbert, P. & Kirby, J. N. (2019). Building an integrative science for psychotherapy for the 21st century: Preface and Introduction. *Psychology and Psychotherapy: Theory, Research and Practice, 92,* 151–163.

Gottschaldt, K., Thomä, H. et al. (Hrsg.). (1959–1978). *Handbuch der Psychologie in zwölf Bänden.* Göttingen: Hogrefe.

Graiver, I. (2021). A historical perspective on mental health: Proposal for a dialogue between history and psychology. *History of Psychology, 24,* 1–12.

Graumann, C. F. (1997). Psychology in postwar Gemany: The vicissitudes of internationalization. *World Psychology, 3,* 253–277.

Grawe, K., Donati, R. & Bernauer, F. (1994). *Psychotherapie im Wandel. Von der Konfession zur Profession.* Göttingen: Hogrefe.

Groeger, W. M. (2006). Psychotherapie-Ausbildung im Rahmen der Bachelor-/Masterstudienreform. *Psychotherapeutenjournal, 6,* 340–352.

Gundlach, H. (2004). Die Lage der Psychologie um 1900. *Psychologische Rundschau, 55* (Supplementum 1), 2–11.

Gundlach, H. (2017). *Wilhelm Windelband und die Psychologie.* Heidelberg: University Publishing.

Gutberlet, C. (1905). *Psychophysik.* Mainz: Kirchheim.

Hadot, I. (1969). *Seneca und die griechisch-römische Tradition der Seelenleitung.* Berlin: de Gruyter.

Hannich, H.-J. (2015). Der wissenschaftliche Zugang der Hermeneutik zur Psychotherapie. In S. K. D. Sulz (Hrsg.), *Von der Psychotherapie-Wissenschaft zur Kunst der Psychotherapie* (S. 192–207). München: CIP-Medien.

Hardt, J. (2005). Was heißt Prävention? *Psychotherapeutenjournal, 5,* 21–26.

Heckhausen, H. (1983). Zur Lage der Psychologie. *Psychologische Rundschau, 34,* 1–20.

Hein, J. (2014). Streitgegenstand Psychotherapie – save our modern souls. *Psychologie und Gesellschaftskritik, 38*(1), 49–67.

Heinroth, J. Ch. A. (1827). *Die Psychologie als Selbsterkenntnißlehre.* Leipzig: Vogel.

Heinroth, J. Ch. A. (1828). *Von den Grundfehlern der Erziehung und ihren Folgen.* Leipzig: Vogel.

Hellfritsch, L. J. (1991). Der lange Weg zu einem Psychotherapeutengesetz. *Report Psychologie, 16* (8), 8–10.

Hellfritsch, L. (1993). „Wir brauchen eine andere psychologische Wissenschaft an den Universitäten". *Journal für Psychologie, 1,* 47–53,

Hellfritsch, L., Richardt, G. & Brücher-Albers, C. (2019). Stellungnahme der Präsidentinnen und Präsidenten des BdP zur Reform des Psychotherapiegesetzes. https://www.bdp-verband.de/aktuelles/2019/04/stellungnahme-von-praesidentinnen-und-praesidenten-des-bdp-zur-reform-des-psychthg.html

Helvétius, C. A. (1772/1972). *Vom Menschen, seinen Fähigkeiten und seiner Erziehung.* Frankfurt a. M.: Suhrkamp.

Hensen, G. & Körner, W. (2005). Erziehungsberatung – eine Standortbestimmung der Position der Psychotherapie in der Jugendhilfe. *Psychotherapeutenjournal, 5,* 227–235.

Herrmann, D., Raybeck, D. & Gruneberg, M. (1997). *A clash of scientific cultures: The relationship between basic and applied research.* Terre Haute, IND: Indiana State University Press.

Hildebrandt, H. (1993). Der psychologische Versuch in der Psychiatrie: Was wurde aus Kraepelins (1895) Programm? *Psychologie und Geschichte, 5* (1–2), 5–30, 78.

Hilgard, E. R. (1987). *Psychology in America*. Orlando, FL: Harcourt Brace Jovanovich.

Hoffbauer, J. Ch. (1796). *Naturlehre der Seele: In Briefen*. Halle: Renger.

Hoffbauer, J. Ch. (1807). *Untersuchungen über den Wahnsinn und die übrigen Arten der Verrückung und und die Behandlung derselben*. Halle: Hemmerde & Schwetschke.

Hoffbauer, J. Ch. (1810). *Grundriß der Erfahrungs-Seelenlehre*. Halle: Hemerde.

Hoffbauer, J. Ch. (1823). *Die Psychologie und ihre Hauptanwendungen auf die Rechtspflege nach den allgemeinen Gesichtspunkten der Gesetzgebung oder die sogenannte gerichtliche Arzneywissenschaft nach ihrem psychologischen Theile*. Halle: Schimmelpfennig.

Hofstätter, P. R. (1941). Die Krise der Psychologie. Betrachtungen über den Standort einer Wissenschaft im Volksganzen. *Deutschlands Erneuerung, 25*, 562–578.

Holbach, P. Th. d′ (1770/1960). *System der Natur oder von den Gesetzen der physischen und moralischen Welt*. Berlin: Aufbau.

Holitzner, W. V. (1998). Das Institut für Psychotherapie und das Berliner Institut für Psychotherapie und Psychoanalyse (BIPP) oder die Geschichte eines Dualismus. In I. Kothe -Meyer (Hrsg.). *Über die Schwierigkeit, die eigene Geschichte zu schreiben. 50 Jahre Institut für Psychotherapie Berlin* (S. 102–112). Tübingen: diskord.

Hölzel, H. H. (2006). Zur finanziellen Situation der Psychotherapeuten in Ausbildung: Ergebnisse einer internetgestützten Fragebogenstudie. *Psychotherapeutenjournal, 6*, 232–237.

Holzkamp, K. (1983). *Grundlegung der Psychologie*. Frankfurt a. M.: Campus.

Hoyos, C. Graf (1964). *Denkschrift zur Lage der Psychologie*. Wiesbaden: Steiner.

Hume, D. (1748/1984). *Eine Untersuchung über den menschlichen Verstand*. Hamburg: Meiner.

Hurrelmann, K. & Richter, M. (2013). *Gesundheits- und Medizinpsychologie*. Weinheim: Beltz/ Juventa.

Irle, M. & Strack, F. (1983). *Psychologie in Deutschland. Ein Bericht zur Lage von Forschung und Lehre*. Weinheim: Verlag Chemie.

Jacobi, F. & Brodrück, D. (2021). Integrative Psychotherapie: Ideengeschichtliche Darstellung der grundlegenden Theorien und Konzepte. In B. Strauß, M. Galliker, M. Linden & J. Schweitzer, J. (Hrsg.). *Ideengeschichte der Psychotherapieverfahren* (S. 86–106). Stuttgart: Kohlhammer.

Jacobi, F., Höfler, M., Strehle, J., Mack, S., Gerschler, A., Scholl, L., Busch, M.A., Maske, U., Hapke, U., Gaebel, W., Maier, W., Wagner, M., Zielasek, J. & Wittchen, H.-U. (2014). Psychische Störungen in der Allgemeinbevölkerung. *Der Nervenarzt, 85*, 77–87.

Jacobi, F., Jungfer, J., Schuhmann, T. & Thom, J. (2019). Ein versorgungsepidemiologisches Paradox? *Report Psychologie, 44*(4), 2–7.

Jarausch, K. H. (2000). *Deutsche Studenten 1800–1970.* Frankfurt a.M.: Suhrkamp.

Jarausch, K. H.. (2004). Der Lebensweg der Studierenden. In W. Rüegg (Hrsg.), *Geschichte der Universität in Europa* (Band III, S. 301–322). München: Beck.

Jaeger, S. & Staeuble, I. (1978). *Die gesellschaftliche Genese der Psychologie.* Frankfurt a. M.: Campus.

Jiménez, P. & Raab, E. (1999). Das Berufsbild von Psychologen im Vergleich mit anderen Berufen. *Psychologische Rundschau, 50*, 26–32.

Kaderas, B. (2000). Hans Liebermanns Plädoyer für die Einführung der Psychoanalyse als Unterrichtsfach an der Universität. *Luzifer-Amor, 26*, 113–124.

Kaminski, A. (2011). Prüfungen um 1900. Zur Genese einer Subjektivierungsform. *Historische Anthropologie, 19*, 331–353.

Kanning, U. P. (2012). Über das Image der Psychologie in der deutschen Öffentlichkeit. In M. Krämer, St. Dutke & J. Barenberg (Hrsg),. *Psychologiedidaktik und Evaluation IX* (S. 3–9). Aachen: Shakers.

Kerl-Wienecke, A. (2000). Kinderanalyse und Frauen. *Luzifer-Amor, 25*, 47–63.

Kersting (2009). Die DGP Testverfahren – Ein kurzer Rückblick und eine aktuelle Studie zur Konstrukt- und Kriteriumsvalidität des BIS-r-DGP Tests. *DGP-Informationen, 60*, 22–37.

Kleiber, D. (1997). Das Psychotherapeutengesetz: Ein Fortschritt mit Schattenseiten. *Psychomed, 9*, 236–240.

Klinge, M. (2004). Die Universitätslehrer. In W. Rüegg (Hrsg.), *Geschichte der Universität in Europa* (Band III, S. 113–143). München: Beck.

Kluwe, R. H. (2001). Zur Lage der Psychologie: Perspektiven der Fortentwicklung einer erfolgreichen Wissenschaft. *Psychologische Rundschau, 52*, 1–10.

Knauff, M. (2016). Es ist noch nicht zu spät für die Rettung der Psychologie. *Psychologische Rundschau, 67*, 205–207.

Koch, S. & Leary, D. E. (1985). *A century of psychology as a science.* New York: McGraw-Hill.

Köhler, A. (1998). Vom Reichsinstitut zum Institut für Psychotherapie e.V. In I. Kothe -Meyer (Hrsg.). *Über die Schwierigkeit, die eigene Geschichte zu schreiben. 50 Jahre Institut für Psychotherapie Berlin* (S. 31–54). Tübingen: diskord.

Kommer, D. & Wittmann, L. (2002). Auf dem Weg zu einer Bundespsychotherapeutenkammer: Historische Ausgangspunkte und Perspektiven für eine Bundesvertretung der Psychologischen Psychotherapeuten und Kinder- und Jugendlichenpsychotherapeuten, *Psychotherapeutenjournal, 0*, 22–35.

Körner, J. (1989). Psychoanalyse und akademische Psychologie. Von den Schwierigkeiten eines Dialogs zwischen anwendungsorientierter und theoriegeleiteter Wissenschaft. In B. Nitzschke (Hrsg.). *Freud und die akademische Psychologie* (S. 22–38). Weinheim: Psychologie Verlags Union.

Körner, J. (1991). Für eine Rückkehr der Psychoanalyse in die Psychologie. *Psychologie und Gesellschaftskritik*, 15, 49–58.

Körner, J. (2013a). Plädoyer für eine Ausbildung zum Psychotherapeuten „von der Profession her". *Psychotherapeutenjournal, 4*, 364–365.

Körner, J. (2013b). Plädoyer für eine Direktausbildung zum Psychotherapeuten. *Forum der Psychoanalyse, 29*, 239–257.

Krafft-Ebing, R. von (1895). *Nervosität und neurasthenische Zustände*. Wien: Hölder.

Krämer, M. (2019a). BdP: Psychotherapie braucht eine fundierte psychologische Qualifikation. *Report Psychologie, 44* (3), 23–24.

Krämer, M. (2019b). Kontroverse Standpunkte zum Psychotherapeutengesetz. *Report Psychologie, 44* (7/8), 24–25.

Krämer, M. (2020a). Quadratur des Kreises gescheitert. *Report Psychologie, 45* (2), 26–27.

Krämer, M. (2020b). Mögliche Folgen des novellierten Psychotherapeutengesetzes für die Ausbildung in Psychologie und den Berufsstand der Psychologinnen und Psychologen. In M. Krämer, J. Zumbach & I. Deibl (Hrsg.), *Psychologiedidaktik und Evaluation XIII* (S. 3–12). Düren: Shaker.

Krampen,, G. (2002). Drei-Phasen-Modell zur Geschichte der Psychotherapie im 20. Jahrhundert. *Report Psychologie, 27*, 330–346.

Krampen, G. (2014). Zur (Re-?) Biologisierung der Psychologie als Wissenschaft 1980 bis 2010: Szientometrische Befunde zur jüngeren Geschichte der Psychologie im deutschsprachigen und angloamerikanischen Bereich. (Unveröffentlichter Vortrag, 49. Kongress der Deutschen Gesellschaft für Psychologie in Bochum.)

Kriz, J. (2005). Von den Grenzen zu den Passungen. *Psychotherapeutenjournal, 5*, 12–20.

Kriz, J. (2014). *Grundkonzepte der Psychotherapie*. Weinheim: Beltz.

Kroh, O. (1941). Ein bedeutsamer Fortschritt der deutschen Psychologie. Werden und Absicht der neuen Diplomprüfungsordnung. *Zeitschrift für Psychologie, 151*, 1–19.

Kultusministerkonferenz (2019). Entwurf eines Gesetzes zur Reform der Psychotherapeutenausbildung. Schreiben vom 30. 1. 2019.

Kusch, M. (1999). *Psychological knowledge*. London: Routledge.

Linden, M. & Hautzinger, M. (Hrsg.). (2015). *Verhaltenstherapiemanual*. Berlin: Springer.

Lamiell, J. T. (2010). *William Stern (1871–1938): A brief introduction to his life and works*. Lengerich: Pabst.

Land Niedersachsen (2019). Antrag des Landes Niedersachsen an den Deutschen Bundesrat vom 6. 11. 2019, Drucksache 505/3/19.

Lang, F. (2019). „Wirkt nicht richtig". *Report Psychologie, 44* (11/12), 28–29.

Lasogga, F. & Gasch, B. (Hrsg.). (2011). *Notfallpsychologie: Ein Lehrbuch für die Praxis*. Heidelberg: Springer.

Laucken, U. (1974). *Naive Verhaltenstheorie*. Stuttgart: Klett.

Lazarus, A. A. (1968). Scientism and psychotherapy. *Psychological Reports, 23*, 1015–1016 (nach Schorr, 1984).

Linden, M. (2021). Ideengeschichte der Verhaltenstherapie. In B. Strauß, M. Galliker, M. Linden & J. Schweitzer, J. (Hrsg.). *Ideengeschichte der Psychotherapieverfahren* (S. 44–58). Stuttgart: Kohlhammer.

Linden, M. & Hautzinger, M. (2015). *Verhaltenstherapiemanual*. Berlin. Springer.

Lockot, R. (1985). *Erinnern und Durcharbeiten*. Frankfurt a. M.: Fischer.

Lockot, R. (1994). *Die Reinigung der Psychoanalyse*. Tübingen: diskord.

Lockot, R. (o. J.). Chronik zur Geschichte der Psychotherapie und zur Psychoanalyse von 1918–1975. https://dgpt.de/ueber-uns/geschichte-der-dgpt/psychoanalyse-1918-1975

Löw, M. & Geier, Th. (2014). *Einführung in die Soziologie der Bildung und Erziehung*. Leverkusen-Opladen: Büdrich.

Lück, H. E. (2020). Die Diplomprüfungsordnung für Studierende der Psychologie – eine nationalsozialistische Prüfungsordnung? In M. Wieser (Hrsg.), *Psychologie im Nationalsozialismus* (S. 47–72). Frankfurt a. M.: Peter Lang.

Ludwig-Körner, Ch. (2014). *Wiederentdeckt. Psychoanalytikerinnen in Berlin*. Gießen: Psychosozial-Verlag.

Lunt, I. & Poortinga, Y. H. (1996). Internationalizing psychology. *American Psychologist, 51*, 504–508.

Malich, L. (2021). Die Verhaltenstherapie als genuin psychologisch? *Psychologische Rundschau, 72*, 181–191.

Mandler, G. & Kessen, W. (1959). *The language of psychology*. New York: Wiley.

Margraf, J. (2018). Klassifikation psychischer Störungen. In J. Margraf & S. Schneider (Hrsg.), *Lehrbuch der Verhaltenstherapie* (Band 1, S. 144–161). Berlin: Springer.

Margraf, J. (2015a). Zur Lage der Psychologie. *Psychologische Rundschau, 66*, 1–30.

Margraf, J. (2015b) Rechenschaftsbericht des Präsidenten 2012–2014. *Psychologische Rundschau, 66*, 51–71.

McClelland, C. E. (1991). *The German experience of professionalization*. Cambridge, UK: Cambridge University Press.

Medizinischer Fakultätentag (o. J.) Satzung. https://medizinische-fakultaeten.de

Meischner-Metge, A. & Schröger, E. (2020): Leipzig – Geschichte des Instituts für Psychologie der Universität Leipzig. In A. Stock & W. Schneider (Hrsg.). *Die ersten Institute für Psychologie im deutschsprachigen Raum* (S. 274–303). Göttingen: Hogrefe.

Mendel, E. (1902). *Leitfaden der Psychiatrie*. Stuttgart: Enke.

Merz, Ch. J. & Lonsdorf, T. B. (2020). Methodische Anmerkungen und Anwendungsbereiche der Furchtkonditionierung in verschiedenen psychologischen Disziplinen. *Psychologische Rundschau, 71*, 273–287.

Meumann, E. (1903). Vorwort. *Archiv für die gesamte Psychologie, 1*, 1–8.

Meumann, E. (1907–1914). *Vorlesungen zur Einführung in die Experimentelle Pädagogik und ihre psychologischen Grundlagen* (3 Bände). Leipzig: Engelmann.

Meyer zum Wischen, M. (1988). *„Der Seele Tiefen zu ergründen …" Robert Sommer (1861–1937) und das Konzept einer ganzheitlichen, erweiterten Psychiatrie*. Giessen: Wilhelm Schmitz.

Monroe, S. M., Anderson, S. F. & Harkness, K. L. (2019). Life stress and major depression: The mysteries of recurrences. *Psychological Review, 126*, 791–816.

Moritz, C. Ph., Pockels, C. F. & Maimon, S. (Hrsg.). (1783-1793). *Gnothi sauton oder Magazin für Erfahrungsseelenkunde* (10 Bände). Berlin: Mylius.

Mowbray, R. (1995). *The case against psychotherapy registration*. London: Trans Marginal Press.

Mülberger, A. & Sturm, Th. (Eds.). (2012). Psychology, a science in crisis. *Studies in History and Philosophy of Biological and Biomedical Sciences, 43*, 425–573.

Münsterberg, H. (1906). The psychological laboratory in Emerson Hall. In H. Münsterberg (Ed.), *Harvard Psychological Studies* (vol. 2, pp. 34–39). Boston, MA: Houghton Mifflin.

Münsterberg, H. (1909). *Psychotherapy.* London: Fisher Unwin.

Münsterberg, H. (1914). *Grundzüge der Psychotechnik.* Leipzig: Barth.

Murphy, J., Viding, E. & Bird, G.(2019). Does atypical interoception following physical change contribute to sex differences in mental illness? *Psychological Review, 126*, 787–789.

Nachrichten (2007). Fachgruppe Klinische Psychologie und Psychotherapie. *Psychologische Rundschau, 58*, 285–286.

Nachrichten (2011). Neu: Kommission Psychologie und Psychotherapieausbildung. *Psychologische Rundschau, 62*, 22.

Nachrichten (2020). Vorstand präzisiert die Empfehlungen zur Benennung von Masterabschlüssen. *Psychologische Rundschau, 71*, 317.

Nachrichten (2021). Protokoll der Mitgliederversammlung der Deutschen Gesellschaft für Psychologie e.V., 16. September 2020. *Psychologische Rundschau, 72*, 36–76.

Napoli, D. S. (1981). *Architects of adjustment: The history of the psychological profession in the United States.* Port Washington, NY: Kennikat.

Nees, F., Heinrich, A. & Flor, I. (2015). A mechanism-oriented approach to psychopathology: The role of Pavlovian conditioning. *International Journal of Psychophysiology, 98*, 351–364.

Oberborbeck, K. W. (1995). Kinderanalyse im Umfeld des Berliner Psychoanalytischen Instituts 1920 bis 1933. *Luzifer-Amor, 13*, 71–120.

Pauli, G. & Schmude, M. (2004). Vom Schlechten des Guten. *Psychotherapeutenjournal, 4*, 22–35.

Perls, F. (1981). *Gestalt-Wahrnehmung: Verworfenes und Wiedergefundenes aus meiner Mülltonne.* Frankfurt a.M.: Flach.

Peseschkian, H. (2015). Psychotherapeutische Hochschulen. In S. K. D. Sulz (Hrsg.), *Von der Psychotherapie-Wissenschaft zur Kunst der Psychotherapie* (S. 304–319). München: CIP-Medien.

Peters, U. H. (2021). Der Beginn der wissenschaftlichen Psychotherapie im 17. Und 18. Jahrhundert. In B. Strauß, M. Galliker, M. Linden & J. Schweitzer (Hrsg.). (2021). *Ideengeschichte der Psychotherapieverfahren* (S. 19–25). Stuttgart: Kohlhammer.

Petersen, D. R., Eaton, M. M., Levine, A. R. & Snepp, F. P. (1980). Development of doctor of psychology programs and experiences of graduates through 1980. *The Rudgers Professional Psychology Review, 2*, 29 (nach Schorr, 1984).

Polkinghorne, D. E. (1992). Postmodern epistemology of practice. In S. Kvale (Ed.), *Psychology and postmodernism* (p. 146–165). London: Sage.

Raimy, V. C. (Ed.). (1950). *Training in Clinical Psychology*. New York: Prentice-Hall.

Raguse, H. (2010). Karl Philipp Moritz – ein Vorläufer der Psychoanalyse? In Ch. Wingertszahn & Y. Pauly (Hrsg.), *Das Dort ist nun Hier geworden* (S. 41–60). Hannover: Wehrhahn.

Rattner, J. (Hrsg.). (1983). *Vorläufer der Tiefenpsychologie*. Wien: Europa Verlag.

Redaktion und Autoren (1995). Seele. In J. Ritter & K. Gründer (Hrsg.), *Historisches Wörterbuch der Philosophie* (Band 9, S. 1–89). Basel: Schwabe.

Reil, J. Ch. (1805). Naturnothwendigkeit. Oder Psyche als Naturwesen. In J. Ch. Reil & A. B. Kayssler (Hrsg,), *Magazin für die psychische Heilkunde* (Band 1, Heft 2, S. 247–332). Berlin: Lange.

Reil, J. Ch. (1808). Über den Begriff der Medicin und ihre Verzweigungen, besonders in Beziehung auf die Berichtigung der Topik der Psychiatrie. In J. Ch. Reil & J. Ch. Hoffbauer (Hrsg.), *Beiträge zur Beförderung einer Kurmethode auf psychischem Wege* (S. 161–279). Halle: Curt.

Reisman, J. M. (1976). *A History of Clinical Psychology*. New York: Irvington.

Remschmidt, H., Schmidt, M. & Poustka, F. (Hrsg.). (2017). *Multiaxiales Klassifikationsschema für psychische Störungen des Kindes- und Jugendalters nach ICD-10 der WHO*. Bern: Hogrefe.

Rentzsch, K., Harzer, C. & Wolter, I. (2017). Stellungnahme zur Lage des wissenschaftlichen Nachwuchses in der Psychologie. *Psychologische Rundschau, 68*, 251–265.

Richter, R. (2012). Laudatio für Prof. Dr. Dietmar Schulte. https://www.bptk.de/wp-content/uploads/2019/09/20120523_Laudatio-Diotima-2012.pdf

Richter, T., Souvignier, E., Hertel, S., Heyder, A. & Kunina-Habenicht, O. (2019). Positionspapier zur Lage der Pädagogischen Psychologie in Forschung und Lehre. *Psychologische Rundschau, 70*, 109–118.

Rief, W. (2019). Mut zur Zukunft – und Gegenwart: Kompetenzorientierte Psychotherapie-Qualifikation. *Psychotherapeutenjournal, 18*, 402–405.

Rief, W. (2020). Die Zukunft der Psychotherapie nach der Ausbildungsreform. *Verhaltenstherapie, 30*, 101–103.

Rief, W., Hautzinger, M., Rist, F., Rockstroh, B. & Wittchen, H.-U. (2007). Klinische Psychologie und Psychotherapie: Eine Standortbestimmung. *Psychologische Rundschau, 58*, 249–259.

Rocholl, B. (1998). Die Analytische Kinder- und Jugendlichen-Psychotherapie im Spiegel ihrer Geschichte. In I. Kothe -Meyer (Hrsg.). *Über die*

Schwierigkeit, die eigene Geschichte zu schreiben. 50 Jahre Institut für Psychotherapie Berlin (S. 141–151). Tübingen: diskord.

Rogers, C. R. (1942). *Counseling and psychotherapy.* Boston: Houghton Mifflin.

Rohracher, H. (1956). *Kleine Charakterkunde.* Wien: Urban & Schwarzenberg.

Rohracher, H. (1946). *Einführung in die Psychologie.* Wien: Urban & Schwarzenberg.

Rose, N. (1990). *Governing the soul: The shaping of the private self.* London: Routledge.

Routh, D. K. (1994). *Clinical Psychology since 1917.* New York: Plenum.

Rowan, J. (2015). *The transpersonal: Spirituality in psychotherapy and counseling.* London: Routledge.

Rüger, U. & Bell, K. (2004). Historische Entwicklung und aktueller Stand der Richtlinien-Psychotherapie in Deutschland. *Zeitschrift für Psychosomatische Medizin, 50,* 127–152.

Sander, M. (1998). Das Image der Diplom-Psychologinnen und Diplom-Psychologen in der Bundesrepublik. Ergebnisse einer Repräsentativuntersuchung. *Report Psychologie, 5*(6), 437–442.

Sarasin, Ph. (2021). *„1977". Eine kurze Geschichte der Gegenwart.* Berlin: Suhrkamp.

Scheerer, E. (1989). Psychologie. In J. Ritter & K. Gründer (Hrsg.), *Historisches Wörterbuch der Philosophie* (Bd. 7, S. 1599–1653). Basel: Schwabe.

Schelling, F. W. J. (1798/2004). In: *Werke,* hrsg. von M. Durner & W. G. Jacobs (Bd. 8, Schriften 1799–1800). Stuttgart: Frommann-Holzboog.

Schildt, H. (2007). Vom „nichtärztlichen" zum Psychologischen Psychotherapeuten/KJP. *Psychotherapeutenjournal, 6,* 118–128.

Schlesinger, G. (1920). *Psychotechnik und Betriebswirtschaft.* Leipzig: Hirzel.

Schlippe, A. von & Schweitzer, J. (2021). Ideengeschichte der Systemischen Therapie. In B. Strauß, M. Galliker, M. Linden & J. Schweitzer, J. (Hrsg.). *Ideengeschichte der Psychotherapieverfahren* (S. 86–106). Stuttgart: Kohlhammer.

Schneider, W. (2005). Zur Lage der Psychologie in Zeiten hinreichender, knapper und immer knapperer finanzieller Ressourcen: Entwicklungstrends der letzten 35 Jahre. *Psychologische Rundschau, 56,* 2–19.

Schönpflug, W. (1993). Applied psychology: Newcomer with a long tradition. *Applied Psychology: An International Review, 42,* 5–30.

Schönpflug, W. (2013). *Geschichte und Systematik der Psychologie.* Weinheim: Beltz.

Schönpflug, W. (2014). Vor hundert Jahren: Rorschachs Formdeutetest. In W. Mack, H. E. Lück, K.-H. Renner & U. Wolfradt (Hrsg.), *Behaviorismus und Erkenntnistheorie im psychologisch-historischen Kontext* (S. 187–196). Frankfurt a. M.: Peter Lang.

Schönpflug, W. (2017). Professional psychology in Germany, National Socialism, and the Second World War. *History of Psychology, 20*, 387–407.

Schönpflug, W. (2020). Professionalisierung und Institutionalisierung der Psychologie im Dritten Reich. In M. Wieser (Hrsg.), *Psychologie im Nationalsozialismus* (S. 73–87). Frankfurt a. M.: Peter Lang.

Schorr, A. (1984). *Die Verhaltenstherapie. Ihre Geschichte von den Anfängen bis zur Gegenwart*. Weinheim: Beltz.

Schorr, A. (1995). Stand und Perspektiven diagnostischer Verfahren in der Praxis. *Diagnostica, 41*, 3–20.

Schott, H. & Tölle, R. (2005). *Geschichte der Psychiatrie*. München: Beck.

Schubert, G. H. von (1814/1968). *Die Symbolik des Traums*. Heidelberg: Lambert Schneider.

Schui, G. & Krampen, G. (2015). ZPID-Monitor 2014 zur Internationalität der Psychologie aus dem deutschsprachigen Bereich. Der Kurzbericht. *Psychologische Rundschau, 66*, 124–127.

Schulte, D. (2021). Der lange Weg zum Psychotherapeutengesetz. *Psychologische Rundschau, 72*, 192–200.

Schultz-Hencke, H. (1940). *Der gehemmte Mensch : Entwurf eines Lehrbuches der Neo-Psychoanalyse*. Stuttgart: Thieme.

Schumann, F. (Hrsg.). (1904). *Bericht über den 1. Kongreß für experimentelle Psychologie in Gießen vom 18. Bis 21. April 1904*. Leipzig: Barth.

Skinner, B. F. (1938). *Behavior of organisms*. New York: Appleton-Century-Crofts.

Smith, B. (1994). *Austrian Psychology. The legacy of Franz Brentano*. Chicago, ILL: Open Court.

Sommer, R. (1904/1905). Das experimentalpsychologische Laboratorium der psychiatrischen Klinik zu Giessen. *Psychiatrisch Neurologische Wochenschrift, 6*, 19–22.

Spinath, B. (2021). Zur Lage der Psychologie. *Psychologische Rundschau, 72*, 1–18.

Spitzenverband der Fachärzte Deutschland (2017). Zum Arbeitsentwurf des „Psychotherapeutenausbildungsgesetzes". Schreiben vom 13. 10. 2017.

Sponsel, R. (o. J.). Zeitlich geordnete Geschichte der Psychotherapie. Gesetze und Verordnungen in Deutschland. http://www.sgipt.org/berpol/gesptvg0.htm#1968

Sprung, L. & Brandt, R. (2003). Otto Lipmann und die Anfänge der Angewandten Psychologie in Berlin. In L. Sprung & W. Schönpflug (Hrsg.), *Zur Geschichte der Psychologie in Berlin* (S. 345–366). Frankfurt a. M.: Peter Lang.

Statistisches Bundesamt (2012), Abteilung Hochschulstatistik. Mitteilung vom 13. 4. 2012.

Stellungnahme (2019). Stellungnahme des Fakultätentags Psychologie und der Deutschen Gesellschaft für Psychologie zum Referentenentwurf des BMG zur Reform der Psychotherapeutenausbildung vom 29. Januar 2019. https://psychotherapie.dgps.de

Stellungnahme (2020a). Deutsche Gesellschaft für Psychologie, Fakultätentag Psychologie: Stellungnahme zum Regierungsentwurf Approbationsordnung Psychotherapie vom 20. Januar 2020. *www.dgps.de/uploads/media/Appro-Stellungnahme-DGPs_FTPs_2020120.pdf*

Stellungnahme (2020b). Deutsche Gesellschaft für Psychologie, Fakultätentag Psychologie: Stellungnahme zum Beschluss der AOLG AG „Berufe im Gesundheitswesen" zu polyvalenten Bachelor-Studiengängen, Psychotherapiegesetz vom 17. Juli 2020. *www.dgps.de/uploads/media/PsychTHG_Polyvalenter_Bachelor_Stellungnahme_AOLG_20200717.pdf*

Stern, C. & Stern, W. (1907/1920). *Die Kindersprache*. Leipzig: Barth.

Stern, W. (1904). Die Aussage als geistige Leistung und als Verhörsprodukt. *Beiträge zur Psychologie der Aussage, 1* (ganzes Heft 2).

Stich, S. P. (1983). *From folk psychology to cognitive science*. Cambridge, MA: MIT Press.

Stieglitz, R.-D. & Jäger, M. (2020). Status und Zukunft psychiatrischer Klassifikationssysteme. *Verhaltenstherapie*, 30, 311–322.

Stieglitz, R.-D. & Vauth, R. (2000). Trends und Perspektiven psychotherapeutischer Diagnostik. In M. Hermer (Hrsg.), *Psychotherapeutische Perspektiven am Beginn des 21. Jahrhunderts* (S. 141–156). Tübingen: dgvt Verlag.

Stock, A. & Schneider, W. (Hrsg.). (2020). *Die ersten Institute für Psychologie im deutschsprachigen Raum*. Göttingen: Hogrefe.

Strauß, B. (2018). Verlorene Befunde der Psychotherapie(forschung). *Psychotherapeut, 63,* 13–21.

Strauß, B., Barnow, S. Brähler, E., Fegert, J., Fliegel, S., Freyberger, H. J., Goldbeck, L., Leuzinger-Bohleber, M. & Willutzki, U. (2009a). *Forschungsgutachten zur Ausbildung von Psychologischen PsychotherapeutInnen und Jugendpsychotherapeutinnen* (im Auftrag des Bundesministeriums für Gesundheit). https://www.uniklinikum-jena.de/mpsy_media/Downloads/Forschung/Endfassung_Forschungsgutachten_Psychotherapieausbildung.pdf

Strauß, B., Barnow, S. Brähler, E., Fegert, J., Fliegel, S., Freyberger, H. J., Goldbeck, L., Leuzinger-Bohleber, M. & Willutzki, U. (2009b). *Stellungnahme der Gutachtergruppe zu ersten Reaktionen auf das Forschungsgutachten.* www.pksh.de/_joonuploads/dateie/stn_zum_fg_20091218.pdf

Strauß, B., Galliker, M. Linden, M. & Schweitzer, J. (Hrsg.). (2021). *Ideengeschichte der Psychotherapieverfahren.* Stuttgart: Kohlhammer.

Sulz, S. K. D. (2015a). Vorwort. In S. K. D. Sulz (Hrsg.), *Von der Psychotherapie-Wissenschaft zur Kunst der Psychotherapie* (S. 7–19). München: CIP-Medien.

Sulz, S. K. D. (2015b). Von der Psychotherapie-Wissenschaft zur Kunst der Psychotherapie. In S. K. D. Sulz (Hrsg.), *Von der Psychotherapie-Wissenschaft zur Kunst der Psychotherapie* (S. 140–190). München: CIP-Medien.

Tausch, R. (1970). *Gesprächspsychotherapie.* Göttingen: Hogrefe.

Teichler, U. (2010). Der Berufsweg der Studierenden. In W. Rüegg (Hrsg.), *Geschichte der Universität in Europa* (Band IV, S. 283–328). München: Beck.

Tenorth, H.-E. (2013). Studenten, Studium und Lehre. In H.-E. Tenorth & Ch. McClelland (Hrsg.), *Geschichte der Universität Unter den Linden 1810–2010* (Band 1, S. 209–267). Berlin: De Gruyter.

Teo, Th. (2017). From psychological science to psychological humanities: Building a general theory of subjectivity. *Review of General Psychology, 21*, 281–291.

Thorndike, E. L. (1913). *Educational psychology* (2 volumes). New York : Columbia University Press.

Traxel, W. (1985). Die Wiederbelebung der Experimentellen Psychologie in der Bundesrepublik Deutschland. In Albert, D. (Hrsg.), *Bericht über den 34. Kongreß der Deutschen Gesellschaft für Psychologie in Wien 1984* (Band I: Grundlagenforschung, S. 117–119). Göttingen: Hogrefe.

Tuschen-Caffier, B., Antoni, C., Elsner, B., Bermeitinger, Ch., Bühner, M., Erdfelder, E., Fydrich, Th., Gärtner, A., Gollwitzer, M., König, C. J. & Spinath, B. (2020). Quo vadis „Studium und Lehre" in der Psychologie? Denkanstöße für die Neukonzeption von Studiengängen. *Psychologische Rundschau, 71*, 384–393.

Vangermain, D. (2010). Die (Reform-)Diskussion des Psychotherapeutengesetzes nach seinem ersten „runden Geburtstag": Ist das deutsche Psychotherapeutengesetz konkurrenzfähig und zukunftssicher? *Verhaltenstherapie und psychosoziale Praxis, 42*(2), 444–455.

Wagner, I. (1989). Psychotherapie. In J. Ritter & K. Gründer (Hrsg.), *Historisches Wörterbuch der Philosophie* (Band 7, S. 1706–1708). Basel: Schwabe.

Watson, J. B. & Raynor, R. (1920). Conditioned emotional reactions. *Journal of Experimental Psychology, 3*, 1–14.

Wellek, A. (1956). West- und ostdeutsche Reform des Diplom-Psychologen. *Psychologische Rundschau, 7*, 66–70.

Welsch, W. (1991). *Unsere postmoderne Moderne*. Weinheim: VCH, Acta humaniora.

Weltgesundheitsorganisation (1946). Verfassung. www.bundespublikationen.admin.ch/cshop_mimes_bbl/14/1

Wendelborn, S. & Müller, M. (2003). Hans Rupp – ein praktischer Psychologe an der Berliner Universität in der Zeit des Nationalsozialismus. In L. Sprung & W. Schönpflug (Hrsg.), *Zur Geschichte der Psychologie in Berlin* (S. 367–390). Frankfurt a. M.: Peter Lang.

Westmeyer, H. (1987). Möglichkeiten der Begründung therapeutischer Entscheidungen. In F. Caspar (Hrsg.), *Problemanalyse in der Psychotherapie (S. 20–31)*. Tübingen: Deutsche Gesellschaft für Verhaltenstherapie.

Westmeyer, H. (2018). Wissenschaftstheoretische Aspekte. In J. Margraf & S. Schneider (Hrsg.), *Lehrbuch der Verhaltenstherapie* (Band 1, S. 37–50). Berlin: Springer.

Widmann-Mauz, A. (2011). Grußwort bei der 1. Bundeskonferenz der Leiterinnen und Leiter staatlich anerkannter Ausbildungsstätten für Psychotherapie „Die Zukunft der Psychotherapieausbildung“ vom 30. November 2011. http://www.appkoeln.de/data/d/files/73_PStGrusswortPsychThG_2.pdf

Wieser, M. (2021). „Deutsche Seelenheilkunde“ und die Erfindung des „behandelnden Psychologen“. *Psychologische Rundschau, 72*, 177–191.

Wissenschaftsrat (1960). Empfehlungen zum Ausbau der wissenschaftlichen Einrichtungen. Teil I. Wissenschaftliche Hochschulen. https://www.wissenschaftsrat.de/download/archiv/Ausbau_Hochschulen_1960.pdf?__blob=publicationFile&v=1

Wissenschaftsrat (1983). *Empfehlungen zur Forschung in der Psychologie*. Köln: Wissenschaftsrat. https://www.wissenschaftsrat.de/download/archiv/B033_83_Psychologie.pdf?__blob=publicationFile&v=1

Wissenschaftsrat (2010). *Empfehlungen zur Differenzierung von Hochschulen*. (Drucksache 10387-10, Lübeck).

Wissenschaftsrat (2012). *Empfehlungen zu hochschulischen Qualifikationen für das Gesundheitswesen*. (Drucksache 2411-12, Berlin).

Wissenschaftsrat (2018a). *Perspektiven der Psychologie in Deutschland*. (Drucksache 6825-18, Köln). https://www. wissenschaftsrat.de/download/archiv/6825-18.pdf

Wissenschaftsrat (2018b). *Psychologie in der Verantwortung.* Pressemitteilung vom 19. 1. 2018. https://www.wissenschaftsrat.de/SharedDocs/Pressemitteilungen/DE/PM_2018/pm_0318.html

Witmer, L. (1897). The organization of practical work in psychology. *Psychological Review, 4,* 116–117.

Wittchen, H.-U. & Rief, W. (2015). Wieviel Psychologie steckt in der Psychotherapie? *Verhaltenstherapie, 25,* 90–91.

Anhang

Gesetz über die Berufe des Psychologischen Psychotherapeuten und des Kinder- und Jugendlichenpsychotherapeuten (Psychotherapeutengesetz – PsychThG) vom 16. Juni 1998

Auszug aus: Bundesgesetzblatt 1998, Teil I, Nr. 36, S. 1289–1298 (nach: www.OffeneGesetze.de)

§ 1
Berufsausübung

Wer die heilkundliche Psychotherapie unter der Berufsbezeichnung „Psychologische Psychotherapeutin" oder „Psychologischer Psychotherapeut" oder die heilkundliche Kinder- und Jugendlichenpsychotherapie unter der Berufsbezeichnung „Kinder- und Jugendlichenpsychotherapeutin" oder „Kinder- und Jugendlichenpsychotherapeut" ausüben will, bedarf der Approbation als Psychologischer Psychotherapeut oder Kinder- und Jugendlichenpsychotherapeut. Die vorübergehende Ausübung des Berufs ist auch auf Grund einer befristeten Erlaubnis zulässig. Die Berufsbezeichnungen nach Satz 1 darf nur führen, wer nach Satz 1 oder 2 zur Ausübung der Berufe befugt ist. Die Bezeichnung „Psychotherapeut" oder „Psychotherapeutin" darf von anderen Personen als Ärzten, Psychologischen Psychotherapeuten oder Kinder- und Jugendlichenpsychotherapeuten nicht geführt werden.
Die Berechtigung zur Ausübung des Berufs des Kinder- und Jugendlichenpsychotherapeuten erstreckt sich auf Patienten, die das 21. Lebensjahr noch nicht vollendet haben. Ausnahmen von Satz 1 sind zulässig, wenn zur Sicherung des Therapieerfolgs eine gemeinsame psychotherapeutische Behandlung von Kindern oder Jugendlichen mit Erwachsenen erforderlich ist oder bei Jugendlichen eine vorher mit Mitteln der Kinder- und Jugendlichenpsychotherapie begonnene psychotherapeutische Behandlung erst nach Vollendung des 21. Lebensjahres abgeschlossen werden kann.
Ausübung von Psychotherapie im Sinne dieses Gesetzes ist jede mittels wissenschaftlich anerkannter psychotherapeutischer Verfahren vorgenommene Tätigkeit zur Feststellung, Heilung oder Linderung von Störungen mit Krankheitswert, bei denen Psychotherapie indiziert ist. Im Rahmen einer psychotherapeutischen Behandlung ist eine somatische Abklärung herbeizuführen. Zur Ausübung von Psychotherapie gehören nicht psychologische Tätigkeiten, die die Aufarbeitung und Überwindung sozialer Konflikte oder sonstige Zwecke außerhalb der Heilkunde zum Gegenstand haben.

§ 2
Approbation

(1) Eine Approbation nach § 1 Abs. 1 Satz 1 ist auf Antrag zu erteilen, wenn der Antragsteller … die vorgeschriebene Ausbildung abgeleistet und die staatliche Prüfung bestanden hat.

(2) Die Voraussetzung des Absatzes 1 Nr. 2 gilt als erfüllt, wenn aus einem in einem Mitgliedstaat der Europäischen Union oder einem anderen Vertragsstaat des Abkommens über den Europäischen Wirtschaftsraum erworbenen Diplom hervorgeht, daß der Inhaber eine Ausbildung erworben hat, die in diesem Staat für den unmittelbaren Zugang zu einem dem Beruf des „Psychologischen Psychotherapeuten" oder dem Beruf des „Kinder- und Jugendlichenpsychotherapeuten" entsprechenden Beruf erforderlich ist. Diplome im Sinne dieses Gesetzes sind Diplome, Prüfungszeugnisse und sonstige Befähigungsnachweise im Sinne des Artikels 1 der Richtlinie 89/48/EWG des Rates vom 21. Dezember 1988 über eine allgemeine Regelung zur Anerkennung der Hochschuldiplome, die eine mindestens dreijährige Berufsausbildung abschließen (ABl. EG Nr. L 19 S. 16), oder im Sinne des Artikels 1 der Richtlinie 92/51/EWG des Rates vom 18. Juni 1992 über eine zweite allgemeine Regelung zur Anerkennung beruflicher Befähigungsnachweise in Ergänzung zur Richtlinie 89/48/EWG (ABl. EG Nr. L 209 S. 25) in der jeweils geltenden Fassung.

...

§ 5
Ausbildung und staatliche Prüfung

(1) Die Ausbildungen zum Psychologischen Psychotherapeuten sowie zum Kinder- und Jugendlichenpsychotherapeuten dauern in Vollzeitform jeweils mindestens drei Jahre, in Teilzeitform jeweils mindestens fünf Jahre. Sie bestehen aus einer praktischen Tätigkeit, die von theoretischer und praktischer Ausbildung begleitet wird, und schließen mit Bestehen der staatlichen Prüfung ab.

(2) Voraussetzung für den Zugang zu einer Ausbildung nach Absatz 1 ist für eine Ausbildung zum Psychologischen Psychotherapeuten

a. eine im Inland an einer Universität oder gleichstehenden Hochschule bestandene Abschlußprüfung im Studiengang Psychologie, die das Fach Klinische Psychologie einschließt und gemäß § 15 Abs. 2 Satz 1 des Hochschulrahmengesetzes der Feststellung dient, ob der Student das Ziel des Studiums erreicht hat,

b. ein in einem Mitgliedstaat der Europäischen Union oder einem anderen Vertragsstaat des Abkommens über den Europäischen Wirtschaftsraum erworbenes gleichwertiges Diplom im Studiengang Psychologie oder

c. ein in einem anderen Staat erfolgreich abgeschlossenes gleichwertiges Hochschulstudium der Psychologie,

für eine Ausbildung zum Kinder- und Jugendlichenpsychotherapeutin

a. eine der Voraussetzungen nach Nummer 1, die im Inland an einer staatlichen oder staatlich anerkannten Hochschule bestandene Abschlußprüfung in den Studiengängen Pädagogik oder Sozialpädagogik,

b. ein in einem anderen Mitgliedstaat der Europäischen oder einem anderen Vertragsstaat des Abkommens über den Europäischen Wirtschaftsraum erworbenes Diplom in den Studiengängen Pädagogik oder Sozialpädagogik oder

c. ein in einem anderen Staat erfolgreich abgeschlossenes gleichwertiges Hochschulstudium.

...

§ 6
Ausbildungsstätten

(1) Die Ausbildungen nach § 5 Abs. 1 werden an Hochschulen oder an anderen Einrichtungen vermittelt, die als Ausbildungsstätten für Psychotherapie oder als Ausbildungsstätten für Kinder- und Jugendlichenpsychotherapie staatlich anerkannt sind.

(2) Einrichtungen sind als Ausbildungsstätten nach Absatz 1 anzuerkennen, wenn in ihnen

1. Patienten, die an psychischen Störungen mit Krankheitswert leiden, nach wissenschaftlich anerkannten psychotherapeutischen Verfahren stationär oder ambulant behandelt werden, wobei es sich bei einer Ausbildung zum Kinder- und Jugendlichenpsychotherapeuten um Personen handeln muß, die das 21. Lebensjahr noch nicht vollendet haben,
2. für die Ausbildung geeignete Patienten nach Zahl und Art in ausreichendem Maße zur Verfügung stehen,
3. eine angemessene technische Ausstattung für Ausbildungszwecke und eine fachwissenschaftliche Bibliothek vorhanden ist,
4. in ausreichender Zahl geeignete Psychologische Psychotherapeuten oder Kinder- und Jugendlichenpsychotherapeutin und qualifizierte Ärzte für die Vermittlung der medizinischen Ausbildungsinhalte für das jeweilige Fach zur Verfügung stehen,
5. die Ausbildung nach Ausbildungsplänen durchgeführt wird, die auf Grund der Ausbildungs- und Prüfungsverordnung für Psychologische Psychotherapeuten oder der Ausbildungs- und Prüfungsverordnung für Kinder- und Jugendlichenpsychotherapeutin erstellt worden sind, und
6. die Ausbildungsteilnehmer während der praktischen Tätigkeit angeleitet und beaufsichtigt werden sowie die begleitende theoretische und praktische Ausbildung durchgeführt wird.

...

§ 8
Ermächtigung zum Erlaß von Rechtsverordnungen

(1) Das Bundesministerium für Gesundheit wird ermächtigt, in einer Ausbildungs- und Prüfungsverordnung für Psychologische Psychotherapeuten und in einer Ausbildungs- und Prüfungsverordnung für Kinder- und Jugendlichenpsychotherapeuten mit Zustimmung des Bundesrates die Mindestanforderungen an die Ausbildungen und das Nähere über die staatlichen Prüfungen (§ 5 Abs. 1) zu regeln. Die Rechtsverordnungen sollen auch Vorschriften über die für die Erteilung der Approbationen nach § 2 Abs. 1 bis 3 notwendigen Nachweise, über die Urkunden für die Approbationen nach § 1 Abs. 1 Satz 1 und über die Anforderungen nach § 2 Abs. 2 Satz 3 enthalten.

(2) Die Ausbildungs- und Prüfungsverordnungen sind jeweils auf eine Ausbildung auszurichten, welche die Kenntnisse und Fähigkeiten in der Psychotherapie vermittelt, die für die eigenverantwortliche und selbständige Ausübung des Berufs des Psychologischen Psychotherapeuten oder des Berufs des Kinder- und Jugendlichenpsychotherapeuten erforderlich sind.

(3) In den Rechtsverordnungen ist jeweils vorzuschreiben,

1. daß die Ausbildungen sich auf die Vermittlung eingehender Grundkenntnisse in wissenschaftlich anerkannten psychotherapeutischen Verfahren sowie auf eine vertiefte Ausbildung in einem dieser Verfahren zu erstrecken haben,
2. wie die Ausbildungsteilnehmer während der praktischen Tätigkeit einzusetzen sind, insbesondere welche Patienten sie während dieser Zeit zu betreuen haben,
3. daß die praktische Tätigkeit für die Dauer von mindestens einem Jahr in Abschnitten von mindestens drei Monaten an einer psychiatrischen klinischen, bei der kinder- und jugendlichenpsychotherapeutischen Ausbildung bis zur Dauer von sechs Monaten an einer psychiatrischen ambulanten Einrichtung, an der jeweils psychotherapeutische Behandlungen durchgeführt werden, und für mindestens sechs Monate an einer von einem Sozialversicherungsträger anerkannten Einrichtung der psychotherapeutischen oder psychosomatischen Versorgung, in der Praxis eines Arztes, der die psychotherapeutische Behandlung durchführen darf, oder eines Psychologischen Psychotherapeuten oder eines Kinder- und Jugendlichenpsychotherapeuten abzuleisten ist und unter fachkundiger Anleitung und Aufsicht steht,
4. daß die Gesamtstundenzahl für die theoretische Ausbildung mindestens 600 Stunden beträgt und
5. daß die praktische Ausbildung mindestens 600 Stunden mit mindestens sechs Patientenbehandlungen umfaßt.

(4) Für die staatlichen Prüfungen ist vorzuschreiben, daß sie sich auf eingehende Grundkenntnisse in den wissenschaftlich anerkannten psychotherapeutischen Verfahren und schwerpunktmäßig auf das Verfahren, das Gegenstand der vertieften Ausbildung gewesen ist (Absatz 3 Nr. 1), sowie auf die medizinischen Ausbildungsinhalte erstrecken. Ferner ist zu regeln, daß die Prüfungen vor einer staatlichen Prüfungskommission abzulegen sind, in die jeweils zwei Mitglieder berufen werden müssen, die nicht Lehrkräfte derjenigen Ausbildungsstätte sind, an der die Ausbildung erworben wurde.

...

§ 11 Wissenschaftliche Anerkennung

Soweit nach diesem Gesetz die wissenschaftliche Anerkennung eines Verfahrens Voraussetzung für die Entscheidung der zuständigen Behörde ist, soll die Behörde in Zweifelsfällen ihre Entscheidung auf der Grundlage eines Gutachtens eines wissenschaftlichen Beirates treffen, der gemeinsam von der auf Bundesebene zuständigen Vertretung der Psychologischen Psychotherapeuten und Kinder- und Jugendlichenpsychotherapeuten sowie der ärztlichen Psychotherapeuten in der Bundesärztekammer gebildet wird. Ist der Beirat am 31. Dezember 1998 noch nicht gebildet, kann seine Zusammensetzung durch das Bundesministerium für Gesundheit bestimmt werden.

...

Änderung des Fünften Buches Sozialgesetzbuch

...

Dem § 28 wird folgender Absatz angefügt: „(3) Die psychotherapeutische Behandlung einer Krankheit wird durch Psychologische Psychotherapeuten und Kinder- und Jugendlichenpsychotherapeuten (Psychotherapeuten), soweit sie zur psychotherapeutischen Behandlung zugelassen sind, sowie durch Vertragsärzte entsprechend den Richtlinien nach § 92 durchgeführt. Spätestens nach den probatorischen Sitzungen gemäß § 92 Abs. 6a hat der Psychotherapeut vor Beginn der Behandlung den Konsiliarbericht eines Vertragsarztes zur Abklärung einer somatischen Erkrankung sowie, falls der somatisch abklärende Vertragsarzt dies für erforderlich hält, eines psychiatrisch tätigen Vertragsarztes einzuholen."

...

Nach § 79a wird folgender Paragraph eingefügt: „§ 79b Beratender Fachausschuß für Psychotherapie

Bei den Kassenärztlichen Vereinigungen und der Kassenärztlichen Bundesvereinigung wird ein beratender Fachausschuß für Psychotherapie gebildet. Der Ausschuß besteht aus fünf Psychologischen Psychotherapeuten und einem Kinder- und Jugendlichenpsychotherapeuten sowie Vertretern der Ärzte in gleicher Zahl, die von der Vertreterversammlung aus dem Kreis der ordentlichen Mitglieder ihrer Kassenärztlichen Vereinigung in unmittelbarer und geheimer Wahl gewählt werden. Für die Wahl der Mitglieder des Fachausschusses bei der Kassenärztlichen Bundesvereinigung gilt Satz 2 mit der Maßgabe, daß die von den Psychotherapeuten gestellten Mitglieder des Fachausschusses zugelassene Psychotherapeuten sein müssen. Abweichend von Satz 2 werden für die laufende Wahlperiode der Kassenärztlichen Vereinigungen und der Kassenärztlichen Bundesvereinigung die von den Psychotherapeuten gestellten Mitglieder des Fachausschusses auf Vorschlag der für die beruflichen Interessen maßgeblichen Organisationen der Psychotherapeuten auf Landes- und Bundesebene von der jeweils zuständigen Aufsichtsbehörde berufen. Dem Ausschuß ist vor Entscheidungen der Kassenärztlichen Vereinigungen und der Kassenärztlichen Bundesvereinigung in den die Sicherstellung der psychotherapeutischen Versorgung berührenden wesentlichen Fragen rechtzeitig Gelegenheit zur Stellungnahme zu geben. Seine Stellungnahmen sind in die Entscheidungen einzubeziehen. Das Nähere regelt die Satzung. Die Befugnisse der Vertreterversammlungen der Kassenärztlichen Vereinigungen und der Kassenärztlichen Bundesvereinigung bleiben unberührt."

1. In § 80 wird nach Absatz 1 folgender Absatz eingefügt:

„(1a) Die Psychotherapeuten, die ordentliche und außerordentliche Mitglieder der Kassenärztlichen Vereinigungen sind, wählen getrennt aus ihrer Mitte und getrennt von den übrigen Mitgliedern in unmittelbarer und geheimer Wahl ihre Mitglieder in die Vertreterversammlungen. Sie sind im Verhältnis ihrer Zahl zu der der ordentlichen und außerordentlichen ärztlichen Mitglieder der Kassenärztlichen Vereinigungen in den Vertreterversammlungen vertreten, höchstens aber mit einem Zehntel der Mitglieder der Vertreterversammlung. Der Anteil, der auf die Psychotherapeuten entfällt, die außerordentliche Mitglieder sind, ergibt sich aus dem Verhältnis ihrer Zahl zu der der Psychotherapeuten, die ordentliche Mitglieder der Kassenärztlichen Vereinigung sind, beträgt aber höchstens ein Fünftel der Psychotherapeuten in der

Vertreterversammlung. Absatz 1 Satz 3 und 4 gilt für die Wahl der Vertreter der Psychotherapeuten in die Vertreterversammlung der Kassenärztlichen Bundesvereinigung entsprechend."

...

Nach § 95b wird folgender Paragraph eingefügt: „§ 95c Voraussetzung für die Eintragung von Psychotherapeuten in das Arztregister
Bei Psychotherapeuten setzt die Eintragung in das Arztregister voraus:
1. die Approbation als Psychotherapeut nach § 2 oder 12 des Psychotherapeutengesetzes und
2. den Fachkundenachweis.
Der Fachkundenachweis setzt voraus
1. für den nach § 2 Abs. 1 des Psychotherapeutengesetzes approbierten Psychotherapeuten, daß der Psychotherapeut die vertiefte Ausbildung gemäß § 8 Abs. 3 Nr. 1 des Psychotherapeutengesetzes in einem durch den Bundesausschuß der Ärzte und Krankenkassen nach § 92 Abs. 6a anerkannten Behandlungsverfahren erfolgreich abgeschlossen hat;
2. für den nach § 2 Abs. 2 und Abs. 3 des Psychotherapeutengesetzes approbierten Psychotherapeuten, daß die der Approbation zugrundeliegende Ausbildung und Prüfung in einem durch den Bundesausschuß der Ärzte und Krankenkassen nach § 92 Abs. 6a anerkannten Behandlungsverfahren abgeschlossen wurden;
3. für den nach § 12 des Psychotherapeutengesetzes approbierten Psychotherapeuten, daß er die für eine Approbation geforderte Qualifikation, Weiterbildung oder Behandlungsstunden, Behandlungsfälle und die theoretische Ausbildung in einem durch den Bundesausschuß der Ärzte und Krankenkassen nach § 92 Abs. 1 Satz 2 Nr. 1 anerkannten Behandlungsverfahren nachweist.

...

Artikel 15 Inkrafttreten

...

(3) Im übrigen tritt dieses Gesetz am 1. Januar 1999 in Kraft.

Gesetz über den Beruf der Psychotherapeutin und des Psychotherapeuten (Psychotherapeutengesetz – PsychThG)

Auszug aus: Bundesgesetzblatt 2019, Teil I, Nr. 40, S. 1604–1621 (nach: www.OffeneGesetze.de)

Abschnitt 1 Approbation, Erlaubnis zur vorübergehenden oder partiellen Berufsausübung

§ 1 Berufsbezeichnung, Berufsausübung

(1) Wer die Psychotherapie unter der Berufsbezeichnung „Psychotherapeutin“ oder „Psychotherapeut“ ausüben will, bedarf der Approbation als „Psychotherapeutin“ oder „Psychotherapeut“. Eine vorübergehende Ausübung des Berufs ist auch aufgrund einer befristeten Erlaubnis nach § 3 Absatz 1 oder Absatz 3 zulässig. Die Berufsbezeichnung nach Satz 1 darf nur führen, wer nach Satz 1, Satz 2 oder den Absätzen 5 und 6 zur Ausübung des Berufs befugt ist. Die Bezeichnung „Psychotherapeutin“ oder „Psychotherapeut“ darf über die Sätze 1 und 2 oder die Absätze 5 und 6 hinaus von anderen Personen als Ärztinnen und Ärzten, Psychologischen Psychotherapeutinnen und Psychologischen Psychotherapeuten sowie Kinder- und Jugendlichenpsychotherapeutinnen und Kinder- und Jugendlichenpsychotherapeuten nicht geführt werden. Ärztinnen und Ärzte können dabei den Zusatz „ärztliche“ oder „ärztlicher“ verwenden.

(2) Ausübung der Psychotherapie im Sinne dieses Gesetzes ist jede mittels wissenschaftlich geprüfter und anerkannter psychotherapeutischer Verfahren oder Methoden berufs- oder geschäftsmäßig vorgenommene Tätigkeit zur Feststellung, Heilung oder Linderung von Störungen mit Krankheitswert, bei denen Psychotherapie indiziert ist. Im Rahmen einer psychotherapeutischen Behandlung ist eine somatische Abklärung herbeizuführen. Tätigkeiten, die nur die Aufarbeitung oder Überwindung sozialer Konflikte oder sonstige Zwecke außerhalb der Heilkunde zum Gegenstand haben, gehören nicht zur Ausübung der Psychotherapie.

(3) Zum Beruf der Psychotherapeutinnen und Psychotherapeuten gehört neben der Psychotherapie auch die Beratung, Prävention und Rehabilitation zur Erhaltung, Förderung und Wiederherstellung der psychischen Gesundheit der Bevölkerung.

…

§ 2 Erteilung der Approbation

(1) Die Approbation als Psychotherapeutin oder Psychotherapeut ist auf Antrag zu erteilen, wenn die antragstellende Person

1. das Studium, das Voraussetzung für die Erteilung einer Approbation als Psychotherapeutin oder Psychotherapeut ist, erfolgreich absolviert hat und die psychotherapeutische Prüfung nach § 10 bestanden hat,

2. sich nicht eines Verhaltens schuldig gemacht hat, aus dem sich die Unwürdigkeit oder Unzuverlässigkeit zur Ausübung des Berufs ergibt,
3. nicht in gesundheitlicher Hinsicht zur Ausübung des Berufs ungeeignet ist und
4. über die für die Ausübung des Berufs erforderlichen Kenntnisse der deutschen Sprache verfügt.

...

Abschnitt 2 Studium, das Voraussetzung für die Erteilung einer Approbation als Psychotherapeutin oder Psychotherapeut ist, psychotherapeutische Prüfung

§ 7 Ziel des Studiums, das Voraussetzung für die Erteilung einer Approbation als Psychotherapeutin oder Psychotherapeut ist

(1) Das Studium, das Voraussetzung für die Erteilung einer Approbation als Psychotherapeutin oder Psychotherapeut ist, vermittelt entsprechend dem allgemein anerkannten Stand psychotherapiewissenschaftlicher, psychologischer, pädagogischer, medizinischer und weiterer bezugswissenschaftlicher Erkenntnisse die grundlegenden personalen, fachlich methodischen, sozialen und umsetzungsorientierten Kompetenzen, die für eine eigenverantwortliche, selbständige und umfassende psychotherapeutische Versorgung von Patientinnen und Patienten aller Altersstufen und unter Berücksichtigung der Belange von Menschen mit Behinderungen mittels der wissenschaftlich anerkannten psychotherapeutischen Verfahren und Methoden erforderlich sind. Zugleich befähigt es die Psychotherapeutinnen und Psychotherapeuten, an der Weiterentwicklung von psychotherapeutischen Verfahren oder von psychotherapeutischen Methoden mitzuwirken sowie sich eigenverantwortlich und selbständig fort- und weiterzubilden und dabei auf der Basis von Kenntnissen über psychotherapeutische Versorgungssysteme auch Organisations- und Leitungskompetenzen zu entwickeln.

(2) Psychotherapeutische Versorgung im Sinne des Absatzes 1 umfasst insbesondere die individuellen und patientenbezogenen psychotherapeutischen, präventiven und rehabilitativen Maßnahmen zur Gesundheitsförderung, die der Feststellung, Erhaltung, Förderung oder Wiedererlangung der psychischen und physischen Gesundheit von Patientinnen und Patienten aller Altersstufen dienen. Sie findet im Einzel- und Gruppensetting sowie mit anderen zu beteiligenden Personen statt und bezieht Risiken und Ressourcen, die konkrete Lebenssituation, den sozialen, kulturellen oder religiösen Hintergrund, die sexuelle Orientierung, die jeweilige Lebensphase der Patientinnen und Patienten sowie Kompetenzen zum Erkennen von Anzeichen für sexuelle Gewalt und deren Folgen mit ein. Dabei werden die institutionellen, rechtlichen und strukturellen Rahmenbedingungen berücksichtigt, die Selbständigkeit der Patientinnen und Patienten

unterstützt sowie deren Recht auf Selbstbestimmung geachtet.

(3) Das Studium befähigt insbesondere dazu, Störungen mit Krankheitswert, bei denen psychotherapeutische Versorgung indiziert ist, festzustellen und entweder zu behandeln oder notwendige weitere Behandlungsmaßnahmen durch Dritte zu veranlassen,

(4) das eigene psychotherapeutische Handeln im Hinblick auf die Entwicklung von Fähigkeiten zur Selbstregulation zu reflektieren und Therapieprozesse unter Berücksichtigung der dabei gewonnenen Erkenntnisse sowie des aktuellen Forschungsstandes weiterzuentwickeln,

(5) Maßnahmen zur Prüfung, Sicherung und weiteren Verbesserung der Versorgungsqualität umzusetzen und dabei eigene oder von anderen angewandte Maßnahmen der psychotherapeutischen Versorgung zu dokumentieren und zu evaluieren,

(6) Patientinnen und Patienten, andere beteiligte oder andere noch zu beteiligende Personen, Institutionen oder Behörden über behandlungsrelevante Erkenntnisse zu unterrichten, und dabei indizierte psychotherapeutische und unterstützende Behandlungsmöglichkeiten aufzuzeigen sowie über die aus einer Behandlung resultierenden Folgen aufzuklären,

(7) gutachterliche Fragestellungen, die insbesondere die psychotherapeutische Versorgung betreffen, einschließlich von Fragestellungen zu Arbeits-, Berufs- oder Erwerbsfähigkeit sowie zum Grad der Behinderung oder der Schädigung auf der Basis einer eigenen Anamnese, umfassender diagnostischer Befunde und weiterer relevanter Informationen zu bearbeiten,

(8) auf der Basis von wissenschaftstheoretischen Grundlagen wissenschaftliche Arbeiten anzufertigen, zu bewerten und deren Ergebnisse in die eigene psychotherapeutische Tätigkeit zu integrieren,

(9) berufsethische Prinzipien im psychotherapeutischen Handeln zu berücksichtigen,

(10) aktiv und interdisziplinär mit den verschiedenen im Gesundheitssystem tätigen Berufsgruppen zu kommunizieren und patientenorientiert zusammenzuarbeiten.

§ 8
Wissenschaftlicher Beirat

Die zuständige Behörde stellt die wissenschaftliche Anerkennung eines psychotherapeutischen Verfahrens oder einer psychotherapeutischen Methode fest. Sie stützt ihre Entscheidung dabei in Zweifelsfällen auf ein Gutachten des Wissenschaftlichen Beirats Psychotherapie, der gemeinsam von der Bundespsychotherapeutenkammer und der Bundesärztekammer errichtet worden ist.

§ 9
Dauer, Struktur und Durchführung des Studiums

(1) Das Studium gemäß § 7 darf nur an Hochschulen angeboten werden. Hochschulen im Sinne dieses Gesetzes sind Universitäten oder Hochschulen, die Universitäten gleichgestellt sind. Das Studium gemäß § 7 dauert in Vollzeit fünf Jahre.

(2) Für den gesamten Arbeitsaufwand des Studiums gemäß § 7 sind nach dem Europäischen System zur Übertragung und Akkumulierung 300 Leistungspunkte

(ECTS Punkte) zu vergeben. Diese ECTS Punkte entsprechen einem Arbeitsaufwand von 9 000 Stunden.

(3) Das Studium gemäß § 7 unterteilt sich in einen Bachelorstudiengang, der polyvalent ausgestaltet sein kann, sowie einen darauf aufbauenden Masterstudiengang. Bei erfolgreichem Abschluss der Studiengänge verleiht die Hochschule den jeweiligen akademischen Grad.

(4) Bei den Studiengängen gemäß Absatz 3 2. Satz 1 muss es sich um Studiengänge handeln, die nach dem Hochschulrecht der Länder akkreditiert sind. Die nach Landesrecht für Gesundheit zuständige Stelle stellt die Einhaltung der berufsrechtlichen Voraussetzungen fest. Im Verfahren der Akkreditierung des Bachelorstudiengangs wirkt sie hierzu über die Vertreterin oder den Vertreter der Berufspraxis mit. Im Verfahren der Akkreditierung des Masterstudiengangs entscheidet sie über die Einhaltung der berufsrechtlichen Voraussetzungen. Die berufsrechtliche Anerkennung des Masterstudiengangs setzt voraus, dass der Zugang zum Masterstudiengang nur nach einem Bachelorabschluss, bei dem die Einhaltung der berufsrechtlichen Voraussetzungen festgestellt wurde, oder nach einem gleichwertigen Studienabschluss gewährt wird. Ein gleichwertiger Studienabschluss liegt vor, wenn dessen Lernergebnisse inhaltlich den Anforderungen dieses Gesetzes und den Anforderungen der auf Grund des § 20 erlassenen Rechtsverordnung entsprechen.

(5) Auf Antrag ist Studierenden, die über einen gleichwertigen Studienabschluss verfügen, durch die nach Landesrecht für Gesundheit zuständige Stelle ein gesonderter Bescheid darüber zu erteilen, dass ihre Lernergebnisse inhaltlich die Anforderungen dieses Gesetzes und die Anforderungen der auf Grund des § 20 erlassenen Rechtsverordnung erfüllen.

(6) Die für die Approbation als „Psychotherapeutin" oder „Psychotherapeut" maßgeblichen Bestandteile des Studiums sind:

1. die hochschulische Lehre und 2. die berufspraktischen Einsätze. Für diese Bestandteile sind über den Studienverlauf von Bachelor- und Masterstudium insgesamt 180 ECTS Punkte zu vergeben, was einem Arbeitsaufwand von 5 400 Stunden entspricht.

(7) Die hochschulische Lehre dient der Vermittlung von Kompetenzen, die zur Ausübung des Berufs der Psychotherapeutin und des Psychotherapeuten erforderlich sind. Für die hochschulische Lehre sind folgende ECTS Punkte zu vergeben:

1. im Bachelorstudium 82 ECTS Punkte, was einem Arbeitsaufwand von 2 460 Stunden entspricht, und

2. im Masterstudium 54 ECTS Punkte, was einem Arbeitsaufwand von 1 620 Stunden entspricht.

(8) Das Bachelorstudium umfasst berufspraktische Einsätze, für die insgesamt 19 ECTS Punkte zu vergeben sind, was einem Arbeitsaufwand von 570 Stunden entspricht. Sie dienen dem Erwerb erster praktischer Erfahrungen in der Grundlagen- und Anwendungsforschung der Psychologie, in allgemeinen Bereichen des Gesundheitswesens sowie in kurativen, präventiven oder rehabilitativen Bereichen der psychotherapeutischen Versorgung.

(9) Das Masterstudium umfasst berufspraktische Einsätze, für die insgesamt 25 ECTS Punkte zu vergeben sind, was einem Arbeitsaufwand von 750 Stunden entspricht. Sie dienen dem Erwerb vertiefter praktischer Erfahrungen sowie zur Entwicklung von anwendungsorientierten Kompetenzen in der Grundlagen- und Anwendungsforschung der Psychotherapie sowie in kurativen Bereichen der psychotherapeutischen Versorgung.

(10) Die Hochschule trägt die Gesamtverantwortung für die Koordination und Durchführung des Studiums. Soweit sie die Durchführung der berufspraktischen Einsätze nicht an der Hochschule sicherstellen kann, schließt sie im Einvernehmen mit der nach Landesrecht für Gesundheit zuständigen Stelle Kooperationen mit dafür geeigneten Einrichtungen ab.

§ 10
Psychotherapeutische Prüfung als Voraussetzung für die Erteilung der Approbation

(1) Die psychotherapeutische Prüfung dient der Feststellung der für eine Tätigkeit in der Psychotherapie erforderlichen Handlungskompetenzen.

(2) Die psychotherapeutische Prüfung ist eine staatliche Prüfung und steht unter der Aufsicht und Verantwortung des staatlichen Prüfungsamtes. Die nach Landesrecht für Gesundheit zuständige Stelle hat den Prüfungsvorsitz. Sie kann die Hochschule beauftragen, den Vorsitz für sie wahrzunehmen.

(3) Die psychotherapeutische Prüfung wird nicht vor dem letzten Semester des Masterstudiums durchgeführt.

(4) Die psychotherapeutische Prüfung besteht aus den folgenden beiden Teilen:

1. Einer mündlich-praktischen Fallprüfung, der ein von der oder dem Studierenden erstelltes schriftliches Sitzungsprotokoll zugrunde liegt, im Rahmen eines arbeitsplatzbasierten Assessments und
2. einer anwendungsorientierten Parcoursprüfung in fünf Kompetenzbereichen.

...

Abschnitt 5 Verordnungsermächtigungen

§ 20
Regelungen über Ausbildung, Prüfung und Approbation

(1) Das Bundesministerium für Gesundheit wird ermächtigt, durch Rechtsverordnung mit Zustimmung des Bundesrates die Mindestanforderungen an das Studium nach § 9 einschließlich der Inhalte der hochschulischen Lehre sowie der berufspraktischen Einsätze und das Nähere über die psychotherapeutische Prüfung nach § 10 zu regeln. Die als Approbationsordnung für Psychotherapeutinnen und Psychotherapeuten auszugestaltende Rechtsverordnung soll auch Vorschriften über die für die Erteilung der Approbation nach § 2 Absatz 1 notwendigen Nachweise und über die Urkunden für die Approbation nach § 1 Absatz 1, die Erlaubnis zur vorübergehenden Berufsausübung nach

§ 3 und die Erlaubnis zur partiellen Berufsausübung nach § 4 enthalten.
In der Rechtsverordnung ist darüber hinaus Folgendes zu regeln:
die Durchführung und der Inhalt der Kenntnisprüfung nach § 11 Absatz 4 Satz 2 sowie des Anpassungslehrgangs oder der Eignungsprüfung nach § 12 Absatz 3 Satz 1.

…

§ 21
Regelungen über Gebühren

(1) Das Bundesministerium für Gesundheit wird ermächtigt, durch Rechtsverordnung mit Zustimmung des Bundesrates die Entgelte für psychotherapeutische Tätigkeiten von Psychotherapeutinnen und Psychotherapeuten bei Privatbehandlung zu regeln.

…

Abschnitt 6
Aufgaben und Zuständigkeiten

§ 22
Zuständigkeit von Behörden

(1) Die Entscheidungen nach § 2 Absatz 1 trifft die zuständige Behörde des Landes, in dem die antragstellende Person die psychotherapeutische Prüfung abgelegt hat. Die Entscheidungen nach § 2 Absatz 1 des Psychotherapeutengesetzes in der bis zum 31. August 2020 geltenden Fassung in Verbindung mit § 27 trifft die zuständige Behörde des Landes, in dem die antragstellende Person die staatliche Prüfung nach § 5 Absatz 1 Satz 2 des Psychotherapeutengesetzes in der bis zum 31. August 2020 geltenden Fassung abgelegt hat.

(5) Für die Aufgaben nach § 9 Absatz 4 Satz 2 bis 4 sowie nach § 10 Absatz 2 Satz 2 und 3 ist die nach Landesrecht für Gesundheit zuständige Stelle des Landes zuständig, in dem die jeweilige Hochschule ihren Sitz hat.

…

Abschnitt 7
Übergangsvorschriften, Bestandsschutz

§ 26
Weiterführen der alten Berufsbezeichnungen

Psychologische Psychotherapeutinnen und Psychologische Psychotherapeuten sowie Kinder- und Jugendlichenpsychotherapeutinnen und Kinder- und Jugendlichenpsychotherapeuten, die eine Approbation nach dem Psychotherapeutengesetz in der bis zum 31. August 2020 geltenden Fassung besitzen, führen weiterhin ihre jeweilige Berufsbezeichnung und dürfen die Psychotherapie nach § 1 Absatz 2 ausüben. Die Berechtigung zur Ausübung des Berufs der Kinder- und Jugendlichenpsychotherapeutin und des Kinder- und Jugendlichenpsychotherapeuten erstreckt sich auf Patientinnen und Patienten, die das 21. Lebensjahr noch nicht vollendet haben. Ausnahmen von Satz 2 sind zulässig, wenn zur Sicherung des Therapieerfolgs eine gemeinsame psychotherapeutische Behandlung von Kindern und Jugendlichen mit Erwachsenen erforderlich ist oder bei Jugendlichen eine zuvor mit Mitteln der Kinder- und Jugendlichenpsychotherapie begonnene psychotherapeutische Behandlung erst nach Vollendung des 21. Lebensjahres abgeschlossen werden kann. Im Übrigen haben Personen nach Satz 1 die gleichen Rechte und Pflichten wie eine Person mit einer Approbation nach § 1 Absatz 1.

§ 27
Abschluss begonnener Ausbildungen

(1) Ist eine Ausbildung zur Psychologischen Psychotherapeutin, zum Psychologischen Psychotherapeuten, zur Kinder- und Jugendlichenpsychotherapeutin oder zum Kinder- und Jugendlichenpsychotherapeuten vor dem 1. September 2020 begonnen worden, so wird sie nach dem Psychotherapeutengesetz in der bis zum 31. August 2020 geltenden Fassung abgeschlossen. Nach Abschluss der Ausbildung erhält die antragstellende Person die Approbation nach § 2 Absatz 1 des Psychotherapeutengesetzes in der bis zum 31. August 2020 geltenden Fassung, sofern auch die anderen Voraussetzungen nach § 2 Absatz 1 des Psychotherapeutengesetzes in der bis zum 31. August 2020 geltenden Fassung erfüllt sind.

(2) Personen, die vor dem 1. September 2020 ein Studium, das in § 5 Absatz 2 des Psychotherapeutengesetzes in der bis zum 31. August 2020 geltenden Fassung genannt ist, begonnen oder abgeschlossen haben, können die Ausbildung zum Beruf der Psychologischen Psychotherapeutin, des Psychologischen Psychotherapeuten, der Kinder- und Jugendlichenpsychotherapeutin oder des Kinder- und Jugendlichenpsychotherapeuten nach dem Psychotherapeutengesetz in der bis zum 31. August 2020 geltenden Fassung noch bis zum 1. September 2032 absolvieren. Schließen sie diese Ausbildung spätestens zum 1. September 2032 erfolgreich ab, so erhalten sie die Approbation nach § 2 Absatz 1 des Psychotherapeutengesetzes in der bis zum 31. August 2020 geltenden Fassung, sofern auch die anderen Voraussetzungen nach § 2 Absatz 1 des Psychotherapeutengesetzes in der bis zum 31. August 2020 geltenden Fassung erfüllt sind.

(3) Die zuständige Behörde kann auf Antrag bestimmen, dass eine Ausbildung abweichend von Absatz 2 auch noch nach dem 1. September 2032 abgeschlossen werden kann, wenn

1. ein besonderer Härtefall vorliegt und
2. davon auszugehen ist, dass die Ausbildung spätestens am 31. August 2035 erfolgreich abgeschlossen sein wird.

(4) Wer sich nach dem 31. August 2020 in einer Ausbildung zum Beruf der Psychologischen Psychotherapeutin, des Psychologischen Psychotherapeuten, der Kinder- und Jugendlichenpsychotherapeutin oder des Kinder- und Jugendlichenpsychotherapeuten nach dem Psychotherapeutengesetz in der bis zum 31. August 2020 geltenden Fassung befindet, erhält vom Träger der Einrichtung, in der die praktische Tätigkeit nach § 2 Absatz 2 Satz 2 Nummer 1 der Ausbildungs- und Prüfungsverordnung für Psychologische Psychotherapeuten oder nach § 2 Absatz 2 Satz 2 Nummer 1 der Ausbildungs- und Prüfungsverordnung für Kinder- und Jugendlichenpsychotherapeuten absolviert wird, für die Dauer der praktischen Tätigkeit eine monatliche Vergütung in Höhe von

mindestens 1 000 Euro, sofern die praktische Tätigkeit in Vollzeitform abgeleistet wird. Wird die praktische Tätigkeit in Teilzeitform abgeleistet, reduziert sich die Vergütung entsprechend.

(5) Personen, denen eine Approbation nach den Absätzen 1, 2 oder 3 erteilt worden ist, führen die ihrer jeweiligen Ausbildung entsprechende Berufsbezeichnung nach § 1 Absatz 1 Satz 1 des Psychotherapeutengesetzes in der bis zum 31. August 2020 geltenden Fassung. Sie dürfen die Psychotherapie nach § 1 Absatz 2 ausüben und haben die gleichen Rechte und Pflichten wie eine Person mit einer Approbation nach § 1 Absatz 1.

§ 28
Weitergelten der staatlichen Anerkennung von Ausbildungsstätten

(1) Ausbildungsstätten, die nach § 6 des Psychotherapeutengesetzes in der bis zum 31. August 2020 geltenden Fassung staatlich anerkannt sind, gelten weiterhin als staatlich anerkannt, solange sie Ausbildungen zum Beruf der Psychologischen Psychotherapeutin und des Psychologischen Psychotherapeuten oder zum Beruf der Kinder- und Jugendlichenpsychotherapeutin und des Kinder- und Jugendlichenpsychotherapeuten durchführen.

(2) Die Anerkennung ist zurückzunehmen, sobald eine der Voraussetzungen für die Anerkennung als Ausbildungsstätte nach § 6 Absatz 2 oder Absatz 3 des Psychotherapeutengesetzes in der bis zum 31. August 2020 geltenden Fassung wegfällt.

...

Änderung des Fünften Buches Sozialgesetzbuch

Das Fünfte Buch Sozialgesetzbuch – Gesetzliche Krankenversicherung – (Artikel 1 des Gesetzes vom 20. Dezember 1988, BGBl. I S. 2477, 2482), das zuletzt durch Artikel 12 des Gesetzes vom 9. August 2019 (BGBl. I S. 1202) geändert worden ist, wird wie folgt geändert:

1. Dem § 13 Absatz 3 wird folgender Satz angefügt:
   „Die Kosten für selbstbeschaffte Leistungen, die durch einen Psychotherapeuten erbracht werden, sind erstattungsfähig, sofern dieser die Voraussetzungen des § 95c erfüllt."
2. § 28 Absatz 3 Satz 1 wird wie folgt gefasst:
   „Die psychotherapeutische Behandlung einer Krankheit wird durch Psychologische Psychotherapeuten und Kinder- und Jugendlichenpsychotherapeuten nach den §§ 26 und 27 des Psychotherapeutengesetzes und durch Psychotherapeuten nach § 1 Absatz 1 Satz 1 des Psychotherapeutengesetzes (Psychotherapeuten), soweit sie zur psychotherapeutischen Behandlung zugelassen sind, sowie durch Vertragsärzte entsprechend den Richtlinien nach § 92 durchgeführt."

§ 95c wird wie folgt gefasst: „§ 95c Voraussetzung für die Eintragung von Psychotherapeuten in das Arztregister

(1) Bei Psychotherapeuten setzt die Eintragung in das Arztregister voraus:

a) die Approbation als Psychotherapeut nach § 2 des Psychotherapeutengesetzes und
b) den erfolgreichen Abschluss einer Weiterbildung a) für die Behandlung von Erwachsenen in einem durch den Gemeinsamen Bundesausschuss nach § 92 Absatz 6a anerkannten Behandlungsverfahren, b) für die Behandlung von Kindern und Jugendlichen in einem durch den Gemeinsamen Bundesausschuss nach § 92 Absatz 6a anerkannten Behandlungsverfahren oder c) in einem anderen Fachgebiet mit der Befugnis zum Führen einer entsprechenden Gebietsbezeichnung, sofern dem Fachgebiet Methoden oder Techniken zugrunde liegen, die vom Gemeinsamen Bundesausschuss anerkannt worden sind.

Ziel der Weiterbildung ist der Erwerb der in den Weiterbildungsordnungen festgelegten Kenntnisse, Erfahrungen und Fertigkeiten, um nach Abschluss der Berufsausbildung besondere psychotherapeutische Kompetenzen zu erlangen. Die Weiterbildung dient, orientiert an einer von der Bundespsychotherapeutenkammer entwickelten Musterweiterbildungsordnung, der Sicherung der Qualität der psychotherapeutischen Berufsausübung. Sie wird durch eine erfolgreich abgelegte Prüfung abgeschlossen.

(2) Bei Psychotherapeuten, die ihre Approbation nach § 2 des Psychotherapeutengesetzes in der bis zum 31. August 2020 geltenden Fassung oder nach § 12 des Psychotherapeutengesetzes in der bis zum 31. August 2020 geltenden Fassung erworben haben, setzt die Eintragung in das Arztregister neben der Approbation nach § 2 des Psychotherapeutengesetzes in der bis zum 31. August 2020 geltenden Fassung oder nach § 12 des Psychotherapeutengesetzes in der bis zum 31. August 2020 geltenden Fassung den Fachkundenachweis voraus.

…

Änderung des Krankenhausentgeltgesetzes

In § 17 Absatz 1 Satz 2 des Krankenhausentgeltgesetzes vom 23. April 2002 (BGBl. I S. 1412, 1422), das zuletzt durch Artikel 14a des Gesetzes vom 6. Mai 2019 (BGBl. I S. 646) geändert worden ist, werden die Wörter „oder einer Psychologischen Psychotherapeutin oder einem Psychologischen Psychotherapeuten oder Kinder- und Jugendlichenpsychotherapeutinnen oder Kinder- und Jugendlichenpsychotherapeuten im Sinne von § 1 Abs. 3 des Psychotherapeutengesetzes“ durch die Wörter „oder bei psychotherapeutischen Leistungen von einer Psychotherapeutin oder einem Psychotherapeuten, von einer Psychologischen Psychotherapeutin oder einem Psychologischen Psychotherapeuten oder von einer Kinder- und Jugendlichenpsychotherapeutin oder einem Kinder- und Jugendlichenpsychotherapeuten“ ersetzt.

…

§ 3 Absatz 3 der Bundespflegesatzverordnung vom 26. September 1994 (BGBl. I S. 2750), die zuletzt durch Artikel 4 des

Gesetzes vom 11. Dezember 2018 (BGBl. I S. 2394) geändert worden ist, wird wie folgt geändert:

1. 1. Satz 4 wird wie folgt geändert:
   b) Folgende Nummer 7 wird angefügt:

„7. für die Dauer der praktischen Tätigkeit die Vergütungen der Ausbildungsteilnehmerinnen und Ausbildungsteilnehmer nach Maßgabe des § 27 Absatz 4 des Psychotherapeutengesetzes in Höhe von 1 000 Euro pro Monat."

Artikel 12
Inkrafttreten, Außerkrafttreten

...

(1a) Artikel 2 Nummer 2a und Artikel 11a treten am 1. Januar 2020 in Kraft.

Im Übrigen tritt dieses Gesetz am 1. September 2020 in Kraft.

Das Psychotherapeutengesetz vom 16. Juni 1998 (BGBl. I S. 1311), das zuletzt durch Artikel 18 des Gesetzes vom 15. August 2019 (BGBl. I S. 1307) geändert worden ist, tritt am 31. August 2020 außer Kraft.

Approbationsordnung für Psychotherapeutinnen und Psychotherapeuten (PsychThApprO) vom 4. März 2020

Auszug aus: Bundesgesetzblatt (2020), Teil I, Nr. 11, S. 446–483 (nach: www.OffeneGesetze.de)

Abschnitt 1 Studium
Unterabschnitt 1 Allgemeine Bestimmungen

§ 1
Inhalte des Studiums

(1) In dem Studium, das nach § 2 Absatz 1 Nummer 1 des Psychotherapeutengesetzes Voraussetzung für die Erteilung einer Approbation als Psychotherapeutin oder als Psychotherapeut ist, sind der studierenden Person die Kenntnisse und Kompetenzen (Inhalte) zu vermitteln, die in den Anlagen 1 und 2 sowie die in den §§ 13 bis 15 und in den §§ 17 und 18 genannt sind.

(2) Die hochschulische Lehre im Studium soll fächerübergreifendes Denken fördern und, sofern zweckmäßig, problemorientiert am Studienfortschritt ausgerichtet sein.

(3) Die Vermittlung des theoretischen Wissens und die Entwicklung von therapeutischen Kompetenzen unter Beachtung von Patientensicherheit und Patientenrechten werden über das gesamte Studium hinweg so weitgehend wie möglich miteinander verknüpft. Digitale Technologien werden angemessen genutzt.

(4) Die Universität oder die der Universität gleichgestellte Hochschule (Hochschule) hat durch regelmäßige und systematische Prüfung der Studienbedingungen sicherzustellen, dass das in § 7 des Psychotherapeutengesetzes genannte Studienziel erreicht werden kann.

§ 2
Regelstudienzeit

Die Regelstudienzeit nach § 10 Absatz 2 des Hochschulrahmengesetzes beträgt 1. für den Bachelorstudiengang drei Jahre und 2. für den Masterstudiengang zwei Jahre.

§ 3
Organisation des Studiums

(1) Das Studium ist an Lernergebnissen orientiert in Modulen zu organisieren, sofern in dieser Verordnung nicht etwas Abweichendes geregelt ist.

(2) Jedem Modul sind nach dem Europäischen System zur Übertragung und Akkumulierung von Studienleistungen Leistungspunkte (ECTS-Punkte) zuzurechnen. Ein ECTS-Punkt muss einem Arbeitsaufwand von 30 Stunden entsprechen.

§ 4
Modulhandbücher

(1) Die Hochschule hat ein Modulhandbuch für den Bachelorstudiengang und ein Modulhandbuch für den Masterstudiengang zu erstellen.
(2) In der Studien- und Prüfungsordnung für den Bachelorstudiengang sowie dem ergänzenden Modulhandbuch sind Ziel und Gegenstand des Bachelorstudiengangs festzuschreiben. Aus ihm muss insbesondere hervorgehen, in welchen Modulen die in Anlage 1 und in den §§ 13 bis 15 genannten Inhalte vermittelt werden.
(3) In der Studien- und Prüfungsordnung für den Masterstudiengang sowie dem ergänzenden Modulhandbuch sind Ziel und Gegenstand des Masterstudiengangs festzuschreiben. Aus ihm muss insbesondere hervorgehen, in welchen Modulen die in Anlage 2 und in den §§ 17 und 18 genannten Inhalte vermittelt werden.

§ 5
Prüfungsordnungen

(1) Die Hochschule legt in einer Prüfungsordnung für den Bachelorstudiengang und in einer Prüfungsordnung für den Masterstudiengang fest, an welchen Modulen die studierende Person in dem jeweiligen Studiengang erfolgreich teilzunehmen hat.
(2) Für Module, die Bestandteil der hochschulischen Lehre nach Anlage 1 oder nach Anlage 2 sind, ist in der jeweiligen Prüfungsordnung zusätzlich die Anwesenheit der studierenden Personen bei Veranstaltungen der hochschulischen Lehre vorzusehen, wenn in diesen Modulen praktische Kompetenzen erworben werden sollen.
(3) In den Prüfungsordnungen sind die Anforderungen an die erfolgreiche Teilnahme und an die Anwesenheit der studierenden Personen näher zu regeln.
(4) Die Studiengänge sind Gegenstand des jeweiligen Akkreditierungsverfahrens. Die nach § 22 Absatz 5 des Psychotherapeutengesetzes zuständige Stelle prüft im Rahmen ihrer Mitwirkung am Verfahren der Akkreditierung des Bachelorstudiengangs nach § 9 Absatz 4 Satz 3 des Psychotherapeutengesetzes sowie im Rahmen ihrer Entscheidung nach § 9 Absatz 4 Satz 4 des Psychotherapeutengesetzes, ob die von der Hochschule in Studien- und Prüfungsordnungen nebst den Modulhandbüchern festgeschriebenen Ziele und Inhalte des jeweiligen Studiengangs gewährleisten, dass das Ziel des Studiums nach § 7 des Psychotherapeutengesetzes erreicht wird.

…

§ 7
Evaluierung der Studiengänge

Die Hochschulen teilen die Ergebnisse der nach Landesrecht vorgeschriebenen Evaluierung der Studiengänge den nach § 22 Absatz 5 des Psychotherapeutengesetzes zuständigen Stellen mit.

Unterabschnitt 2
Hochschulische Lehre

§ 8
Hochschulische Lehre

Die Hochschulen müssen den studierenden Personen im Rahmen der hochschulischen Lehre mindestens den Erwerb folgender Inhalte ermöglichen:

1. im Bachelorstudiengang den Erwerb der in der Anlage 1 festgelegten Inhalte mit den diesen Inhalten jeweils zugeordneten ECTS-Punkten und Wissensbereichen, und
2. im Masterstudiengang den Erwerb der in der Anlage 2 festgelegten Inhalte einschließlich der berufsqualifizierenden Tätigkeit II – vertiefte Praxis der Psychotherapie mit den diesen Inhalten jeweils zugeordneten ECTS-Punkten und Wissensbereichen.

§ 9
Praktische Übungen und Seminare

(1) Die praktischen Übungen und Seminare umfassen die Unterweisung an Simulationspatientinnen und Simulationspatienten sowie die Vorstellung von Patientinnen und Patienten, wenn dies für den Erwerb der jeweils notwendigen Inhalte erforderlich ist.
(2) Die Teilnahme von Patientinnen und Patienten erfolgt nur mit deren vorhergehenden informierten Einverständnis. Unzumutbare Belastungen für Patientinnen und Patienten sind zu vermeiden.

§ 10
Berufsqualifizierende Tätigkeit II – vertiefte Praxis der Psychotherapie

(1) Die berufsqualifizierende Tätigkeit II – vertiefte Praxis der Psychotherapie umfasst folgende Wissensbereiche:

1. Ausübung von Psychotherapie bei Kindern und Jugendlichen,
2. Ausübung von Psychotherapie bei Erwachsenen und älteren Menschen und
3. einen oder mehrere der folgenden Wissensbereiche, den die Hochschule wählen kann:
   a) Verfahren der Grundorientierungen der Psychotherapie,
   b) wissenschaftlich geprüfte und anerkannte Methoden der Psychotherapie,
   c) wissenschaftlich fundierte Neuentwicklungen der Psychotherapie,
   d) Ausübung von Psychotherapie bei Kindern und Jugendlichen oder
   e) Ausübung von Psychotherapie bei Erwachsenen und älteren Menschen.

(2) Der Wissensbereich Ausübung von Psychotherapie bei Kindern und Jugendlichen und der Wissensbereich Ausübung von Psychotherapie bei Erwachsenen und älteren Menschen muss jeweils die verschiedenen wissenschaftlich geprüften und anerkannten psychotherapeutischen Verfahren und Methoden beinhalten.
(3) Für die berufsqualifizierende Tätigkeit II – vertiefte Praxis der Psychotherapie sind mindestens 15 ECTS-Punkte zu vergeben. Davon entfallen

1. mindestens 5 ECTS-Punkte auf den Wissensbereich Ausübung von Psychotherapie bei Kindern und Jugendlichen nach Absatz 1 Nummer 1,
2. mindestens 5 ECTS-Punkte auf den Wissensbereich Ausübung von Psychotherapie bei Erwachsenen und älteren Menschen nach Absatz 1 Nummer 2 und
3. mindestens 5 ECTS-Punkte auf den oder die von der Hochschule gewählten Wissensbereiche nach Absatz 1 Nummer 3.

(4) Die berufsqualifizierende Tätigkeit II – vertiefte Praxis der Psychotherapie wird in anwendungsorientierten Lern- und Lehrformen und in übungsorientierten Kleingruppen durchgeführt. Eine Kleingruppe darf aus höchstens 15 studierenden Personen bestehen. In ihr sind die studierenden Personen durch fachkundiges Personal anzuleiten.

§ 11
Selbstreflexion

(1) Die Selbstreflexion findet studienbegleitend und in Form von Seminaren oder praktischen Übungen statt. Sie wird an der Hochschule oder an Einrichtungen durchgeführt, die mit der Hochschule kooperieren.
(2) Als Prüferinnen oder Prüfer bei den Modulprüfungen der Selbstreflexion sollen Personen vorgesehen werden, die die Module nicht gelehrt haben, um sicherzustellen, dass zwischen den studierenden Personen und den Prüferinnen und Prüfern kein Abhängigkeitsverhältnis besteht.

Unterabschnitt 3
Berufspraktische Einsätze

§ 12
Berufspraktische Einsätze im Bachelorstudiengang

(1) Die Hochschulen müssen den studierenden Personen im Bachelorstudiengang mindestens folgende berufspraktische Einsätze ermöglichen:

1. ein forschungsorientiertes Praktikum I – Grundlagen der Forschung nach § 13,
2. ein Orientierungspraktikum nach § 14 und
3. eine berufsqualifizierende Tätigkeit I – Einstieg in die Praxis der Psychotherapie nach § 15.

(2) Im Rahmen der berufspraktischen Einsätze dürfen die studierenden Personen nur zu Tätigkeiten herangezogen werden, die zur Vermittlung der jeweiligen Inhalte erforderlich sind.

§ 13
Forschungsorientiertes Praktikum I – Grundlagen der Forschung

(1) Das forschungsorientierte Praktikum I – Grundlagen der Forschung dient dem Erwerb grundlegender Erfahrungen im wissenschaftlichen Bereich. Die studierenden Personen sind zu befähigen, Studien zur systematischen und kontrollierten Erfassung menschlichen

Verhaltens und Erlebens sowie der menschlichen Entwicklung einschließlich der sozialen Einflüsse und biologischen Komponenten in der Grundlagen- und der Anwendungsforschung der Psychologie, Psychotherapie und ihren Bezugswissenschaften wissenschaftlich fundiert zu planen, umzusetzen, objektiv auszuwerten, schriftlich aufzubereiten und die Ergebnisse zu präsentieren.

(2) Für das forschungsorientierte Praktikum I – Grundlagen der Forschung sind mindestens 6 ECTS-Punkte zu vergeben.

(3) Das forschungsorientierte Praktikum I – Grundlagen der Forschung findet in Forschungseinrichtungen der Hochschule oder an Forschungseinrichtungen, die mit der Hochschule kooperieren, statt.

(4) Das forschungsorientierte Praktikum I – Grundlagen der Forschung wird unter qualifizierter Anleitung und in Kleingruppen durchgeführt. Die Durchführung erfolgt im Block oder studienbegleitend.

(5) Während des forschungsorientierten Praktikums I – Grundlagen der Forschung haben die studierenden Personen auch aktiv an exemplarischen wissenschaftlichen Untersuchungen teilzunehmen sowie an deren Planung und Durchführung mitzuarbeiten.

§ 14 Orientierungspraktikum

(1) Das Orientierungspraktikum dient dem Erwerb erster praktischer Erfahrungen in allgemeinen Bereichen mit Bezug zur Gesundheits- und Patientenversorgung. Den studierenden Personen sind erste Einblicke in die berufsethischen Prinzipien sowie in die institutionellen, rechtlichen und strukturellen Rahmenbedingungen der Patientenversorgung zu gewähren. Darüber hinaus sind ihnen die grundlegenden Strukturen der interdisziplinären Zusammenarbeit sowie strukturelle Maßnahmen zur Patientensicherheit zu zeigen.

(2) Für das Orientierungspraktikum sind mindestens 5 ECTS-Punkte zu vergeben.

(3) Das Orientierungspraktikum findet in interdisziplinären Einrichtungen der Gesundheitsversorgung oder in anderen Einrichtungen statt, in denen Beratung, Prävention oder Rehabilitation zur Erhaltung, Förderung und Wiederherstellung psychischer Gesundheit durchgeführt werden und in denen Psychotherapeutinnen und Psychotherapeuten, Psychologische Psychotherapeutinnen und Psychologische Psychotherapeuten oder Kinder- und Jugendlichenpsychotherapeutinnen und Kinder- und Jugendlichenpsychotherapeuten tätig sind.

(4) Das Orientierungspraktikum wird im Block oder studienbegleitend durchgeführt.

(5) Praktikumstätigkeiten, die vor dem Beginn des Studiums abgeleistet worden sind, können auf Antrag der studierenden Person von den Hochschulen auf das Orientierungspraktikum angerechnet werden, wenn sie den in den Absätzen 1

bis 3 geregelten Anforderungen inhaltlich entsprechen.

§ 15 Berufsqualifizierende Tätigkeit I – Einstieg in die Praxis der Psychotherapie

(1) Die berufsqualifizierende Tätigkeit I – Einstieg in die Praxis der Psychotherapie dient dem Erwerb erster praktischer Erfahrungen in spezifischen Bereichen der psychotherapeutischen Versorgung.

(2) Den studierenden Personen sind während der berufsqualifizierenden Tätigkeit I – Einstieg in die Praxis der Psychotherapie grundlegende Einblicke in die institutionellen, rechtlichen und strukturellen Rahmenbedingungen der psychotherapeutischen Einrichtungen der Gesundheitsversorgung zu vermitteln.

(3) Die studierenden Personen sind zu befähigen,

1. die Rahmenbedingungen der und die Aufgabenverteilung in der interdisziplinären Zusammenarbeit zu erkennen und entsprechend der Aufgabenverteilung angemessen mit den verschiedenen Berufsgruppen zusammenzuarbeiten sowie
2. grundlegende Kompetenzen in der Kommunikation mit Patientinnen und Patienten sowie mit anderen beteiligten Personen oder Berufsgruppen zu entwickeln und anzuwenden.

(4) Für die berufsqualifizierende Tätigkeit I – Einstieg in die Praxis der Psychotherapie sind mindestens 8 ECTS-Punkte zu vergeben.

(5) Die berufsqualifizierende Tätigkeit I – Einstieg in die Praxis der Psychotherapie kann in folgenden Einrichtungen oder Bereichen stattfinden, sofern dort Psychotherapeutinnen und Psychotherapeuten, Psychologische Psychotherapeutinnen und Psychologische Psychotherapeuten oder Kinder- und Jugendlichenpsychotherapeutinnen und Kinder- und Jugendlichenpsychotherapeuten tätig sind:

1. in Einrichtungen der psychotherapeutischen, psychiatrischen, psychosomatischen oder neuropsychologischen Versorgung,
2. in Einrichtungen der Prävention oder der Rehabilitation, die mit den in Nummer 1 genannten Einrichtungen vergleichbar sind,
3. in Einrichtungen für Menschen mit Behinderungen oder
4. in sonstigen Bereichen der institutionellen Versorgung.

(6) Die berufsqualifizierende Tätigkeit I – Einstieg in die Praxis der Psychotherapie wird unter qualifizierter Anleitung durchgeführt. Die Durchführung erfolgt im Block oder studienbegleitend.

(7) Die berufsqualifizierende Tätigkeit I – Einstieg in die Praxis der Psychotherapie darf von einer studierenden Person erst abgeleistet werden, wenn die studierende Person mindestens 60 ECTS-Punkte erworben hat.

§ 16
Berufspraktische Einsätze im Masterstudiengang

(1) Die Hochschulen müssen den studierenden Personen im Masterstudiengang mindestens folgende berufspraktische Einsätze ermöglichen:

1. ein forschungsorientiertes Praktikum II – Psychotherapieforschung nach § 17 und
2. die berufsqualifizierende Tätigkeit III – angewandte Praxis der Psychotherapie nach § 18.

(2) Im Rahmen der berufspraktischen Einsätze dürfen die studierenden Personen nur zu Tätigkeiten herangezogen werden, die zum Erreichen der jeweils zu erwerbenden Inhalte erforderlich sind.

§ 17
Forschungsorientiertes Praktikum II – Psychotherapieforschung

(1) Das forschungsorientierte Praktikum II – Psychotherapieforschung dient dem Erwerb vertiefter praktischer Erfahrungen in der Erforschung von psychischen, psychosomatischen und neuropsychologischen Krankheiten und von deren psychotherapeutischer Behandlung. Die studierenden Personen sind zu befähigen,

1. wesentliche Qualitätskriterien wissenschaftlicher Studien im psychotherapeutischen Kontext bei der Planung, Durchführung, Auswertung und Darstellung von wissenschaftlichen Studien zu benennen und bei einer eigenen Studiengestaltung umzusetzen sowie
2. bei der Gestaltung von eigenen wissenschaftlichen Studien Maßnahmen zu berücksichtigen, die dem Erwerb von psychotherapeutischen Kompetenzen bei teilnehmenden Studientherapeutinnen und Studientherapeuten dienen und zur Qualitätssicherung des Therapeutenverhaltens in Therapiestudien beitragen.

Diese Befähigung sollen die studierenden Personen auch durch selbständiges Beobachten menschlichen Erlebens und Verhaltens und der menschlichen Entwicklung einschließlich der sozialen Einflüsse und biologischen Komponenten erwerben. Den studierenden Personen ist in diesem Zusammenhang die Berücksichtigung von Forschungsergebnissen in der patientenindividuellen Versorgung und für die Versorgungsinnovation zu vermitteln.

(2) Für das forschungsorientierte Praktikum II – Psychotherapieforschung sind mindestens 5 ECTS-Punkte zu vergeben.

(3) Das forschungsorientierte Praktikum II – Psychotherapieforschung findet in Forschungseinrichtungen der Hochschule oder an Hochschulambulanzen statt.

(4) Das forschungsorientierte Praktikum II – Psychotherapieforschung wird unter Anleitung und in Kleingruppen durchgeführt. Die Durchführung erfolgt im Block oder studienbegleitend.

(5) Während des forschungsorientierten Praktikums II – Psychotherapieforschung haben die studierenden Personen auch aktiv an exemplarischen wissenschaftlichen Untersuchungen teilzunehmen sowie an deren Planung und Durchführung mitzuarbeiten.

§ 18
Berufsqualifizierende Tätigkeit III – angewandte Praxis der Psychotherapie

(1) Die berufsqualifizierende Tätigkeit III – angewandte Praxis der Psychotherapie dient der Vertiefung der praktischen Kompetenzen in der psychotherapeutischen Versorgung.

(2) Die studierenden Personen sind während der berufsqualifizierenden Tätigkeit III – angewandte Praxis der Psychotherapie zu befähigen, die Inhalte, die sie in der hochschulischen Lehre während der berufsqualifizierenden Tätigkeit II – vertiefte Praxis der Psychotherapie erworben haben, in realen Behandlungssettings und im direkten Kontakt mit Patientinnen und Patienten umzusetzen. Hierzu sind sie unter Anwendung der wissenschaftlich geprüften und anerkannten psychotherapeutischen Verfahren und Methoden an der Diagnostik und der Behandlung von Patientinnen und Patienten zu beteiligen, indem sie

1. aufbauend auf wissenschaftlich fundierten Kenntnissen zu psychischen Funktionen, Störungen und diagnostischen Grundlagen mittels wissenschaftlich geprüfter Methoden Anamnesen und psychodiagnostische Untersuchungen bei mindestens zehn Patientinnen und Patienten verschiedener Alters- und Patientengruppen aus mindestens vier verschiedenen Störungsbereichen mit jeweils unterschiedlichen Schwere- und Beeinträchtigungsgraden durchführen, die mindestens die folgenden Leistungen umfassen:
   a) vier Erstgespräche,
   b) vier Anamnesen, die von den studierenden Personen schriftlich zu protokollieren sind und per Video aufgezeichnet werden können,
   c) vier wissenschaftlich fundierte psychodiagnostische Untersuchungen,
   d) vier Indikationsstellungen oder Risiko- und Prognoseeinschätzungen einschließlich Suizidalitätsabklärung und
   e) vier Patientenaufklärungen über diagnostische und klassifikatorische Befunde,
2. an mindestens einer psychotherapeutischen ambulanten Patientenbehandlung im Umfang von mindestens zwölf aufeinanderfolgenden Behandlungsstunden teilnehmen, die unter Verknüpfung von klinisch-praktischen Aspekten mit ihren jeweiligen wissenschaftlichen Grundlagen durchgeführt wird und zu der begleitend diagnostische und therapeutische Handlungen eingeübt werden,

3. an mindestens zwei weiteren einzelpsychotherapeutischen Patientenbehandlungen, bei denen eine Patientin oder ein Patient entweder ein Kind oder eine Jugendliche oder ein Jugendlicher sein soll, mit unterschiedlicher Indikationsstellung im Umfang von insgesamt mindestens zwölf Behandlungsstunden teilnehmen und dabei die Diagnostik, die Anamnese und die Therapieplanung übernehmen sowie die Zwischen- und Abschlussevaluierung durchführen,
4. mindestens drei verschiedene psychotherapeutische Basismaßnahmen wie Entspannungsverfahren, Psychoedukation oder Informationsgespräche mit Angehörigen selbständig, aber unter Anleitung durchführen,
5. Gespräche mit bedeutsamen Bezugspersonen bei mindestens vier Patientenbehandlungen führen und dokumentieren,
6. mindestens zwölf gruppenpsychotherapeutische Sitzungen begleiten,
7. selbständig und eigenverantwortlich mindestens ein ausführliches psychologisch-psychotherapeutisches Gutachten erstellen, das ausschließlich Ausbildungszwecken dienen darf, und
8. an einrichtungsinternen Fortbildungen teilnehmen.

(3) Für die berufsqualifizierende Tätigkeit III – angewandte Praxis der Psychotherapie sind mindestens 20 ECTS-Punkte zu vergeben.

(4) Von dem entsprechenden Arbeitsaufwand von 600 Stunden entfallen:
1. 450 Stunden Präsenzzeit in Form von mindestens sechswöchigen studienbegleitenden Übungspraktika auf die stationäre oder teilstationäre Versorgung und
2. 150 Stunden auf die ambulante Versorgung mit Präsenzzeit während laufender Therapien sowie während diagnostisch-gutachterlicher Datenerhebungen.

(5) Die berufsqualifizierende Tätigkeit III – angewandte Praxis der Psychotherapie findet in Hochschulambulanzen, Einrichtungen der psychotherapeutischen, psychiatrischen, psychosomatischen, neuropsychologischen Versorgung oder in interdisziplinären Behandlungszentren mit Psychotherapieschwerpunkt statt. Die Anleitung der Studierenden nach Absatz 2 erfolgt durch Psychotherapeutinnen und Psychotherapeuten mit einer abgeschlossenen Weiterbildung oder durch Psychologische Psychotherapeutinnen und Psychologische Psychotherapeuten oder Kinder- und Jugendlichenpsychotherapeutinnen und Kinder- und Jugendlichenpsychotherapeuten mit entsprechender Fachkunde.

Abschnitt 2 Psychotherapeutische Prüfung Unterabschnitt 1 Allgemeine Prüfungsbestimmungen

§ 19 Einrichtung der für das Prüfungswesen zuständigen Stelle

Die Länder richten für die psychotherapeutische Prüfung zuständige Stellen ein.

§ 20 Zuständige Stelle

(1) Die psychotherapeutische Prüfung wird vor der zuständigen Stelle des Landes abgelegt, in dem die Prüfungskandidatin oder der Prüfungskandidat im Masterstudiengang studiert oder studiert hat.

...

§ 25 Prüfungskommission für die psychotherapeutische Prüfung

(1) Die nach § 20 zuständige Stelle richtet die Prüfungskommission für die psychotherapeutische Prüfung ein.

(2) Die Prüfungskommission für die psychotherapeutische Prüfung besteht aus

1. der oder dem Vorsitzenden und
2. zwölf weiteren Mitgliedern.

(3) Für die Vorsitzende oder den Vorsitzenden und jedes der weiteren Mitglieder ist jeweils eine stellvertretende Person zu bestellen.

(4) Als weitere Mitglieder und als ihre stellvertretenden Personen dürfen nur Personen bestellt werden, die mindestens über die durch die Prüfung festzustellende oder eine gleichwertige Qualifikation verfügen:

1. Hochschullehrerinnen und Hochschullehrer,
2. andere Lehrkräfte der Hochschule,
3. dem Lehrkörper der Hochschule nicht angehörende
   a) Psychotherapeutinnen oder Psychotherapeuten mit einer abgeschlossenen Weiterbildung nach § 95c Absatz 1 Satz 1 Nummer 2 des Fünften Buches Sozialgesetzbuch,
   b) Psychologische Psychotherapeutinnen oder Psychologische Psychotherapeuten,
   c) Kinder- und Jugendlichenpsychotherapeutinnen oder Kinder- und Jugendlichenpsychotherapeuten oder
   d) Fachärztinnen oder Fachärzte mit einer Weiterbildung in den Gebieten Psychiatrie und Psychotherapie, psychosomatische Medizin und Psychotherapie oder Kinder- und Jugendpsychiatrie und -psychotherapie.

(5) Die weiteren Mitglieder der Prüfungskommission sowie die stellvertretenden Personen werden von der nach § 20 zuständigen Stelle auf Vorschlag der Hochschule bestellt.

§ 26 Anwesenheit weiterer Personen in der psychotherapeutischen Prüfung

Die nach § 20 zuständige Stelle kann zu beiden Teilen der psychotherapeutischen

Prüfung weitere Personen als Beobachterinnen oder Beobachter entsenden. Ebenso sind Vertreterinnen und Vertreter der nach § 22 Absatz 5 des Psychotherapeutengesetzes zuständigen Behörde berechtigt, an beiden Teilen der psychotherapeutischen Prüfung teilzunehmen.

§ 27 Inhalt der psychotherapeutischen Prüfung

Die psychotherapeutische Prüfung erstreckt sich auf die im Studium vermittelten Inhalte, über die eine Psychotherapeutin oder ein Psychotherapeut zur eigenverantwortlichen und selbständigen Berufsausübung verfügen muss (therapeutische Kompetenzen). Besondere Aspekte der verschiedenen Alters- und Patientengruppen sind in die Fragestellungen der psychotherapeutischen Prüfung angemessen einzubeziehen.

...

Unterabschnitt 2 Mündlich-praktische Fallprüfung

...

§ 36 Ladung zum Prüfungstermin

(1) Die nach § 20 zuständige Stelle stellt der Prüfungskandidatin oder dem Prüfungskandidaten die Ladung zur mündlich-praktischen Fallprüfung zu.

§ 37 Prüferinnen und Prüfer

(1) Für die mündlich-praktische Fallprüfung werden auf Vorschlag der Hochschule von der nach § 20 zuständigen Stelle aus den weiteren Mitgliedern der Prüfungskommission nach § 25 zwei Prüferinnen oder Prüfer und ihre jeweiligen stellvertretenden Personen bestellt. Eine oder einer der beiden Prüferinnen oder Prüfer wird von der nach § 20 zuständigen Stelle zur oder zum Vorsitzenden für die mündlich-praktische Fallprüfung bestellt.

(2) Als Prüferinnen und Prüfer und als ihre stellvertretenden Personen dürfen nur folgende Personen bestellt werden:

1. Psychotherapeutinnen oder Psychotherapeuten mit einer abgeschlossenen Weiterbildung nach § 95c Absatz 1 Satz 1 Nummer 2 des Fünften Buches Sozialgesetzbuch,
2. Psychologische Psychotherapeutinnen oder Psychologische Psychotherapeuten,
3. Kinder- und Jugendlichenpsychotherapeutinnen oder Kinder- und Jugendlichenpsychotherapeuten oder
4. Fachärztinnen oder Fachärzte mit einer Weiterbildung in den Gebieten Psychiatrie und Psychotherapie, psychosomatische Medizin und Psychotherapie oder Kinder- und Jugendpsychiatrie und -psychotherapie.

Die beiden Prüferinnen oder Prüfer und ihre stellvertretenden Personen müssen in wissenschaftlich geprüften und anerkannten psychotherapeutischen Verfahren qualifiziert sein, die sich voneinander unterscheiden.

(3) Die oder der Vorsitzende der mündlich-praktischen Fallprüfung organisiert die mündlich-praktische Fallprüfung. Sie oder er leitet die Prüfung und prüft selbst. Sie oder er ist in der mündlich-praktischen Fallprüfung für die Aufrechterhaltung der Ordnung zuständig.

§ 38
Gegenstand

(1) Gegenstand der mündlich-praktischen Fallprüfung ist eine Patientenanamnese.

(2) Zur Vorbereitung der mündlich-praktischen Fallprüfung reicht die jeweilige Hochschule bei der nach § 20 zuständigen Stelle die schriftlichen Protokolle von vier geeigneten Patientenanamnesen ein, die die Prüfungskandidatin oder der Prüfungskandidat während der berufsqualifizierenden Tätigkeit III – angewandte Praxis der Psychotherapie nach § 18 Absatz 2 Satz 2 Nummer 1 Buchstabe b durchgeführt hat. Die eingereichten Protokolle können durch Videoaufzeichnungen der Patientenanamnese ergänzt werden. Vor der Einreichung hat die Hochschule die personenbezogenen Daten der Patientinnen und Patienten zu anonymisieren.

(3) Die oder der Vorsitzende der mündlich-praktischen Fallprüfung bestimmt im Einvernehmen mit der nach § 20 zuständigen Stelle, welche Patientenanamnese Gegenstand der mündlich-praktischen Fallprüfung ist.

(4) In der mündlich-praktischen Fallprüfung sind der Prüfungskandidatin oder dem Prüfungskandidaten Fragen folgender Art zu stellen:

1. fallspezifische Fragen zu der Patientenanamnese auf der Grundlage des eingereichten Sitzungsprotokolls oder der eingereichten Videoaufzeichnung,
2. fallübergreifende Fragen zu den therapeutischen Kompetenzen sowie
3. allgemeine Fragen aus den Wissensbereichen der Anlagen 1 und 2.

(5) Die nach § 20 zuständige Stelle bewahrt die eingereichten Patientenanamnesen der Prüfungskandidatinnen oder Prüfungskandidaten, die nicht Gegenstand der mündlich-praktischen Fallprüfung waren, so lange auf, bis die betreffende Prüfungskandidatin oder der betreffende Prüfungskandidat die mündlich-praktische Fallprüfung nicht mehr wiederholen darf.

(6) Sofern die Hochschule die im Rahmen der berufsqualifizierenden Tätigkeit III – angewandte Praxis der Psychotherapie von Absolventinnen oder Absolventen des Masterstudiengangs erstellten Patientenanamnesen und Videoaufnahmen nicht gemäß Absatz 2 an die nach § 20 zuständige Stelle übermittelt hat, bewahrt sie diese auf, um eine spätere Durchführung der mündlich-praktischen Fallprüfungen als Teil der psychotherapeutischen Prüfung zu ermöglichen.

…

Unterabschnitt 3 Anwendungsorientierte Parcoursprüfung

§ 46 Prüfungstermine

Der konkrete Termin für die jeweilige Prüfungskandidatin oder den jeweiligen Prüfungskandidaten wird von der nach § 20 zuständigen Stelle in Absprache mit der Hochschule festgelegt.

…

§ 47 Ladung zum Prüfungstermin

(1) Die nach § 20 zuständige Stelle stellt der Prüfungskandidatin oder dem Prüfungskandidaten die Ladung zur anwendungsorientierten Parcoursprüfung zu.
(2) Die Zustellung muss spätestens sieben Kalendertage vor dem konkreten Prüfungstermin bei der Prüfungskandidatin oder dem Prüfungskandidaten eingegangen sein.

…

§ 48 Stationen und Kompetenzbereiche

(1) Der Parcours der anwendungsorientierten Parcoursprüfung besteht aus fünf Stationen.
(2) Gegenstand der ersten Station ist der Kompetenzbereich Patientensicherheit. In diesem Kompetenzbereich hat die Prüfungskandidatin oder der Prüfungskandidat zu zeigen, dass sie oder er zu einer umfassenden Risikoeinschätzung in der Lage ist.
(3) Gegenstand der zweiten Station ist der Kompetenzbereich therapeutische Beziehungsgestaltung. In diesem Kompetenzbereich hat die Prüfungskandidatin oder der Prüfungskandidat zu zeigen, dass sie oder er Probleme in der therapeutischen Beziehungsgestaltung erkennt und diesen Problemen in geeigneter Form begegnet.
(4) Gegenstand der dritten Station ist der Kompetenzbereich Diagnostik. In diesem Kompetenzbereich hat die Prüfungskandidatin oder der Prüfungskandidat zu zeigen, dass sie oder er eine zutreffende psychotherapeutische Diagnose stellt.
(5) Gegenstand der vierten Station ist der Kompetenzbereich Patienteninformation und Patientenaufklärung. In diesem Kompetenzbereich hat die Prüfungskandidatin oder der Prüfungskandidat zu zeigen, dass sie oder er durch angemessene Patienteninformation zu einer selbstbestimmten Patientenentscheidung beiträgt.
(6) Gegenstand der fünften Station ist der Kompetenzbereich Leitlinienorientierte Behandlungsempfehlungen. In diesem Kompetenzbereich hat die Prüfungskandidatin oder der Prüfungskandidat zu zeigen, dass sie oder er die Patientinnen und Patienten angemessen und diagnosebezogen über empfohlene Behandlungsmöglichkeiten informiert und auch solche

Behandlungsmöglichkeiten einbezieht, die außerhalb des eigenen Spezialisierungsbereichs liegen.

…

§ 49 Erstellung der Prüfungsaufgaben, Schulungen, Prüfungsauswertung

(1) Für jeden Prüfungstermin der anwendungsorientierten Parcoursprüfung wird ein Pool an Prüfungsaufgaben für die fünf in § 48 Absatz 2 genannten Kompetenzbereiche erstellt. Für jede Prüfungsaufgabe ist vorzulegen:

1. eine Beschreibung der Patientensituation,
2. Angaben zu zugelassenen Hilfsmitteln,
3. Instruktionen für die Prüferinnen oder die Prüfer,
4. eine Rollenbeschreibung für die Simulationspatientin oder den Simulationspatienten und ein strukturierter Bewertungsbogen.

(2) Der strukturierte Bewertungsbogen enthält

1. eine Musterlösung mit gewichteten Leistungsmerkmalen und eine Checkliste für jedes Leistungsmerkmal mit aufgabenspezifischen Einzelkriterien,
2. die für jedes Leistungsmerkmal höchstmögliche Punktzahl und
3. die Bestehensgrenze, die in Prozent der insgesamt an der Station erreichbaren Punktzahl anzugeben ist.

(3) Die Prüferinnen oder Prüfer und die Simulationspatientinnen oder Simulationspatienten werden für die anwendungsorientierte Parcoursprüfung geschult. Die Schulung erstreckt sich auf die Kenntnisse und Fertigkeiten, die für eine ordnungsgemäße Durchführung und Bewertung der anwendungsorientierten Parcoursprüfung benötigt werden.

(4) Nach Abschluss des jeweiligen Prüfungstermins sind die Ergebnisse der anwendungsorientierten Parcoursprüfung auszuwerten.

(5) Die zuständigen Stellen der Länder sollen sich zur Erfüllung ihrer in den Absätzen 1 bis 4 genannten Aufgaben nach Maßgabe einer Vereinbarung der Länder einer gemeinsamen Einrichtung bedienen.

§ 50 Prüferinnen und Prüfer

(1) Für die anwendungsorientierte Parcoursprüfung werden auf Vorschlag der Hochschule von der nach § 20 zuständigen Stelle aus den weiteren Mitgliedern der Prüfungskommission nach § 25 für jede Station jeweils zwei Prüferinnen oder Prüfer und ihre jeweiligen stellvertretenden Personen bestellt. Eine oder einer der Prüferinnen oder Prüfer in den einzelnen Stationen wird von der nach § 20 zuständigen Stelle zur oder zum Vorsitzenden für die anwendungsorientierte Parcoursprüfung bestellt.

(2) Als Prüferinnen und Prüfer und als ihre stellvertretenden Personen dürfen für

jede Station nur Personen bestellt werden, die für die Durchführung und Bewertung der anwendungsorientierten Parcoursprüfung nach § 49 Absatz 3 geschult sind.

(3) Von den beiden Prüferinnen oder Prüfern und ihren stellvertretenden Personen, die für eine Station bestellt werden, muss wenigstens eine Prüferin oder ein Prüfer und eine der stellvertretenden Personen zu dem folgenden Personenkreis gehören:

1. Psychotherapeutin oder Psychotherapeut mit einer abgeschlossenen Weiterbildung nach § 95c Absatz 1 Satz 1 Nummer 2 des Fünften Buches Sozialgesetzbuch,
2. Psychologische Psychotherapeutin oder Psychologischer Psychotherapeut,
3. Kinder- und Jugendlichenpsychotherapeutin oder Kinder- und Jugendlichenpsychotherapeut oder
4. Fachärztin oder Facharzt mit einer Weiterbildung in den Gebieten Psychiatrie und Psychotherapie, psychosomatische Medizin und Psychotherapie oder Kinder- und Jugendpsychiatrie und -psychotherapie.

(4) Die oder der Vorsitzende der anwendungsorientierten Parcoursprüfung organisiert die anwendungsorientierte Parcoursprüfung und legt für jede Prüfungskandidatin oder jeden Prüfungskandidaten die Abfolge der Stationen fest. Sie oder er hat darauf zu achten, dass

1. die festgelegte Abfolge der Stationen der anwendungsorientierten Parcoursprüfung eingehalten wird und
2. an jeder Station der anwendungsorientierten Parcoursprüfung nur die oder der für diese Station eingeteilte Prüfungskandidatin oder Prüfungskandidat anwesend ist.

Die oder der Vorsitzende der anwendungsorientierten Parcoursprüfung ist während der Prüfung zuständig für die Aufrechterhaltung der Ordnung. Sie oder er leitet die Prüfung und prüft selbst.

§ 51
Durchführung

(1) Die oder der Vorsitzende der anwendungsorientierten Parcoursprüfung wählt für den jeweiligen Prüfungstermin in Absprache mit der nach § 20 zuständigen Stelle aus den zusammengestellten Parcours nach § 49 Absatz 4 einen Parcours und mindestens einen Ersatzparcours aus.

(2) Vor Beginn einer anwendungsorientierten Parcoursprüfung hat die oder der Vorsitzende der anwendungsorientierten Parcoursprüfung den Parcours, der für den jeweiligen Prüfungstermin ausgewählt worden ist, dahingehend zu überprüfen, ob dessen Durchführung unter Berücksichtigung der aktuellen lokalen Gegebenheiten möglich ist. Ergibt die Überprüfung Hinweise, dass eine fehlerfreie Durchführung gefährdet ist, ist der Ersatzparcours zu wählen. Auch der Ersatzparcours ist von der oder dem Vorsitzenden auf seine Durchführbarkeit zu überprüfen. Ergibt die Überprüfung ebenfalls, dass eine fehlerfreie Durchführung des Parcours gefährdet ist, wählt die oder der Vorsitzende erneut einen

Parcours aus den zusammengestellten Parcours nach § 49 Absatz 4 aus. Für den erneut ausgewählten Parcours gelten die Sätze 1 bis 4 entsprechend.

(3) An allen Stationen werden Simulationspatientinnen oder Simulationspatienten eingesetzt.

(4) An jedem Parcours sollen fünf Prüfungskandidatinnen oder Prüfungskandidaten teilnehmen. An jeder Station wird eine Prüfungskandidatin oder ein Prüfungskandidat geprüft.

(5) An jeder Station beträgt die Prüfungszeit 20 Minuten. Die Zeit zum Wechsel von einer Station zur nächsten beträgt fünf Minuten. In den Ablauf des Parcours sind angemessene Pausenzeiten zu integrieren.

(6) Vor Beginn der anwendungsorientierten Parcoursprüfung weist die oder der Vorsitzende der anwendungsorientierten Parcoursprüfung die Prüfungskandidatinnen und Prüfungskandidaten in einem Raum, der nicht einer der Stationen zugeteilt ist, in die Modalitäten der anwendungsorientierten Parcoursprüfung ein.

...

Abschnitt 4
Approbation

§ 59
Ausstellung und Aushändigung der Approbationsurkunde

(1) Die nach § 22 Absatz 1 oder Absatz 2 des Psychotherapeutengesetzes zuständige Behörde stellt die Approbationsurkunde aus.

...

Abschnitt 9
Schlussvorschriften

§ 84
Übergangsvorschriften

(1) Personen, die nach § 27 des Psychotherapeutengesetzes ihre Ausbildung zur Psychologischen Psychotherapeutin oder zum Psychologischen Psychotherapeuten nach dem Psychotherapeutengesetz in der bis zum 31. August 2020 geltenden Fassung absolvieren, werden nach der Ausbildungs- und Prüfungsverordnung für Psychologische Psychotherapeuten in der bis zum 31. August 2020 geltenden Fassung ausgebildet und geprüft.

(2) Personen, die nach § 27 des Psychotherapeutengesetzes ihre Ausbildung zur Kinder- und Jugendlichenpsychotherapeutin oder zum Kinder- und Jugendlichenpsychotherapeuten nach dem Psychotherapeutengesetz in der bis zum 31. August 2020 geltenden Fassung absolvieren, werden nach der Ausbildungs- und Prüfungsverordnung für Kinder- und Jugendlichenpsychotherapeuten in der bis zum 31. August 2020 geltenden Fassung ausgebildet und geprüft.

§ 85
Inkrafttreten, Außerkrafttreten

Diese Verordnung tritt am 1. September in Kraft. Gleichzeitig treten außer Kraft:

1. die Ausbildungs- und Prüfungsverordnung für Psychologische Psychotherapeuten vom 18. Dezember 1998

(BGBl. I S. 3749), die zuletzt durch Artikel 19 des Gesetzes vom 15. August 2019 (BGBl. I S. 1307) geändert worden ist, und
2. die Ausbildungs- und Prüfungsverordnung für Kinder- und Jugendlichenpsychotherapeuten vom 18. Dezember 1998 (BGBl. I S. 3761), die zuletzt durch Artikel 20 des Gesetzes vom 15. August 2019 (BGBl. I S. 1307) geändert worden ist

Inhalte, die im Bachelorstudiengang im Rahmen der hochschulischen Lehre zu vermitteln und bei dem Antrag auf Zulassung zur psychotherapeutischen Prüfung nachzuweisen sind

1. Grundlagen der Psychologie für Psychotherapeutinnen und Psychotherapeuten

Die studierenden Personen

a) erkennen, beschreiben und erklären regelgerechtes und abweichendes menschliches Erleben und Verhalten sowie die Entwicklung des regelgerechten und abweichenden menschlichen Erlebens und Verhaltens über die gesamte Lebensspanne hinweg und berücksichtigen hierbei die nach dem neuesten Stand der Wissenschaft vorliegenden Erkenntnisse, Modelle und Forschungsparadigmen,
b) leiten biologische, psychologische sowie soziale und kulturelle Faktoren, die menschliches Erleben und Verhalten über die gesamte Lebensspanne hinweg beeinflussen, aus allgemeinen Modellen und wissenschaftlichen Erkenntnissen her und nutzen ihre Erkenntnisse für die Beobachtung, Beschreibung und Erklärung individuellen Erlebens und Verhaltens von Menschen und ihren sozialen Bezugssystemen.

Zur Vermittlung der Inhalte der Grundlagen der Psychologie für Psychotherapeutinnen und Psychotherapeuten sind bei der Planung der hochschulischen Lehre mindestens 25 ECTS-Punkte vorzusehen und die folgenden Wissensbereiche abzudecken:

a) allgemeine Psychologie unter Berücksichtigung von kognitiven Prozessen in den Bereichen Sprache, Lernen, Gedächtnis, Emotion und Motivation,
b) differentielle Psychologie und Persönlichkeitspsychologie,
c) Entwicklungspsychologie,
d) Sozialpsychologie,
e) biologische Psychologie,
f) kognitiv-affektive Neurowissenschaften.

2. Grundlagen der Pädagogik für Psychotherapeutinnen und Psychotherapeuten

Die studierenden Personen berücksichtigen bei psychotherapeutischen Entscheidungsfindungen die Bedingungen, Prozesse und Konsequenzen der Sozialisation und des Lernens in nicht-institutionellen und institutionellen Bildungs- und Erziehungskontexten bei Menschen über die gesamte Lebensspanne hinweg.
Zur Vermittlung der Inhalte der Grundlagen der Pädagogik für Psychotherapeutinnen und Psychotherapeuten sind bei der Planung der hochschulischen Lehre mindestens 4 ECTS-Punkte vorzusehen

und die folgenden Wissensbereiche abzudecken:

a) Erziehung und Bildung,
b) Bedeutung sozialer und kultureller Faktoren für Bildungs- und Erziehungsprozesse,
c) pädagogische Interventionen und Interventionssettings,
d) rechtliche sowie familien- und sozialpolitische Regelungen mit Auswirkungen auf pädagogische und psychologische Interventionen.

3. Grundlagen der Medizin für Psychotherapeutinnen und Psychotherapeuten

Die studierenden Personen wenden bei der Ausübung von Psychotherapie grundlegende Kenntnisse über körperliche Prozesse, Krankheiten, Behinderungen und medizinische Behandlungsverfahren an, die im Zusammenhang mit der Ausübung von Psychotherapie von Bedeutung sind.

Zur Vermittlung der Inhalte der Grundlagen der Medizin für Psychotherapeutinnen und Psychotherapeuten sind bei der Planung der hochschulischen Lehre mindestens 4 ECTS-Punkte vorzusehen und die folgenden Wissensbereiche abzudecken:

a) Anatomie,
b) Aufbau und Funktion des Nervensystems,
c) ausgewählte Krankheitsbilder, insbesondere internistische, neurologische, orthopädische und pädiatrische Krankheitsbilder,
d) biologische Komponenten psychischer Störungen und Symptome,
e) Genetik und Verhaltensgenetik,
f) Grundlagen der somatischen Differentialdiagnostik.

4. Grundlagen der Pharmakologie für Psychotherapeutinnen und Psychotherapeuten

Die studierenden Personen

a) wenden bei der Ausübung der Psychotherapie ihre grundlegenden Kenntnisse zu neuropharmakologischen Prozessen der Signalübertragung im Gehirn und zur pharmakologischen Beeinflussung der Signalübertragung durch Medikamente an,
b) vollziehen die Indikationsstellung und Wirksamkeit pharmakologischer Behandlungen auf der Grundlage physiologischer Wirkweisen und der möglichen Interaktion mit psychotherapeutischen Prozessen nach und berücksichtigen sie angemessen bei der Entscheidungsfindung,
c) informieren Patientinnen und Patienten oder andere beteiligte oder zu beteiligende Personen über die wissenschaftlich fundierten Indikationsgebiete von Psychopharmaka, über deren Wirkungsweise sowie über den zu erwartenden Nutzen und die Nebenwirkungsrisiken.

Zur Vermittlung der Inhalte der Grundlagen der Pharmakologie für Psychotherapeutinnen und Psychotherapeuten sind bei der Planung der hochschulischen Lehre mindestens 2 ECTS-Punkte vorzusehen und die folgenden Wissensbereiche abzudecken:

a) Pharmakodynamik,
b) Pharmakokinetik,

c) Psychopharmaka,
d) Pharmakotherapie.

5. Störungslehre

Die studierenden Personen

a) erklären die Erscheinungsformen, Klassifikation und charakterisierenden Merkmale, die Entwicklung und den Verlauf von psychischen Störungen und von psychischen Aspekten bei körperlichen Erkrankungen,
b) wenden die verschiedenen Theorien und Modelle einschließlich der Modellannahmen der unterschiedlichen wissenschaftlich geprüften und anerkannten psychotherapeutischen Verfahren und Methoden sowie der ihnen zugeordneten empirischen Befunde zur Erklärung der Entstehung und Aufrechterhaltung von psychischen Störungen sowie von psychischen Aspekten bei körperlichen Erkrankungen an,
c) erkennen, diagnostizieren und klassifizieren psychische Erkrankungen unter angemessener Nutzung von ausgewählten standardisierten diagnostischen Beobachtungs-, Mess- und Beurteilungsinstrumenten.

Zur Vermittlung der Inhalte der Störungslehre sind bei der Planung der hochschulischen Lehre mindestens 8 ECTS-Punkte vorzusehen und die folgenden Wissensbereiche abzudecken:

a) allgemeine und spezielle Krankheitslehre psychischer und psychisch mitbedingter Erkrankungen im Kindes-, Jugend- und Erwachsenenalter einschließlich des Säuglings-, Kleinkind- und höheren Lebensalters,
b) Epidemiologie und Komorbidität,
c) klinisch-psychologische Diagnostik und Klassifikation,
d) Modelle über Entstehung, Aufrechterhaltung und Verlauf psychischer und psychisch mitbedingter Erkrankungen im Kindes-, Jugend- und Erwachsenenalter einschließlich des Säuglings-, Kleinkind- und höheren Lebensalters unter Berücksichtigung der unterschiedlichen Störungsmodelle der wissenschaftlich geprüften und anerkannten psychotherapeutischen Verfahren und Methoden.

6. psychologische Diagnostik. Die studierenden Personen

a) beurteilen psychodiagnostische Methoden der Persönlichkeits-, Leistungs- und neuropsychologischen Diagnostik bei Personen aller Alters- und Patientengruppen nach wissenschaftlich-methodischen Grundlagen, insbesondere nach solchen der Objektivität, der Zuverlässigkeit und der Gültigkeit,
b) setzen psychodiagnostische Methoden der Persönlichkeits-, Leistungs- und neuropsychologischen Diagnostik situations- und patientenangemessen ein und bewerten die Ergebnisse,
c) entwickeln psychologische Tests unter Berücksichtigung der Prinzipien der Testtheorien und Testkonstruktion,
d) prüfen und beurteilen die Güte diagnostischer Erhebungsmethoden anhand von wissenschaftlichen Kriterien,

e) erheben klinische und anamnestisch relevante Befunde,
f) erstellen psychische Befunde unter Berücksichtigung der Kriterien der kategorialen Diagnostik psychischer Störungen sowie unter Berücksichtigung der Kennzeichen von Klassifikationssystemen und verwenden hierbei für den Einzelfall wissenschaftlich evaluierte, standardisierte und strukturierte Patientenbefragungen,
g) setzen die dimensionale Diagnostik unter Anwendung psychometrischer Verfahren zur Beurteilung der Schwere und der Ausprägung von Symptomen sowie des Therapieverlaufs ein und reagieren angemessen auf Veränderungen der diagnostischen Befunde unter Berücksichtigung der methodischen Voraussetzungen.

Zur Vermittlung der Inhalte der psychologischen Diagnostik sind bei der Planung der hochschulischen Lehre mindestens 12 ECTS-Punkte vorzusehen und die folgenden Wissensbereiche abzudecken:

a) allgemeine diagnostische Verfahren und Methoden,
b) diagnostische Verfahren und Methoden zur Verhaltensbeobachtung einschließlich der Verfahren und Methoden zur Patientenbeobachtung,
c) Indikationen und diagnostische Prozesse bei Menschen aller Alters- und Patientengruppen,
d) Merkmale von Klassifikationssystemen einschließlich ihrer Fehlerquellen,
e) psychometrische Grundlagen des Messens als Voraussetzung für Testtheorien und Testkonstruktionen,
f) psychische und psychopathologische Befunderhebung unter Berücksichtigung differentialdiagnostischer Erkenntnisse,
g) Sprache und Interaktion im diagnostischen Prozess sowie Gesprächsführungsmethoden.

7. allgemeine Verfahrenslehre der Psychotherapie

Die studierenden Personen

a) beurteilen die Wirkungsweise und Einsetzbarkeit der wissenschaftlich geprüften und anerkannten psychotherapeutischen Verfahren und Methoden sowie von evidenzbasierten Neuentwicklungen unter Einbeziehung der jeweiligen historischen Entwicklung, der Indikationsgebiete und der Wirksamkeit, der Ätiologie und Störungsmodelle und der den Verfahren und Methoden zugehörigen psychotherapeutischen Techniken,
b) wenden bei der Indikationsstellung und der Behandlungsplanung die der Alters- und Patientengruppe angemessenen anerkannten Behandlungsleitlinien unter Beachtung des üblichen Vorgehens, der Qualitätssicherung sowie von Stärken und Schwächen in der Leitlinienentwicklung an,
c) klären Patientinnen und Patienten und andere beteiligte oder zu beteiligende Personen angemessen über anerkannte Behandlungsleitlinien auf.

Zur Vermittlung der Inhalte der allgemeinen Verfahrenslehre der Psychotherapie sind bei der Planung der hochschulischen Lehre mindestens 8 ECTS-Punkte vorzusehen und die folgenden Wissensbereiche abzudecken:

a) die wissenschaftlich geprüften und anerkannten psychotherapeutischen Verfahren und Methoden,
b) anerkannte Merkmale für die Bewertung der wissenschaftlichen Evidenz der wissenschaftlich geprüften und anerkannten psychotherapeutischen Verfahren und Methoden sowie von evidenzbasierten Neuentwicklungen.

8. präventive und rehabilitative Konzepte psychotherapeutischen Handelns

Die studierenden Personen

a) beurteilen aufgrund der Wirksamkeit von verhaltens- und verhältnisorientierten Präventions-, Interventions- und Rehabilitationsmerkmalen und -konzepten deren Nutzen zum Erhalt oder zur Wiederherstellung von Gesundheit oder zur Verminderung von Gesundheitsbeeinträchtigungen,
b) erkennen gesundheitsrelevante Aspekte verschiedener Lebenswelten einschließlich der vorhandenen Ressourcen und Resilienzfaktoren,
c) nutzen die Schnittstellen und Kooperationsmöglichkeiten von Lebens-, Versorgungs- oder Organisationsbereichen und unterstützen den Ausbau von weiteren Schnittstellen und Kooperationsmöglichkeiten,
d) verfügen über Grundkenntnisse der sozialrechtlichen, zivilrechtlichen und weiteren einschlägigen Vorschriften zum Kinderschutz sowie der angrenzenden Rechtsgebiete.

Zur Vermittlung der Inhalte der präventiven und rehabilitativen Konzepte psychotherapeutischen Handelns sind bei der Planung der hochschulischen Lehre mindestens 2 ECTS-Punkte vorzusehen und die folgenden Wissensbereiche abzudecken:

a) Merkmale und Funktion von Prävention und Rehabilitation unter Berücksichtigung der Belange unterschiedlicher Alters- und Patientengruppen,
b) Präventionsprogramme und Rehabilitationsansätze unter Berücksichtigung der Belange unterschiedlicher Alters- und Patientengruppen.

9. wissenschaftliche Methodenlehre

Die studierenden Personen

a) beschreiben die historische Entwicklung der Psychologie und Psychotherapie sowie ihre Beziehung zu benachbarten Gebieten angemessen und bringen die historische Entwicklung der Psychologie und Psychotherapie in Bezug zur heutigen Versorgungslandschaft,
b) erläutern die Wissenschaftsgeschichte und Erkenntnistheorie mit Bezug auf die Psychologie und Psychotherapie einschließlich ihrer Hauptströmungen und Forschungsmethoden angemessen,

c) wenden Begriffe, Methoden und Ergebnisse der qualitativen und quantitativen Forschung in der psychologischen Grundlagen- und Anwendungsforschung an,
d) beurteilen die Auswirkungen von Forschungsmethoden auf Untersuchungspopulationen und wenden deskriptive und inferenzstatistische Methoden sowie weitere statistische Verfahren zur Auswertung von Ergebnissen grundlagen- und anwendungsbezogener Studien in verschiedenen Bereichen der psychologischen und psychotherapeutischen Forschung an,
e) planen wissenschaftliche Untersuchungen, führen diese Untersuchungen durch und werten sie aus,
f) lassen Projekterfahrungen in die Planung und Durchführung von wissenschaftlichen Studien sowie in die Auswertung und Darstellung von eigenen Forschungsergebnissen einfließen.

Zur Vermittlung der Inhalte der wissenschaftlichen Methodenlehre sind bei der Planung der hochschulischen Lehre mindestens 15 ECTS-Punkte vorzusehen und die folgenden Wissensbereiche abzudecken:

a) Geschichte der Psychologie und Psychotherapie,
b) Methoden und wissenschaftliche Konzepte für die Erforschung menschlichen Verhaltens und Erlebens einschließlich epidemiologischer Forschung,
c) deskriptive und Inferenz-Statistik sowie statistische Methoden der Evaluationsforschung,
d) Planung und Durchführung wissenschaftlicher Studien,
e) Datenerhebung und Datenanalyse unter Nutzung digitaler Technologien.

10. Berufsethik und Berufsrecht

Die studierenden Personen

a) benennen ethische Prinzipien für wissenschaftliches und praktisches Handeln, schätzen diese ein und wenden sie an,
b) erkennen Verstöße gegen ethische Prinzipien im wissenschaftlichen und praktischen Handeln und ergreifen Maßnahmen, um diesen Verstößen in geeigneter Weise entgegenzusteuern.

Zur Vermittlung der Inhalte der Berufsethik und des Berufsrechts sind bei der Planung der hochschulischen Lehre mindestens 2 ECTS-Punkte vorzusehen und die folgenden Wissensbereiche abzudecken:

a) Ethik in Forschung und Praxis,
b) berufsrechtliche Vorgaben des psychotherapeutischen Handelns,
c) sozialrechtliche Vorgaben der psychotherapeutischen Versorgung.

Inhalte, die im Masterstudiengang im Rahmen der hochschulischen Lehre zu vermitteln und bei dem Antrag auf Zulassung zur psychotherapeutischen Prüfung nachzuweisen sind

1. wissenschaftliche Vertiefung

Die studierenden Personen erfassen und beurteilen selbstständig Forschungsparadigmen und aktuelle Forschungsergebnisse in einem vertieften psychologischen Grundlagenbereich, um sie bei der eigenen beruflichen Tätigkeit zu nutzen.
Zur Vermittlung der Inhalte der wissenschaftlichen Vertiefung sind bei der Planung der hochschulischen Lehre mindestens 6 ECTS-Punkte vorzusehen und die spezialisierten Wissensbereiche der wissenschaftlich systematisierten und kontrollierten Erfassung vertieften menschlichen Verhaltens und Erlebens bei Gesundheit und Krankheit abzudecken.

2. vertiefte Forschungsmethodik

Die studierenden Personen

a) wenden komplexe und multivariate Erhebungs- und Auswertungsmethoden zur Evaluierung und Qualitätssicherung von Interventionen an,
b) nutzen und beurteilen einschlägige Forschungsstudien und deren Ergebnisse für die Psychotherapie,
c) planen selbständig Studien zur Neu- oder Weiterentwicklung der Psychotherapieforschung oder der Forschung in angrenzenden Bereichen, führen solche Studien durch, werten sie aus und fassen sie zusammen,
d) bewerten wissenschaftliche Befunde sowie Neu- oder Weiterentwicklungen in der Psychotherapie inhaltlich und methodisch in Bezug auf deren Forschungsansatz und deren Aussagekraft, so dass sie daraus fundierte Handlungsentscheidungen für die psychotherapeutische Diagnostik, für psychotherapeutische Interventionen und für die Beratung ableiten können.

Zur Vermittlung der Inhalte der vertieften Forschungsmethodik sind bei der Planung der hochschulischen Lehre mindestens 6 ECTS-Punkte vorzusehen und die folgenden Wissensbereiche abzudecken:

a) multivariate Verfahren und Messtheorie,
b) Evaluierung wissenschaftlicher Befunde und deren Integration in die eigene psychotherapeutische Tätigkeit.

3. spezielle Störungs- und Verfahrenslehre der Psychotherapie

Die studierenden Personen

a) erfassen psychologische und neuropsychologische Störungsbilder sowie psychische Aspekte bei körperlichen Erkrankungen bei allen Alters- und Patientengruppen unter Berücksichtigung wissenschaftlicher Erkenntnisse,

b) schätzen die Chancen, Risiken und Grenzen der unterschiedlichen wissenschaftlich geprüften und anerkannten psychotherapeutischen Verfahren und Methoden wissenschaftlich fundiert und in Abhängigkeit von Lebensalter, Krankheitsbildern, sozialen und Persönlichkeitsmerkmalen, Gewalterfahrungen sowie dem emotionalen und intellektuellen Entwicklungsstand der betroffenen Patientinnen oder Patienten ein,
c) erläutern ihre Einschätzung der Chancen, Risiken und Grenzen der unterschiedlichen wissenschaftlich geprüften und anerkannten psychotherapeutischen Verfahren und Methoden den Patientinnen und Patienten, anderen beteiligten oder zu beteiligenden Personen, Institutionen oder Behörden,
d) wählen auf der Grundlage vorangegangener Diagnostik, Differentialdiagnostik und Klassifikation die dem Befund sowie der Patientin oder dem Patienten angemessenen wissenschaftlich fundierten Behandlungsleitlinien aus,
e) entwickeln selbständig wissenschaftlich fundierte Fallkonzeptionen und die entsprechende Behandlungsplanung und beachten die Besonderheiten der jeweiligen Altersgruppe, der jeweiligen Krankheitsbilder und des jeweiligen Krankheitskontextes sowie des emotionalen und intellektuellen Entwicklungsstandes der betroffenen Patientinnen und Patienten,
f) erklären auf dem aktuellen Stand der Wissenschaft psychische und psychisch mitbedingte Erkrankungen im Kindes-, Jugend- und Erwachsenenalter einschließlich des höheren Lebensalters.

Zur Vermittlung der Inhalte der speziellen Störungs- und Verfahrenslehre der Psychotherapie sind bei der Planung der hochschulischen Lehre mindestens 11 ECTS-Punkte vorzusehen und die folgenden Wissensbereiche abzudecken:

a) psychotherapeutische Behandlung nach Zielgruppen (Kinder und Jugendliche, Erwachsene, ältere Menschen, Menschen mit Behinderung, Menschen aus unterschiedlichen Kulturkreisen) und die Besonderheiten der Zielgruppen,
b) psychotherapeutische Behandlung nach Störungsbildern und die Besonderheiten der Störungsbilder,
c) psychotherapeutische Behandlung nach Setting (Einzeltherapie, Paar- und Familientherapie, Gruppentherapie, Notfall- und Krisenintervention) und die Besonderheiten des Settings,
d) psychotherapeutische Behandlung nach wissenschaftlich geprüften und anerkannten Verfahren und Methoden sowie die Besonderheiten der wissenschaftlich geprüften und anerkannten Verfahren und Methoden,
e) Fallkonzeption und Behandlungsplanung,
f) Weiterentwicklung bestehender und Entwicklung neuer psychotherapeutischer Verfahren und Methoden.

4. angewandte Psychotherapie

Die studierenden Personen

a) nehmen die Behandlungsplanung gemäß den unterschiedlichen Settings

(Einzeltherapie, Gruppentherapie, Paar- und Familientherapie) und unter Berücksichtigung der Besonderheit von stationärer oder ambulanter Versorgung vor,

b) beraten Patientinnen und Patienten sowie andere beteiligte oder zu beteiligende Personen anhand der spezifischen Merkmale und Behandlungsansätze der klinischen Versorgung insbesondere in den Bereichen Psychiatrie, Psychosomatik, Neuropsychologie, Prävention, Rehabilitation oder Forensik und der ambulanten Versorgung angemessen über die spezifischen Indikationen der unterschiedlichen Versorgungseinrichtungen,
c) überführen Patientinnen und Patienten bei Bedarf angemessen in die weitere Versorgung an der entsprechenden Einrichtung,
d) schätzen die Notwendigkeit einer alternativen oder additiven Versorgung durch psychologische, psychosoziale, pädagogische, sozialpädagogische, rehabilitative oder medizinische Interventionen ein und leiten diese Interventionen, sofern erforderlich, in die Wege,
e) beachten die für eine Tätigkeit im Gesundheitswesen notwendigen berufs- und sozialrechtlichen Grundlagen einschließlich institutioneller und struktureller Rahmenbedingungen bei der Ausübung von Psychotherapie.

Zur Vermittlung der Inhalte der angewandten Psychotherapie sind unter Einbindung von geeigneten Fallbeispielen bei der Planung der hochschulischen Lehre mindestens 5 ECTS-Punkte vorzusehen und die folgenden Wissensbereiche abzudecken:

a) Kennzeichnungen des Versorgungssystems unter besonderer Berücksichtigung von psychischen Störungen mit Krankheitswert, bei denen Psychotherapie indiziert ist,
b) ambulante Psychotherapie bei Kindern, Jugendlichen, Erwachsenen, älteren Menschen und Menschen mit Behinderung,
c) klinische Versorgung insbesondere in den Bereichen Psychiatrie, Psychosomatik, Neuropsychologie oder Forensik,
d) psychosoziale Versorgung insbesondere in den Bereichen Prävention, Rehabilitation oder Beratung.

5. Dokumentation, Evaluierung und Organisation psychotherapeutischer Behandlungen

Die studierenden Personen

a) dokumentieren ihr psychotherapeutisches Handeln und überprüfen ihr Handeln zur Verbesserung der Behandlungsqualität kontinuierlich,
b) beurteilen die Struktur-, Prozess- und Ergebnisqualität psychotherapeutischer und psychosozialer Maßnahmen sowie von Settings,
c) evaluieren psychotherapeutisches Handeln sowohl bei Einzelfällen wie auch im Behandlungssetting unter Anwendung wissenschaftsmethodischer Kenntnisse und unter Berücksichtigung qualitätsrelevanter Aspekte,

d) beurteilen Maßnahmen des kontinuierlichen Qualitätsmanagements sowie Maßnahmen zur kontinuierlichen Qualitätsverbesserung,
e) ergreifen selbständig angemessene Maßnahmen, um die Patientensicherheit zu gewährleisten,
f) leiten interdisziplinäre Teams.

Zur Vermittlung der Inhalte der Dokumentation, Evaluierung und Organisation psychotherapeutischer Behandlungen sind bei der Planung der hochschulischen Lehre mindestens 2 ECTS-Punkte vorzusehen und die folgenden Wissensbereiche abzudecken:

a) Qualitätssicherung und Qualitätsmanagement,
b) Methoden der Prüfung, zur Sicherung und zur weiteren Verbesserung der psychotherapeutischen Versorgung unter Berücksichtigung der Anforderungen und Rahmenbedingungen des Gesundheitssystems,
c) Zuständigkeiten und Kompetenzen der Berufsgruppen im Gesundheitswesen sowie Besonderheiten bei Führungsfunktionen.

6. vertiefte psychologische Diagnostik und Begutachtung

Die studierenden Personen

a) entwickeln und bewerten psychodiagnostische Verfahren nach aktuellen testtheoretischen Modellen,
b) erstellen Gutachten zu klinisch-psychologischen oder psychotherapeutischen Fragestellungen nach dem allgemeinen Stand der wissenschaftlichen Begutachtung,
c) entscheiden nach wissenschaftlichen Kriterien, welche diagnostischen Verfahren unter Berücksichtigung der jeweiligen Fragestellung einschließlich des Lebensalters, der Persönlichkeitsmerkmale, des sozialen Umfeldes sowie des emotionalen und des intellektuellen Entwicklungsstandes von Patientinnen und Patienten situationsangemessen anzuwenden sind, führen diese Verfahren im Einzelfall durch, werten die Ergebnisse aus und interpretieren die Ergebnisse,
d) setzen diagnostische Verfahren zur Erkennung von Risikoprofilen, Suizidalität, Anzeichen von Kindeswohlgefährdung sowie von Anzeichen von Gewalterfahrungen körperlicher, psychischer, sexueller Art und ungünstiger Behandlungsverläufe angemessen ein,
e) erheben und beurteilen systematisch Verlaufs- und Veränderungsprozesse,
f) bearbeiten und bewerten wissenschaftlich gutachterliche Fragestellungen, die die psychotherapeutische Versorgung betreffen, einschließlich von Fragestellungen zu Arbeits-, Berufs- und Erwerbsunfähigkeit sowie zum Grad der Behinderung oder zum Grad der Schädigung,
g) erkennen die Grenzen der eigenen diagnostischen Kompetenz und Urteilsfähigkeit und leiten, soweit notwendig, Maßnahmen zur eigenen Unterstützung ein.

Zur Vermittlung der Inhalte der vertieften psychologischen Diagnostik und Begutachtung sind bei der Planung der hochschulischen Lehre mindestens 7

ECTS-Punkte vorzusehen und die folgenden Wissensbereiche abzudecken:

a) diagnostische Modelle und Methoden,
b) Methoden der Zielsetzung, des Aufbaus, Verfassens und Präsentierens von psychologischen Gutachten mit Bezug auf die Psychotherapie,
c) Beurteilung von Fragestellungen der Arbeits-, Berufs- und Erwerbsunfähigkeit sowie zum Grad der Behinderung oder Schädigung,
d) Grundlagen zur Beurteilung von Fragestellungen mit familien- oder strafrechtsrelevanten Inhalten.

7. berufsqualifizierende Tätigkeit II – vertiefte Praxis der Psychotherapie.

Die studierenden Personen

a) führen psychotherapeutische Erstgespräche, Problem- und Zielanalysen sowie die Therapieplanung durch,
b) setzen psychotherapeutische Basistechniken als Grundlage der unterschiedlichen wissenschaftlich geprüften und anerkannten psychotherapeutischen Verfahren und Methoden bei Kindern und Jugendlichen sowie bei Erwachsenen unter Berücksichtigung von Besonderheiten der jeweiligen Alters- und Patientengruppe ein,
c) führen allgemeine Beratungsgespräche unter Berücksichtigung wissenschaftlich relevanter Erkenntnisse und mittels eines der Situation angemessenen Gesprächsverhaltens durch und berücksichtigen Aspekte der partizipativen Entscheidungsfindung,
d) klären Patientinnen und Patienten sowie andere beteiligte oder zu beteiligende Personen individuell angemessen über die wissenschaftlichen Erkenntnisse, Störungsmodelle und wissenschaftlich fundierten Behandlungsleitlinien zu den verschiedenen Krankheitsbildern der unterschiedlichen Alters- und Patientengruppen auf,
e) führen psychoedukative Maßnahmen durch,
f) erklären Patientinnen und Patienten das Behandlungsrational unterschiedlicher wissenschaftlich geprüfter und anerkannter psychotherapeutischer Verfahren und Methoden individuell angemessen,
g) beachten Aspekte der therapeutischen Beziehung, um auftretende Probleme in der Behandlungs- und Veränderungsmotivation von Patientinnen und Patienten sowie von Therapeutinnen und Therapeuten zu erkennen, angemessen zu thematisieren und in geeigneter Weise zu lösen,
h) erkennen Notfall- und Krisensituationen einschließlich der Suizidalität oder Anzeichen von Kindeswohlgefährdung, Anzeichen von Gewalterfahrungen körperlicher, psychischer, sexueller Art sowie Fehlentwicklungen im Behandlungsverlauf selbständig und ergreifen geeignete Maßnahmen, um Schaden für Patientinnen und Patienten abzuwenden.

Eine selbständige Arbeit an Patienten wird bei der Vermittlung der Inhalte noch nicht erwartet. Zur Vermittlung der Inhalte der berufsqualifizierenden Tätigkeit II – vertiefte Praxis der Psychotherapie sind bei der Planung der hochschulischen Lehre mindestens 15 ECTS-Punkte vorzusehen.

8. Selbstreflexion

Die studierenden Personen

a) reflektieren das eigene psychotherapeutische Handeln, die Stärken und Schwächen der eigenen Persönlichkeit und ihrer Auswirkungen auf das eigene psychotherapeutische Handeln,
b) nehmen Verbesserungsvorschläge an,
c) nehmen eigene Emotionen, Kognitionen, Motive und Verhaltensweisen im therapeutischen Prozess wahr und regulieren sie, um sie bei der Optimierung von therapeutischen Prozessen zu berücksichtigen oder die Kompetenzen zur Selbstregulation kontinuierlich zu verbessern,
d) erkennen Grenzen des eigenen psychotherapeutischen Handelns und leiten geeignete Maßnahmen daraus ab. Zur Vermittlung der Inhalte der Selbstreflexion sind bei der Planung der hochschulischen Lehre mindestens 2 ECTS-Punkte vorzusehen.

BEITRÄGE ZUR GESCHICHTE DER PSYCHOLOGIE

Herausgegeben von Helmut E. Lück, ab Band 24 von Helmut E. Lück und Armin Stock

Band 1 Walter Stallmeister/Helmut E. Lück (Hrsg.): Willy Hellpach. Beiträge zu Werk und Biographie. 1991.

Band 2 Monika Schubeius: Und das psychologische Laboratorium muss der Ausgangspunkt pädagogischer Arbeiten werden! Zur Institutionalisierungsgeschichte der Psychologie von 1890 bis 1933. 1990.

Band 3 Werner Deutsch (Hrsg.): Über die verborgene Aktualität von William Stern. 1991.

Band 4 Lothar Sprung/Wolfgang Schönpflug (Hrsg.): Zur Geschichte der Psychologie in Berlin. 2., überarbeitete und ergänzte Auflage. 2003.

Band 5 Wolfgang Schönpflug (Hrsg.): Kurt Lewin. Person, Werk, Umfeld. Historische Rekonstruktionen und aktuelle Wertungen. 2., überarbeitete und ergänzte Auflage. 2007.

Band 6 Steffi Hammer: Denkpsychologie – Kritischer Realismus. Eine wissenschaftshistorische Studie zum Werk Oswald Külpes. 1994.

Band 7 Helmut E. Lück/Dieter-Jürgen Löwisch (Hrsg.): Der Briefwechsel zwischen William Stern und Jonas Cohn. Dokumente einer Freundschaft zwischen zwei Wissenschaftlern. 1994.

Band 8 Petra Lennig: Von der Metaphysik zur Psychophysik. Gustav Theodor Fechner (1801–1887). Eine ergobiographische Studie. 1994.

Band 9 Christina Schröder: Der Fachstreit um das Seelenheil. Psychotherapiegeschichte zwischen 1880 und 1932. 1995.

Band 10 Siegfried Jaeger / Irmingard Staeuble / Lothar Sprung / Horst-Peter Brauns (Hrsg.): Psychologie im soziokulturellen Wandel – Kontinuitäten und Diskontinuitäten. 1995.

Band 11 Mauri Fries: Mütterlichkeit und Kinderseele. Zum Zusammenhang von Sozialpädagogik, bürgerlicher Frauenbewegung und Kinderpsychologie zwischen 1899 und 1933 – ein Beitrag zur Würdigung Martha Muchows. 1996.

Band 12 Edelgard Daub: Franziska Baumgarten: Eine Frau zwischen akademischer und praktischer Psychologie. 1996.

Band 13 Gerald Bühring: William Stern oder Streben nach Einheit. 1996.

Band 14 Carl Stumpf – Schriften zur Psychologie. Neu herausgegeben, eingeleitet und mit einer biographischen Einführung versehen von Helga Sprung unter Mitarbeit von Lothar Sprung. 1997.

Band 15 Karl H. Bönner / Helmut E. Lück (Hrsg.): Die Mitteilungen des Berufsverbandes Deutscher Psychologen 1947 bis 1950. 1998.

Band 16 Simone Wittmann: Das Frühwerk Kurt Lewins. Zu den Quellen sozialpsychologischer Ansätze in Feldkonzept und Wissenschaftstheorie. 1998.

Band 17 Kitty Dumont: Die Sozialpsychologie der DDR. Eine wissenschaftshistorische Untersuchung. 1999.

Band 18 Georg Eckardt (Hrsg.): Psychologie vor Ort – ein Rückblick auf vier Jahrhunderte. Die Entwicklung der Psychologie in Jena vom 16. bis 20. Jahrhundert. 2003.

Band 19 Horst-Peter Brauns (Hrsg.): Zentenarbetrachtungen. Historische Entwicklungen in der neueren Psychologie bis zum Ende des 20. Jahrhunderts. 2003.

Band 20 Werner Mirbach: Psychologie und Psychotherapie im Leben und Werk Hans Prinzhorns (1886–1933). 2003.

Band 21 Sören Wendelborn: Der Gestaltpsychologe Karl Duncker. 2003.

Band 22 Gabriela Sewz: Zum Selbstverständnis der Psychologie als Wissenschaft. Eine wissenschaftstheoretische Analyse anhand des Objektivitätsbegriffs. 2004.

Band 23 Gerald Bühring: Charlotte Bühler oder Der Lebenslauf als psychologisches Problem. 2007.

Band 24 Theo Herrmann / Wlodek Zeidler (Hrsg.): Psychologen in autoritären Systemen. 2012.

Band 25 Armin Stock / Horst-Peter Brauns / Uwe Wolfradt (Hrsg.): Historische Analysen theoretischer und empirischer Psychologie. 2012.

Band 26 Werner Deutsch (†) / Dieter Lüttge / Alexander Teichmann (Hrsg.): Mit dem Strom, gegen den Strom. Zur Geschichte der Psychologie in Braunschweig. 2013.

Band 27 Wolfgang Mack / Helmut E. Lück / Karl-Heinz Renner / Uwe Wolfradt (Hrsg.): Behaviorismus und Erkenntnistheorie im psychologisch-historischen Kontext. 2014.

Band 28 Nora Binder: Subjekte im Experiment. Zu Wilhelm Wundts Programm einer objektiven Psychologie. 2016.

Band 29 Karl Marbe: Zeitgemäße populäre Betrachtungen für die kultivierte Welt. Aus dem Nachlass eines deutschen Gelehrten. Herausgegeben von Armin Stock. 2016.

Band 30 Susanne Guski-Leinwand: Psychologie und Totalitarismus. Die Abwendung vom Humanitätsgedanken in der Psychologie und die Folgen (ca. 1895–1945). 2017.

Band 31 Inga Rapp: Psychologie in Köln. Ein Fach und ein Institut entstehen. 2018.

Band 32 Martin Wieser (Hrsg.): Psychologie im Nationalsozialismus. 2020.

Band 33 Wolfgang Schönpflug: Kurze Geschichte der Psychologie und Psychotherapie (1783–2020). Paradigmen und Institutionen: Vereint oder getrennt? 2022.

www.peterlang.com

www.ingramcontent.com/pod-product-compliance
Ingram Content Group UK Ltd.
Pitfield, Milton Keynes, MK11 3LW, UK
UKHW041825290926
8980IPUK00002B/61